DO PODER JUDICIÁRIO

Instituto Brasiliense de Direito Público
Conselho científico
Presidente: Gilmar Ferreira Mendes
Secretário-Geral: Jairo Gilberto Schäfer
Coordenador-Geral: João Paulo Bachur
Coordenador Executivo: Atalá Correia

Alberto Oehling de Los Reyes
Alexandre Zavaglia Pereira Coelho
António Francisco de Sousa
Arnoldo Wald
Sérgio Antônio Ferreira Victor
Carlos Blanco de Morais
Everardo Maciel
Fabio Lima Quintas
Felix Fischer
Fernando Rezende
Francisco Balaguer Callejón
Francisco Fernández Segado
Ingo Wolfgang Sarlet
Jorge Miranda
José Levi Mello do Amaral Júnior
José Roberto Afonso
Elival da Silva Ramos

Katrin Möltgen
Lenio Luiz Streck
Ludger Schrapper
Maria Alicia Lima Peralta
Michael Bertrams
Miguel Carbonell Sánchez
Paulo Gustavo Gonet Branco
Pier Domenico Logroscino
Rainer Frey
Rodrigo de Bittencourt Mudrovitsch
Laura Schertel Mendes
Rui Stoco
Ruy Rosado de Aguiar *(In Memoriam)*
Sergio Bermudes
Sérgio Prado
Walter Costa Porto

Grupo Editorial Nacional

O GEN | Grupo Editorial Nacional – maior plataforma editorial brasileira no segmento científico, técnico e profissional – publica conteúdos nas áreas de concursos, ciências jurídicas, humanas, exatas, da saúde e sociais aplicadas, além de prover serviços direcionados à educação continuada.

As editoras que integram o GEN, das mais respeitadas no mercado editorial, construíram catálogos inigualáveis, com obras decisivas para a formação acadêmica e o aperfeiçoamento de várias gerações de profissionais e estudantes, tendo se tornado sinônimo de qualidade e seriedade.

A missão do GEN e dos núcleos de conteúdo que o compõem é prover a melhor informação científica e distribuí-la de maneira flexível e conveniente, a preços justos, gerando benefícios e servindo a autores, docentes, livreiros, funcionários, colaboradores e acionistas.

Nosso comportamento ético incondicional e nossa responsabilidade social e ambiental são reforçados pela natureza educacional de nossa atividade e dão sustentabilidade ao crescimento contínuo e à rentabilidade do grupo.

COLEÇÃO
CONSTITUCIONALISMO
BRASILEIRO

**PEDRO
LESSA**

Apresentação
LENIO LUIZ STRECK

DO PODER
JUDICIÁRIO

2.ª
edição

idp

■ O autor deste livro e a editora empenharam seus melhores esforços para assegurar que as informações e os procedimentos apresentados no texto estejam em acordo com os padrões aceitos à época da publicação, e todos os dados foram atualizados pelo autor até a data de fechamento do livro. Entretanto, tendo em conta a evolução das ciências, as atualizações legislativas, as mudanças regulamentares governamentais e o constante fluxo de novas informações sobre os temas que constam do livro, recomendamos enfaticamente que os leitores consultem sempre outras fontes fidedignas, de modo a se certificarem de que as informações contidas no texto estão corretas e de que não houve alterações nas recomendações ou na legislação regulamentadora.

■ O Autor e a editora se empenharam para citar adequadamente e dar o devido crédito a todos os detentores de direitos autorais de qualquer material utilizado neste livro, dispondo-se a possíveis acertos posteriores caso, inadvertida e involuntariamente, a identificação de algum deles tenha sido omitida.

■ Atendimento ao cliente: (11) 5080-0751 | faleconosco@grupogen.com.br

■ Direitos exclusivos para a língua portuguesa
Copyright © 2022 by
Editora Forense Ltda.
Uma editora integrante do GEN | Grupo Editorial Nacional
Travessa do Ouvidor, 11 – Térreo e 6º andar
Rio de Janeiro – RJ – 20040-040
www.grupogen.com.br

■ Reservados todos os direitos. É proibida a duplicação ou reprodução deste volume, no todo ou em parte, em quaisquer formas ou por quaisquer meios (eletrônico, mecânico, gravação, fotocópia, distribuição pela Internet ou outros), sem permissão, por escrito, da Editora Forense Ltda.

■ Capa: Fabricio Vale

■ **CIP – BRASIL. CATALOGAÇÃO NA FONTE.**
SINDICATO NACIONAL DOS EDITORES DE LIVROS, RJ.

L632d
Lessa, Pedro, 1859-1921
Do poder judiciário / Pedro Lessa. – Ed. fac-similar. – Rio de Janeiro: Forense, 2022.
(História constitucional brasileira)

Inclui bibliografia
ISBN 978-65-5964-488-9

1. Direito constitucional – Interpretação e construção – Brasil. 2. História constitucional – Brasil. 3. Poder judiciário – Brasil. I. Título. II. Série.

22-76133 CDU: 342.5(81)

Meri Gleice Rodrigues de Souza – Bibliotecária – CRB-7/6439

APRESENTAÇÃO

Pedro Lessa foi descrito por Rui Barbosa como o mais completo dos nossos juízes, o "Marshall brasileiro". Hipérbole ou espelho fiel da realidade, a afirmação denota o tamanho das qualidades do professor, escritor, advogado, magistrado, jurista.

Poucos se elevaram a patamar tão singular na história do Direito brasileiro, sempre desempenhando com brilho cada um dos seus ofícios. No cargo em que a sua lembrança se faz mais vigorosa – Ministro do Supremo Tribunal Federal —, seus votos mostram o seu amor pelo Direito e pela República que engatinhava. Os "*tão altos e tão raros [...] predicados*" necessários para a atividade jurisdicional, que ele fez questão de ressaltar certa vez a seus alunos em São Paulo, certamente nele se encontravam reunidos.

Nascido no Serro, na Província de Minas Gerais, aos 25 de setembro de 1859, Pedro Augusto Carneiro Lessa bacharelou-se na Faculdade de Direito do Largo de São Francisco em 1883; cinco anos depois, em 1888, após defender tese, recebeu o título de Doutor. Nesse ínterim, já havia iniciado sua profícua carreira pública: a 30 de maio de 1885, havia sido nomeado para o cargo de Secretário na Relação de São Paulo; dois anos depois, inscrito em concurso na mesma Faculdade em que estudara, logrou o primeiro lugar – não foi, no entanto, nomeado.

Não obstante, o culto e obstinado Lessa prestou novo concurso, na mesma instituição, em 1888, novamente alcançando a melhor classificação. Dessa vez, o destino lhe sorria: agora nomeado como Lente Substituto, chegou a Catedrático em 1891. Foi nomeado Lente dezessete dias depois da Abolição da Escravatura. No mesmo ano, foi nomeado Chefe de Polícia do Estado de São Paulo e, em época de profundas transformações da estrutura estatal brasileira, eleito Deputado ao Congresso Constituinte do mesmo Estado, sobressaindo-se como um dos principais colaboradores.

Anos mais tarde, Pedro Lessa abandonava a vida pública para se dedicar com exclusividade à profissão de advogado e ao magistério superior, atingindo em ambos a proeminência que sempre lhe fora particular. Não só era um exímio advogado, cujos conselhos e pareceres alcançavam amplo acolhimento, como também foi professor destacado de Filosofia do Direito.

Pedro Lessa foi mais que um jurista. Foi um cientista do Direito. Em seu livro *Estudos de Filosofia do Direito*, Lessa apresenta fulgurante defesa do papel da Filosofia para os lidadores do Direito: "sem ela, a tarefa do jurista se reduz a um esforço inferior para interpretar e aplicar preceitos, de cujo verdadeiro e profundo sentido não lhe é dado compreender". Em crítica assustadoramente atual, o erudito Lessa já advertia para os perigos de se reduzir o Direito a "conveniências individuais". Lessa já denunciava o subjetivismo. Profético, pois.

Longe de ser um mestre enclausurado em seu gabinete, Lessa foi um contundente crítico, isso já por volta de 1910, do movimento de expulsão das disciplinas filosóficas dos cursos de Direito. Sua fertilidade intelectual, a propósito, proporcionou-lhe a Cadeira 11 na Academia Brasileira de Letras. Se Lessa visse o currículo dos cursos jurídicos hoje ou os livros simplificados e facilitados utilizados nas salas de aula e nos concursos públicos, por certo ficaria imensamente decepcionado.

Diante do vasto prestígio de Pedro Lessa na cátedra e na advocacia, revela-se verossímil o registro do Ministro Paulo Brossard, em discurso na Assembleia Legislativa do Rio Grande do Sul, quando contava sobre o interesse do Presidente Afonso Pena na nomeação do insigne jurista mineiro para preencher a vaga de Lúcio de Mendonça no Supremo Tribunal Federal. Segundo Brossard, apesar do convite para o cargo e da natural ufania daí decorrente, era exígua a remuneração dos juízes em comparação com os abundantes rendimentos colhidos pelo ilustre causídico e professor, situação que o levou a declinar de tão elevada honra, expostos os motivos. Não foi senão após palavras ditas encorajadoras de Afonso Pena – "*Lembrando-me do seu nome, escolhendo a sua pessoa, penso que cumpri o meu dever de Presidente para com a Nação. Se V. Exa., como brasileiro, quiser cumprir o seu, é um problema que não está ao meu alcance.*" – que Pedro Lessa, de notório brio, aceitou o cargo.

Nomeado em 26 de outubro de 1907, o primeiro negro – nas palavras da historiadora Leda Boechat, um "mulato claro" (sic) – a ocupar um assento na Corte mais alta do País nele permaneceu até seu falecimento em 1921. Durante seus anos de Supremo Tribunal Federal, manteve-se como o único Ministro proveniente da advocacia privada, não estando investido de cargo público no momento anterior à posse, e fazia parte do pequeno grupo de Ministros com relevante vida acadêmica, juntamente com nomes como João Mendes, Viveiros de Castro, Edmundo Lins, Pedro dos Santos e Pedro Mibieli. Provavelmente esses dois elementos particulares – que o separam e o singularizam em uma estrutura judiciária ainda herdeira do Império – tenham influenciado expressivamente a sua produção jurisprudencial, que conjugou projeções não somente de um advogado atuante e de elegante capacidade argumentativa, mas também de um professor preocupado com as controvérsias infindáveis e consciente do seu papel de transformador da realidade brasileira. É nessa linha, aliás, que Roberto Rosa[1], biógrafo de Pedro Lessa, anota:

> "Às grandes questões deu vivacidade inerente ao grande advogado, a didática dos fatos pertinentes ao professor. Nele a magistratura brasileira teve um repositório de ideias e transformações, a aplainar as arestas das controvérsias e inumar as velharias e tradições obsoletas".

O testemunho de Aliomar Baleeiro, outro dos grandes juízes da nossa Suprema Corte, sobre a excelência e o inesgotável esforço de Pedro Lessa na defesa do Direito é bastante eloquente. Diz Baleeiro[2]:

> "É certo que por aqui passaram grandes constitucionalistas, grandes civilistas, grandes penalistas, grandes sabedores de direito. Talvez alguns deles fossem autoridades em cada especialidade, mais do que o foi Pedro Lessa. Todavia, para mim, que muitas horas de minha vida dediquei ao estudo dos homens que ocuparam as cadeiras onde hoje nos sentamos, Pedro Lessa era a figura ideal do Juiz do Supremo Tribunal Federal, no papel de criador do direito, no papel de intérprete máximo da Constituição, no papel do homem que, diante da realidade, a sobrepujar a letra fria dos textos, procurava preencher os claros e dar uma vitalidade nova aos diplomas ultrapassados ou silentes. Para mim, este é o maior mérito de Pedro Lessa, que, além de tudo, foi um defensor infatigável da democracia e da liberdade".

É por essas linhas que a obra de Pedro Lessa deve ser compreendida. Na sua trajetória, foi fundamental para a construção do entendimento sobre o Recurso Extraordinário, à época em estágio embrionário ante a ratificação recente da Constituição de 1891; foi arauto da independência dos poderes, recusando a submissão do Judiciário ao Executivo; por outro lado, também reconhecia que questões exclusivamente políticas, ao abrigo do poder discricionário, não podiam ser alteradas pela interferência de um poder em outro; decidiu conflitos sensíveis que envolviam os contornos da federação, assim como as características de um regime republicano diante dos costumes oriundos do Império; refletiu sobre o caráter jurídico do *impeachment* no primeiro processo dessa natureza no Brasil.

Além disso, é comum a afirmação de que uma das maiores contribuições de Pedro Lessa ao Direito brasileiro foi a sua colaboração na chamada teoria brasileira

---

[1] ROSAS, Roberto. Pedro Lessa e o Poder Judiciário. *Revista nº 22*, Rio de Janeiro: Academia Brasileira de Letras Jurídicas, 2002, p. 135.

[2] BALEEIRO, Aliomar. STF, Sessão de 25.08.1971, ao ensejo do cinquentenário do falecimento de Pedro Lessa.

do *habeas corpus*: o remédio constitucional, como se sabe, foi concebido para garantir a liberdade de locomoção, o que exclui, em tese, outros direitos individuais.

À época, frise-se, não dispúnhamos de mandado de segurança para a garantia do direito líquido e certo não amparado por *habeas corpus*. Como enfrentar, então, os casos em que não estivesse em jogo a liberdade corporal, mas qualquer outro direito em razão de abuso de poder ou de ilegalidade? Diz Pedro Lessa[3], em *Do Poder Judiciário*, que

> "qualquer coação à liberdade individual, ainda que não haja prisão, autoriza o uso do habeas corpus" [afinal] "a liberdade individual é um direito fundamental, condição indispensável para o exercício de um sem número de direitos".

Foi a paulatina expansão do sentido original do *habeas corpus* que conduziu à instituição do mandado de segurança na Constituição de 1934.

Na verdade, defendia o uso do *habeas corpus* para os diversos ramos do Direito, como direito de greve, liberdade de imprensa, religião etc. Nos diversos livros que falam de Pedro Lessa, há sempre a lembrança de que Rui o chamava de o mais completo juiz de então. Ao lado do seu talento, também se notava a sua dificuldade de relacionamento, sempre com certo sarcasmo, ironia, arrogância e até mesmo autoritarismo, conforme também anota Leda Boechat no seu famoso livro sobre a Suprema Corte brasileira.

O seu fôlego como jurista *avant-garde* pode ser demonstrado por meio de uma problemática que só foi solucionada com a reforma de 1926: à época, em face da inexistência de uma clara explicitação na Constituição, o Supremo Tribunal entendia que a ele não competia uniformizar a interpretação do direito substantivo, quando do exame dos recursos que lhe chegassem dos tribunais. No fundo, o Supremo Tribunal pouco diferia do Supremo Tribunal de Justiça do Império, ficando indiferente às múltiplas e contraditórias interpretações que às leis uniformes do País davam as Relações revisoras, decidindo em última e derradeira instância. Não é por outra razão que Rui Barbosa afirmava:

> "Seria um absurdo que, reservando-se a função de legislar acerca do direito civil, comercial e penal, entregasse a União esse direito, criação sua, à variedade de interpretações da justiça dos Estados, sem lhe opor ao menos, em última instância, um corretivo, uma garantia de unificação".

Em acórdão de 11.07.1908, o Ministro Pedro Lessa votou vencido, acatando a tese de Rui. Foi ele quem corretamente já concluía algo que estava implícito no

---

[3] LESSA, Pedro. *Do Poder Judiciário*. Ed. fac-similar. Brasília: Senado Federal, Conselho Editorial, 2003. p. 339 e ss. (Coleção História Constitucional Brasileira)

Decreto 848, de 11 de outubro de 1890, e, mais do que qualquer coisa, era ingrediente importante para a afirmação do sistema federativo.

Lessa, hermeneuticamente, estava ciente da função republicana do Supremo Tribunal Federal enquanto instituição para a manutenção da união nacional, como um autêntico "tribunal da federação": qualquer outro entendimento era um "manifesto desacato ao Poder Legislativo da União" e um "desrespeito à autoridade da Federação", como ele mesmo bradava. O inusitado é que, apesar do modo iluminado com que Lessa explicava e conduzia seu pensamento, foi necessária uma emenda constitucional para pôr fim à celeuma.

Os prudentes juízos de Pedro Lessa merecem nossa admiração: no prefácio que assina em *Do Poder Judiciário*, o mestre nos brinda com recomendações de contemporânea utilidade. Já à sua época, era grande o "numero de brasileiros que [...] condemnam as vigentes instituições politicas, e pedem sejam ellas alteradas ou mesmo supprimidas", ao que o eminente jurista responde que "a verdade é que os males, que lhes costumamos atribuir, decorrem, não da sua observância, mas da falta de conhecimento e applicação das mesmas".

Em tempos de negacionismos de toda sorte e de ataques às instituições públicas e ao próprio Direito, deveríamos ficar com a atualidade de Lessa[4]:

"Antes de modificarmos, ou de eliminarmos, a nossa lei fundamental, aconselha a mais elementar prudencia que cuidemos de a conhecer e aplicar".

Boa leitura. E profícuas pesquisas!

Da Dacha de São José do Herval, Serra Gaúcha, no outono entrante de 2021, para Brasília, aos 4 dias do mês de abril,

por
Lenio Luiz Streck

---

[4] LESSA, Pedro. Prefácio. *Do Poder Judiciário*. Ed. fac-similar. Brasília: Senado Federal, Conselho Editorial, 2003. (Coleção História Constitucional Brasileira)

Nota da editora:
Todo o sumário foi mantido conforme publicação original.

PEDRO LESSA

DIREITO CONSTITUCIONAL BRASILEIRO

DO PODER JUDICIARIO

2º MILHEIRO

LIVRARIA FRANCISCO ALVES
166, Rua do Ouvidor — Rio de Janeiro
S. Paulo | Bello Horizonte
65, Rua de S. Bento | 1055, Rua da Bahia
1915

Neste livro, para ser util, quanto me foi possivel, não só aos que desejam conhecer theoricamente os artigos da Constituição brasileira, concernentes ao poder judiciario, como aos que precisam applicar na actividade forense essas disposições e os seus corollarios, concretisados em leis ordinarias, esforcei-me por penetrar o sentido dos textos constitucionaes com o auxilio dos principios da doutrina e dos ensinamentos da jurisprudencia. E como a doutrina entre nós conta por emquanto um numero quasi nullo de expositores, e a jurisprudencia, incipiente e vacillante, pouco subsidio, ou amparo, póde prestar, forçoso me foi recorrer aos commentadores e aos julgados do paiz, cujas instituições politicas serviram de modelo ás nossas, os Estados-Unidos da America do Norte, valendo-me tambem, não raro, dos exegetas e da jurisprudencia de uma nação que nos precedeu no perfilhar os lineamentos principaes da obra de Hamilton, Madison e Jay, a Republica Argentina. Existindo no primeiro desses paizes uma grande massa de precedentes, de verdades geraes — induzidas da observação dos factos, de deducções dessas verdades, de sentenças proferidas sobre uma immensa variedade de pleitos, de notações e comparações dos resultados de interpretações e applicações diversas desta modalidade do direito constitucional, creada pelos norte-americanos, e adoptada em grande parte por nós, fôra imperdoavel falta estudar a nossa lei fundamental sem as lições dos constitucionalistas e dos juizes da America do Norte.

Assim procedendo, procurei evitar o erro opposto dos que, no estudo e applicação das nossas modernas leis, olvidam as anteriores disposições do direito patrio, as quaes, nos expressos termos do artigo 83 da Constituição, continuam em vigor, emquanto não revogadas, no que explicita ou implicitamente não fôr contrario ao systema de governo firmado pela Constituição e aos principios nella consagrados.

Dado o grande numero de brasileiros que hoje condemnam as vigentes instituições politicas, e pedem sejam ellas alteradas ou mesmo supprimidas, em beneficio da liberdade politica e da moralidade administrativa, creio que todo tentamen no sentido de contribuir para as fazer conhecidas, representa um esforço digno de apreço; pois, a verdade é que os males, que lhes costumamos attribuir, decorrem, não da sua observancia, mas da falta de conhecimento e applicação das mesmas. Cumprem-se e applicam-se frequentemente as normas legaes do systema presidencial e do regimen federativo com o espirito embebido nas ideias do regimen e do systema oppostos.

Antes de modificarmos, ou de eliminarmos, a nossa lei fundamental, aconselha a mais elementar prudencia que cuidemos de a conhecer e applicar. Só assim lograremos vêr com segurança e nitidez onde está o mal, e o que cumpre diligenciar para o extinguir.

Rio, 8 de janeiro de 1915.

Pedro Lessa.

DO PODER JUDICIARIO

Art. 55. O poder judiciario da União terá por orgams um Supremo Tribunal Federal, com séde na capital da Republica, e tantos juizes e tribunaes federaes, distribuidos pelo paiz, quantos o Congresso crear.

§ 1º O poder judiciario é o que tem por missão applicar contenciosamente a lei a casos particulares (¹).

A tres se reduzem os principaes caracteres distinctivos do poder judiciario: 1º as suas funcções são as de um arbitro; para que possa desempenhal-as, importa que surja um pleito, uma contenda; 2º só se pronuncia acerca de casos particulares, e não em abstracto sobre normas, ou preceitos juridicos, e ainda menos sobre principios; 3º não tem iniciativa, agindo — quando provocado, o que é mais uma consequencia da necessidade de uma contestação para poder funccionar (²).

(¹) No *Commentario alle Pandette*, vol. 2º, § 193, faz **Glück** uma clara distincção entre a jurisdicção contenciosa e a voluntaria, ou administrativa, que divide em voluntaria mera e voluntaria mixta, para concluir que sómente a jurisdicção contenciosa constitue funcção propria do poder judiciario. Os actos de jurisdicção voluntaria, ou administrativa, «*non sono di competenza del giudice come tale, ma si riferiscono piuttosto alle attribuzioni del potere di polizia, che nello stesso tempo è al giudice affidato*».

(²) **Jousserandot**, *Du Pouvoir Judiciaire*, liv. 1º, cap. 1º

Differença-se, pois, o poder judiciario dos outros dois poderes constitucionaes pela natureza da funcção, por elle exercida, *ratione muneris*, e não pela natureza da materia, *ratione materiæ* (¹). Não ha assumptos que por sua natureza sejam de ordem legislativa, ou de ordem administrativa, ou judiciaria. Uma só materia póde ser legislativa, executiva e judicial. Trata-se de regulal-a por uma lei? É legislativa. Faz-se necessario executar a lei, ou proceder em geral de accordo com a lei? É a materia executiva, ou administrativa. Deu origem a contendas, ou contestações, concernentes á applicação da lei? É judicial.

Se desde **Montesquieu** até os nossos dias não tem faltado quem qualifique o poder judiciario como um dos tres poderes politicos, por outro lado não são poucos os que consideram o poder judiciario um ramo do executivo. Para estes ultimos os litigios suscitados pela applicação das leis não passam de incidentes da execução; e como taes estão a cargo do poder executivo, devendo este unicamente dividir a tarefa, e confiar a solução dessas controversias a funccionarios especiaes, que são as autoridades judiciarias.

Não permitte a indole deste livro um estudo philosophico desenvolvido acerca dos attributos essenciaes do poder politico, e da reunião desses predicados no poder judiciario. Vejam-se a este respeito, entre outros, **Coumoul** (*Traité du Pouvoir Judiciaire*, 1ª parte, cap. 1º, 2ª edição) e **Esmein** (*Éléments de Droit Constitutionnel*, pag. 400 e segs., 4ª edição). Adduz o primeiro interessantes reflexões para mostrar

---

(¹) **Jousserandot**, *ibidem*.

a differença entre o orgam e a funcção, concluindo muito logicamente que o executivo e o judiciario são dois orgams *fundamentaes* distinctos do Estado, com funcções diversas. E o segundo, depois de lembrar que chronologicamente é o judiciario o primeiro poder que apparece na sociedade, pois é pela administração da justiça que se satisfaz a primeira necessidade social, sentida pelas primitivas agremiações humanas, quando não existem ainda normas juridicas, nem sequer os chefes das tribus já conservam em tempo de paz os seus poderes de commando, o que quer dizer que ainda não se esboçára o poder legislativo, nem o executivo; patenteia as consequencias extremamente absurdas, e por todos repellidas na pratica, da asserção de que o judiciario é um ramo do executivo. Que nação culta e livre outorgaria em nossa época ao poder executivo a attribuição de impor penas aos proprios réus confessos, ou presos em flagrante delicto, e a respeito de cuja criminalidade não houvesse a menor duvida? Quem não julga hoje necessario para o exercicio dessa e de outras funcções da mesma natureza a constituição de um poder, que pelas suas condições de investidura e de estabilidade, muito diversas das de nomeação e conservação do executivo, offereça garantias efficazes de independencia?

§ 2º Basta-nos assignalar que nos Estados-Unidos da America do Norte, e nos paizes que lhes têm imitado as instituições, o poder judiciario é igual, ou, para ser bem preciso, superior aos outros dois poderes. Eis como um dos mais autorisados mestres actuaes do direito constitucional norte-americano se exprime acerca do mais elevado representante desse poder: «O mais poderoso dos freios no garantir as relações regulares entre o poder federal e os poderes dos Estados, *e ainda entre os proprios ramos do poder federal,* tem sido inquestionavelmente a Côrte Suprema. No mecanismo da republica o seu papel tem sido *o da roda mestra*. A constituição, no exercicio da sua supremacia a respeito de todos esses poderes, a todos lhes poz limites, e o instrumento para effectuar essa limitação tem sido a Côrte Suprema, *como interprete do direito constitucional*» ([1]).

Ninguem ainda enunciou com tanta exactidão o conceito norte-americano acerca das attribuições e da preeminencia do poder judiciario, como **Story**, quando, pedindo emprestada uma phrase de **Burke**, escreveu que o Estado deve organisar a sua magistratura, como se esta fosse uma instituição creada e existente *fóra do mesmo Estado:* «*It ought to make its judicature, as it were something exterior to the state*» ([2]).

§ 3º Nenhuma procedencia tem a objecção, feita por alguns, de que não se comprehende um poder nomeado, ou eleito por outro. Nunca se exigiu em direito publico a eleição directa, ou immediata, pelo povo para a constituição de todos os poderes do Estado. Hereditario, como na Allemanha, ou eleito pelas duas camaras, como na França, o chefe do poder executivo é indubitavelmente o representante desse poder politico nas duas nações.

---

§ 4º Á organisação constitucional federativa tem sido sempre inherente a dualidade da justiça. Nos Estados-Unidos da America do Norte, na Suissa, no Mexico, na Colombia, em Venezuela, na Argentina, ha a justiça *local*, ou *commum*, e a

---

([1]) **Willoughby**, *The Supreme Court of the United States*, pag. 33.
([2]) **Story**, *Commentaries*, vol. 2º, § 1577.

justiça *federal,* ou *especial,* cuja competencia é limitada ao processo e julgamento de certas causas, indicadas nos textos constitucionaes, e excepcionalmente em leis ordinarias.

Muito antes de se proclamar a republica no Brasil, vinham os sectarios dessa fórma de governo propugnando a instituição do regimen federativo, que mereceu dos autores do manifesto de 3 de dezembro de 1870 uma eloquente apologia, na qual se affirmava ser o regimen imposto pela natureza, pela topographia do paiz, pela diversidade de zonas em que se divide, climas varios e producções differentes.

Entretanto, no que diz respeito á adopção da dupla justiça, tem soffrido a Constituição Federal os mais rudes ataques. Preconisam e querem muitos uma só judicatura e um só processo, para todo o paiz e para todas as causas, extincta a faculdade actualmente concedida aos Estados de legislar sobre o direito judiciario. É, como se vê, a mutilação do regimen federativo.

A varias razões se arrimam os propugnadores dessa reforma. Em primeiro logar, um grande inconveniente se lhes antolha na multiplicidade de organisações judiciarias e de normas processuaes, creadas pelos Estados, ao lado da organisação judiciaria e do processo federaes. Um defeito de mais graves consequencias descobrem nas judicaturas locaes, despidas das necessarias garantias de independencia, e mais ou menos expostas aos golpes das paixões e dos interesses da pequena politica de certos Estados. Finalmente, sob a fórma de uma objecção peremptoria asseveram a impossibilidade de separar o direito material do formal.

Certo seria mais commodo a todos os que lidam no fôro brasileiro, especialmente aos juizes e advogados, serem obrigados a estudar um só direito judiciario, isto é, uma só organisação judiciaria e um só processo. Mas, se se attender um pouco á utilidade collectiva, ha de se verificar que, dada a grande extensão chorographica de não poucos dos nossos Estados, a escassez de população de quasi todos, a diversidade de accidentes geographicos, de cultura social e de meios de transporte, uma legislação judiciaria uniforme tem serios e manifestos inconvenientes. Uma prova irrecusavel desse asserto, tivemol-a ha pouco. Na lei n. 1785, de 28 de novembro de 1907, já revogada pela de 30 de setembro de 1909, revê-se bem o intuito do legislador de punir mais severa e efficazmente os delictos de peculato e de introducção dolosa na circulação de moeda falsa. Mas, olvidando a diversidade de condições do paiz, e estabelecendo preceitos sómente applicaveis a certas partes do territorio nacional, em vez de attingir o fim collimado, a lei federal produziu em parte effeito diametralmente opposto. Determinava o paragrapho unico do seu artigo quinto que em caso nenhum deveria a formação da culpa exceder o prazo de vinte dias, começado a contar da data em que foi offerecida a queixa ou denuncia; e, como na quasi totalidade dos Estados, em consequencia das grandes distancias e difficuldades de transporte, é impossivel concluir a formação da culpa no prazo improrogavel dessa lei, o resultado era serem frequentemente soltos os réus por *habeas-corpus*. Esse exemplo, tirado da applicação de normas legaes, que por sua natureza são da competencia do poder legislativo federal, deve convencer-nos da necessidade de não cercear o regimen federativo, reduzindo as attribuições dos Estados naquelles assumptos que pódem e devem ser confiados ás legislaturas locaes. Não se comprehendem uma organisação judiciaria e uma organisação policial, identicas, uniformes, para os Estados do Amazonas e de S. Paulo, de Matto-Grosso e do Rio de Janeiro. No que toca á organisação judiciaria, já no periodo monarchico se havia sentido a necessidade de uma certa descentralisação: pelo artigo 10, § 1º, do Acto Addicional ficára a divisão judiciaria entregue ás assembleias provinciaes; eram essas assembleias que creavam as comarcas, e os municipios que serviam de base á instituição dos termos.

Dada a diversidade de organisações judiciarias, a connexão substancial entre essas leis e as de processo impõe a diversidade de normas processuaes. Se á União fosse outorgada competencia para legislar sobre o processo em geral, teriamos uma destas duas consequencias: ou o processo em dissonancia com a composição dos tribunaes, com as attribuições conferidas aos juizes das diversas instancias, ou a faculdade outorgada aos Estados de elaborarem as suas leis de organisação judiciaria — reduzida ao insignificante poder de crear logares de judicatura, augmental-os e diminuil-os

Quanto aos perigos a que se suppõe exposta a independencia das magistraturas locaes, na Constituição Federal, tal como tem sido invariavelmente applicada nos ultimos tempos pelo Supremo Tribunal Federal, temos um efficaz antidoto, uma garantia quasi completa. Dispõe o artigo 63 da Constituição que cada Estado se regerá pela constituição e pelas leis que adoptar, respeitados os principios constitucionaes da União. No artigo 57, estabelecendo normas fundamentaes acerca do poder judiciario, prescreveu o legislador constituinte a vitaliciedade dos juizes e a irreductibilidade dos seus vencimentos. Vendo neste ultimo artigo um dos principios constitucionaes, indispensaveis ao bom funccionamento do poder judiciario, e que o artigo 63 impõe á observancia dos Estados, a jurisprudencia do Supremo Tribunal Federal tem equiparado perfeitamente, sob este aspecto, as duas magistraturas.

Antes de demonstrarmos a improcedencia do ultimo argumento dos defensores da reforma constitucional, consistente em estatuir uma só magistratura e um só processo para todo o paiz e para todas as causas, notemos que nenhuma duvida póde suscitar-se acerca da competencia conferida ao Congresso Nacional para legislar sobre o direito substantivo, ou material, e da outorgada aos congressos dos Estados para legislarem sobre o direito judiciario, isto é, sobre a organisação judiciaria e o processo (¹). Compete privativamente ao Congresso Nacional, prescreve o artigo 34, n. 23, da Constituição, «legislar sobre o direito civil, commercial e criminal da Republica, e o processual da justiça federal». Havia na mente do legislador constituinte uma clara divisão das leis em dois grupos bem distinctos: de um lado as leis civis, commerciaes e criminaes, e do outro, em opposição, as leis do processo. Quanto ás primeiras, confiou ao Congresso Nacional o poder de as formular indistinctamente. Quanto ás segundas, subdividiu-as em leis processuaes da justiça federal e leis processuaes das justiças locaes, justiças reconhecidas em varios artigos da Constituição. Assim subdivididas as leis do processo, o legislador declarou competente o Con-

---

(¹) Veja-se a este respeito a *Uniformidade do Direito Brasileiro*, em que está colleccionada a polemica, sustentada pelo autor deste livro com o Dr. João Mendes Junior, illustre professor da Faculdade de Direito de S. Paulo, ou as *Dissertações e Polemicas*, do autor, paginas 233 a 279.

gresso Nacional para legislar unicamente sobre o processo da justiça federal.

Em vez de adoptar o systema norte-americano, em que aos Estados é conferido o poder de legislar sobre o direito substantivo e sobre o direito adjectivo, preferiu a nossa assembleia constituinte o systema argentino, no qual compete ao Congresso Nacional organisar o codigo civil, o commercial, o penal e as leis sobre minas, naturalisação, direitos de cidadão, fallencias, falsificações de moeda e documentos publicos do Estado, e as relativas ao jury (art. 67, § 11).

Este systema que é tambem o de Venezuela (art. 13, § 22, da Constituição de 1874), não se póde dizer o melhor. Mais conveniente, considerada a materia *sob o aspecto meramente juridico*, fôra outorgar a uma só entidade a attribuição de elaborar o direito substantivo e o adjectivo. Mas, quer isso dizer que seja impossivel, como pretendem alguns, separar, ou, pelo menos, distinguir as normas do direito material das do direito formal?

Primeiro que tudo assignalemos que o legislador não se atem, nem póde ater-se, a classificações scientificas; visto como as leis são preceitos artisticos, formulados para fins praticos, do que procede o facto de se nos depararem não raro em uma só lei normas materiaes, ou de direito substantivo, e normas formaes, ou de direito adjectivo. O regulamento n. 737, de 25 de novembro de 1850, em varios artigos, especialmente nos de numeros 605 a 638, relativos ás preferencias, nos quaes ha preceitos materiaes sobre a ordem em que uns credores preterem aos outros, e preceitos formaes acerca do modo de processar a preferencia, é um exemplo frisante desse asserto. Mas, não confundamos a difficuldade de discriminar, em certos casos, as regras de direito substantivo das de direito adjectivo, com a impossibilidade de distinguil-as. O que ha algumas vezes, confessemol-o, é difficuldade pratica, o que não significa impossibilidade pratica, e muito menos impossibilidade scientifica.

Com os ensinamentos dos jurisconsultos que têm doutrinado sobre este assumpto, e por meio de uma analyse attenta e paciente, sempre se logra descobrir a linha divisoria entre o processo e o direito substantivo.

Reproduzindo a velha distincção entre o *ordinatorium litis* e o *decisorium litis*, **Dalloz** habilita-nos a destacar o processo do direito material, e é isso o que nos importa; pois, ninguem confunde a organisação judiciaria com o direito substantivo. Transcrevamos-lhe as proprias palavras: «Numa acção judicial cumpre bem distinguir o que só pertence á fórma, á instrucção, ou ao processo, e que os jurisconsultos denominam *ordinatorium litis*, do que interessa ao fundo da causa, daquillo cuja omissão, ou ausencia, neutralisa, ou annulla a acção, e que os jurisconsultos chamam *decisorium litis*. As formalidades da primeira ordem são reguladas pela lei existente ao tempo em que a acção foi intentada; as da segunda ordem dependem sómente da lei sob cujo imperio se deu o facto de que deriva a acção. Tomemos, por exemplo, a prova testemunhal: a fórma segundo a qual se deve proceder á audição das testemunhas, é *ordinatoria litis*, e consequentemente subordinada á lei em vigor ao tempo da inquirição. Mas, a questão da admissibilidade dessa prova só deve ser resolvida pela lei sob cujo imperio se adquiriu a acção. Tal é a doutrina de **Merlin, Favard de Langlade, Duranton e Marcadé**» (*Répertoire*, verbo *Lois*, numero 335). **Mattirolo**, com maior precisão escreveu depois: «O direito probatorio civil, na parte relativa á essencia da prova, á sua admissibilidade em juizo, aos seus effeitos, ás pessôas que devem ministral-a, é regido pelo codigo civil: pelo contrario, na parte que diz respeito ao modo como as provas são exhibidas nos juizos civis, está sujeito ao codigo do processo civil» *(Trattato di Diritto Giudiziario Civile Italiano,* vol. 1º, n. 114, 3ª edição). E **Laurent** em *Le Droit Civil International*, volume 8º, ns. 20 e 21, doutrinou: «Á primeira vista poderia suppôr-se que as provas constituem uma dependencia do processo. Os litigantes produzem suas provas em juizo, no curso de um processo, para o fim de esclarecer o juiz, que nessas provas funda a sua decisão; e é obrigado a decidir segundo as provas legaes: quando mesmo tivesse conhecimento pessoal do facto litigioso, não poderia prevalecer-se desse conhecimento, tomando-o para fundamento de sua decisão. Desde que o facto é legalmente provado, o juiz deve admittil-o como verdadeiro, ainda quando alimente alguma duvida a respeito. A prova é, pois, um elemento essencial na distribuição da justiça; mas, nem tudo o que concerne á justiça, pertence á prova. Ha nesta materia uma distincção tradicional, que serve de base á theoria geralmente adoptada para determinar a lei que regula as provas. Transcrevo o que disse **Boullenois** em seu *Tratado da pessoalidade e realidade dos estatutos:* «Denominam-se regras ordinatorias dos juizos *(ordinatoria judiciorum)* as que respeitam á instrucção do processo e ao modo de proceder das partes e dos juizes, isto é, *ás fórmas, ás solennidades do processo.* Chamam-se decisorias as regras que servem de base á decisão do litigio *(litis decisoria).* As fórmas processuaes são estranhas aos motivos das decisões. Essas fórmas (ou o processo) variam de um paiz a outro, pódem ser absolutamente differentes, sem que taes differenças influam na decisão da causa. O processo do direito canonico era todo escripto, e ainda se observa esse systema na lei prussiana, ao passo que o processo francez é oral e publico. Entretanto, os dois systemas, em questões identicas, nos levarão em regra á mesma decisão. Porque? Porque a decisão é independente do processo. A distincção das regras ordinatorias e decisorias é capital, no que toca á lei que rege o processo, e á lei que rege as provas. As fórmas processuaes mantêm, uma ligação intima com o direito publico: *dependem antes de tudo da organisação dos tribunaes.* Fôra uma usurpação do poder soberano pretenderem os estrangeiros que sua lei nacional regulasse as fórmas de proceder num paiz em que as leis prescrevem fórmas totalmente diversas. Os litigantes, como diz muito bem **Rocco**, não têm nenhum interesse nisso; pois, as differenças de processo não influem na decisão da causa. Sem duvida o processo tem por objecto uma boa administração da justiça, *mas diversos systemas pódem conduzir ao mesmo fim.* É inutil insistir neste ponto, estando todos de accordo». Distinguindo os actos *ordinatorios* dos *decisorios,* escreveram **Asser** e **Rivier**, nos *Éléments de Droit International Privé,* pagina 159: «Os primeiros são formalidades propriamente ditas do processo, prescriptas para o fim de assegurar o andamento justo e correcto do processo, e que não exercem influencia directa no conteúdo da sentença. Os actos decisorios comprehendem tudo o que é preestabelecido para o fim de determinar a relação juridica que existe entre as partes, tudo o que póde consequentemente influir de modo directo na decisão do processo. As fórmas ordinatorias são inseparaveis da natureza do tribunal, de sua competencia, do modo como deve desempenhar as suas funcções. Todos estão de accordo neste ponto». Ensina **Gabba**, por seu turno, na *Retroatività delle*

Leggi, vol. 4, pagina 405, 2ª edição: «O direito adquirido ao processo tem por objecto sómente o processo em geral, e não esta ou aquella fórma de processo, este ou aquelle acto processual». E á pagina 424: «... os actos processuaes, ainda quando servem propriamente para fazer valer direitos adquiridos, não têm connexão substancial com esses direitos, permanecem extrinsecos, e não se pódem absolutamente considerar effeitos, ou consequencias, do direito material. Adquirido um direito protegido pelas leis processuaes, o individuo por certo adquire ao mesmo tempo o direito de proceder em tempo opportuno judicialmente, e adquire esse direito tanto em face da pessôa obrigada, quanto em face do Estado, que organisa e regula os actos processuaes; mas, o modo de proceder, isto é, a organisação e regulamentação dos actos judiciaes, compete ao Estado estatuir, e não é objecto de direito adquirido em relação a qualquer outra pessôa, e muito menos em frente do Estado. O Estado regula os actos processuaes correspondentes aos varios fins juridicos a que esses actos nos levam, partindo não de uma verdadeira necessidade logica, mas da ideia de opportunidade dos meios para a consecução dos fins, e no interpretar essa opportunidade, e no determinar as fórmas adequadas ao escopo de um dado processo, tem um campo livre para combinações engenhosas *(ha libero campo all'inventare),* e frequentes occasiões de reformar, aperfeiçoando, como acontece em todas as obras de interesse mais technico do que racional».

Ahi está, em substancia, nessa classica distincção entre o *ordinatorium litis* e o *decisorium litis,* o seguro criterio para verificar quaes são as normas de direito substantivo, e quaes as de direito adjectivo. Todos os preceitos relativos ás fórmas, ás solennidades, ao modo por que se procede em juizo, são normas de processo, que não influem directamente na decisão da causa. Um processo mais racional, ou mais engenhosamente organisado, facilitará, por certo, ou garantirá melhor o descobrimento da verdade no que toca ao facto, e na propria materia de direito, encaminhando a discussão de modo mais util e efficaz. Mas, a applicação de regras processuaes inferiores não exclue a consecução de um resultado final identico: posto que mais demorada, ou mais penosamente, precisando applicar maior esforço, ou maior attenção e argucia, póde o juiz chegar a igual conclusão. Já o mesmo não é dado affirmar das regras de ordem decisoria: se em vez da escriptura publica fôr admittida a prova testemunhal, o desfecho da acção poderá ser radicalmente diverso. As normas desta especie e a sua applicação influem evidente e incontestavelmente na decisão da causa.

Para fazermos mais clara a distincção entre o direito substantivo e o adjectivo, distincção que algumas vezes é subtil, como já dissemos, e só póde ser apprehendida por uma analyse attenta e perspicaz, preferimos recorrer a alguns exemplos. Na *Uniformidade do Direito Brasileiro* o notavel professor da Faculdade de Direito de S. Paulo, já citado, Sr. Dr. **João Mendes Junior**, faz a seguinte classificação dos actos ordinatorios e dos actos decisorios: «São actos ordinatorios — *a citação, o libello* ou *proposição da acção, o offerecimento de excepções, a contestação, a replica, a treplica, a reconvenção, a autoria, a assistencia e a opposição*, e bem assim *a assignação e lançamento da dilação probatoria, as assignações e lançamentos dos termos de vista* e outros. São actos decisorios *as confissões, os depoimentos das testemunhas, a producção de instrumentos, as vistorias e arbitramentos*, assim como *a sentença, a solu-*

ção, *a arrematação, a adjudicação e quaesquer outros actos que ponham termo ao feito*». Enganar-se-ia profundamente quem suppuzesse que a *citação* é materia exclusivamente de natureza ordinatoria. Os preceitos concernentes á fórma, ou ao modo da citação, ao tempo em que esta deve ser feita e accusada, são ordinatorios, ou processuaes. Mas, a norma juridica que ordena a citação, sob pena de ser nulla a sentença proferida em litigio em que não se fez a citação inicial (em tal hypothese *todo o processo será nenhum,* na phrase da Ordenação, livro 3º, titulo 65, § 5º) é direito substantivo, ou material. Influe manifestamente na decisão da causa. Dahi a seguinte conclusão: aos Estados é facultado legislar sobre a fórma da citação, sobre o tempo e o modo de se proceder á citação, etc.; mas, não lhes é permittido alterar de qualquer modo o preceito que determina a citação inicial, sob pena de ser nulla a sentença. Tambem da arrematação e da adjudicação não se póde dizer que sejam actos meramente decisorios. As formalidades com que se procede a uma e outra são materia processual, ou *ordinatoria litis;* mas, as normas relativas, por exemplo, á capacidade para arrematar, ou lançar na praça, e para requerer a adjudicação, aos effeitos de um e outro acto, ao levantamento do preço da arrematação com, ou sem fiança, são de direito material. Mais um exemplo: o direito processual determina a fórma de se contestar a lide: o direito material estatue que a contestação da lide interrompe a prescripção, torna a coisa litigiosa, dá direito á percepção dos frutos e interesses pelo autor. O que se deduz do que temos escripto, é que muito mais limitado do que á primeira vista parece, é o campo de actividade legislativa deixado aos Estados, neste assumpto de direito formal. Aos Estados é vedado elaborar leis que cerceiem os direitos das pessôas singulares e collectivas em materia de liberdade, de direitos patrimoniaes, de obrigações, da familia e da successão. Sua competencia se restringe a formar preceitos concernentes á genese e attribuições dos seus tribunaes singulares e collectivos, e ás formalidades, ás solennidades, com que se procede em juizo.

Essa mesma faculdade de formular leis ordinatorias do juizo é muito logicamente negada ao Estado, em se tratando de processos especiaes. Assim, por exemplo, estão todos concordes, em materia de fallencia, na opinião de que é impossivel separar a parte substantiva desse instituto da adjectiva, para confiar a primeira ao Congresso Nacional e a segunda aos congressos dos Estados. Separar neste caso o direito material do formal fôra extinguir o instituto da fallencia, meio extraordinario de execução, *concursus creditorum sui generis*, que se distingue dos meios ordinarios de execução por seus caracteres essenciaes de universalidade e de unidade ([1]). Para garantir o credito e toda a possivel igualdade entre os credores, importa organisar—como um meio necessario—todo o rito processual da fallencia. Essa connexão substancial entre o meio e o fim basta para tornar indissoluveis as normas processuaes e materiaes da fallencia.

Ha outros *processos especiaes*, que, sem ostentarem entre os preceitos de ordem substantiva e os de ordem adjectiva a intima ligação que da fallencia faz um todo massiço, tambem por sua natureza não pódem ser alterados pelos congressos dos Estados. Tal é, por exemplo, o processo da lei n. 2044, de 31 de dezembro de 1908. Dispõe

---

([1]) *Vide* **Carvalho de Mendonça**, *Das Fallencias*, parte 1ª, § 3º

essa lei no artigo 49 que a acção cambial é a executiva, e no artigo 51 que «*na acção cambial sómente é admissivel defesa fundada no direito pessoal do réu contra o autor, em defeito de fórma do titulo e na falta de requisito necessario ao exercicio da acção*». Que é da competencia da União, e que é da competencia dos Estados, neste assumpto? Será licito ao Estado alterar o processo, e substituir, por exemplo, a acção executiva pela decendiaria, que é a que tinhamos para o caso até ha pouco? Não; porquanto, o fim collimado pelo legislador ao prescrever a acção executiva, foi cercar de mais efficaz garantia o direito substantivo, tornar mais facil a cobrança e mais certo, ou menos incerto, o pagamento da letra de cambio, dar, em synthese, maior segurança ao direito do credor. Para isso, só admittiu tres casos de defesa, e determinou que, não paga a divida incontinenti, immediatamente se proceda á penhora. Inquestionavelmente substituir uma acção de defesa tão restricta e de curso tão rapido, por outra em que o réu é citado para dentro de dez dias pagar ou allegar por via de embargos as excepções e defesa que lhe assistirem, podendo articular a falsidade, a nullidade, o pagamento, a novação, a prescripção e a circumstancia de estar a letra prejudicada, ou endossada depois do vencimento, é reduzir as garantias concedidas pelo legislador federal ás letras de cambio, ou modificar o direito substantivo. Já antes a lei n. 169, A, de 19 de janeiro de 1890, e o decreto n. 370, de 2 de maio do mesmo anno, derogando a lei n. 1237, de 26 de setembro de 1864 e o decreto n. 3453, de 26 de abril de 1865, haviam estatuido para a cobrança das dividas hypothecarias a acção executiva do regulamento n. 737 de 25 de novembro de 1850, em logar da acção decendiaria, até então applicada para o mesmo fim. Neste caso, como no de que nos occupámos anteriormente, aos Estados é interdicto reduzir as garantias hypothecarias (materia evidentemente de direito substantivo) por uma modificação processual, cujo resultado seja differir a época do pagamento, ensanchando ao réu os meios de defesa judicial.

Os exemplos exhibidos patenteiam a distincção entre os preceitos ordinatorios e os decisorios, evidenciando ao mesmo tempo a verdade do asserto de que num só codigo, numa só instituição de direito, numa só lei, se nos deparam na mais estreita ligação regras ordinatorias e regras decisorias do juizo, ou, por outros termos, o processo e o direito substantivo.

A competencia, outorgada aos Estados pela Constituição, para legislar sobre a organisação judiciaria e o processo da justiça commum, se tem uma certa amplitude na parte relativa á formação dos juizos de primeira e segunda instancia e ás attribuições dos mesmos, é muito restricta no que entende com a elaboração do processo. Nesta ultima parte, a cada momento deve o legislador local consultar o direito da União, para evitar o escolho de, legislando sobre o processo, offender direitos substantivos.

Finalmente, se os congressos dos Estados fizerem leis de organisação judiciaria, ou de processo, que firam o direito civil, commercial ou criminal, da Republica, ao Congresso Nacional cumpre abrogar essas leis. É um corollario logico e necessario do regimen federal, em que a soberania está incarnada na União, e os Estados apenas são autonomos. «Uma consequencia necessaria da soberania do Estado federal é que a lei federal abroga pelo só facto de sua promulgação qualquer disposição das leis de um Estado federado, que lhe seja contraria: *Bundesrecht bricht Landesrecht — direito federal cassa direito local*. Esta regra, que aliás decorre necessariamente da soberania do Estado federal, está formulada de modo expresso na maior parte das constituições federaes, subentendendo-se, não ha duvida acerca deste ponto, nas raras constituições que não a incluem explicitamente» (**Le Für**, *État Fédéral,* pagina 593).

---

§ 5º Por força do artigo 55 da Constituição Federal são orgams do poder judiciario da União o Supremo Tribunal Federal e tantos juizes e tribunaes, quantos o Congresso crear.

Bem determinam o artigo 56 e os seguintes, e varios outros esparsos na Constituição, como se compõe o Supremo Tribunal Federal, e quaes as suas attribuições.

Mas, no que respeita aos *juizes e tribunaes federaes,* não usou o legislador constituinte da mesma linguagem explicita e precisa. Dahi notaveis divergencias na interpretação deste artigo 55, quando se trata de averiguar a significação do termo—*tribunaes.* Para uns a expressão —*juizes e tribunaes federaes*—quer dizer—juizes singulares de primeira instancia e tribunaes collectivos de segunda. Para outros os vocabulos —*juizes e tribunaes*—são equivalentes a tribunaes singulares e collectivos de primeira instancia, residindo no Supremo Tribunal Federal a segunda e ultima instancia. Entendem os primeiros que, respeitada a Constituição, é possivel crear alguns tribunaes regionaes de segunda instancia, que julguem definitivamente certas causas, e outras com recurso para o Supremo Tribunal Federal, que assim virá a funccionar como terceira instancia. Pensam os segundos que, dentro da Constituição, não é permittido instituir taes côrtes regionaes de segunda instancia; porquanto, o legislador constituinte fez do Supremo Tribunal Federal a segunda instancia, e não cogitou de nenhuma outra.

Em primeiro logar, assignalemos a differença muito sensivel que se nota entre a redacção das disposições da Constituição brasileira acerca do poder judiciario e a dos artigos analogos das outras constituições, em que se inspirou o legislador patrio. Estatúe o artigo III, secção 1ª, da Constituição norte-americana: «O poder judiciario dos Estados-Unidos será confiado a uma Côrte Suprema e ás côrtes inferiores que o Congresso fôr julgando necessario crear e constituir». E na secção 2ª, alinea 2ª: «Em todos os outros casos antes mencionados, a Suprema Côrte será tribunal de appellação, tanto em materia de direito como na de facto, *com as excepções e regras que o Congresso determinar*» *(with such exceptions, and under such regulations, as the Congress shall make)*. E a Constituição argentina no artigo 94: «O Poder Judiciario da Nação será exercido por uma Suprema Côrte de Justiça, e pelos demais tribunaes inferiores que o Congresso estabelecer no territorio nacional». E no artigo 101 accrescentou: «Nesses casos a Suprema Côrte exercerá a sua jurisdicção em grau de appellação, *segundo as regras e excepções que o Congresso prescrever*» *(según las reglas y excepciones que prescriba el Congreso)*. Ambas as constituições deixáram ao Congresso Nacional uma certa amplitude no organisar os tribunaes federaes. Em ambas se permitte ao Congresso abrir as excepções que lhe parecerem convenientes.

Rumo diverso foi o seguido pelo nosso legislador constituinte, que não se limitou a traçar os lineamentos geraes da organisação do poder judiciario: nos artigos 59, 60 e 61, fixou de modo preciso e minuciosamente a competencia do Supremo Tribunal Federal. Com effeito, no artigo 59 dispoz que ao Supremo Tribunal Federal compete julgar, em grau de recurso, as questões resolvidas pelos juizes e tribunaes federaes, assim como as de que tratam o mesmo artigo, § 1º, e o artigo 60 (ha aqui evidentemente um equivoco, ou erro typographico: as questões resolvidas pelos juizes e tribunaes federaes, que constituem a primeira classe enumerada no artigo, são exactamente as do artigo 60, que não podia ser assim repetido; em vez de 60 deve lêr-se 61).

Por força de um claro e terminante preceito constitucional ficou o Supremo Tribunal Federal investido de competencia para julgar em grau de recurso as questões resolvidas pelos juizes e tribunaes federaes. Quaes são essas questões? Fez o legislador constituinte alguma distincção, que autorise o legislador ordinario a dividir essas questões em duas classes, uma julgada pelos tribunaes, ou côrtes regionaes, de segunda instancia, e outra pelo Supremo Tribunal Federal? Restringiu de qualquer modo a competencia outorgada pela Constituição ao Supremo Tribunal Federal para julgar em grau de recurso os litigios já decididos pelos juizes e tribunaes federaes? Permittiu ao menos, á guiza da Constituição norte-americana e da argentina, que o Congresso Nacional por meio de leis ordinarias abrisse excepções á regra estatuida na Constituição? Absolutamente, não. As questões que o Supremo Tribunal Federal julga em grau de recurso, são indistinctamente as já decididas pelos juizes e tribunaes federaes, além das que lhe são apresentadas sob a fórma de recurso extraordinario, e das do artigo 61. Todas? Nenhuma foi excluida pelo legislador constituinte. Com que direito, pois, se ha de negar a um litigante que invoca tão clara disposição constitucional, o recurso para o Supremo Tribunal Federal das sentenças dos juizes e tribunaes federaes? Se a nenhum litigante permitte a Constituição que se tolha o direito de recorrer das decisões dos juizes singulares e collectivos federaes, a consequencia necessaria será termos o Supremo Tribunal Federal convertido em terceira instancia para as causas federaes, desde o momento em que se organisem tribunaes federaes de segunda instancia. Mas, não era possivel que na mente do legislador constituinte estivesse o designio de crear uma terceira instancia ordinaria. Nos termos, na letra da Constituição não se vislumbra o menor vestigio desse pensamento. Em grau de recurso, na justiça federal, julga o Supremo Tribunal Federal, eis o que estatue a Constituição, e nada mais acerca de recursos nas causas federaes. Se as palavras da Constituição não autorisam o interprete a formar o conceito do que o legislador constituinte tenha querido estabelecer tres instancias, menos ainda a isso o autorisa o espirito da nossa lei fundamental. Se attendermos ás tradições do nosso direito, ás ideias que sempre domináram entre nós, aos ensinamentos dos melhores jurisconsultos, havemos de nos convencer de que a calamidade judicial de uma terceira instancia ordinaria não foi creada, nem é tolerada pela nossa Constituição. A Constituição do Imperio no artigo 158 vedava expressamente a creação de tribunaes de terceira instancia. Nunca se formou entre os nossos juristas uma corrente de ideias favoravel á instituição da terceira instancia. O Supremo Tribunal de Justiça do Imperio e a revista exprimiam, como sabem todos, uma creação juridica distincta da terceira instancia. Filiam-se provavelmente essas disposições legaes e essas ideias doutrinarias á incontestavel influencia, exercida sobre os nossos legisladores e jurisconsultos, nos primeiros tempos de nossa vida de nação independente, por **Bentham**, cujo espirito era tão adverso ao recurso judicial para uma terceira instancia: «Quantos graus de appellação devem ser admittidos ? Um só, *irrevogavelmente um só;* a decisão deve ser peremptoria, cortando quaesquer temores e quaesquer esperanças em relação á causa» (¹). E em seguida, com a segurança e precisão de um geometra, fundamenta o philosopho britannico a sua these com alguns aphorismos inconcussos.

A creação de tribunaes regionaes federaes de segunda instancia tem sobretudo o inconveniente de aggravar extraordinariamente o mal, que por esse meio se procura remediar. Desde que todos os litigantes pódem, invocando o artigo 59, II, da Constituição, recorrer para o Supremo Tribunal Federal das sentenças dos juizes e tribunaes federaes, a consequencia indefectivel será continuar o Supremo Tribunal Federal sobrecarregado do mesmo superabundante trabalho que o opprime, e protelar-se muito mais a decisão dos feitos. Não se comprehende que a idéia da instituição dos tribunaes de segunda instancia tenha sido suggerida pelos que desejam abreviar o julgamento definitivo dos pleitos judiciaes. É um contrasenso.

Fazer do Supremo Tribunal Federal uma terceira instancia ordinaria é augmentar a já in-

---

(¹) *De l'Organisation Judiciaire et de la Codification*, de **J. Bentham**, par **E. Dumont**, pag. 216.

supportavel lentidão com que se decidem as causas federaes. E fragmentar o artigo 60 da Constituição, para que *algumas das causas ahi enumeradas sejam dirimidas pelas côrtes regionaes sem mais recurso, e outras possam ser definitivamente julgadas pelo Supremo Tribunal Federal em terceira instancia, é a mais arbitraria das soluções.* Desde **Benjamin Constant** até **Willoughby** sempre se tem entendido que é materia constitucional tudo o que diz respeito á formação, attribuição, exercicio e limites dos poderes politicos, e ás garantias dos direitos individuaes. Diante dos rudimentos do direito publico constitucional nunca se poderá justificar a mutilação de uma competencia expressamente outorgada a um dos poderes politicos, de uma attribuição que lhe confere a Constituição em termos de indiscutivel clareza.

Ha um unico argumento em favor da creação dos tribunaes regionaes federaes de segunda instancia, investidos do poder de julgar definitivamente certas causas d'entre as relacionadas no artigo 60. Esse argumento é a utilidade, a conveniencia de desafogar o Supremo Tribunal Federal de parte dos seus trabalhos, no interesse da celeridade, ou menor lentidão, nos julgamentos, isto é, em beneficio das partes litigantes. Ahi temos um poderoso motivo para uma reforma constitucional. E nunca para o tentamen de attingir o fim collimado pela violação de uma das disposições mais positivas e explicitas da Constituição.

As palavras — *juizes e tribunaes federaes* — do artigo 55 da Constituição significam — *tribunaes singulares e collectivos da primeira instancia.* Quando se elaborou e promulgou a Constituição Federal, estavam muito em voga, embora sem nenhum motivo que os justificasse, os tribunaes collectivos de primeira instancia, creados pelo decreto n. 1030, de 14 de novembro de 1890. Por este decreto havia na primeira instancia da justiça local do Districto Federal juizes singulares e tribunaes collectivos. Era bem possivel que o legislador ordinario julgasse conveniente crear tambem na justiça federal tribunaes singulares e collectivos de primeira instancia. Entendeu o legislador constituinte que não devia embaraçar a adopção dessa medida. Demais, pelo artigo 72, § 31, da Constituição ficou mantida a instituição do jury, tanto na justiça local como na federal. Das sentenças proferidas pelo jury, tribunal collectivo, nas questões federaes, conhece em grau de recurso o Supremo Tribunal Federal.

Ahi estão razões sufficientes para explicar a linguagem do legislador constituinte no artigo 55, na parte relativa á primeira instancia da justiça federal. A leitura dos *Annaes do Congresso Nacional,* que votou a Constituição, convence-nos de que a expressão—*tribunaes de primeira instancia,* com a significação de *juizos collectivos* ao lado dos juizes singulares, era a usada pelos membros da assembleia constituinte: uma das emendas mais desenvolvidas ao artigo 55 contém as palavras—«*juizes ou tribunaes de primeira instancia*» (¹).

Os juizes e tribunaes federaes, actualmente existentes, são os juizes seccionaes, um em cada Estado da União e dois no Districto Federal, os seus substitutos e supplentes, e o jury federal na séde de cada uma das secções (decreto n. 848, de 11 de outubro de 1890, artigos 13 a 20, e 40 a 44, lei n. 221, de 20 de novembro de 1894, ar-

---

(¹) Volume 1º, pagina 116.

tigos 2 e 3, e 20 e 21, e decreto n. 3084, de 5 de novembro de 1898, artigos 54 a 91).

Afastando-se das outras constituições federaes, declara a nossa que a séde do Supremo Tribunal Federal é a capital da Republica. Não é em virtude de disposição constitucional, pois nenhuma ha sobre este ponto, que a Suprema Côrte Federal norte-americana funcciona em Washington, ou a argentina em Buenos-Ayres. Na Suissa o Tribunal Federal está installado em Lausanne, e não na capital, por força da lei federal de 27 de junho de 1874, confirmada nesta parte pela de 22 de março de 1893 e pela de 6 de outubro de 1911. E tambem na Allemanha não é na capital, mas em Leipzig, que tem sua séde o Tribunal do Imperio (§ 2º da lei imperial de 11 de abril de 1877).

Art. 56. O Supremo Tribunal Federal compor-se-á de quinze juizes, nomeados na fórma do artigo 48, n. 12, d'entre os cidadãos de notavel saber e reputação, elegiveis para o Senado.

§ 6º Nas constituições que serviram de modelo á nossa, não se fixou o numero de membros da côrte suprema. Nem no artigo 94, nem nos seguintes, da Constituição argentina se nos depara qualquer norma nesse sentido. Foi a lei de 16 de outubro de 1862 que constituiu a Suprema Côrte com cinco juizes e um procurador geral. Os argentinos imitáram os norte-americanos, que na sua lei fundamental nada haviam estatuido a esse respeito. Foi a *lei judiciaria (judiciary act)* de 24 de setembro de 1789 que fixou em seis o numero dos juizes da Suprema Côrte: um presidente *(Chief-Justice)* e cinco juizes *(Associate Justices)*. Omittindo as alterações, determinadas por motivos politicos, que não nos interessam, lembraremos apenas que em 1837 se elevou esse numero a oito e em 1869 a nove, numero que ainda perdura.

A recordação do que se tem passado nos Estados-Unidos da America do Norte, onde por meros interesses dos partidos politicos se têm promulgado leis que, com manifesto prejuizo para a administração da justiça, óra augmentavam, óra diminuiam o numero de membros da Suprema Côrte, justifica plenamente este preceito do artigo 56, em que se fixa o numero dos membros da nossa Côrte Suprema. Facil é imaginar o que fariam, sem essa limitação, as ambições, os interesses e as vindictas politicas, num paiz em que são frequentes os desvairamentos dos partidos, ou dos grupos politicos.

Tambem differente da Constituição norte-americana é a nossa, no que toca aos predicados exigidos para a nomeação dos membros da Suprema Côrte. Nenhum requisito estatuiu aquella Constituição, nem a lei judiciaria *(judiciary act)* de 1789. Determina a nossa que sejam nomeados sómente os cidadãos de notavel saber e reputação, elegiveis para o Senado.

Dada a funcção dos juizes, é evidente que o saber requerido deve consistir no conhecimento dos varios ramos do direito. Não se faz necessario, para o demonstrar, que approximemos do nosso artigo o 97º da Constituição argentina, que só permitte a nomeação para a Côrte Suprema dos que durante oito annos exerceram o cargo de *abogado de la Nacion*. Indefensaveis são, portanto, os actos do governo de um dos periodos mais ominosos da nossa historia, pelo qual foram nomeados para o Supremo Tribunal Federal um medico e dois generaes do exercito, que nenhuma competencia haviam revelado em assumptos juridicos.

Os membros do Supremo Tribunal Federal são nomeados pelo Presidente da Republica, sujeitando-se a nomeação á approvação do Senado. Pelo mesmo presidente são nomeados os juizes seccionaes, mediante proposta de tres nomes, feita pelo Supremo Tribunal Federal, de accordo com os artigos 184 a 195 do regimento do Tribunal.

Art. 57. Os juizes federaes são vitalicios, e perderão o cargo unicamente por sentença judicial.

§ 1º Os seus vencimentos serão determinados por lei, e não poderão ser diminuidos;

§ 2º O Senado julgará os membros do Supremo Tribunal Federal, e este os juizes federaes inferiores.

§ 7º Tão essencial é a vitaliciedade ao poder judiciario, como ao poder legislativo a temporariedade. A vitaliciedade, condição necessaria da independencia dos juizes, é hoje um dogma do direito constitucional.

Nos Estados-Unidos da America do Norte uma das causas principaes, senão a unica, da manifesta inferioridade dos juizes dos Estados, comparados aos da União, está no modo de prover os cargos de judicatura de muitos desses Estados, os quaes adoptáram para esse fim a eleição por periodos mais ou menos curtos. Sómente justas censuras tem provocado essa pessima applicação de um principio democratico, que, se constitue elemento visceral do poder legislativo e do executivo, é absolutamente inadequado á formação do judiciario [1]. Ninguem mais expressivamente, nem de

---

[1] Vejam-se, entre outros, **Bryce**, *American Commonwealth*, volume 1º, e **Nerinex**, *L'Organisation Judiciaire aux États-Unis*, ligeiro trabalho de vulgarisação.

modo mais preciso, do que **Story** já deu uma ideia do que deve ser a independencia do poder judiciario, e do quanto lhe é necessaria a vitaliciedade. Depois de enumerar os predicados do juiz, *a sabedoria, a sciencia, a integridade, a independencia e a firmeza,* recorda o autor dos *Commentaries* as palavras com que **Burke** formulou, sagaz e concisamente, a doutrina que acerca do poder judiciario todas as republicas devem preconisar e applicar: «*Whatever is supreme in a state ought to have, as much as possible, its judicial authority so constituted, as not only not to depend upon it, but in some sort to balance it. It ought to give security to its justice against its power. It ought to make its judicature, as it were, something exterior to the state*» (¹). Importa garantir o poder judiciario, defendendo-o da pressão, das usurpações e da influencia dos outros poderes politicos. Para isso é mister organisar de tal modo a magistratura, que, em vez de ficar dependente do poder executivo, constitua ella um freio a esse poder.

Não se argumente com o exemplo da Suissa, cujo Tribunal Federal se compõe de membros e supplentes, nomeados pela Assembleia Federal, para servirem durante seis annos apenas. Os costumes, a educação do povo, a brandura das lutas politicas, a pequenez do territorio, a posição internacional, tudo concorre para fazer da Suissa um paiz cujas instituições peculiares não pódem ser imitadas facilmente.

Nenhuma efficacia teria a vitaliciedade, se os vencimentos dos juizes pudessem de qualquer modo ser diminuidos. Eis a razão pela qual o nosso legislador constituinte, imitando o norte-americano (artigo 3º, secção 1ª) e o argentino (artigo 96),

---

(¹) *Commentaries*, tomo 2º, § 1577.

estatuiu a irreductibilidade dos vencimentos, que, expressa para os magistrados federaes, está implicitamente garantida pelo artigo 63 da Constituição ás judicaturas dos Estados, como invariavelmente tem julgado o Supremo Tribunal Federal por innumeras sentenças.

Está subentendido que a irreductibilidade dos vencimentos dos juizes obsta á creação de quaesquer impostos sobre esses vencimentos. Ao contrario, muito facil fôra violar o preceito constitucional, reduzindo successivamente, ou de uma só vez, a proporções insignificantes, a retribuição que a lei declara intangivel.

§ 8º. Segundo prescreve a Constituição, o Senado julgará os membros do Supremo Tribunal Federal nos crimes de responsabilidade. Nos crimes communs são esses magistrados julgados pelo proprio tribunal de que são membros. Este ultimo preceito não está expressamente incluido na Constituição; mas, na discussão do Congresso Nacional ficou bem evidente que esse era o pensamento dos elaboradores da nossa lei fundamental *(Annaes,* tomo 2º, pagina 89), e assim depois sempre se tem entendido ([1]).

O que dispõe a Constituição, é que ao Senado privativamente compete julgar os membros do Supremo Tribunal Federal (artigo 33, combinado com este artigo 57). Dahi tres opiniões diversas, pois não temos lei que regule a materia: querem uns que se observe em tudo nesta hypothese o disposto na Constituição (artigo 29) para o caso de ser processado o Presidente da Republica, isto é, que primeiro a Camara dos Deputados julgue procedente a accusação; pretendem

---

([1]) **João Barbalho,** *Commentarios,* pagina 233. *(Vide* a lei n. 221, de 20 de novembro de 1894, art. 22, *a).*

outros que, não encerrando a Constituição nenhum preceito quanto á declaração de procedencia ou improcedencia da accusação pela Camara dos Deputados, nem quanto ao processo, quando se trata dos membros do Supremo Tribunal Federal, a este compete processar os seus membros, ficando limitada a competencia do Senado ao julgamento; pensam, finalmente, terceiros que o Senado é competente para processar e julgar, sem a intervenção de nenhuma outra entidade constitucional.

As normas das duas constituições que nos serviram de modelo, não subministram argumento que nos leve a affirmar que neste ponto o legislador patrio tenha querido formular uma regra identica. Começa o legislador norte-americano por declarar que só a Camara dos Representantes tem o poder do *impeachment,* ou competencia para receber uma denuncia por certos delictos, submettidos ao julgamento do Senado (artigo 1º, secção 2ª, 5). Estatue depois que unicamente o Senado poderá julgar todos os *impeachments* (artigo 1º, secção 3ª, 6). Afinal no artigo 2º, secção 4ª, determina que o Presidente, Vice-Presidente e todos os funccionarios civis dos Estados-Unidos serão destituidos de suas funcções, se, em consequencia de um *impeachment,* forem convencidos de traição, concussão, ou outros crimes. A Constituição argentina, no artigo 45, confere á Camara dos Deputados exclusivamente o direito de acusar perante o Senado o Presidente, o Vice-Presidente, seus ministros e os membros da Côrte Suprema: «*sólo ella ejerce el derecho de acusar ante el Senado al Presidente, Vicepresidente, sus ministros y á los miembros de la Côrte Suprema*». No artigo 51 declara que pertence ao Senado julgar em audiencia publica as pessôas denunciadas perante a Camara dos

Deputados. Prescrevem, pois, as duas constituições de modo muito expresso que nenhum membro da Côrte Suprema seja submettido a processo perante o Senado sem a prévia accusação perante a Camara dos Deputados e a autorisação desta para o julgamento pelo Senado.

Explicitamente contém a nossa Constituição alguma norma identica, ou similhante? Não: o artigo 29 reza assim: «Compete á Camara a iniciativa do adiamento da sessão legislativa e de todas as leis de impostos, das leis de fixação das forças de terra e mar, da discussão dos projectos offerecidos pelo poder executivo e a declaração da procedencia ou improcedencia da accusação contra o Presidente da Republica, nos termos do artigo 53, e contra os ministros de Estado nos crimes connexos com os do Presidente da Republica». No artigo 53 repete a determinação de começar o processo pela denuncia dada á Camara dos Deputados: «O Presidente dos Estados Unidos do Brasil será submettido a processo e a julgamento depois que a Camara declarar procedente a accusação, perante o Supremo Tribunal Federal nos crimes communs, e nos de responsabilidade perante o Senado». Duas vezes declara necessario que a accusação tenha inicio perante a Camara, quando o denunciado é o Presidente da Republica. Entretanto, nem uma só vez allude a essa necessidade, quando o denunciado é um membro do Supremo Tribunal Federal. E, como a essa differença de enunciados nos textos legaes corresponde uma incontestavel differença entre a posição juridica e as funcções de um membro do Supremo Tribunal Federal e a posição juridica e as funcções do Presidente da Republica, o que é logico e juridico deduzir das expressões usadas pelo legislador constituinte, é que foi seu intento sujeitar á Camara dos Deputados a denuncia contra o Presidente da Republica, e não a dada contra os membros do Supremo Tribunal Federal.

Declarar o Supremo Tribunal Federal competente para processar os seus membros no caso de *impeachment,* fôra garantir os juizes, preserval-os das injustiças de um corpo politico, que, além de conter um grande numero de cidadãos sem nenhum preparo juridico, é muitas vezes arrastado por interesses e paixões politicas, ou obedece ás determinações do chefe da nação, muitas vezes em antithese com as conveniencias e as necessidades sociaes e com principios inconcussos da ethica. Mas, a faculdade de processar, assim conferida ao proprio tribunal de que é membro o denunciado, importaria em restringir a attribuição do Senado. Viria este a ficar privado de exercer sua competencia, sempre que ao Supremo Tribunal Federal se afigurasse não haver justo motivo para a denuncia, contra a letra e o espirito da Constituição.

No que respeita á outorga de attribuições e á limitação de poderes, não se justifica a interpretação que se afasta dos termos da lei, sem um poderoso e irrefragavel fundamento, emergente da doutrina.

Ao Senado compete processar e julgar os membros do Supremo Tribunal Federal nos crimes de responsabilidade.

Esses crimes são os definidos no Codigo Penal. Quando no artigo 54 se occupou dos crimes de responsabilidade do Presidente da Republica, o legislador constituinte indicou em que consistiam taes delictos, e dispoz que na primeira sessão do primeiro Congresso se fizesse a lei em que taes crimes deviam ser definidos, de accordo com o preceito do artigo 54. No § 2º deste artigo 54 allude apenas aos crimes de responsabilidade. Parece evidente que não se cogitou de crimes de responsabilidade que devessem ser creados especialmente para os membros do Supremo Tribunal Federal, de novas figuras de crimes de responsabilidade, até então ignoradas entre nós, mas dos crimes de responsabilidade capitulados em nossa lei penal. Nem explicita, nem implicitamente, a Constituição autorisa o Congresso a arvorar em crimes de responsabilidade para os membros do Supremo Tribunal Federal actos que não se reputam taes para a magistratura, federal ou estadual, em face do nosso Codigo Penal.

§ 9º Terá cabimento o *impeachment*, em se tratando de quaesquer crimes de responsabilidade? Não: não sendo permittido ao Senado impôr outras penas que não a perda do cargo e a incapacidade de exercer qualquer outro (artigo 33, § 3º, da Constituição), é evidente que, sempre que para um crime estiver comminada pena inferior á de perda do cargo e inhabilitação para exercer qualquer outro, não se lhe poderá applicar o *impeachment*. Ao contrario, teriamos de aggravar a pena reputada justa e applicada em outras circumstancias, pelo facto de ser o réu julgado por um tribunal de excepção, e que não offerece as mesmas garantias que os tribunaes communs! Pelo mesmo delicto aos juizes de segunda instancia seria applicada muito mais rigorosa punição que aos de primeira!

O *impeachment* da Constituição brasileira não é em tudo identico ao da Constituição norte-americana, como veremos adiante.

Art. 58. Os tribunaes federaes elegerão de seu seio os seus presidentes, e organisarão as respectivas secretarias.

§ 1º A nomeação e a demissão dos empregados de secretaria, bem como o provimento dos officios de justiça nas circumscripções judiciarias, compete respectivamente aos presidentes dos tribunaes.

§ 2º O Presidente da Republica designará, dentre os membros do Supremo Tribunal Federal, o procurador geral da Republica, cujas attribuições se definirão em lei.

§ 10. O presidente e o vice-presidente do Supremo Tribunal Federal são eleitos pelo mesmo tribunal, e servem por espaço de tres annos, segundo dispõe o regimento vigente do referido tribunal, de 24 de maio de 1909, no artigo 6º.

Contém o mencionado regimento, nos artigos 238 e seguintes até ao artigo 271, tudo o que diz respeito á organisação da secretaria do Supremo Tribunal Federal, á ordem de serviço nessa repartição e á demissão e penas disciplinares e correccionaes, comminadas ás faltas dos seus empregados.

São attribuições do presidente do Supremo Tribunal Federal (artigo 17 do citado regimento' em que estão compiladas as disposições legaes concernentes á materia): substituir o Presidente da Republica, no impedimento, ou falta, do Vice-Presidente, do vice-presidente do Senado e do presidente da Camara dos Deputados (Constituição, artigos 41, § 2º, e 43, § 3º); presidir ao Senado, quando este deliberar como tribunal de justiça (Constituição, artigo 33, § 1º); dar posse aos membros do Tribunal, e aos juizes seccionaes e substitutos, que se apresentarem para esse fim (decretos n. 848, artigo 12, *a*, e n. 1, de 1891, artigo 5º); dirigir os trabalhos do tribunal, presidir ás suas sessões, propor afinal as questões e apurar o vencido (decreto n. 848, artigo 12, *d)*; manter a ordem das sessões, podendo mandar retirar os assistentes que as perturbarem, impor multa até 50$000 réis ás partes que faltarem ao devido respeito, e prender os desobedientes, fazendo lavrar o respectivo auto, para serem processados (decreto n. 848, artigo 368); distribuir os feitos e proferir os despachos de expediente (decreto n. 848, artigo 12, *e)*; expedir portarias para a execução das resoluções e sentenças do Tribunal, excepto no que estiver a cargo do relator (lei de 18 de setembro de 1828, artigo 4º, § 9º); assignar com os juizes dos feitos as sentenças e com o relator as cartas de sentença, e as rogatorias ás justiças locaes, ou ás estrangeiras; corresponder-se, em nome do Tribunal, com o Congresso, Presidente da Republica e demais autoridades; informar os recursos de graça interpostos para o Congresso, ou para o Presidente da Republica, quando a sentença condemnatoria tiver sido proferida pelo Tribunal ou este della haja conhecido em grau de appellação, ou revisão (decreto n. 1458, de 14 de outubro de 1854, artigos 1º, 3º e 4º); apresentar ao Tribunal, na última sessão de janeiro, um relatorio circumstanciado dos trabalhos effectuados no anno decorrido, bem como os mappas dos julgados do Tribunal, que deverão ser enviados á Directoria Geral de Estatistica (decisão do Supremo Tribunal Federal, de 1º de junho de 1904); nomear e empossar os empregados da secretaria, dar-lhes substitutos na sua falta ou impedimento, e demittil-os nos casos em que o regimento o faculta (decreto n. 848, artigo 12, *b)*; impor penas disciplinares aos empregados da secretaria que faltarem ao cumprimento de suas obrigações (decreto n. 848, art. 364); rubricar gratuitamente todos os livros necessarios á secretaria; justificar, ou não, as faltas de comparecimento do secretario (decisão do Supremo Tribunal Federal de 1º de junho de 1904); conceder licença aos juizes seccionaes, seus substitutos e supplentes, procuradores da Republica e empregados da secretaria ([1]); conhecer da exigencia ou percepção de emolumentos indevidos, nos termos dos artigos 1º a 8º do decreto n. 3422, de 30 de setembro de 1899; impor multas aos juizes seccionaes e ao secretario do Tribunal, quando não exigirem o pagamento da taxa judiciaria nos casos marcados em lei (decreto n. 3312, de 17 de junho de 1899, artigo 14); executar e fazer executar o regimento (decreto n. 848, artigo 12, *c)*; convocar sessões extraordinarias (lei de 18 de setembro de 1828, artigos 4º, § 10, e 36); mandar proceder á matricula e preparar a revisão annual da antiguidade dos juizes federaes (decretos n. 6214, de 20 de julho de 1849, n. 1496, de 20 de dezembro de 1854, e n. 848, de 11 de outubro de 1890, artigo 12, *g)*.

([1]) As licenças aos ministros do Supremo Tribunal Federal, em virtude de reforma do regimento, são concedidas pelo mesmo Tribunal.

Ao vice-presidente do Tribunal compete substituir o presidente nos impedimentos temporarios (decreto n. 848, artigo 11). Na falta e nos impedimentos do presidente e do vice-presidente do Tribunal, servirá o mais idoso dos ministros, exceptuando-se o que exercer na occasião o logar de procurador geral da Republica (lei n. 221, de 20 de novembro de 1894, artigo 25). O cargo de vice-presidente não impede que o ministro seja contemplado na distribuição e funccione como juiz, emquanto não exercer a substituição, devendo o que a exercer, ou fôr chamado a exercel-a, passal-a ao mais idoso desimpedido, quando houver de relatar ou julgar feito que haja revisto.

§ 11. Em meio da velha e conhecida divergencia de opiniões acerca da questão de saber se o representante do ministerio publico junto de um tribunal deve ser nomeado dentre os membros do tribunal, ou dentre os cidadãos estranhos, adoptou o legislador constituinte neste artigo a primeira solução. O Presidente da Republica designará, dentre os membros do Supremo Tribunal Federal, o procurador geral da Republica.

A **João Barbalho** pareceu ser esse o alvitre mais acertado: entre os membros do Tribunal estão as maiores competencias, affeitas a tratar dos assumptos com que se tem de occupar aquelle funccionario, e o facto de ser o procurador geral tambem ministro faz que reine sempre no Tribunal boa intelligencia e harmonia (¹).

A essas razões demasiadamente fracas se oppõem serios e manifestos inconvenientes: o procurador geral da Republica não raro se vê

(¹) *Commentarios*, pagina 234.

obrigado a defender actos do governo, sem nenhum apoio nas leis, ou nos sentimentos de justiça; mais tarde, como juiz, terá necessidade de repudiar as opiniões que emittiu como advogado (e a posição dos advogados, diz **Bentham**, tem uma certa analogia com a dos actores, aos quaes se permitte, sem consequencias, exprimir sentimentos que o homem reprova ([1])), e isso produz uma situação de manifesto constrangimento, ou, para se manter coherente, votará de accordo com as suas promoções, o que evidentemente é um mal ainda maior.

São attribuições do procurador geral da Republica (regimento citado, artigo 21): exercitar a acção publica, promovendo-a até seus termos finaes em todas as causas da competencia do Tribunal; officiar e dizer do direito e do facto nas causas criminaes, nas civeis que interessarem á União, á Fazenda Nacional e aos incapazes, representados por tutores ou curadores; velar pela execução das leis, decretos e regulamentos, que têm de ser applicados pelos juizes federaes; defender a jurisdicção do Tribunal e dos juizes federaes; ministrar instrucções e conselhos aos procuradores seccionaes, e resolver consultas destes sobre materia concernente ao exercicio da justiça federal; suscitar perante o Tribunal, nos casos da competencia do mesmo, os conflictos entre o governo dos Estados e o da União; prover ás causas que a União tiver de propor contra o governo ou a fazenda publica de qualquer dos Estados, ou do Districto Federal, e defender a União nas que lhe mover qualquer dos seus membros, ou uma nação estrangeira; representar aos poderes publicos o que entender a bem da

---

([1]) Obra citada, pagina 168.

fiel observancia da Constituição, das leis e tratados federaes; exercer perante os poderes politicos da Nação, de conformidade com as leis em vigor, as attribuições do procurador da Soberania e Fazenda Nacional e de promotor da justiça federal; requerer a revisão dos processos findos em materia criminal, nos casos do artigo 16, § 4º, do regimento do Tribunal; requerer exame de sanidade dos juizes federaes que, por enfermidade, se mostrarem inhabilitados para o serviço da judicatura; promover o andamento dos processos em que haja de funccionar e a execução das respectivas sentenças; dar posse aos procuradores seccionaes e nomear quem os substitua em sua falta ou impedimentos temporarios; requisitar da autoridade competente as diligencias, certidões e quaesquer esclarecimentos necessarios para o regular desempenho de suas funcções; apresentar ao Presidente da Republica annualmente um relatorio dos trabalhos do ministerio publico em geral, com as informações recebidas sobre os serviços executados, duvidas e difficuldades occorridas na execução das leis, e indicação das providencias necessarias para o regular exercicio de suas funcções e administração da justiça (decreto n. 848, artigos 22 e 26, lei n. 221, artigo 38, e decreto n. 967, de 2 de janeiro de 1903, artigo 1º). Nas causas que se moverem contra a Fazenda Nacional, ou contra a União, os prazos e dilações concedidas ao procurador da Republica para responder, arrazoar, ou dar provas, serão o triplo dos determinados na lei (lei n. 221, artigo 51). É facultado ao procurador geral tomar parte na discussão de todos os assumptos submettidos ao Tribunal; mas, só póde votar naquelles que não fizerem objecto de julgamento ou decisão judicial (decreto n. 848, artigos 21 e 22, b). No impedimento do procurador geral, ou em sua falta, emquanto não se nomear e empossar quem lhe succeda effectivamente no cargo, servirá o ministro que fôr para isso designado pelo presidente do Tribunal (lei n. 221, artigo 41). Nas appellações ou embargos em que fôr parte a União, ou a Fazenda Federal, embora tenha já falado nos autos como appellante, ou embargante, o procurador geral será ouvido de novo depois da parte contraria (decisão do Supremo Tribunal Federal de 19 de outubro de 1895).

Art. 59. Ao Supremo Tribunal Federal compete:

I Processar e julgar originaria e privativamente:

a) o Presidente da Republica nos crimes communs, e os ministros de Estado nos casos do artigo 52;

b) os ministros diplomaticos, nos crimes communs e nos de responsabilidade;

c) as causas e conflictos entre a União e os Estados, ou entre estes uns com os outros;

d) os conflictos dos juizes ou tribunaes federaes entre si, ou entre estes e os dos Estados, assim como os dos juizes e tribunaes de um Estado com os juizes e tribunaes de outro Estado;

II Julgar, em grau de recurso, as questões resolvidas pelos juizes e tribunaes federaes, assim como as de que tratam o presente artigo, § 1º, e o artigo 60;

III Rever os processos findos nos termos do artigo 81.

§ 1º Das sentenças das justiças dos Estados em ultima instancia haverá recurso para o Supremo Tribunal Federal:

a) quando se questionar sobre a validade ou a applicação de tratados e leis federaes, e a decisão do tribunal do Estado fôr contra ella;

b) quando se contestar a validade de leis ou de actos dos governos dos Estados em face da Constituição, ou das leis federaes, e a decisão do tribunal do Estado considerar validos esses actos, ou essas leis impugnadas.

§ 2º Nos casos em que houver de applicar leis dos Estados, a justiça federal consultará a jurisprudencia dos tribunaes locaes, e vice-versa as justiças dos Estados consultarão a jurisprudencia dos tribunaes federaes, quando houverem de interpretar leis da União.

§ 12. No regimen federativo a justiça local é a commum, ou geral, a que, em regra, processa e julga as acções criminaes, quer intentadas por denuncia do ministerio publico, quer por queixa da parte offendida ; a que, em regra, processa e julga as causas do vasto dominio do direito civil, ou concernentes ao direito das coisas, ao das obrigações, ao de familia e ao de successão, e as causas subordinadas ao direito commercial.

A justiça federal é uma justiça especial, excepcional, que só processa e julga as causas civeis e crimes, que pela natureza das pessôas, ou pela natureza da materia, convem, ou, antes, é necessario que sejam confiadas a essa justiça de excepção, creada e mantida pela União Federal.

§ 13. Ao Supremo Tribunal Federal compete processar e julgar, originaria e privativamente, certas causas crimes e civeis, que lhe são submettidas, já em contemplação da posição juridica e das funcções das partes litigantes (pessôas singulares, ou collectivas) em face da Federação, já em attenção á relevancia da materia sob o aspecto nacional. Assim dentre as causas sujeitas á justiça federal, não só pela natureza das pessôas, como pela natureza da materia, uma nova selecção ainda se faz, em virtude da qual, entregues em geral á primeira e á segunda instancia da justiça federal as questões reputadas federaes por esse criterio, algumas se reservam á jurisdicção originaria e privativa do Supremo Tribunal Federal, porque assim o exigem um alto interesse nacional e a posição especial dos litigantes, circumstancias que requerem para estes casos predicados intellectuaes e moraes que não se presumem nos juizes singulares de instancia inferior, mas que devem ser os apanagios dos membros de uma côrte suprema.

Começa o artigo 59 da nossa Constituição por se afastar neste ponto (o que fez o legislador em tantos outros) do seu modelo, que é a Constituição norte-americana. Ao passo que nos Estados-Unidos da America do Norte o unico julgamento excepcional, estatuido para o Presidente da Republica, é o *impeachment*, em que funcciona o Senado como côrte de justiça, entre nós além do *impeachment* temos para os proprios crimes communs do Presidente da Republica uma competencia excepcional, a originaria e privativa do Supremo Tribunal Federal, com a prévia declaração pela Camara dos Deputados da procedencia da accusação (artigo 53 da Constituição Federal). Tem esta ultima providencia por fim manifesto obstar a que prosigam denuncias aleivosas, processos infundados, acções que inopportuna ou inconvenientemente poderiam arredar do seu posto o chefe da nação, em graves conjuncturas da politica nacional, ou da politica internacional.

Tanto nos crimes communs, como nos de responsabilidade, são os ministros de Estado processados e julgados pelo Supremo Tribunal Federal.

Dispõe o artigo 52 da Constituição que esses funccionarios publicos não são responsaveis perante o Congresso, ou perante os tribunaes, pelos conselhos dados ao Presidente da Republica; respondem, porêm, quanto aos seus actos pelos crimes qualificados em lei, sendo processados e julgados pelo Supremo Tribunal Federal nos crimes communs e de responsabilidade, e nos connexos com os do Presidente da Republica pela autoridade competente para o julgamento deste.

Para bem comprehendermos os preceitos do artigo 52, a que se refere o legislador constituinte neste artigo 59, I, letra *a)*, precisamos recordar ligeiramente a transição, effectuada pelo Brasil, do regimen parlamentar para o regimen presidencial. No regimen parlamentar estão os ministros de Estado sujeitos a uma triplice responsabilidade, *a politica, a penal e a civil* (¹). A primeira, caracteristica do parlamentarismo, consiste na obrigação moral e politica exclusivamente, imposta ao ministerio, de dar ao parlamento conta de seus actos, e de se demittir, desde que perdeu a maioria na camara baixa, ou popular, sendo reduzido o numero dos que pretendem fazer dependente a vida do gabinete de uma maioria na camara alta, ou senado.

No systema parlamentar a responsabilidade penal comprehende duas ordens de factos: pódem os ministros ser processados e julgados por crimes funccionaes, ou de responsabilidade, previstos e punidos pelos codigos penaes e pelas leis penaes especiaes, e tambem por meras faltas, pelo mau uso do poder, por terem, por exemplo, declarado ou provocado uma guerra injusta, por terem mal dirigido as operações bellicas, ou celebrado um tratado de paz cujos sacrificios não eram imperiosamente impostos pelas circumstancias, ou por uma desastrada gestão financeira (²).

(¹) *Vide* **Esmein,** *Éléments de Droit Constitutionnel,* paginas 684 a 724, 4ª edição.

(²) **Esmein,** obra citada, paginas 710 e 711.

Á responsabilidade penal dos ministros accresce a responsabilidade civil, isto é, a obrigação de indemnisar os damnos causados por seus actos administrativos, tanto aos particulares, como ao Estado. Neste ponto se notam profundas divergencias entre as nações que adoptáram e praticam o parlamentarismo (¹).

No systema presidencial não são os ministros orgams do poder executivo, que é incarnado no Presidente da Republica, unico representante desse poder, e unico responsavel pelos actos que pratica nessa qualidade. Ao passo que no parlamentarismo a responsabilidade dos ministros exclue a do chefe da nação, que é completamente irresponsavel, ou só responde em casos muito graves, por exemplo — por crime de alta trahição, como na França, no systema presidencial a incarnação do poder executivo unicamente no Presidente da Republica exclue a responsabilidade politica dos ministros. Estes ficam sujeitos apenas á responsabilidade penal e á responsabilidade civil quanto aos seus actos.

Querendo accentuar essa face do mecanismo do nosso governo, usou o legislador constituinte dos termos exarados no artigo 52. A irresponsabilidade que ahi se estatue, é meramente a irresponsabilidade politica, ou parlamentar. Os dois §§ do mesmo artigo espancam quaesquer duvidas a esse respeito; pois, clara e terminantemente prescrevem que os ministros de Estado são responsaveis pelos crimes communs e pelos crimes de responsabilidade, previstos e punidos pelas leis penaes.

Alêm da responsabilidade penal, estão sujeitos á responsabilidade civil, obrigados a in-

---

(¹) *Vide* **Esmein**, obra citada, paginas 716 e seguintes.

demnisar o damno causado por seus actos criminosos, segundo as regras geraes do direito.

—

§ 14. Ao Supremo Tribunal Federal tambem compete processar e julgar, originaria e privativamente, «os ministros diplomaticos, nos crimes communs e nos de responsabilidade».

O que primeiro que tudo desperta a attenção de quem lê esta parte do artigo 59, é a differença de redacção entre o nosso preceito constitucional e o correlativo na Constituição norte-americana e na argentina. A norte-americana declara, numa expressão ampla, que ao poder judiciario (isto é, á Suprema Côrte Federal, como se explica na seguinte alinea) compete julgar todos os litigios que interessam a embaixadores, ministros publicos e consules *(all cases affecting ambassadors, other public ministers, and consuls)*. A argentina usa destes termos: «*Corresponde á la Corte Suprema... el conocimiento y decision... de las causas concernientes á embajadores, ministros publicos e consules extranjeros*». Quasi reproduz a disposição norte-americana, accrescentando á enumeração dos funccionarios sujeitos á jurisdicção da Côrte Suprema o qualificativo —*estrangeiros*.

Diante da redacção do legislador norte-americano estudam os commentadores da Constituição daquelle paiz a questão de saber em que casos, em se tratando de que litigios, estão os embaixadores e agentes diplomaticos das nações estrangeiras, acreditados junto do governo norte-americano, sujeitos á jurisdicção da Suprema Côrte Federal [1]. **Marshall** em um processo ce-

[1] Veja-se **Story**, *Commentaries*, § 1658 e seguintes.

lebre investigou se a competencia originaria e privativa da Suprema Côrte se estende aos secretarios e famulos de uma embaixada de nação estrangeira nos Estados-Unidos (¹).

Na exegese do artigo correspondente da Constituição argentina inquirem os seus interpretes igualmente quaes as hypotheses em que os agentes diplomaticos estrangeiros pódem ser partes, tanto no civel como no crime, perante a Suprema Côrte Federal. **Agustin de Vedia** noticia alguns julgados desse alto tribunal argentino, relativos á sua competencia para conhecer de questões civeis e criminaes, em que são interessados embaixadores e outros agentes diplomaticos de nações estrangeiras (²).

A competencia de que cogitou o nosso legislador constituinte neste preceito do artigo 59, é muito diversa da que constitue o objecto das disposições referidas da Constituição norte-americana e da argentina. Aqui ficou o Supremo Tribunal Federal investido pelo artigo 59 de competencia originaria e privativa para processar e julgar os ministros diplomaticos *brasileiros*, nos crimes communs e de responsabilidade. Na verdade, basta ler esta parte do artigo 59 para comprehender immediatamente que esta norma da nossa Constituição não póde alcançar os agentes diplomaticos estrangeiros. A regra de direito internacional publico acerca desta materia é bem positiva. «Em materia criminal, estão os agentes diplomaticos isentos de qualquer acção da justiça e das jurisdicções locaes, quaesquer que sejam as infracções por elles perpetradas» (³).

(¹) *Ibidem*, § 1662.

(²) *Constitucion Argentina*, n. 551.

(³) **Despagnet**, *Cours de Droit International Public*, n. 247, 4.ª edição.

« A historia dos tres ultimos seculos não nos subministra um só exemplo de processos criminaes intentados contra um ministro estrangeiro » (¹). Muito bem redigiu, pois, o legislador constituinte nacional o artigo 59, I, letra *b)*. Qualquer que seja o logar onde commettam elles um crime commum, ou de responsabilidade, o tribunal competente para o processo e julgamento dos nossos agentes diplomaticos é o Supremo Tribunal Federal.

Entretanto, se em relação ao crime nenhuma jurisdicção têm os tribunaes do paiz sobre os agentes diplomaticos estrangeiros, no que respeita ao civel a immunidade de jurisdicção cessa, desde que os ministros publicos acceitem voluntariamente, de modo formal ou tacito, a competencia dos tribunaes locaes, como, por exemplo, quando intentam uma acção, e se lhes propõe uma reconvenção (²).

Nesses casos excepcionaes estão os agentes diplomaticos sujeitos á justiça federal. Em nenhuma hypothese tem a justiça local competencia para resolver questões, que de qualquer modo sejam de ordem internacional: suscitando-se um litigio, ou reclamação, entre uma nação estrangeira e a União Federal, ou algum dos Estados, temos um caso expresso de jurisdicção originaria e privativa do Supremo Tribunal Federal (art. 59, I, letra *d)*; se o pleito fôr movido entre nações estrangeiras e cidadãos brasileiros, ou fôr intentado por estrangeiro, e fundado em contractos com o governo da União, ou em convenções, ou tratados, da União com outras nações, bem como sempre que se propuzerem

---

(¹) **H. Bonfils,** *Manuel de Droit International Public,* n. 703, 3.ª edição.

(²) **Despagnet,** obra citada, n. 243.

questões de direito criminal ou civil internacional, a justiça competente será a federal, por disposição terminante do artigo 60, letras *e, f* e *h* da Constituição. Para as nações estrangeiras não existem os nossos poderes locaes; é a União por um dos seus orgams quem nos representa em quaesquer relações internacionaes.

Mas, como para as questões que excepcionalmente podem os agentes diplomaticos estrangeiros submetter á decisão da justiça nacional, não foi estatuida a jurisdicção originaria e privativa do Supremo Tribunal Federal, conclue-se que a justiça federal é competente nas suas duas instancias: «*the supreme court cannot exercise original jurisdiction in any cases, except those specially enumerated*» (¹).

A mesma competencia da justiça federal com suas duas instancias vigoraria para as causas crimes e civeis dos ministros publicos, se algum dia fosse posto em pratica entre nós o principio que **Fiore** formulou nestes termos: «Ao agente diplomatico é vedado prevalecer-se da immunidade e subtrahir-se á jurisdicção civil e penal do paiz onde reside, desde que se trata de actos da esphera das relações privadas, ou praticados sem ordem expressa, ou sequer autorisação tacita do seu governo, e que não podem reputar-se incluidos nos poderes do mandato ou commissão, que lhe foram outorgados» (²).

—

§. 15. Ao Supremo Tribunal Federal igualmente compete processar e julgar, originaria e privativamente, *as causas e conflictos* entre a

---

(¹) **Story**, *Commentaries*, § 1704.
(²) *Droit International Codifié*, n. 292.

União e os Estados, ou entre estes uns com os outros.

Tão amplos são os termos, de que se utilisou o legislador constituinte para designar os pleitos entre a União e os Estados, ou entre estes, cuja decisão confiou por este artigo ao Supremo Tribunal Federal, que é difficil, senão impossivel, imaginar uma questão entre os Estados, ou de algum destes com a União, que possa subtrahir-se á competencia originaria e privativa da nossa Côrte Suprema. Em nossa linguagem juridica, *causa*, termo synonymo de *lide* ([1]), é a questão (toda questão) agitada entre as partes perante o juiz ([2]), ou o direito deduzido em juizo ([3]). Os *conflictos* são as duvidas e controversias sobre competencia ([4]) ou as lutas pela competencia entre duas autoridades ([5]).

As causas entre a União e os Estados, ou entre estes, processadas e julgadas pelo Supremo Tribunal Federal, seguem o curso das acções ordinarias ([6]). E aos conflictos, a que allude este artigo da Constituição, applica-se o processo dos conflictos de jurisdicção entre os tribunaes, segundo prescreve o artigo 49, § unico, da lei n. 221, de 20 de novembro de 1894.

Não vigóra entre nós a regra do direito norte-americano, por força da qual nem a União nem os Estados pódem ser demandados sem o seu consen-

---

([1]) **Ramalho**, *Postillas de Pratica*, pagina 38, 2ª edição.

([2]) **Pereira e Souza**, *Primeiras Linhas*, § 5º.

([3]) **Ramalho**, *Pratica Civil e Commercial*, pagina 4.

([4]) **Meucci**, *Instituzioni di Diritto Amministrativo*, pagina 97, 4ª edição.

([5]) **Berthélemy**, *Traité Élémentaire de Droit Administratif*, pagina 844, 1ª edição.

([6]) Regimento do Tribunal, artigos 89 a 92.

timento (¹). Nem sequer se exige o que determinou a lei argentina n. 3952, de 1900, a qual, dispensando a declaração prévia do consentimento da União antes de lhe ser proposta qualquer acção civel, estabeleceu como condição preliminar necessaria para que as partes possam iniciar o processo contra a União— «*que hubiese precedido la reclamacion de los derechos controvertidos ante el poder ejecutivo, y su denegación por parte de este*» (²). Entre nós frequentemente se intenta a acção especial do artigo 13 da lei n. 221, de 20 de novembro de 1894, uma acção de cobrança, ou alguma das outras que, de accordo com a natureza juridica da União, e dos Estados, se pódem mover contra aquella, ou contra estes, sem dependencia de nenhum acto prévio, de nenhuma formalidade preliminar.

É facultado fazer valer direitos de varias especies contra a União, ou contra os Estados, por meio das acções autorisadas por este artigo da Constituição. Do mesmo modo varias faculdades e attribuições, outorgadas á União e aos Estados, pódem ser defendidas por meio dos conflictos permittidos pelo mesmo artigo. **Taylor**, depois de se referir a algumas das questões, julgadas nos Estados-Unidos, entre a União e os Estados, ou entre estes, só aponta uma materia vedada á acção do poder judiciario, *as questões politicas*: «*no jurisdiction over political questions*» (³). É evidente que pela propria natureza das coisas a União e os Estados não pódem ser réus em acções criminaes, pelo que não se faz mister excluir expressamente

---

(¹) **Bryce**, *American Commonwealth*, 1ª parte, capitulo 22.

(²) **A. de Vedia**, *Constitución Argentina*, paginas 544 e 545.

(³) *Jurisdiction and Procedure of the Supreme Court of the United States*, ns. 28 a 41.

essa especie de causas das que pertencem ao fôro federal.

§ 16. Que é uma questão politica? Sem um conceito preciso e claro acerca da natureza da politica, é impossivel determinar até onde se estende a actividade do poder judiciario no regimen federativo, ou quaes os limites do dominio desse poder.

Não remontaremos ás noções rudimentares, ou aos principios fundamentaes da materia, de que já nos occupámos em outro trabalho ([1]). Preferimos, porque é mais conducente ao nosso intento, consistente em ser util aos que de qualquer modo precisam applicar os preceitos constitucionaes relativos ao poder judiciario e ás leis secundarias deduzidas desses preceitos, extractar de um estudo magistral sobre as questões politicas interdictas ás pesquizas e á decisão dos juizes tudo o que póde illuminar esta parte, tão frequentemente obscurecida pela controversia dos politicos apaixonados, do direito judiciario federal. Queremos referir-nos a um trabalho juridico, que, embora escripto com um fim de utilidade profissional ou pratica, encerra numa longa serie de capitulos, uma longa serie de monographias de grande valor sobre assumptos diversos de mais de um ramo do direito, *O Direito do Amazonas ao Acre Septentrional*, de **Ruy Barbosa**. A extraordinaria erudição do autor imprime á maior parte das paginas do livro o caracter de obra didactica, em que a copiosa lição, especialmente na parte concernente ao direito constitucional federativo, é alicerçada com os ensinamentos dos mais autorisados mestres norte-americanos, e com as sentenças que concorreram para a formação dessas

---

([1]) *Estudos de Philosophia do Direito,* paginas 114 a 125.

opiniões, ou que foram proferidas de accordo com ellas.

Já nos seus primeiros annos incorria a Côrte Suprema na tacha de proferir decisões politicas. As sentenças de **Marshall**, dictadas pelo pensamento de dar maior expansão ás attribuições dos poderes federaes levantáram contra aquelle tribunal as mais vehementes accusações. Ainda ha poucos annos, no começo deste seculo, julgou a Côrte Suprema nove litigios, que, agrupados sob a denominação commum de *Casos Insulares,* offereceram novo ensejo á arguição de que o poder judiciario mais uma vez se envolvia na decisão de questões politicas, estranhas á sua esphera. Nestes ultimos pleitos os votos dos juizes muitas vezes foram determinados por considerações de *conveniencia* ou de *utilidade.*

A pecha de sentenças fundadas em motivos politicos e proferidas sobre assumptos politicos, é impossivel muitas vezes evitar ás decisões que, declarando-os inconstitucionaes, julgam invalidos e inexequiveis actos da legislatura, ou do poder executivo. Na verdade, essa funcção, que ninguem recusa á Côrte Suprema, não só nos Estados-Unidos, como nos paizes que lhes imitaram as instituições, especialmente na Argentina e no Brasil, infunde a esse orgam do poder judiciario um innegavel caracter politico: «Valha a verdade, escreveu **Thayer**, o arbitrio de pronunciar a nullidade dos actos dos outros poderes, se bem seja uma simples funcção judicial, implica, pela natureza da materia sobre que se exerce, o tomar parte, ainda que secundariamente, *na acção politica do governo»* ([1]). E **Goodnow**: «Com o poder, que lhes assiste, de arbitrar quando sejam con-

---

([1]) *Harvard Law Review,* novembro 1893, pag. 152.

stitucionaes os actos da legislatura, os tribunaes americanos são orgams da funcção politica do Estado» (¹). Exercendo essa faculdade, disse **Munsterberg**, elles têm sentenciado pleitos *«da importancia politica mais ampla»* (²). A Côrte Suprema, attesta **Baldwin**, «decide renhidas questões sobre a intelligencia da Constituição nos seus aspectos politicos» (³). Mais explicito é **Allen Smith**: «A Côrte Suprema tem, é verdade, expressamente rejeitado todo o direito a exercer qualquer poder legislativo ou politico. A titulo, porêm, de ser meramente judicial a competencia de invalidar leis, lança mão de uma autoridade, que necessariamente envolve o exercicio do alvedrio politico *(a political discretion)*. Não se póde, logo, tomar mui á letra a declaração de que seja norma assente daquelle tribunal o não se envolver nas attribuições politicas de outros ramos de governo, uma vez que, sob a sua faculdade inconcussa de interpretar a Constituição, lhe cabe meio de nellas se ingerir, como de facto se ingere, ao declarar vão e nullo um acto do Congresso. Erro seria, pois, cuidar que a justiça federal perdesse da sua influencia alguma coisa com renunciar voluntariamente á pretenção do veto nos casos politicos. Esta espontanea restricção da sua autoridade não faz senão proporcionar-lhe o instrumento conveniente para excluir da sua jurisdicção as medidas, que não haja por bem condemnar, nem approvar. *Desde que só a esse tribunal compete decidir quaes as questões que são politicas, quaes as que o não são, nas suas mãos está o ensanchar ou estreitar o*

(¹) *Politics and Administration,* pag. 36.
(²) *The Americans,* pag. 110.
(³) *Modern Political Institutions,* pag. 253.

sentido ao qualificativo de politicas, segundo lhe parecer. Na realidade, pois, a Côrte Suprema em si retem o poder, de que se figura haver aberto mão voluntariamente» ([1]).

Sem embargo de todas as sentenças em que a Côrte Suprema tem resolvido questões manifestamente de caracter politico, sempre sustentou esse tribunal não lhe ser licito «intervir no exercicio politico do poder legislativo, ou do Presidente» ([2]), e que não podem constituir objectos de litigio perante ella «as questões politicas de sua natureza» ([3]).

Quaes são *as questões politicas de sua natureza?* Quando não é bastante o elemento politico para desnaturar e desaforar uma questão judicial? Que litigios politicos é dado á Côrte Suprema julgar?

Vejamos a lição dos constitucionalistas norte-americanos a este respeito. **Story**: «Nas medidas de caracter *exclusivamente politico*, legislativo ou executivo *(in measures exclusively of a political, legislative or executive character)*, claro está que, residindo a autoridade suprema a respeito de taes questões no poder executivo e no legislativo, não ha revel-as perante outro». ([4]).
Pomeroy: «A materia de um pleito é politica, e alheia, pois, ao dominio da justiça, tão sómente quando interessa a existencia *de jure* de um governo, ou envolve a legalidade de medidas puramente governativas *(purely governmental)*» ([5]).
Miller: «Para habilitar a parte ao remedio judi-

([1]) *The Spirit of American Government*, pag. 109.
([2]) **Jonhston**, *American Political History*, I, pag. 273.
([3]) *Ibidem*, pagina 276.
([4]) *Commentaries*, § 374.
([5]) *An Introduction to the Constitutional Law*, § 746.

cial, os direitos em perigo não hão de ser meramente politicos *(merely political)*, pois estes não cabem na jurisdicção dos tribunaes» (¹). **Coxe**: «Conforme á doutrina da Côrte Suprema no pleito *Georgia* v. *Stanton* (Wallace, 50-78), competente é esse tribunal para declarar inconstitucional e nullo o acto do Congresso, que se impugna, quando os direitos em perigo não são *meramente politicos*. Nos casos em que esses direitos são meramente politicos *(merely political rights)*, a Côrte, pela sua propria decisão, não é competente (²).» **Bryce**: «A Côrte Suprema tem firmemente recusado intervir nas questões puramente politicas *(in purely political questions)*» (³). E noutra passagem: «Pontos ha tambem de interpretação, a cujo respeito os tribunaes, observando a praxe estabelecida, se negarão a decidir, por se haverem como de natureza puramente politica *(of a purely political nature)*» (⁴). **Thayer**: «Em casos puramente politicos *(purely political)* e de mera acção discrecionaria, embora os outros poderes violem a Constituição, o judiciario lhe não poderia acudir» (⁵). **Hitchcock**: «As questões *puramente politicas* não cabem na competencia dos tribunaes» (⁶). **Charles Elliot**: «Casos ha em que não estão sujeitos á revisão pelos tribunaes de justiça os actos do Congresso, a cujo respeito se suscitem questões constitucionaes. Taes os concernentes a actos impugnados ante a disposição constitucional que afiança a

---

(¹) *Lectures on the Constitution*, pag. 315, n. 1.

(²) **Brinton Coxe**, *Judiciary Power and inconstitutional legislation*, pagina 30.

(³) *American Commonwealth*, I, pag. 349.

(⁴) *Ibidem*, pag. 495.

(⁵) *Harvard Law Review*, v. 7º, pags. 134 e 135.

(⁶) *Chief-Justice Marshall.*

todos os Estados da União a fórma republicana de governo. As controversias emergentes sob esta rubrica são puramente politicas *(purely political)*, e assim inteiramente alheias á competencia judicial» (¹).

Para se furtar á competencia do poder judiciario, não basta que uma questão offereça aspectos politicos, ou seja susceptivel de effeitos politicos. É necessario que seja *simplesmente, puramente, meramente politica*.

Quaes são as questões *exclusivamente politicas*? As que se resolvem com faculdades *meramente politicas*, por meio de *poderes exclusivamente politicos*, isto é, que não têm como termos correlativos direitos incarnados nas pessôas, singulares ou collectivas, sobre que taes poderes se exercem. Quando á funcção de um poder, executivo ou legislativo, não corresponde, ou, antes, não se oppõe um direito, de uma pessôa, physica ou moral, que a acção desse poder interessa, um tal poder presuppõe evidentemente o arbitrio da autoridade, em quem reside. É um poder *discricionario*, que portanto não póde ser restringido pela interferencia de outro. Poder *meramente politico* é um *poder discricionario*.

Eis ahi uma verdade, attestada por autorisados mestres do direito constitucional norte-americano. **Hitchcock**: «As questões *puramente politicas*, isto é, as que são commettidas, pela Constituição ou pelas leis, á discreção, quer do poder executivo, quer do legislativo, não entram na competencia dos tribunaes» (²). **Thayer**: «No caso de *actos puramente politicos e do exercicio de uma acção meramente discrecionaria (in*

(¹) *Political Science Quarterly.*
(²) Obra citada, pagina 80.

the case of purely political acts and of the exercise of mere discretion), ainda que se ache violada a Constituição por outros poderes, o judiciario não póde remediar» (¹). **Marshall**: «Onde os chefes de administrações forem instrumentos politicos e confidenciaes do poder executivo, instituidos apenas para cumprir as vontades do Presidente, ou, antes, para servir em assumptos *nos quaes o executivo exerça discreção legal, ou constitucional (in cases in which the executive possesses a constitutional or legal discretion)*, perfeitamente obvio é que os seus actos não são examinaveis senão politicamente. Mas, onde a lei estatue especificadamente um dever, e *ha direitos individuaes,* dependentes da observancia deste, igualmente manifesto é que qualquer individuo, que se considere aggravado, tem o direito de recorrer, em procura de remedio, ás leis do paiz» (²). **Hampton Carson**: «No caso *Marbury* v. *Madison* a Côrte Suprema definiu com extraordinaria força e lucidez as balisas da autoridade respectivamente distribuida aos tres ramos do governo. Então se demonstrou que todo acto legislativo, repugnante á Constituição, deve ser desprezado pelos tribunaes como nullo; que os funccionarios administrativos pódem ser compellidos pelo poder judiciario a cumprir os deveres, que lhes forem explicitamente impostos, e *não envolverem faculdade* discrecionaria *(and not involving official discretion)*; porquanto, disse o tribunal, o governo dos Estados-Unidos é um governo de leis, não de arbitrio pessoal *(a government of laws, and not of men)*, e a alçada judicial decide sobre direitos individuaes, não lhe

---

(¹) *Harvard Law Review, loco citato.*
(²) **John Marshall,** *Writings upon the Federal Constitution,* paginas 13 e 14.

competindo liquidar questões de seu natural politicas, intromettendo-se em assumptos encarregados, pela Constituição ou pelas leis, *ao criterio (to the discretion)* de outro poder» (¹). **Carlier**: « Como deixar sem limitação o poder legislativo e o executivo? Deste modo a Constituição mal ficaria com uma autoridade moral sem sancção legal de especie nenhuma; pois, desses poderes dependeria dobral-a aos seus caprichos ou interesses. Por outro lado, que meio haveria de conciliar com esse estorvo a liberdade, que a cada um dos orgams do governo se deve deixar, para se desempenharem utilmente da sua missão? Estabeleceram-se, com o intuito de solver esses graves problemas, certas distincções entre os poderes pela Constituição conferidos. Uns são de ordem politica: *a saber têm o caracter discrecionario. Os demais (e é o maior numero) interessam á vida civil,* e devem ser encarados abstrahindo-se da autoridade que os exerce» (²). **Woodrow Wilson**: « Ella (a Côrte Suprema) se tem declarado balda de autoridade para embaraçar o *poder politico discrecionario,* assim do Congresso, como do Presidente » (³).

Colhendo exemplos em **Story, Hare, Cooley, Carlier, Sutherland, Baker, Ashley, Randolph, Goodnow, Harrison** e **Carson, Ruy Barbosa** enumera, sem excluir outros que podem verificar-se, como exclusivamente politicos, e estranhos á competencia judicial, os seguintes factos: «a declaração de guerra e a celebração da paz; a mantença e direcção das relações diplomaticas; a verificação dos poderes dos representantes dos governos

---

(¹) *Supreme Court,* II, pagina 634.
(²) *La République Américaine,* tomo 4º, pag. 124.
(³) *Congressional Government,* paginas 34 e 35.

estrangeiros; a celebração e rescisão de tratados; o reconhecimento da independencia, soberania e governo de outros paizes ; a fixação das extremas do paiz com os seus visinhos ; o regimen do commercio internacional; o commando e disposição das forças militares; a convocação e mobilisação da milicia ; o reconhecimento do governo legitimo nos Estados, quando contestado entre duas parcialidades; a apreciação, nos governos estaduaes, da fórma republicana, exigida pela Constituição; a fixação das relações entre a União ou os Estados e as tribus indigenas; o regimen tributario; a adopção de medidas proteccionistas ; a distribuição orçamentaria da despeza; a admissão de um Estado á União; a declaração da existencia do estado de insurreição; o restabelecimento da paz nos Estados insurgentes, e a reconstrucção nelles da ordem federal; o provimento dos cargos federaes ; o exercicio da sancção e do veto sobre as resoluções do Congresso; a convocação extraordinaria da representação nacional» (¹).

«Entre essas attribuições todas, cuja materia, na Constituição brasileira, occupa o artigo 34, n.ºˢ 1, 4, 5, 6, 10, 11, 12, 17, 18, 20, 21, 25, e o artigo 48, n.ºˢ 1, 2, 3, 4, 5, 7, 8, 10, 11, 12, 13, 14, 15, 16, evidentemente sobresae um traço commum, que delineia a physionomia do genero. Todas ellas têm por objecto a *apreciação de conveniencias,* transitorias ou permanentes, mas sempre de natureza geral. São considerações de *interesse commum,* de *utilidade publica, de necessidade ou vantagem nacional,* requerendo uma autoridade mais ou menos arbitraria, subor-

---

(¹) **Ruy Barbosa,** obra citada, 1º volume, paginas 163 e 164.

dinada a competencia dos que a exercem aos freios da opinião popular e da moral social, mas autonoma numa vasta orbita de acção, dentro na qual a discreção do legislador e do administrador se move livremente. Eis o terreno *meramente politico,* defeso como tal á ingerencia dos tribunaes. Contraposto a este se estende, com divisas claras e sensiveis, o terreno da justiça, assignalado exactamente pela caracteristica opposta de que as questões da sua alçada, em vez de obedecerem á *apreciação de conveniencias,* mais ou menos geraes, entendem com a applicação do direito legal aos casos particulares, de ordem individual ou collectiva. Onde quer que surja um problema juridico desta natureza, embora não seja estreme de elementos politicos, *desde que exclusivamente politico não é,* tem de receber a solucção legal do poder constituido para dar effeito ás garantias constitucionaes, e com ellas valer a toda individualidade, natural ou moral, lesada no seu direito»[1].

E um pouco adiante: «Acabemos, pois, de uma vez com o equivoco, definindo a verdadeira doutrina americana, que é a nossa. Uma questão póde ser distinctamente politica, altamente politica, segundo alguns, até puramente politica, fóra dos dominios da justiça, e comtudo, em revestindo a fórma de um pleito, estar na competencia dos tribunaes, desde que o acto, executivo ou legislativo, contra o qual se demande, fira a Constituição, lesando ou negando um direito nella consagrado. Um dos mestres mais eminentes do direito anglo-saxonio nos nossos tempos, sir **Frederick Pollock**, referindo-se ás variações da jurisprudencia no grande tribunal americano,

[1] **Ruy Barbosa,** obra citada, paginas 164 e 165.

accentúa que «a Suprema Côrte dos Estados-Unidos é frequentemente chamada a resolver grandes questões politicas, submettidas ao seu conhecimento sob fórmas judiciaes. É o criterio discriminativo que se encontra com summa precisão na obra de **Randolph**, a proposito dos *Casos Insulares:* «Á objecção de que a maneira de tratar as nossas novas possessões constitue um desses assumptos puramente politicos *(one of these purely political matters)*, nos quaes o poder judiciario se ha de submetter aos outros poderes coextensivos, e abster-se da pretenção de os cohibir, respondo eu que ao poder judiciario nada importa a immensidade das questões, quando se lhe offerece determinar se, de facto, existe uma lei nacional applicavel á lide pendente. Tem a parte que pagar certo imposto? Deve um individuo soffrer privação da liberdade? *Momentosas questões politicas podem ser essas, fóra do recinto do Tribunal:* dentro nelle são questões judiciaes». Analogamente, discorrendo tambem dos *Insular Cases,* dizia, ha pouco, outra autoridade, o professor **Rowe**: «Estes julgados serviram de realçar com grande clareza a posição unica occupada pela Côrte Suprema. Diversamente de outro qualquer tribunal, lhe cabe ás vezes resolver questões, que, supposto juridicas na fórma, são politicas na substancia, e actuam profundamente sobre a estructura das nossas instituições». Por este systema, observa ainda outro notavel expositor das instituições norte-americanas, «a questão politica, em se levantando entre as suscitadas numa demanda particular, decidir-se-á como qualquer outro ponto controverso incidentemente ao pleito». Por este meio «se difficultou o risco de pressão do governo sobre os juizes ou os individuos; porque, se o tribunal resolver questões concernentes aos limites do *poder politico*, é nas mesmas condições em que outros pontos de legalidade, não os decidindo senão quando se debatem no curso de uma acção entre pessôas particulares, ou entre outras que vão a juizo em caracter similhante. Dest'arte a interpretação constitucional se afastou da politica *tanto quanto possivel*». Este «*tanto quanto possivel*», rematando e restringindo as considerações anteriores, bem está mostrando não se poderem evitar de todo as questões politicas, antes serem muitas vezes de necessidade absoluta, na competencia de um tribunal creado para constituir o juiz *unico e definitivo, assim dos seus proprios direitos, como dos do poder legislativo e do executivo*. Por mais que se apurem subtilezas, requintando ficções e convenções, nunca se poderá conceber que não tope frequentemente em questões politicas de alta gravidade o definidor exclusivo e supremo dos limites entre os tres orgams da soberania nacional na distribuição constitucional dos poderes» (¹).

E algumas linhas depois: «Numa palavra: *a violação de garantias constitucionaes, perpetrada á sombra de funcções politicas, não é immune á acção dos tribunaes. A estes compete sempre verificar se a attribuição politica, invocada pelo excepcionante, abrange nos seus limites a faculdade exercida*» (²).

Em substancia: exercendo attribuições politicas, e tomando resoluções politicas, move-se o poder legislativo num vasto dominio, que tem como limites um circulo de extenso diametro, que é a Constituição Federal. Emquanto não transpõe essa peripheria, o Congresso elabora medidas e normas, que escapam á competencia

---

(¹) *Ibidem*, paginas 178 a 181.
(²) *Ibidem*, pagina 183.

do poder judiciario. Desde que ultrapassa a circumferencia, os seus actos estão sujeitos ao julgamento do poder judiciario, que, declarando-os inapplicaveis por offensivos a direitos, lhes tira toda a efficacia juridica.

Exercitando as suas faculdades, o poder executivo tem um campo de acção menos amplo; porquanto, além de limitado, como o Congresso, pela Constituição Federal, ainda tem a sua esphera de acção restringida pelas leis secundarias, que são outros tantos circulos concentricos, menos dilatados que a Constituição, e traçados dentro desta. Emquanto cuida do interesse publico, das transformações conducentes ao bem da sociedade, sem attingir e galgar esses limites, pratica actos politicos, sobre os quaes nenhum poder tem a judicatura. Ferindo taes limites, expõe as suas providencias á critica e ás decisões do poder judiciario.

Uma das questões que mais commummente se movem entre os Estados, é a que tem por objecto os limites dos territorios dos Estados (¹). Tratando das *controversies between States* (questões entre os

---

(¹) Pretendem algumas pessôas, alheias ao estudo do direito constitucional brasileiro, resolver por meio do juizo arbitral as questões de limites entre os nossos Estados. Veda-o a Constituição Federal, que nos artigos 4 e 34, n. 10, só permitte que os Estados se incorporem, subdividam, ou desmembrem, para se annexar a outros, ou formar novos Estados, mediante acquiescencia das respectivas assembleias legislativas, em duas sessões annuaes succcessivas, e approvação do Congresso Nacional.

O compromisso para o juizo arbitral só é valido, quando as partes são capazes, isto é, pódem transigir, ou dispôr livremente de seus bens. Sobre materias de ordem publica, subordinadas ao direito publico, como são os limites dos Estados, é interdicto o compromisso, e, pois, não é possivel o juizo arbitral.

Consequentemente, ainda quando seja o compromisso precedido da pratica dos actos determinados nos citados artigos 4 e 34, n. 10, da Constituição, e sem isso não fôra sequer licito discutir a validade do compromisso, não é admissivel o juizo arbitral sobre limites entre Estados brasileiros. Alterar os limites por esse processo é facultado pela Constituição, desde que tal modificação seja

Estados), **Cooley** no mais didactico de seus livros escreveu : « *A question of boundary is plainly such a question* » (¹). E **Taylor**: «Não póde haver duvida que os autores da Constituição de 1787, creando nos Estados-Unidos a Côrte Suprema, com a attribuição de julgar as questões entre dois ou mais Estados, tinham especialmente em mira as questões de limites» (²).

Ruy Barbosa (³) cita dezeseis arestos, em que a Suprema Côrte sentenciou a respeito de limites entre Estados. No pleito—*Rhode Island* v. *Massachussetts* a sentença da Côrte Suprema, de que foi relator **Baldwin**, contém estas declarações: «Questões *(controversies)* entre dois ou mais Estados» e «todas as questões em que fôr parte um Estado», são clausulas amplas, comprehensivas, que de modo nenhum permittem subentender-se o intuito de excluir as relativas aos titulos, *limites (boundary)*, jurisdicção ou soberania de um Estado. Sob a Constituição não se concebe haver senão dois tribunaes para os casos de limites entre Estados : o poder legislativo, ou o judiciario. Mas o primeiro se acha limitado, em termos expressos, a consentir, ou dissentir, nos ajustes, que os Estados lhe submetterem; e, como o poder judiciario, a tal respeito, só a esta Côrte póde caber, quando con-

---

de utilidade publica, apreciada pelas assembleias estaduaes e pelo Congresso Nacional; mas, resolver *pleitos, questões, litigios, contendas, sobre limites* por um meio, dependente da capacidade das partes para transigir e alienar, eis o que não é juridicamente toleravel.

Veja-se a este respeito o magistral estudo de **Ruy Barbosa**, no livro — *Limites entre o Ceará e o Rio Grande do Norte*, escripto pelo autor como advogado do segundo desses Estados em 1904.

(¹) *The General Principles of Constitutional Law*, capitulo 6º.
(²) Obra citada, pagina 84.
(³) Obra citada, 1º volume, paginas 186 a 194.

tende como parte algum Estado, a competencia então reside aqui, ou não está em parte alguma. Note-se que os termos do texto, na Constituição americana, correspondem exactamente aos do artigo 4º na Constituição brasileira. De modo que á nossa vem a se applicar rigorosamente a jurisprudencia, nos Estados Unidos assente, de que a prerogativa confiada ao Congresso, em materia de territorio e limites entre Estados, se cinge a sanccionar, ou vetar, as convenções que estes uns com os outros celebrarem». Um pouco adiante diz a Côrte Suprema: «... não só autorisados, *senão ainda obrigados* nos sentimos a declarar a nossa competencia judicial no assumpto. Inteiramente convencidos estamos, pois, de que sobre esta causa temos *jurisdicção indubitavel (undoubted jurisdiction)*». Muitos annos depois, no caso *Virginia* v. *Tennessee,* a Côrte Suprema proferiu um accordam, em que se lê este considerando: «Tem por objecto esta acção estabelecer por sentença judicial a linha divisoria *(the boundary line)* entre os Estados de Virginia e Tennessee. Envolve o pleito uma questão, sobre que a esta Côrte cabe jurisdicção originaria; e a este respeito o poder judiciario, sob a nossa fórma de governo, se distingue do poder judiciario nos demais paizes, exercendo, segundo os tramites usuaes e tranquillos do processo, a funcção de resolver as contendas relativas aos limites *(the settlement of the questions as to boundarys)* e aos direitos dahi provenientes, quanto ao territorio e á jurisdicção dessas communidades independentes, contendas que, de outra sorte, se converteriam em origem copiosa de tenazes e inextricaveis conflictos».

Tambem na Republica Argentina é reconhecida a competencia da Côrte Suprema para processar e julgar as questões de limites entre as provincias (¹).

Em nenhum fundamento juridico, absolutamente em nenhum, assenta a opinião dos que entre nós têm recusado ao Supremo Tribunal Federal competencia para processar e julgar as questões acerca de limites entre os Estados, ou destes com a União (²). Esta ultima hypothese póde verificar-se, em se tratando de limites de um Estado com um territorio nacional, como no litigio do Estado do Amazonas com a União a respeito do Acre Septentrional.

(¹) **Agustin de Vedia**, obra citada, pag. 545, e **Estrada**, *Curso de Derecho Constitucional*, tomo 3º n. 95.

(²) A distincção entre a hypothese do artigo 4º, e do artigo 34º, n. 10, de um lado, e a do artigo 59, I, letra c, que ora commentamos, do outro, fizemol-a do seguinte modo, ao emittirmos o nosso voto na questão preliminar de competencia, suscitada no pleito sobre limites entre o Estado de Santa Catharina e o do Paraná: « Quando alguns Estados querem incorporar-se entre si, subdividir-se, ou desmembrar-se, para se annexar a outros, ou formar novos Estados, é competente o Congresso Nacional para resolver definitivamente, depois de manifestada a acquiescencia das assembleias legislativas estaduaes, nos termos dos artigos 4º e 34, n. 10, da Constituição Federal. Esses artigos são claros e categoricos.

Quando, porêm, se suscita um litigio (*causa* ou *conflicto*, na linguagem ampla da Constituição) entre dois Estados, como na especie destes autos, não descubro um só fundamento para duvidar da competencia outorgada ao Tribunal pelo artigo 59, 1, letra c.

Ao litigarem neste processo, não pretendem o Estado do Paraná e o de Santa Catharina desmembrar-se, subdividir-se, ou incorporar-se entre si; não cogitam de alterar, ou de rectificar limites incontestados. O intuito dos pleiteantes é que se ponha fim a um conflicto de velhissima data. O que ambos querem, é resolver uma contenda sobre limites, que um delles assevera terem sido fixados ha muito, de um certo modo, em determinados pontos, de accordo com certas leis, alvarás, cartas regias e provisões, e o outro affirma terem sido fixados de modo diverso, em pontos differentes, por esses mesmos actos de ordem legislativa, interpretados de outro modo, ou pela prescripção acquisitiva.

Permitta o Tribunal que recorde algumas distincções elementares, que para ninguem são novidades, e que foram muito bem resumidas por **Jousserandot**, na sua monographia — *Du Pouvoir Judiciaire:* não ha materia que seja, por sua natureza, ju-

§ 18. Sendo o Districto Federal equiparado pela Constituição ao Estado, pódem suscitar-se entre o governo da União e o do Districto Federal os conflictos a que se allude neste artigo 59, I, letra *c*? No conflicto n. 199, entre o poder executivo da União e o prefeito do Districto Federal, decidiu o Supremo Tribunal Federal que não. Parece-nos que uma distincção preliminar esclarece a questão: se os actos que contrariam os da administração federal, são emanados do prefeito, do poder executivo municipal, nenhum conflicto é possivel; porquanto, o prefeito é nomeado e demittido livremente pelo Presidente da Republica. Se, porém, o acto municipal, em opposição ao do governo da União, procede do poder legislativo do municipio, do conselho municipal, eleito pelos municipes, sem nenhuma duvida póde suscitar-se o conflicto ([1]).

diciai, administrativa, ou legislativa. Um mesmo assumpto é legislativo, administrativo, ou judicial, segundo o fim proposto. Trata-se de regul-o por uma lei? É legislativo. Cumpre a respeito do mesmo, agir de accôrdo com a lei? É administrativo. Deu origem a contestações, nascidas da applicação da lei? É judicial. O que, pois, fixa e limita a competencia dos tres poderes, *é a natureza das funcções*. A competencia é determinada *ratione muneris*, e não *ratione materiae*.

Ora, nenhum dos dois Estados litigantes pretende que se promulguem leis acerca dos seus limites. Ambos allegam que taes leis já existem, e pedem que sejam interpretadas e applicadas.

Nenhum dos dois Estados litigantes quer que a administração federal, ou a de qualquer delles, desempenhe as suas funcções, conformando-se a certas leis, por ambas aceitas e uniformemente interpretadas. As duas partes contendentes pedem que um poder superior interprete e applique as leis, que ellas interpretam e querem applicar de modos diversos, suscitando assim uma contestação, uma contenda, um conflicto, um pleito judicial, em summa.

Meu voto, portanto, na questão preliminar da competencia é este: em virtude do disposto no artigo 59, I, *c*, da Constituição Federal, julgo o Tribunal inquestionavelmente competente para sentenciar na especie.

([1]) Veja-se o voto vencido do autor, no citado conflicto, que se julgou em dezembro de 1908.

§ 19. Ao Supremo Tribunal Federal ainda compete processar e julgar, originaria e privativamente, os litigios e as reclamações entre nações estrangeiras e a União, ou os Estados.

Não é esta disposição constitucional de tão rara e difficil applicação, como pareceu a varios commentadores da Constituição norte-americana e ao nosso **João Barbalho**.

Não ha duvida que nenhum paiz está sujeito á jurisdicção de outro, principio que, *em regra,* isenta da jurisdicção de um Estado, não só as nações estrangeiras, como tambem os soberanos ou chefes de Estados estrangeiros, desde que contractaram por conta do seu paiz ([1]). Mas, no actual estado do direito internacional publico certos casos se nos deparam, em que, segundo a commum opinião, os tribunaes de um Estado têm competencia para processar e julgar causas em que são partes Estados, ou soberanos estrangeiros. Taes são os seguintes: 1º quando se trata de acções reaes (petitorias ou possessorias), que têm por objecto immoveis situados no territorio do paiz, onde a acção é proposta, ou moveis que se acham nesse territorio ao surgir o litigio; 2º quando o Estado estrangeiro (ou o soberano, ou chefe de Estado) acceita a competencia dos tribunaes do paiz, quer expressa, quer tacitamente, intentando, por exemplo, a acção, ou propondo uma reconvenção; 3º admitte-se ainda geralmente a penhora, e o embargo, bem como a competencia da jurisdicção territorial, sobre as coisas que, *especial e expressamente* dadas em penhor, ou em hypotheca, se acham no territorio do paiz que exerce a jurisdicção ([2]).

([1]) **Despagnet,** *Cours de Droit International Public,* ns. 188 e 257, 4ª edição.
([2]) **Despagnet,** obra citada, n. 257.

Além desses casos, muitos outros pódem verificar-se; pois, como ensina o autorisado professor da Faculdade de Direito de Bordeaux, «*la plupart des publicistes modernes, et c'est une tendance qui s'affirme de plus en plus dans la jurisprudence des différents pays, reconnaissent qu'il doit y avoir entre les États un accord tacite, fondé sur la bonne foi et la justice, pour permettre les actions judiciaires contre les pays étrangers et leurs souverains, en tant que ces actions ne comprommettent pas leur indépendance et sont justifiées par leur engagement implicite d'éxécuter leurs obligations dans l'État oú ils sont assignés. De là une distinction de plus en plus admise entre les actes d'un caractère privé et ceux qui se réfèrent à l'exercice de la souveraineté, les premiers seuls pouvant rentrer dans la compétence des tribunaux étrangers*» (¹).

Eis como no relatorio que sobre esta materia apresentou **von Bar** á sessão do Instituto de Direito Internacional, realisada em Hamburgo, em 1891, foram enumeradas as principaes resoluções que então prevaleceram: são competentes os tribunaes de um paiz, em face dos Estados estrangeiros, para processar e julgar — 1º as acções reaes e possessorias, que tenham por objecto immoveis, ou mesmo moveis, situados no territorio; 2º as acções em que é parte um Estado, ou um soberano estrangeiro, na qualidade de herdeiro ou legatario, de um jurisdiccionado do paiz, ou de uma successão ahi aberta; 3º os negocios relativos a um estabelecimento commercial ou industrial, por exemplo — uma estrada de ferro, explorada por um Estado estrangeiro no territorio; 4º os casos em que um Estado es-

---

(¹) *Ibidem*.

trangeiro voluntariamente acceita a jurisdicção territorial; 5º as perdas e damnos oriundos de um delicto, ou de um quasi delicto, commettido pelo soberano estrangeiro, ou por seus agentes, no territorio; 6º as acções fundadas em contractos celebrados com o Estado estrangeiro no territorio, quando a execução completa no territorio póde ser promovida *de accordo com as regras da bôa fé*. Que significa esta ultima restricção? Que certas obrigações assumidas pelos Estados são de tal natureza, que os particulares que com elles contractaram, não podiam, de bôa fé, contar com a execução das mesmas no estrangeiro pelo Estado devedor, nem com a applicação de outras leis que não as deste mesmo Estado (¹).

É evidente que essas regras expressas, estatuidas para as hypotheses em que as nações estrangeiras devem responder perante a justiça de um paiz, são applicaveis aos litigios de que se occupou o legislador constituinte nesta disposição do artigo 59 (²).

Invocando um accordam do Supremo Tribunal Federal, ensina **João Barbalho**, em commentario a este artigo, que a União só póde ser citada validamente para uma acção proposta por um governo estrangeiro, se consente na propositura do litigio. O accordam invocado é o de n. 101 de aggravo, e foi proferido a 17 de novembro de 1897 (³). Mas, ao declarar que é necessario o consentimento da União para se lhe propor uma acção judicial, não se apoia em texto al-

---

(¹) *Vide* **Despagnet**, n. 258.

(²) Quanto á difficuldade da execução das sentenças proferidas contra nações estrangeiras, veja-se **Despagnet**, nos logares citados.

(³) *Jurisprudencia do Supremo Tribunal Federal* de 1897, **pagina 104**.

gum de lei, parecendo que apenas traduz reminiscencias de leituras de escriptores norte-americanos, e contraditoriamente conclue pela validade da citação e proseguimento do processo, independente do consentimento da União, antes julgado necessario. Demais, segundo a redacção da ementa do accordam «é necessario o consentimento da União para que tenha ingresso em juizo qualquer litigio intentado contra ella por nação estrangeira»; mas, o que resalta da leitura do accordam, é que a referida acção não foi intentada por nação estrangeira, e, sim, por um individuo estrangeiro.

Se, como já tivemos occasião de vêr, para a propositura de acções movidas por particulares, nacionaes ou estrangeiros, contra a União, ou os Estados, nunca se exige entre nós o consentimento, ou acquiescencia prévia, da União, ou dos Estados, que motivo juridico se poderá allegar para fazer da annuencia dessas entidades, de qualquer modo manifestada, uma condição preliminar necessaria da validade das acções intentadas por Estados estrangeiros? As ideias norte-americanas sobre este assumpto nunca tiveram curso em nosso paiz.

§ 20. Foi provavelmente attendendo ao disposto na letra *d* deste artigo 59, o qual confia á competencia originaria e privativa do Supremo Tribunal Federal o julgamento de quaesquer *reclamações* entre nações estrangeiras e a União, que o Congresso Nacional, quando elaborou a lei n. 2416, de 28 de junho de 1911, estatuiu (artigo 10) que nenhum pedido de extradição será satisfeito, sem prévio pronunciamento do Supremo Tribunal Federal sobre a legalidade e procedencia do mesmo. Lá se foram os tempos, em que se reputava a extradição uma offensa *aos sagrados deveres da hospitalidade,* e doutrinavam os juristas, sem comprehenderem o miseravel e perigoso egoismo que estava no fundo da sua doutrina, que um Estado nada tem que vêr com os crimes perpetrados *nos paizes visinhos*. Hoje se reconhece *o direito* de pedir a entrega do malfeitor fugitivo, e refugiado em paiz estrangeiro, incumbindo a este um dever juridico correlativo, imposto pela solidariedade que liga todas as nações, e dellas faz uma sociedade superior. Estamos em face de direitos e deveres juridicos, independentes da existencia de tratados diplomaticos, segundo a melhor doutrina ([1]).

Denunciados todos os tratados que tinhamos sobre extradição, actualmente é a materia entre nós regida só pela citada lei. E assim ficou imposta ao governo do Brasil a obrigação de entregar os delinquentes, cuja extradição lhe seja pedida, ou, antes, *reclamada*, desde que o poder judiciario tenha julgado o pedido legal e procedente. Temos, pois, na extradição uma das reclamações a que alludiu o legislador constituinte nesta clausula do artigo 59.

Ahi está a razão, pela qual o poder legislativo ordinario entendeu que á competencia originaria e privativa do Supremo Tribunal Federal devia ser reservado o conhecimento da legalidade e procedencia dos pedidos de extradição.

§ 21. Já alguns annos antes, obedecendo aos mesmos elevados motivos, e de accordo com a mais adiantada theoria juridica, havia o Congresso Nacional declarado, provavelmente ainda tendo em vista esta mesma clausula do artigo 59 da Constituição (pois, em outra não nos parece pos-

---

([1]) **Beauchet**, *Traité de l'Extradition*, ns. 1, 2, 3, 4, 5, 7, 8, 9 e 10; **Paul Bernard**, *Traité Théorique et Pratique de l'Extradition*, tomo 2º, cap. 1º; **Despagnet**, obra citada, ns. 277 e 278.

sivel incluir a materia), que ao Supremo Tribunal Federal compete homologar as cartas de sentença de tribunaes estrangeiros (artigo 12 da lei n. 221, de 20 de novembro de 1894).

Só á justiça federal compete, é manifesto e deflue necessariamente dos principios cardeaes do regimen federativo, processar e julgar as causas que têm por objecto factos de ordem internacional, nacional, ou interestadual. Mas, porque conferir á competencia originaria e privativa do Supremo Tribunal Federal, competencia estatuida pela Constituição, e inampliavel pelo poder legislativo ordinario, o exame e a homologação das sentenças estrangeiras? Enquadra-se a materia nesta clausula do artigo 59? Pensamos que sim. Nem de outro modo se poderia justificar a citada disposição da lei de 20 de novembro de 1894.

Na verdade, quer se concorde com **Heffter**, no conceito de que á execução no territorio de um Estado de sentenças estrangeiras está ligado *um interesse commum das nações*, e que a solução do problema, já iniciada pela jurisprudencia, consiste *em conciliar as conveniencias da soberania com o respeito devido aos outros Estados*, salvaguardando-se ao mesmo tempo, quanto possivel, a liberdade e os direitos individuaes do homem (¹), quer se acceite a doutrina de **Marnoco**, fundada na theoria sociologica de **De Greef**, a qual filia o instituto da homologação ao direito internacional judiciario, ramo do direito internacional publico (²), quer se veja com **Gargiulo** no juizo de delibação uma dupla funcção juridica, privada e internacional, resguardando-se pela pri-

---

(¹) *Le Droit International Public de l'Europe*, trad. de **Bergson**, 1866, § 35, pagina 67.

(²) *Execução Extraterritorial das Sentenças*, n. 8.

meira o direito dos particulares e pela segunda a ordem publica ou o direito publico do Estado (¹), o que é incontestavel, é que o instituto da homologação das sentenças estrangeiras tem pelo menos um lado sujeito ao direito internacional publico; porquanto, uma de suas funcções é proteger a ordem publica, e evitar á soberania de uma nação a effectuação no territorio nacional de actos emanados de um poder publico de outro Estado, que de qualquer modo lhe sejam contrarios. Tendo a homologação esse duplo fim, acautelar os direitos dos particulares, o que se consegue, examinando se a sentença consta de documento authentico, se passou em julgado, se foi proferida por juiz competente, se foi devidamente citado o réu, etc., e acautelar os direitos e conveniencias da soberania, o que se logra, perquirindo se a sentença contém disposição contraria á ordem publica, ou ao direito publico interno da nação; quando se faz mister classificar o instituto, incluil-o num dos dois ramos do direito, o internacional publico, ou o internacional privado, é natural que se indague qual dos dois aspectos deve prevalecer, e qual deve ceder. Formulada a pergunta, a resposta é necessariamente que a homologação é um instituto de direito internacional publico; cede o aspecto privado, e prevalece a face de ordem publica, de interesse nacional. Eis ahi porque a homologação de sentenças estrangeiras foi confiada pelo poder legislativo ordinario, de accordo com este preceito do artigo 59, á competencia originaria e privativa do Supremo Tribunal Federal.

Muito justo é proclamar que, com a promulgação dessas duas leis sobre homologação de

---

(¹) *Corso Elementare di Diritto Giudiziario Civile*, n. 1449 e seguintes.

sentenças estrangeiras e sobre extradição, deu o Brasil uma brilhante prova de que tem o espirito aberto aos ultimos e mais elevados impulsos do progresso juridico, á adopção pratica de institutos que para as mais adiantadas nações do velho e do novo continente ainda são ideaes, a cuja conversão em realidade ainda se oppõem os preconceitos e os acanhados receios do egoismo. O Brasil abandonou a velha doutrina da *comitas gentium,* das vantagens reciprocas, doutrina que não é efficaz para proteger os direitos do homem, porque importa em um regimen de benevolencia e de arbitrio, e francamente, sem cogitar da reciprocidade de tratamento, por amor ao direito, abraçou a theoria, que, partindo da observação dos factos, e notando que pela coordenação cada vez mais estreita dos povos cultos uma nova sociedade se vae formando, sociedade mais alta que a dos individuos, mas ainda em proveito destes, sociedade das nações, a qual tambem só é possivel, garantindo-se-lhe certas condições de vida e de desenvolvimento, tem como fundamento e como affirmação principal a existencia deste superorganismo, a *civitas maxima,* composta de todas as nações civilisadas. Foi com a mesma nobre concepção juridica, fructo dos mais modernos progressos da sociologia e do direito, que o nosso paiz rompeu todos os seus tratados de extradição, e consignou numa lei, que só o obriga, o seu dever juridico de deferir os pedidos de todos os outros Estados, desde que estejam satisfeitos os requisitos dessa lei brasileira.

—

§ 22. Ao Supremo Tribunal Federal compete finalmente processar e julgar, originaria e privativamente, os conflictos dos juizes e tribunaes federaes entre si, ou entre estes e os dos Estados, assim como os dos juizes e tribunaes de um Estado com os juizes e os tribunaes de outro Estado.

Quando dois juizes federaes se julgam competentes para conhecer de uma causa (conflicto positivo de jurisdicção), ou se julgam ambos incompetentes (conflicto negativo de jurisdicção), só ao tribunal superior, que no caso é o Supremo Tribunal Federal, deve ser conferido o poder de dirimir a contenda, de remediar o caso (¹). Se o conflicto se dá entre juizes locaes e juizes federaes, está claro que ainda a autoridade competente para o resolver é o mesmo Supremo Tribunal Federal; pois, não se comprehende que os tribunaes dos Estados julguem da competencia da justiça federal, tenham a faculdade de decidir, quando versa a questão sobre saber se deve ser subtrahida á competencia da justiça federal uma determinada especie, que se allega pertencer á esphera da mesma justiça, pela necessidade de resguardar interesses superiores da União. Dado o conflicto entre juizes, ou tribunaes, de dois Estados, ainda é manifesto que o mesmo Supremo Tribunal Federal deve ser a autoridade incumbida de pôr termo ao pleito.

Para que surja o conflicto positivo de jurisdicção, não é necessario que dois, ou mais juizes, se julguem competentes para conhecer *do mesmo litigio;* basta que queiram processar e julgar *demandas connexas* (²).

Julgado de certo modo um conflicto positivo de jurisdicção entre um juiz federal e um juiz local, se, mais tarde, em recurso extraordinario verifica o Supremo Tribunal Federal que *a especie é di-*

(¹) Sobre os conflictos de jurisdicção, *vide* **Dalloz**, *Répertoire*, verbis *Règlement de Juges*, e **Mattirolo**, *Trattato de Diritto Giudiziario Civile*, vol. 1º, n. 859, B, *Regolamento di Competenza*.

(²) **Dalloz**, logar citado, n. 14, e **Mattirolo**, *ibidem*.

versa da que foi decidida no conflicto, é-lhe facultado reformar a sentença proferida sobre a materia de competencia, declarando, de accordo com as novas provas exhibidas, que competente é o juiz que no conflicto, por falta de perfeito conhecimento da materia, fôra julgado incompetente? Sem duvida que sim. Foi essa a decisão do Supremo Tribunal Federal no recurso extraordinario n. 657, do Estado da Bahia, decisão de perfeita harmonia com o direito judiciario. Nem fôra licito em caso algum oppôr á sentença juridicamente emergente do pleno conhecimento do feito a decisão proferida erroneamente sobre o unico e exclusivo assumpto da competencia. Não ha entre os dois julgados, o do conflicto de jurisdicção e o que poz termo ao feito, identidade de causa, ou de direito; a questão dirimida não é a mesma nas duas sentenças; consequentemente, uma das decisões não póde ser obstaculo á prolação da outra. Fôra um imperdoavel absurdo julgar mal, julgar contra o direito, a questão de competencia, ao ser o feito definitivamente decidido, pela estupefaciente razão de que numa decisão preliminar, no conflicto de jurisdicção, o tribunal de superior instancia, por ter sido mal formulado o problema juridico, ou por serem defeituosas, ou deficientes, as provas, havia claudicado ao sentenciar.

—

§ 23. Depois de estatuir acerca da jurisdicção originaria e privativa do Supremo Tribunal Federal, prescreveu o legislador constituinte no artigo 59 que, em grau de recurso, ao mesmo tribunal compete julgar as questões resolvidas pelos juizes e tribunaes federaes, assim como as de que tratam o mesmo artigo, § 1º, e o artigo 61. Em todas as edições da Constituição que temos lido, está escripto «artigo 60»; mas, como já assignalámos, o erro typographico, ou engano de redacção, é bem patente e incontestavel. As questões resolvidas pelos juizes e tribunaes federaes são precisamente as do artigo 60, ao passo que as do artigo 61, tambem julgadas em grau de recurso pelo Supremo Tribunal Federal, ficariam esquecidas na enumeração desta parte do artigo 59, se não corrigissemos o equivoco. Acceita a redacção commum, temos duas vezes, e inutilmente, referidas as causas do artigo 60, e completamente olvidadas as do artigo 61. Isso basta para repellirmos a versão geralmente reproduzida, mas patentemente errada.

Em grau de recurso, pois, o Supremo Tribunal Federal julga duas especies de questões: as federaes, já decididas pelos juizes ou tribunaes federaes, segundo dispõe o artigo 60, e as já resolvidas pelas justiças dos Estados, e que sobem ao mesmo tribunal sob a fórma de recurso extraordinario, ou de recurso de *habeas-corpus*, ou de recurso de espolio de estrangeiro. Julga em segunda instancia as causas sentenciadas em primeira instancia pelos juizes ou tribunaes federaes, e julga como tribunal de revisão *sui generis* certas questões da competencia das justiças dos Estados.

Julga *em segunda instancia*, repetimos, ás questões decididas em primeira instancia pelas justiças federaes; porque repellimos a opinião dos que pretendem converter o Supremo Tribunal Federal em terceira instancia ordinaria para todas as causas federaes, ou em terceira instancia arbitraria e inconstitucionalmente creada para certas causas federaes unicamente.

Neste ponto é bem sensivel a differença entre a nossa Constituição e a norte-americana, como já tivemos ensejo de notar. Esta ultima, observa

Hamilton (¹), «divide a jurisdicção da Côrte Suprema em jurisdicção de primeira instancia e de appellação; mas não define a das côrtes inferiores. O mais que se póde inferir de suas disposições a este respeito, é que essas côrtes serão inferiores á Côrte Suprema, e não ultrapassarão os limites fixados ao poder judiciario federal. Exercer-se-á sua autoridade em primeira instancia, ou em appellação? Eis o que não se declara. Parece que tudo se entregou á discreção da legislatura». **Story** por sua vez escreveu, commentando (²): «O exercicio da jurisdicção em grau de appellação está longe de ser limitado á Côrte Suprema pelos termos da Constituição. Sem duvida nenhuma tem o Congresso o poder de crear uma serie de tribunaes inferiores, cada um dos quaes lhe é dado investir da jurisdicção em grau de appellação, ou da jurisdicção originaria. E o que resulta propriamente da natureza da delegação constitucional do poder judiciario. Tal poder está delegado nos termos mais genericos; e, pois, póde ser exercido, em virtude de leis emanadas do Congresso, sob diversas fórmas, em jurisdicção originaria, ou em grau de appellação». E termina o periodo assim: «*There is nothing in the instrument which restrains or limits the power*».

A nossa Constituição, pelo contrario, contém no artigo 59 formalmente declarado o que ao Supremo Tribunal Federal compete julgar originaria e privativamente, e o que lhe compete julgar em grau de recurso, sem nenhuma ensancha que permitta ao Congresso ampliar os casos de jurisdicção originaria, ou reduzir os de jurisdicção em grau de appellação da nossa Côrte Suprema, afim

---

(¹) *O Federalista*, n. 82.
(²) *Commentaries*, § 1707.

de se confiar a côrtes inferiores o julgamento em grau de recurso de causas subtrahidas ao Supremo Tribunal Federal.

§ 24. Dahi a ventilação de questões como a que suscita **João Barbalho** em commentario a esta parte do artigo 59, quando indaga se o Supremo Tribunal Federal julga originariamente, ou em grau de recurso, as acções rescisorias, propostas para o effeito de se annullarem sentenças do mesmo Tribunal.

A jurisprudencia de que, a este respeito, dá noticia, já está profundamente alterada. Em virtude de uma emenda ao regimento do Supremo Tribunal Federal, proposta pelo procurador geral da Republica em julho de 1913, e approvada por grande maioria de votos, ficou assentado, e assim tem decidido o tribunal, que as acções rescisorias se processam na primeira instancia federal, e são remettidas ao tribunal para serem por este julgadas, sempre que tiverem por fim a annullação de sentenças do mesmo tribunal.

Votámos contra essa reforma do regimento, por motivos que ainda hoje nos parecem perfeitamente procedentes. Pela nossa antiga jurisprudencia foi a acção rescisoria sempre considerada *uma acção ordinaria,* que prescreve em trinta annos (¹). Como toda *acção ordinaria,* processava-se e julgava-se em primeira instancia, com recursos para a segunda. Na *Gazeta Juridica* (²), de **Carlos Perdigão**, deparam-se-nos uma sentença de Gouvêa Pinto e um accordam da Relação de Lisbôa, proferido de accordo com a tenção de C. de Menezes, em que se produzem os principaes argumentos, que depois têm sido repetidos pelos

---

(¹) **Sylva**, *Ad Ordinationes,* liv. 3?, Tit. 75, pr., n. 11 e **Pereira e Sousa**, *Primeiras Linhas,* nota 880.

(²) Volume 3º, paginas 384 a 393.

que sustentam as duas opiniões antinomicas. Entendia Gouvêa Pinto que só o tribunal de superior instancia deve julgar as rescisorias propostas contra as suas sentenças. De modo contrario opinou a Relação de Lisbôa, que, vendo na rescisoria uma acção, sujeita, como todas as acções, ás duas instancias, e não descobrindo nas nossas leis normas especiaes que autorisassem a excepção de processar e julgar, ou julgar sómente, uma acção em segunda instancia, preterida a primeira, reformou a sentença de Gouvêa Pinto, e fez baixar os autos para o julgamento em primeira instancia. «*Esta é a intelligencia* (são termos do accordam) *que á lei tem dado o estylo do fôro*». O proprio Supremo Tribunal Federal assim julgou muitas vezes, como lembra **João Barbalho**, e como se póde vêr no *Direito* ([1]). Isto posto, alterar a competencia do juizo para o processo e julgamento das acções rescisorias, por meio de disposições insertas no regimento de um tribunal, importa em: 1º estatuir num regimento de tribunal de segunda instancia materia estranha e descabida; pois, o regimento de um tribunal só póde conter normas concernentes á sua economia interna, além da transcripção de leis e regulamentos que o tribunal julgue conveniente reproduzir no regimento, o qual nunca deve encerrar preceitos, *formulados pelo tribunal, para o fim de regerem a primeira instancia,* isto é, destinados a vigorar fóra do tribunal; 2º violar o principio de direito judiciario que serve de fundamento á instituição das *duas instancias,* principio que constitue uma garantia para os direitos das partes; a eliminação da primeira instancia é o cerceamento manifesto dessa garantia, que a

---

([1]) Volume 82, pagina 347, vol. 90, paginas 39 e 578, e vol. 98, pagina 357, além de outros casos.

Constituição do Imperio consagrava em um dos seus artigos ; 3º finalmente, infringir a Constituição Federal, que no artigo 59 enumera os casos em que o tribunal julga originaria e privativamente, preceituando que nos demais decidirá em segunda instancia.

Nenhuma procedencia tem a objecção dos que lembram que a *requête civile* dos artigos 480 a 504 do *Codigo do Processo Civil Francez*, a *revocazione* dos artigos 494 a 509 do *Codigo do Processo Civil Italiano*, e a reassumpção *(Wiederaufnahme des Verfahrens)* dos §§ 578 a 591 do *Processo Civil do Imperio Allemão,* são julgadas pelo tribunal de segunda instancia; porquanto, esses remedios judiciaes, correspondentes á nossa acção rescisoria, são antes *recursos*, que o legislador (note-se bem — o legislador) instituiu, dando-lhes a fórma e os juizes que lhe pareceram convenientes. Não nos é licito denominar *recurso* a acção rescisoria do nosso direito judiciario, acção ordinaria, que prescreve em 30 annos. Eis porque continuamos a fazer votos por que se reforme legalmente nesta parte o direito judiciario brasileiro. Bem sabemos que repugna muito seja uma sentença de segunda instancia reformada por um juiz de primeira. Mas, muito mais repugnante é eliminar por meio de um regimento de um tribunal uma das instancias judiciarias, supprimindo-se por esse modo uma preciosa garantia dos direitos das partes, ao mesmo passo que se viola um preceito constitucional.

—

§ 25. Creando a revisão dos processos crimes findos, a Constituição outorgou ao Supremo Tribunal Federal competencia para julgar o novo recurso, nos termos do artigo 81.

« Os processos findos, em materia crime, prescreve o artigo 81, poderão ser revistos, a qualquer tempo, em beneficio dos condemnados, pelo Supremo Tribunal Federal, para reformar ou confirmar a sentença.

§ 1º A lei marcará os casos e a fórma da revisão, que poderá ser requerida pelo sentenciado, por qualquer do povo, ou *ex-officio* pelo procurador geral da Republica.

§ 2º Na revisão não pódem ser aggravadas as penas da sentença revista.

§ 3º As disposições do presente artigo são extensivas aos processos militares».

A duas especies de erros está exposta a justiça penal: *a)* condemnação de um innocente e applicação de uma pena excessiva; *b)* absolvição de um criminoso e applicação de uma pena insufficiente [1].

Para corrigir os erros judiciarios, duas especies de remedios judiciaes se crearam: os *preventivos* e os *reparatorios*. Entre os primeiros os mais geralmente applicados são os graus de jurisdicção. A sentença só se torna definitiva depois de esgotados certos recursos judiciaes. Dos segundos fazem parte a graça e a revisão.

A graça, a *indulgentia* dos romanos, é um attributo da soberania, e, pois, um acto que suppõe um certo arbitrio [2]. Pelo contrario, a revisão depende de uma sentença do poder judiciario: é um direito, definido e garantido por disposições legaes. Não alludimos á amnistia, acto decorrente de necessidades politicas, por ter uma natureza e fins juridicos diversos.

---

[1] Veja-se a interessante monographia de **Alvaro Villela**— *A Revisão no Processo Criminal.*

[2] Sobre esta e outras distincções póde consultar-se **Le Bertre**, *De l'Admissibilité de la Révision.*

Segundo o conceito geralmente adoptado, é a revisão um recurso extraordinario, pelo qual se examina de novo, para corrigir um erro de facto, um processo já findo, ou com sentença passada em julgado.

Desse conceito se afastou, em mais de um ponto, o legislador patrio, ao promulgar a lei n. 221, de 20 de novembro de 1894, de accordo com os preceitos constitucionaes já reproduzidos. Pelo artigo 74 dessa lei é concedida a revisão nos seguintes casos: 1º quando a sentença condemnatoria fôr contraria ao texto expresso da lei penal; 2º quando, no processo em que foi proferida a sentença condemnatoria, não se guardáram as formalidades substanciaes, de que trata o artigo 301 do Codigo do Processo Criminal; 3º quando a sentença condemnatoria tiver sido proferida por juiz incompetente, suspeito, peitado ou subornado, ou quando se fundar em depoimento, instrumento, ou exame, julgados falsos; 4º quando a sentença condemnatoria estiver em formal contradicção com outra, na qual foram condemnados como autores do mesmo crime outro ou outros réus; 5º quando a sentença condemnatoria tiver sido proferida na supposição de homicidio, que posteriormente se verificou não ser real, por estar viva a pessôa que se dizia assassinada; 6º quando a sentença condemnatoria fôr contraria á evidencia dos autos; 7º quando, depois da sentença condemnatoria, se descobrirem novas e irrecusaveis provas da innocencia do condemnado».

Erros de facto e erros de direito, pois, justificam o pedido de revisão, no direito patrio. Não se póde consequentemente applicar á nossa revisão o conceito repetido por A. Villela, segundo o qual dois são os requisitos da revisão: 1º uma sentença definitiva; 2º um erro de facto.

No direito brasileiro permitte-se a revisão das sentenças crimes definitivas, quer se trate de crimes commettidos por paisanos, quer de crimes sujeitos ao fôro militar, desde que se dê *um erro de facto*, ou *um erro de direito*.

A lei que assim instituiu a revisão, está dentro dos amplos moldes do artigo 81 da Constituição Federal.

Entretanto, se por um lado o legislador brasileiro alargou o conceito da revisão, facultando-a por erros de facto e por erros de direito, por outro, ainda obedecendo á Constituição, foi obrigado a restringil-o, prohibindo as revisões de sentenças absolutorias, ou de sentenças que contêm condemnações insufficientes.

Nem nos parece admissivel a opinião que no estado actual do nosso direito julga permittido ao legislador ordinario crear a revisão das sentenças absolutorias, ou das que attenuam as penas [1]. No artigo 179, XII, da Constituição do Imperio prescrevia-se: «Nenhuma autoridade poderá avocar as causas pendentes, sustal-as, ou fazer reviver os processos findos». Corollario do supprimido preceito constitucional, dispõe o artigo 327 do Codigo do Processo Criminal, de 1832: «O que fôr uma vez absolvido por um crime, não tornará a ser accusado pelo mesmo crime». Tal era o direito do antigo regimen. Diante do artigo 83 da Constituição Federal, que declara em vigor as leis do antigo regimen, emquanto não revogadas, no que explicita ou implicitamente não fôr contrario ao systema de governo firmado pela Constituição e aos principios nella consagrados, como se ha de entender que o artigo 81 da mesma Constituição permitte a revisão das sentenças absolutorias ou

---

[1] Vide **João Vieira de Araujo**, *A Revisão dos Processos Penaes*, paginas 230 e seguintes.

que encerram condemnações insufficientes? Prohibindo o nosso direito anterior qualquer especie de revisão, a favor ou contra o réu, fez a Constituição Federal uma innovação, abriu uma excepção a essa regra, facultando a revisão dos processos crimes findos, mas sómente em beneficio dos condemnados, o que quer dizer que *nunca em prejuizo dos absolvidos, ou dos que foram condemnados a penas attenuadas, inferiores ás legaes.*

Essa interpretação, que nos parece de uma evidencia indiscutivel, ainda mais se nos impõe, quando recordamos a theoria geral e a pratica da revisão nos paizes mais adiantados. Pelos fundamentos muito bem resumidos por **A. Villela**, em *A Revisão no Processo Penal* (¹), dividem-se os criminalistas em dois grupos muito distinctos, no que toca á revisão: de um lado estão em geral os classicos, **Carrara, Ambrosoli, Orano,** etc., os quaes, approvando como instituto necessario a revisão *pro reo,* isto é, das sentenças condemnatorias, ou que contêm penas excessivas, repellem a revisão *pro societate,* isto é, das sentenças absolutorias, ou que contêm penas insufficientes; do outro lado estão os adeptos da nova escola penal, **Ferri, Garofalo, Pugliese**, etc., os quaes propugnam as duas especies de revisão como institutos penaes indispensaveis para corrigir os erros e injustiças, em beneficio tanto do réu como da sociedade. Os argumentos dos sectarios da escola classica foram synthetisados por **Pessina** nestes termos: devem a paz e a liberdade dos cidadãos ser efficazmente tutelados pelas sentenças absolutorias; se estas pudessem ser annulladas por um juizo de revisão, não raro ficaria a innocencia exposta a graves pe-

---

(¹) Paginas 227 e seguintes.

rigos e erros fataes (¹). Para os que pensam de modo contrario importa muito não desprezar os interesses, ou, antes, as necessidades da sociedade. O que acima de tudo devemos almejar, é a exacta applicação da lei aos factos plenamente conhecidos. Commettido um erro contra a sociedade, forçoso é reparal-o, sem o que as penas em parte perderiam a sua efficacia. Deve haver a revisão *pro reo*, e a revisão *pro societate*.

A esta ultima corrente de ideias, nota **Pessina**, têm obedecido os mais modernos legisladores. A revisão *pro societate* está adoptada na Austria, na Allemanha, na Hungria, na Noruega, em alguns cantões suissos, etc., ao passo que é repellida pela França, Belgica, Italia, etc. (²), que só têm consagrado a revisão *pro reo*.

Sendo assim, vê-se bem claramente que o nosso legislador constituinte, ao redigir o artigo 81, quiz filiar-se á segunda corrente, perfilhou sómente a revisão das sentenças condemnatorias ou que encerram condemnações excessivas. Em face das duas theorias oppostas, e dos dois grupos de nações que as converteram em leis, o nosso legislador constituinte, ao crear a revisão num paiz em que nada mais havia que os votos de alguns juristas pela versão desse ideal juridico na realidade legal, incluiu na lei unicamente a revisão em beneficio dos condemnados. Mutilou-se o instituto scientifico, não ha duvida; mas, como essa mutilação teve por instrumento um preceito constitucional, e foi inspirada no respeito á liberdade pessoal, um dos mais respeitaveis direitos individuaes, o que se segue, é que no actual estado do direito

---

(¹) *Enciclopedia del Diritto Penale Italiano*, volume 3º, pagina 370.

(²) **Pessina**, *ibidem*.

patrio a revisão criminal que temos, e a *unica autorisada pela Constituição Federal,* é a revisão *pro reo.*

São reformaveis por meio da revisão as sentenças condemnatorias sobre contravenções? Pensam que não alguns criminalistas e alguns juizes, diante do disposto no artigo 9º, III, § 1º, do decreto n. 848, de 11 de outubro de 1890, no artigo 54, VIII, e no artigo 74, § 8º, da lei n. 221, de 20 de novembro de 1894, bem como no artigo 15, § 4º, do antigo regimento do Supremo Tribunal Federal (¹). Não nos parece juridica essa opinião. Os termos de que se utilisou o legislador constituinte no artigo 81, são de tal amplitude, que não comportam a restricção, ou excepção, pretendida. A lei n. 221, de 1894, na parte invocada pela opinião adversa, não póde applicar-se por contraria á Constituição, e o decreto n. 848, de 1890, no ponto relativo a este assumpto, foi manifestamente nullificado pela Constituição, que facultou a revisão a todos os condemnados em materia crime, sem limitação alguma. Esta é a opinião abraçada pelo Supremo Tribunal Federal, como se vê no accordam n. 168, de 12 de setembro de 1896.

Descuidosamente, e em duas palavras, resolve **João Barbalho,** em commentario a este artigo 59, a questão de saber se na expressão — processos findos do artigo 81 estão comprehendidos os «*processos politicos*», ou *impeachments,* em que se infligem as penas de destituição do cargo e inhabilitação para o exercicio de outro. Pensa **João Barbalho** que taes condemnações politicas não pódem ser annulladas, nem modificadas, pela revisão. Em apoio desse asserto cita os accordams

---

(¹) **J. Vieira de Araujo,** *A Revisão nos Processos Penaes,* n. 17.

do Supremo Tribunal Federal, n. 104, de 11 de outubro de 1895, e n. 343, de 22 de julho de 1899.

Na primeira das referidas sentenças declarou o Supremo Tribunal Federal que não era admissivel a revisão do acto pelo qual a Assembleia Legislativa do Estado do Piauhy, depois de revogar a licença que havia concedido ao vice-governador do Estado, julgou vago o cargo e elegeu-lhe um successor. Fundamentando o accordam, notou o tribunal que a revisão crime só tem cabimento, quando requerida contra sentenças condemnatorias, «proferidas definitivamente por juizes, ou tribunaes judiciarios». Não cabe a revisão, ponderou ainda o tribunal, de qualquer deliberação legislativa, que justa ou injustamente, dada a vigencia de um preceito constitucional, similhante ao do artigo 33, § 3º da Constituição Federal, impuzer ao governador, ou ao vice-governador, de um Estado, ausente dessa circumscripção, a pena da perda do cargo; porquanto, tal facto não é qualificado crime, nem póde capitular-se no artigo 211, § 1º, do Codigo Penal, applicavel sómente ao que deixar, ainda que temporariamente, o exercicio do emprego, sem prévia licença do superior legitimo, ou exceder o prazo concedido sem motivo justificado, «donde se vê que deliberações de tal especie pertencem exclusivamente ao dominio politico do poder legislativo, dentro do qual é vedado ao poder judiciario intervir para o fim de directamente as attenuar e revogar, ou annullar, mandando na ultima hypothese que a assembleia legislativa reconsidere e renove sua decisão, ou contra o vencido, como quer o recorrente, mantenha certa e determinada pessôa no cargo de governador ou vice-governador».

Vê-se que o tribunal se recusou a conhecer da revisão, por se tratar de um caso essencialmente politico, de um facto que, segundo lhe pareceu e affirmou, não póde ser considerado crime, competindo ao poder legislativo aprecial-o com uma certa latitude, e sem adstringir-se ás normas do direito judiciario, e resolvel-o de accordo com os dictames da politica, ou com um criterio puramente moral.

No accordam n. 343, de 22 de julho de 1899, era a decisão recorrida uma sentença pela qual o Tribunal Mixto, creado pelo artigo 34 da Constituição de Sergipe, e composto de membros do poder judiciario e de membros do poder legislativo, no exercicio do *impeachment* que lhe confere a Constituição do Estado, condemnou o vice-presidente á perda do cargo com inhabilitação para exercer outro cargo estadual. O julgamento politico, eis o fundamento do accordam, tem por objecto unicamente averiguar e resolver se o funccionario reune em si as condições necessarias para continuar no desempenho de suas funcções, e não póde estar sujeito ás consequencias da revisão criminal, *reservada pela Constituição para as sentenças condemnatorias proferidas definitivamente por tribunaes judiciarios*.

Ainda neste ultimo accordam bem claro ficou o pensamento do tribunal: *por não se tratar de sentenças condemnatorias de tribunaes judiciarios* foi que se negou a revisão criminal.

Identica decisão deve ser proferida em todos os casos reputados de *impeachment* entre nós? Ás condemnações dos ministros do Supremo Tribunal Federal pelo Senado, nos casos *de crimes de responsabilidade,* deve applicar-se essa mesma regra, ou essa mesma jurisprudencia?

Infelizmente neste assumpto nenhum subsidio nos pódem prestar os Estados-Unidos da America do Norte; porquanto, se lá o *impeachment* está consagrado, e da sua applicação não faltam precedentes, bem conhecidos, por outro lado os

Estados-Unidos, como a Inglaterra, estão incluidos entre os poucos paizes que ainda não quizeram adoptar o remedio reparatorio da revisão criminal.

Demais, o *impeachment,* tal como foi instituido entre nós, não é em tudo identico ao dos norte-americanos. Em virtude do disposto no artigo 2º, secção 4ª, da Constituição norte-americana, o Presidente, o Vice-presidente e *todos os funccionarios civis (all civil officers)* perderão os seus cargos pelo *impeachment,* desde que se verifique terem praticado certos crimes. «*High crimes and misdemeanors*», eis os termos da Constituição. Sem embargo de conter o texto legal essa expressão clara e positiva, duas theorias se formaram acerca do *impeachment* nos Estados-Unidos da America do Norte, muito bem expostas por **Pomeroy** ([1]), e actualmente, conforme ensina um dos mais recentes e autorisados expositores do direito constitucional norte-americano ([2]), para a condemnação pelo *impeachment* não é necessario que se commetta um crime, basta um procedimento immoral. Aqui estão as palavras em que **Willoughby** synthetisa a doutrina hoje dominante: «*In short, then, it may be said that impeachment will lie whenever a majority of the House of Representatives are for any reason led to hold that the incumbent of a civil office under the United States is morally unfit for and should no longer remain in his position of public trust*».

Na Constituição brasileira temos, como já vimos, o *impeachment* para o Presidente da Republica e para os seus ministros, nos crimes de responsabilidade connexos com os do primeiro

---

[1] *An Introduction to the Constitutional Law,* §§ 715 a 728.

[2] **Willoughby,** *The Constitutional Law of the United States,* volume 2º, § 652.

funccionario, mais ou menos de accordo com a Constituição norte-americana. Mas, quando se occupa do julgamento dos membros do Supremo Tribunal Federal por crimes de responsabilidade, já o legislador brasileiro bem revela uma orientação differente. Provavelmente por ter o espirito imbuido nas ideias do nosso antigo direito, não perfilhou nesta parte o direito americano, que não era facil mesclar com o nosso. Estatuiu regras que bem demonstram um periodo de transição juridica, em que é necessario ceder e conciliar. A nossa velha e tradicional noção de vitaliciedade é que esta garante o cargo, emquanto *por uma sentença do poder judiciario* não é o funccionario condemnado e destituido. Os ministros do antigo Supremo Tribunal de Justiça e os desembargadores das Relações eram vitalicios, e respondiam, quanto aos crimes de responsabilidade, perante o Supremo Tribunal de Justiça. A esse tribunal competia «conhecer dos delictos e erros de officio que commettessem seus ministros, os das Relações, os empregados no Corpo Diplomatico e os presidentes das provincias»(artigos 164 da Constituição do Imperio, e 5º, n. 2, da lei de 18 de setembro de 1828).

Nessas condições, ao redigir o artigo 57, o legislador constituinte começou, declarando que os juizes federaes são vitalicios, e perderão o cargo unicamente por «*sentença judicial*», e no § 2º dispoz que «o Senado julgará os membros do Supremo Tribunal Federal nos crimes de responsabilidade». Reproduzindo o conceito que sempre abraçámos acerca da vitaliciedade, assegurou o cargo, emquanto não se der *uma sentença judicial condemnatoria*. Quem profere a «*sentença judicial?* O Senado. Aqui temos o Senado convertido em côrte de justiça. Mas, para julgar com a latitude que lhe dá o direito constitucional norte-americano? Não; o artigo 57 bem patenteia o pensamento do nosso legislador. Para o julgamento dos crimes de responsabilidade dos juizes federaes foram instituidos dois tribunaes: os de primeira instancia são julgados pelo Supremo Tribunal Federal (e não pelo Senado, em *impeachment,* como nos Estados-Unidos), e os da segunda pelo Senado, que profere sentenças judiciaes, que julga como uma verdadeira côrte de justiça, de accordo com as normas do processo, e applicando as leis como um juiz togado. Fóra um inqualificavel contrasenso que, garantindo a vitaliciedade e só consentindo na perda do cargo *por sentença judicial,* e demais outorgando a um alto tribunal, composto de juizes togados, a faculdade de julgar os crimes de responsabilidade dos juizes federaes inferiores, a Constituição deixasse os juizes federaes de segunda instancia entregues a um tribunal politico, investido da attribuição de decretar a perda do cargo vitalicio, não só pela pratica de crimes provados, como por motivos de ordem moral, não definidos expressamente em leis penaes.

Fez-se do Senado um tribunal de excepção para julgar os crimes de responsabilidade dos ministros do Supremo Tribunal Federal, sómente pelo receio de certa parcialidade da parte desse tribunal. Mas, tanto os juizes de primeira instancia como os de segunda só respondem pelos crimes de responsabilidade, definidos no Codigo Penal. Em relação a elles não ha, não póde haver, o julgamento politico, a que allude o Supremo Tribunal Federal nos dois accordams citados, com a amplitude que, segundo os mesmos accordams, comporta o *impeachment* entre nós, e nos Estados-Unidos da America do Norte a opinião mais geralmente acceita não lhe recusa.

No Brasil os juizes federaes são vitalicios, e só perdem o cargo «*por sentença judicial*». Nos Estados-Unidos ([1]) os mesmos juizes *(both of the Supreme and inferior courts)* occupam os seus logares, *emquanto bem servirem (during good behaviour)*. Esta clausula, que, interpretada e applicada por espiritos sãos e bem intencionados, tem sido a melhor das garantias de uma perfeita vitaliciedade, tendo-se em attenção o rigoroso sentido dos termos, não equivale á nossa disposição constitucional correlativa. O *during good behaviour* é compativel com o *impeachment;* a garantia da vitaliciedade, com a possibilidade da demissão, sómente no caso de *sentença judicial,* só é compativel com o julgamento por tribunaes judiciarios, de conformidade com as normas processuaes e com as demais garantias do direito judiciario.

Isto posto, é evidente que as decisões do Senado nesta especie são verdadeiras sentenças. Se, pois, forem condemnatorias, e o processo estiver findo, como justificar a recusa da revisão em face do artigo 81 da Constituição Federal? Este artigo nenhuma excepção abre á regra nelle exarada. Nos Estados-Unidos não ha recurso do *impeachment,* porque, além de ser o *impeachment* norte-americano differente do nosso, como acabámos de ver, lá não existe a revisão criminal. Estatuindo-se na lei brasileira que os processos crimes (sem limitação, nem excepção) já findos, poderão ser revistos, de que modo regular poderiamos exceptuar um processo crime, em que ha sentença condemnatoria, irreformavel por qualquer outro recurso? Provado e demonstrado que o Senado, tribunal judiciario para o

---

([1]) *Constituição*, artigo 2º, secção 4ª.

caso, proferiu *uma sentença judicial* (como expressa e precisamente diz a Constituição), contra a prova dos autos, ou contra o direito expresso, ou descobertas e exhibidas novas provas da innocencia do condemnado, em que principio, em que regra de direito patrio se conseguirá fundar a recusa da revisão?

Poder-se-ia talvez objectar que a mesma razão, que levou o legislador constituinte a crear uma côrte de justiça especial, ou *sui generis,* para julgar os crimes de responsabilidade dos juizes federaes de segunda instancia, isto é, o receio de que ao réu aproveite injustamente a benevolencia, a parcialidade dos seus pares (o que fez o legislador republicano modificar neste assumpto o nosso antigo direito, de que algumas linhas anteriores deste trabalho dão noticia), deve militar para impedir a revisão pelo Supremo Tribunal Federal das sentenças condemnatorias dos seus membros. Importaria isso em interpretar o direito criminal por meio de illações injustificadas, de raciocinios sem base segura, para o applicar, assim interpretado, contra os accusados. Destituido e afastado do seu cargo o juiz de segunda instancia em consequencia do julgamento do Senado, desapparece uma bôa parte do prestigio, da influencia, da autoridade moral talvez, que poderiam determinar a decisão em certo sentido, e não fôra desarrazoado antes temer a influencia opposta do Senado e do proprio poder executivo. Por meras conjecturas e vagos calculos de probabilidades não é juridicamente possivel tolher um recurso, liberalisado com a maior largueza. E (consideração de não menor peso) julgar uma revisão criminal não é o mesmo que julgar primariamente o réu. Perquirido bem o facto por occasião do julgamento primario, applicado o direito por uma sentença fundamentada, *muito cerceada fica a acção do juiz que tem de examinar a sentença revidenda* ([1]).

Se o texto da lei, o elemento grammatical, os termos de que usou o legislador constituinte no artigo 81, contrariam manifestamente a opinião dos que subtráem á revisão as decisões do Senado sobre crimes de responsabilidade dos juizes federaes de segunda instancia, não menos desamparam esse conceito os raciocinios logicos sobre o preceito legal, guiados pelo principio predominante em nosso direito de que ao interprete não é licito negar, ou limitar, maxime no crime, recursos facultados pelo legislador com a maior amplitude.

É admissivel a revisão das sentenças do Supremo Tribunal Federal, proferidas em grau de appellação e nas causas em que lhe compete processar e julgar originaria e privativamente? A questão já foi suscitada perante o Supremo Tribunal Federal, e sobre ella se manifestáram opiniões divergentes ([2]). Muito fracos nos parecem os fundamentos da opinião dos que negam o recurso neste caso. O facto de se tratar de sentenças de juizes, em quem se presume notavel conhecimento do direito, não exclue a possibilidade de erros. E, por mais profunda e vasta que seja a illustração juridica do juiz, é sempre possivel uma sentença injustissima por deficiencia de provas, ou pelo offerecimento de documentos e depoimentos falsos. Chegou-se a argumentar que a revisão suppõe informações prestadas por um juiz, ou tribunal diverso, que condemnou o

---

([1]) Veja-se o artigo 74 da lei n. 221, de 20 de novembro de 1894.

([2]) Veja-se a *Revista de Jurisprudencia*, do Dr. **Raja Gabaglia**, vol. 13, pagina 213, e *O Direito*, volume 87, pagina 210.

requerente. Esta observação não merece sequer ser discutida.

É admissivel a revisão da sentença condemnatoria, proferida em processo de contravenção de posturas municipaes? Em accordam de 13 de janeiro de 1900 decidiu o Supremo Tribunal Federal que não. Mas, o voto vencido, fundamentado, patenteia a completa falta de razão dessa sentença (¹).

Da sentença em que o juiz, ou tribunal superior, julgando um feito, impõe a um advogado a multa autorisada pelo artigo 323 do Codigo Penal, é claro que não cabe a revisão, como já bem decidiu o Supremo Tribunal Federal em accordam de 2 de janeiro de 1901 (²).

§ 26. Em grau de recurso tambem compete ao Supremo Tribunal julgar as questões já resolvidas pela segunda instancia da justiça local: a) quando se questionar sobre a validade ou a applicação de tratados e leis federaes, e a decisão do tribunal do Estado fôr contra ella; b) quando se contestar a validade de leis e actos dos governos dos Estados em face da Constituição ou das leis federaes, e a decisão do tribunal do Estado considerar validos esses actos, ou essas leis impugnadas.

Sendo inherentes ao regimen federativo a dualidade de leis, elaboradas e promulgadas umas pela União e outras pelos Estados, e a dualidade de justiças, creada e mantida uma pela União e outra pelos Estados, necessario é, para

---

(¹) *O Direito*, vol. 84, pagina 114.
(²) *O Direito*, vol. 85, pagina 594.

assegurar a applicação das leis federaes, especialmente a da primeira dellas — a Constituição, em todo o territorio nacional, instituir um recurso para a Suprema Côrte Federal das decisões dos tribunaes locaes, em que não forem applicadas, devendo sel-o, essas leis federaes.

Nos Estados-Unidos da America do Norte tal recurso, creado pela lei judiciaria *(judiciary act)* de 1789, e que, na phrase de **Willoughby** ([1]), deriva como um corollario logico da supremacia da lei federal *(a corollary that follows from the supremacy of federal law)*, tem cabimento nos seguintes casos: quando se questiona sobre a validade de um tratado, ou de uma lei nacional, ou de um acto emanado de uma autoridade da União, e a decisão da justiça local é contraria a essa validade *(where is drawn in question the validity of a treaty or statute of, or an authority exercised under the United States, and the decision is against their validity)*; quando se questiona sobre a validade de uma lei, ou de um acto emanado da autoridade de algum Estado, allegando-se que a lei, ou acto, envolve offensa á Constituição, a tratados ou leis nacionaes, e a decisão é favoravel a essa validade *(where is drawn in question the validity of a statute of, or an authority exercised under any State, on the ground of their being repugnant to the Constitution, treaties or laws of the United States, and the decision is in favour of such their validity)*; quando, finalmente, se questiona *sobre a interpretação* de algum preceito da Constituição, ou de algum tratado, ou lei federal, ou de algum acto que importe em outorga ou concessão de direitos da União, e a decisão é contraria ao titulo, direito, privilegio, ou isen-

---

[1] Obra citada, § 62.

ção, reclamada por algum dos litigantes *(where is drawn in question the construction of any clause of the Constitution, or of a treaty, or statute of, or commission held under the United States, and the decision is against the title, right, privilege or exemption specially set up or claimed by either party).*

Antes de se promulgar a Constituição Federal, o decreto n. 848, de 11 de outubro de 1890, que organisou a justiça federal, já havia creado entre nós o recurso equivalente pela seguinte disposição do artigo 9º, II, § unico, manifestamente muito similhante ao preceito reproduzido do *judiciary act* de 1789:

«Haverá tambem recurso para o Supremo Tribunal Federal das sentenças definitivas proferidas pelos tribunaes e juizes dos Estados:

a) quando a decisão houver sido contraria á validade de um tratado ou convenção, á applicabilidade de uma lei do Congresso Federal, finalmente á legitimidade do exercicio de qualquer autoridade que haja obrado em nome da União, qualquer que seja a alçada;

b) quando a validade de uma lei ou acto de qualquer Estado seja posta em questão como contraria á Constituição, aos tratados e ás leis federaes, e a decisão tenha sido em favor da validade da lei ou acto;

c) quando a interpretação de um preceito constitucional ou de lei federal, ou da clausula de um tratado ou convenção, seja posta em questão, e a decisão final tenha sido contraria á validade do titulo, direito, privilegio, ou isenção, derivada do preceito ou clausula».

A Constituição, no § 1º do artigo que ora commentamos, estatuiu que das sentenças das justiças locaes em ultima instancia haverá recurso para o Supremo Tribunal Federal nos dois casos determinados no começo deste paragrapho: «*a)* quando se questionar sobre a validade ou a applicação de tratados e leis federaes, e a decisão do tribunal do Estado fôr contra ella; *b)* quando se contestar a validade de leis ou de actos dos governos dos Estados em face da Constituição, ou das lei federaes, e a decisão do tribunal do Estado considerar validos esses actos, ou essas leis impugnadas».

Eis o recurso, denominado *extraordinario*, denominação que, depois de algumas objecções e resistencias, foi geralmente acceita, e actualmente está consagrada (¹), e se justifica; porquanto, revela bem a principal differença entre este recurso, que se interpõe de uma justiça para a outra e em casos especiaes e muitos limitados, e os recursos ordinarios de que na mesma justiça, e num grande numero de casos, se utilisam os litigantes para o fim de obter a reforma das decisões da instancia inferior pela superior.

O recurso extraordinario, pois, é o que se interpõe, nos casos permittidos pela Constituição, das decisões da segunda instancia da justiça local para o Supremo Tribunal Federal, para o fim de manter a autoridade da Constituição e das leis substantivas e tratados federaes em todo o territorio nacional.

Na essencia, o nosso recurso extraordinario é identico ao *writ of error* dos norte-americanos. O que differença um do outro, é que, competindo pela Constituição norte-americana aos Estados legislar sobre o direito civil, commercial e penal, e sendo essa attribuição entre nós conferida ao Congresso Nacional, maior ha de ser necessariamente em nosso paiz o numero de casos em que

---

(¹) Artigo 24 da lei nº 221, de 1894.

tal recurso póde e deve ser interposto; pois, sua funcção no Brasil consiste em manter, não só a autoridade da Constituição e de algumas leis federaes, como a autoridade, e consequentemente a unidade, do direito civil, commercial e penal, em todo o territorio da União. Para os Estados, apenas autonomos, a autoridade do direito substantivo, federal e portanto uno, é intangivel; e o meio de fazer respeitar essa legislação material unitaria de toda a nação é o recurso extraordinario. Sem elle as justiças autonomas dos Estados poderiam ir pouco a pouco deixando de applicar disposições da Constituição e das leis da União, sem nenhum remedio judicial, sem nenhuma consequencia de ordem juridica; pois, o proprio processo crime, que porventura se intentasse para cohibir a illegalidade, teria de ser sentenciado pelos tribunaes dos Estados, aos quaes compete processar e julgar os seus juizes.

§ 27. Quaes os casos em que é permittido interpôr o recurso extraordinario? Os declarados neste artigo da Constituição.

O primeiro é o em que na justiça local se questiona sobre a validade, ou a applicação, de tratados e leis federaes, e a decisão do tribunal do Estado é contraria a essa validade, ou applicação.

Entende-se por validade de uma lei federal, ou de um tratado da União (que é approvado pelo Congresso Nacional), a sua conformidade á Constituição (¹). Póde uma lei ser inconstitucional, por ter como objecto assumptos acerca dos quaes fallece ao Congresso Nacional competencia para legislar, ou porque suas prescripções são contrarias aos preceitos da Constituição, ou,

---

(¹) Veja-se **J. Barbalho**, *Commentarios*, pag. 242, e o trabalho de **Ruy Barbosa**, por elle citado.

finalmente, pelo facto de na sua elaboração occorrerem «anomalias, lacunas, maculas, que tirem ao acto pretensamente legislativo o caracter e a mesma existencia de leis».

«A theoria geralmente acceita, doutrina **Ruy Barbosa**, dá por nullas as leis, na gestação das quaes não se observarem as fórmas impostas pela Constituição ao processo legislativo. E, o que mais é, quando os actos inculcados por leis apresentam defeitos dessa natureza, o poder judiciario não lhes deve dar execução, ainda nos paizes onde os tribunaes não exercem a autoridade, reconhecida na America aos tribunaes federaes, de pronunciarem a inconstitucionalidade das leis (**A. Brunialti**, *Dir. Constituzion.*, II, pag. 592).

Mas, essa indagação se encerra em limites breves e precisos. O que o poder judiciario tem de examinar, é o concurso dos tres orgams legislativos, isto é, verificar se as camaras deliberáram, se o chefe do Estado sanccionou, se se operou devidamente a promulgação e a publicação do acto (**Armann**: *Il potere esecutivo e la promulgazione delle leggi*, na *Revista Italiana per le Scienze Giuridiche*, v. A., pagina 45; **Pacifici Mazzoni**, *Ist. di dir. civ.* IT., v. I, pag. 27, n. 10; **Saredo**, *Tratt. delle leggi*, pag. 146-7, 355-6; **Fadda** e **Bensa**, not. a Windsheid, t. I, pag. 107-111; **Brunialti**, op. cit., pag. 592-3).

São actos successivos, que se concretisam materialmente: a deliberação, a sancção, a promulgação, a publicação. A justiça tem de conhecer-lhes da existencia, para conhecer da existencia da lei. Mas não exerce, a tal respeito, a menor funcção discricionaria. A Constituição traçou, nos artigos 36 a 40, as regras de elaboração legislativa imposta aos tres factores, de cuja cooperação depende a formação legitima das leis,

Se alguma dessas regras fôr materialmente conculcada, ou postergada, e dessa infracção flagrante se conservar a prova authentica *nos proprios actos do Congresso,* ou do governo, destinados a attestar a deliberação, a sancção, a promulgação, lei não ha; porque a sua elaboração não se consumou. Os tribunaes, portanto, não podem applical-a.

Em uma palavra, toda contravenção material das fórmas constitucionaes, authenticamente provada, no processo de elaboração legislativa, vicia e nullifica o acto do legislador. Não assim a simples violação das fórmas regimentaes » ([1]).

Tambem decide contra a validade de um tratado, ou de uma lei federal, o tribunal de um Estado que declara que não mais está em vigor essa lei, ou esse tratado.

Se a respeito da admissibilidade do recurso extraordinario, no caso em que a justiça local se pronuncia *contra a validade* de uma lei da União, nenhuma controversia tem sido suscitada, muito renhida é a porfia travada acerca do sentido do termo — *applicação.*

Como já vimos, o decreto n. 848, de 11 de outubro de 1890, facultava o recurso extraordinario, quando a justiça local proferia decisão contraria á validade de um tratado ou á *applicabilidade* de uma lei federal. Veio depois a Constituição, e permittiu o recurso, nos casos em que o tribunal do Estado julga contra a validade, ou a *applicação,* de tratados e leis federaes. Mais tarde, a lei n. 221, de 20 de novembro de 1894, no artigo 24, dispoz o seguinte: «O Supremo Tribunal Federal julgará os recursos extraordinarios das sentenças dos tribunaes dos Estados, ou

---

([1]) J. **Barbalho**, *ibidem.*

do Districto Federal, nos casos expressos nos artigos 59, § 1º, e 61 da Constituição e no artigo 9º, § unico, letra c, do decreto n. 848, de 1890, pelo modo estabelecido nos artigos 99 e 102 do seu regimento; mas, em todo caso a sentença do tribunal, quer confirme, quer reforme a decisão recorrida, será restricta á questão federal controvertida no recurso, sem estender-se a qualquer outra, porventura comprehendida no julgado.

A simples interpretação ou applicação do direito civil, commercial ou penal, embora obrigue em toda a Republica, como leis geraes do Congresso Nacional, não basta para legitimar a interpretação do recurso, que é limitado aos casos taxativamente determinados no artigo 9º, paragrapho unico, letra cj, do citado decreto n. 848».

Da approximação desses textos legaes surgiu a seguinte questão, que tem sido vivamente debatida: que é que justifica a interposição do recurso extraordinario, e o faz merecedor de provimento? É a decisão contraria á *applicabilidade* da lei federal? A que *declara inapplicavel* essa lei? Ou a que a *não applica?* Qualquer que seja o modo pelo qual *se deixe de applicar* a lei federal, tem cabimento o recurso?

Para **João Barbalho** *applicação* neste preceito constitucional é termo equivalente a *applicabilidade:* «Quanto ao sentido da palavra—applicação—ha a observar o seguinte: o que se passou, ao ser discutida e votada a presente disposição no congresso constituinte, legitima e autorisa, de modo indubitavel, a opinião de que aquella palavra vale no artigo o mesmo que applicabilidade (d'onde resulta que o recurso aqui estabelecido não cabe de sentença que tiver applicado neste ou naquelle sentido alguma lei federal, mas da que houver declarado não ser ella applicavel, não caber no caso sua applicação)».

Detenhamo-nos um pouco, investigando o elemento grammatical, o elemento logico e o historico desta clausula da Constituição.

Ao legislador constituinte não podia passar despercecida a distincção entre *applicação* e *applicabilidade*. Nos diccionarios da lingua portugueza depara-se-nos, desses dois termos, a definição que nos ministra **Candido de Figueiredo** resumidamente: *applicabilidade* é a qualidade do que é applicavel; *applicavel* é o que póde ser applicado; *applicação* é a acção, ou o effeito, de applicar. As differenças entre os sentidos desses vocabulos são determinadas, tanto na lingua portugueza, como na latina, de que derivam, pelos respectivos suffixos. *Applicabilidade* é a traducção de *applicabilitas*, que exprime uma *qualidade;* pois, a desinencia *tas (itas, stas)* tem por funcção indicar *qualidade*. *Applicavel* é a versão de *applicabilis*, que nos traz ao espirito a ideia de *possibilidade* de se applicar; pois, a terminação *bilis (ibilis, ilis)* significa *possibilidade, capacidade*. *Applicação* é o termo vernaculo equivalente ao latino—*applicatio*, que quer dizer a *acção*, o *effeito* de applicar; pois, o suffixo *io* serve para representar a *acção*, ou o seu *effeito* [1].

Isto posto, se no artigo 9°, § unico, do decreto n. 848, de 11 de outubro de 1890, não estivesse incluida a clausula da letra *c)*, impossivel fôra negar a differença entre a disposição desse artigo e a do artigo constitucional, que ora commentamos. Mais restricto seria o recurso extraordinario do decreto n. 848 que o da Constituição Federal. Segundo a primeira dessas leis, deveria admittir-se o recurso, quando a justiça local *declarasse inapplicavel* a lei federal, ao

---

[1] Dr. **Antonio José de Souza**, *Suffixos da Lingua Latina*, ns. 10, 11, 17, 19, 84, 90, 91 e 142.

passo que de accordo com a Constituição bastaria que a justiça local *de qualquer modo não applicasse* a lei federal. Mas, essa apparente opposição se esvaece completamente, desde que nos lembremos de que o preceito da letra *c)* § unico do artigo 9º do decreto n. 848 abrange perfeitamente os casos de *não applicação* de uma lei federal. Eis o que ahi ficou estatuido: «quando a interpretação de um preceito constitucional ou de lei federal, ou da clausula de um tratado ou convenção, seja posta em questão, *e a decisão final tenha sido contraria á validade do titulo, direito, privilegio, ou isenção, derivado do preceito ou clausula*», terá cabimento o recurso extraordinario. Afinal, a differença entre os dois textos se reduz á fórma, á expressão. Prescreve a Constituição Federal: dar-se-á o recurso, sempre que as partes litigantes *questionarem sobre a applicação de uma lei federal,* e a justiça do Estado se recusar a applicar essa lei (nos casos em que esta tem applicação, está claro). Estatuiu-se no decreto n. 848: dar-se-á o recurso, sempre que as partes litigantes *questionarem sobre a interpretação de uma lei federal,* que lhes pareça applicavel á especie (é evidente), e a justiça local não quizer applical-a. Decisão contraria á validade de um titulo, direito, privilegio, ou isenção, equivale a decisão que não applica a lei que confere qualquer desses direitos. Sob o aspecto do acatamento dos actos emanados das autoridades da União, do respeito tributado aos poderes federaes, da execução que devem ter as leis federaes em todo o territorio nacional, tanto vale não applicar a um pleito judicial uma lei federal que rege o caso, como decidir negando a um dos litigantes um titulo, privilegio, isenção, ou direito de qualquer especie, que uma lei federal lhe outorga, ou lhe assegura. Tanto ha motivo legal para a admissão do recurso extraordinario, quando, segundo o artigo 59, § 1º, da Constituição, se questiona sobre a applicação de uma lei federal (o que não é possivel sem fixar o sentido da lei, sem reconstruir o pensamento do legislador, sem a operação juridica da interpretação), e a lei não é applicada, como quando, de accordo com a letra *c)* do § unico do artigo 9º do decreto n. 848, a interpretação de uma lei federal é posta em questão, e a decisão final nega a validade do titulo, privilegio, isenção, ou direito de qualquer especie, que essa lei confere, ou garante a alguma das partes contendentes.

Não ha antithese entre o decreto n. 848 e a Constituição Federal, quanto a este ponto; e, portanto, não se póde acoimar de contradictorio o artigo 24 da lei n. 221, de 20 de novembro de 1894, o qual manda observar ao mesmo tempo o artigo 59, § 1º da Constituição e o artigo 9º, § unico, letra *c)* do decreto n. 848.

Essas disposições legaes acerca do recurso extraordinario não destôam do que se preceituou no *judiciary act* de 1789 sobre o *writ of error*. Pelo contrario, reproduzem sob outra fórma o que se contém naquella famosa lei norte-americana. Já vimos que o *writ of error* tem cabimento, quando se questiona sobre a validade de uma lei federal, e a decisão da justiça é contraria a essa validade, ou quando se questiona sobre a interpretação de algum preceito constitucional, ou de alguma lei federal, e a decisão do tribunal do Estado é contraria á validade do titulo, privilegio, isenção, ou direito, reclamado por alguma das partes litigantes.

Cabe, consequentemente, o recurso extraordinario, quando a justiça local não applica a uma especie judicial a lei federal applicavel.

Qualquer que seja o modo como se verifique a não applicação da lei federal? Sem duvida nenhuma, sim. Pouco importa que a justiça local *declare préviamente inapplicavel a lei federal que pretende não applicar, ou que, tacita, silenciosamente, sem preliminarmente justificar o seu procedimento, deixe de applicar a lei invocada e reguladora da hypothese, ou que, depois de interpretar essa lei, a omitta, ou despreze,* no decidir o feito, ou que *interprete essa lei por meio de taes paralogismos, ou de taes sofismas, que a faça negar o titulo, privilegio, isenção, ou direito, em geral, que a lei realmente confere.* O que determina o artigo 24 da lei n. 221, de 1894, é que «*a simples interpretação, ou applicação,* do direito civil, commercial, ou penal, não basta para legitimar a interposição do recurso». A interpretação que exclue a interposição do recurso, é a interpretação em consequencia da qual, entendida neste ou naquelle sentido, a lei federal vem a ser applicada, e não a interpretação que annulla a lei, que diz o contrario do que o legislador estatuiu, que leva o interprete a não reconhecer a um dos contendores judiciaes o direito que a lei federal lhe concede. Outro não póde ser o sentido do preceito contido na segunda *alinea* do artigo 24 da lei n. 221, de 1894. Diversa accepção não comporta a phrase : «*a simples interpretação, ou applicação,* do direito civil, commercial, ou penal, não basta para legitimar a interposição do recurso».

Esta é a theoria conforme ao conceito juridico do recurso extraordinario, tanto no direito norte-americano, como em face do artigo 59, § 1º, da nossa Constituição. Tendo esse recurso por funcção manter a autoridade das leis federaes, e entre nós consequentemente a unidade do direito substantivo, em todo o territorio nacional, fôra absolutamente incomprehensivel e intoleravel facultal-o nos casos em que a justiça local declara inapplicavel uma lei federal, ou deixa de applical-a, sem justificar o seu procedimento, e negal-o nos casos em que os tribunaes dos Estados não applicam a lei federal, porque, interpretando-a com evidentes paralogismos e sofismas, de facto a nullificam. Tanto num caso como no outro ha manifesto desacato ao poder legislativo da União. Por um e por outro meio, mas com iguaes effeitos, se desrespeita a autoridade da Federação. Fóra imperdoavel inconsequencia permittir o recurso numa hypothese, e denegal-o na outra. Nada nos autorisa a asseverar que o legislador constituinte, ao redigir o artigo 59, § 1º, da Constituição, tenha tido em mente restringir o recurso extraordinario aos casos em que a justiça local declara inapplicavel a lei federal ou deixa de applical-a tacitamente, casos unicos em que, pela jurisprudencia do Supremo Tribunal Federal, tem sido admittido esse recurso. A expressão constitucional — *decidir contra a applicação da lei federal* — é tão ampla, que abrange todos os casos do *writ of error* do *judiciary act* de 1789 e todos os casos de recurso extraordinario do artigo 9º do decreto n. 848, de 1890.

Um caso ha em que, qualquer que seja a conclusão a que chegue o interprete, basta que se trate de *mera interpretação* da lei federal para se legitimar a interposição do recurso. É o caso em que a interpretação tem por objecto um texto da Constituição Federal. Isso se conclue logica e juridicamente do disposto na segunda *alinea* do citado artigo 24 da lei n. 221, de 1894, que só allude á interpretação, ou applicação, do *direito civil, commercial,* ou *penal,* quando declara que a *simples interpretação* da lei não justifica o recurso. A *simples interpretação da Constituição* justifica o recurso; porquanto, neste regimen o

Supremo Tribunal Federal é o supremo interprete da Constituição. Se, em se tratando do direito civil, commercial ou penal, se admittem interpretações varias, desde que se appliquem, ou se observem as normas desses ramos do direito, quando a materia é regida pela Constituição, e o que cumpre é interpretar um preceito constitucional, já não é tolerada essa diversidade de interpretação.

Attentando-se no artigo 59, § 1º, confrontado com o artigo 60, letra *a)*, da Constituição, e no que está disposto no citado artigo 24 da lei n. 221, de 1894, bem como na parte final do artigo 6º da lei n. 1939, de 28 de agosto de 1908, chega-se á seguinte conclusão: ou o recurso extraordinario, originado da simples interpretação da Constituição, é interposto em causa, em que uma das partes funda a acção, ou a defesa, directa e exclusivamente em preceito constitucional (artigo 60, letra *a*, da Constituição), ou em causa, em que, no curso do pleito, se invoca a disposição constitucional, de cuja interpretação é interposto o recurso, ou em causa, em que a acção, ou a defesa, das partes é baseada ao mesmo tempo em preceito constitucional, e em leis federaes ou estaduaes, cuja interpretação e applicação sejam da competencia da justiça dos Estados. No primeiro caso tem cabimento o recurso para se annullar o feito, por ser da competencia da justiça federal; no segundo e no terceiro tem cabimento o recurso para o fim de no mesmo processo reformar o Supremo Tribunal Federal a decisão contraria á interpretação constitucional, por elle firmada, ou que lhe parece correcta.

Na expressão—leis federaes, cuja não applicação legitíma o recurso extraordinario, não se comprehende o direito subsidiario. Assim invariavelmente se tem julgado. O fundamento dessa jurisprudencia é que, tendo sido creado o recurso extraordinario para manter a autoridade das leis emanadas da União, o caso em que a justiça local, entendendo que não deve applicar uma certa norma do direito subsidiario, julga o feito com diverso criterio, não envolve repulsa ou desacato ao poder legislativo federal. Póde bem ser a decisão erronea, injuridica; mas, não autorisa o recurso extraordinario.

Quando se questiona sobre a validade ou a applicação de um regulamento, expedido pelo governo federal, e a sentença da justiça local é contraria, tambem se tem admittido o recurso. Segundo prescreve o artigo 48, 1º, da Constituição, compete ao presidente da Republica expedir decretos, instrucções e regulamentos, para a fiel execução das leis. Os regulamentos são, pois, necessarios á exacta observancia dos preceitos legaes, e por isso obrigam em todo o territorio da União. Permittir que as justiças locaes não os respeitem, fôra permittir que essas justiças por esse meio desprezem as leis federaes, que nos decretos, instrucções e regulamentos do poder executivo têm o seu complemento constitucional.

Posto que se increpe aos regulamentos federaes a inconstitucionalidade, é sempre admissivel o recurso; porquanto, á justiça federal, e não á local, compete declarar, pelo menos em ultima instancia, inconstitucionaes, ou inapplicaveis, ou deixar de applicar por esse motivo, os regulamentos procedentes do poder executivo da União. No regimen federativo não se comprehende a justiça local a julgar *sem recurso* da validade de actos de autoridade da União.

Tão ampla é a disposição do artigo 59, § 1º, da Constituição, e tão clara a da segunda *alinea* do artigo 24 da lei n. 221, de 1894, que nenhuma duvida se tem suscitado acerca da admissibilidade do recurso extraordinario, nos casos em que a justiça local não applica a lei penal. Nem se objecte que a revisão criminal, instituida por este mesmo artigo da Constituição, dispensa o recurso extraordinario. A revisão só póde ser requerida, quando o réu é condemnado, ao passo que o recurso, cuja funcção mais de uma vez temos indicado, deve ser admittido, sempre que a justiça local não applica o direito penal applicavel á especie, seja ou não o réu condemnado. Nem, despronunciado ou absolvido o réu, por se ter furtado a justiça local a applicar a lei federal, ha outro meio regular de restabelecer o imperio da lei nacional.

Da não applicação das leis processuaes, ou de organisação judiciaria, pelos tribunaes dos Estados, não é dado o recurso, por não derivarem essas leis do poder legislativo da União. E quando se trata das normas de processo, ou de organisação judiciaria do Districto Federal, normas approvadas pelo Congresso Nacional, e sanccionadas e promulgadas pelo Presidente da Republica? Ainda neste caso não é admissivel o recurso; pois, de duas uma: ou, como pretendem alguns, a justiça, denominada local no Districto Federal, tambem é federal, e federaes, portanto, são as leis de organisação judiciaria e de processo no Districto Federal, e então excluido está o recurso extraordinario, que só se interpõe das decisões *da justiça local* para o Supremo Tribunal Federal; ou, como pensam outros, o maior numero, quasi a unanimidade, essa justiça é equiparavel á dos Estados, e *locaes* são as normas do direito judiciario (leis de organisação judiciaria e de processo) do Districto Federal, visto como o Congresso Nacional, ao votal-as, e o Presidente da Republica, ao sanccional-as e promulgal-as, procedem como poderes locaes dessa circumscripção, e então ainda inadmissivel é o recurso extraordinario, por sua propria natureza, por sua funcção especifica, por não ser seu escopo assegurar a applicação das leis locaes, mas unicamente a das federaes.

O que temos escripto acerca das leis federaes, tem igualmente applicação aos tratados, feitos pela União com os governos estrangeiros. É evidente a necessidade de confiar ao Supremo Tribunal Federal, ou á mais alta expressão da justiça nacional, a faculdade de julgar em ultima instancia os feitos em que se declara invalido, ou se não applica, um tratado internacional, em que póde estar empenhada a honra da nação brasileira, ou envolvidos os seus mais graves interesses.

Acerca do segundo caso de recurso extraordinario, o da letra *b)* deste preceito constitucional, não se têm suscitado as mesmas duvidas que a respeito do primeiro, o da letra *a)*. Quando a justiça local julga valida uma lei, ou um acto do governo de um Estado, repugnante á Constituição, ou a uma lei federal, e cuja existencia legal foi contestada, compete igualmente ao Supremo Tribunal Federal decidir em grau de recurso se realmente é valida a lei, ou o acto estadual. É bem conhecida a gradação que o regimen federal estabeleceu entre as disposições constitucionaes e legaes da União e dos Estados. Em primeiro logar está a Constituição Federal, que prevalece sobre todas as mais leis federaes e locaes; em segundo logar as leis federaes; em terceiro as constituições dos Estados; em quarto as leis dos Estados [1]. Qualquer contradicção, ou

---

[1] **Willoughby**, *The Supreme Court of the United States*, pagina 35.

opposição, entre as leis locaes e as constituições dos Estados, ou Provincias, é apreciada e julgada pela justiça local.

Por expressa disposição de lei (artigo 24 da lei n. 221, de 1894) dá-se o recurso, tanto da sentença da justiça local dos Estados, como das proferidas pela justiça local do Districto Federal. Posto que nesta ultima hypothese sejam os feitos decididos por juizes nomeados pelo poder executivo da União, permitte a lei o recurso, que tem por funcção, como varias vezes temos dito, manter a autoridade do direito substantivo em todo o territorio nacional.

De accordo com a letra do texto constitucional, que autorisa o recurso, quando *se questiona* sobre a validade, ou a applicação, de tratados e leis federaes, ou quando *se contesta* a validade de leis ou de actos dos governos dos Estados, em face da Constituição, a regra é exigir para a admissão do recurso que na justiça local *se tenha questionado* acerca da validade, ou da applicação de uma das leis, ou de um dos tratados, ou dos actos a que allude a Constituição, Mas, *quid,* se na ultima sentença da justiça local, na de que não cabe recurso algum ordinario, fôr apreciado o feito sob um novo aspecto, declarando-se invalida uma lei federal, ou deixando-se de applicar uma norma juridica dessa especie, ou julgando-se valido um acto do poder local, contrario á Constituição, o que póde dar-se com surpreza para as partes litigantes, ás quaes fôra impossivel prever esse desfecho judicial ? Ou se a lei adjectiva sujeitar *a uma sentença unica,* de primeira ou de segunda instancia, uma determinada especie, e nessa unica decisão se verificar a illegalidade, que o recurso extraordinario tem por fim sanar ? Quando elabora a lei, tem o legislador em vista *id quod plerumque fit,* o que frequentemente se realisa. Dados factos excepcionaes, que necessariamente seriam incluidos na lei, se tivessem sido previstos, a solução não póde ser diversa da estatuida para a generalidade dos casos. A primeira das duas hypotheses que figuramos, a da justiça local abster-se de applicar a lei federal applicavel, na ultima decisão, e quando não mais é possivel questionar sobre a lei applicavel, mais de uma vez já foi sentenciada pelo Supremo Tribunal Federal, que tem, póde dizer-se, jurisprudencia firmada a esse respeito, segundo a qual é o recurso admissivel. Differente solução não póde ser dada á segunda hypothese suggerida. Burlado ficaria o preceito constitucional, se em taes casos se negasse o recurso extraordinario.

Póde interpôr-se o recurso da sentença de segunda instancia da justiça local, ainda sujeita a embargos ? Tem variado a jurisprudencia do Supremo Tribunal Federal. A melhor opinião parece-nos ser a que exige a decisão definitiva para admittir o recurso. Este por sua propria natureza só deve ser facultado depois de esgotados os recursos ordinarios da justiça dos Estados. Se a parte vencida deixa de embargar a sentença contraria, a si propria sómente impute o ficar privada do remedio judicial extraordinario, que lhe offerece a lei.

E se se tratar de uma decisão proferida em grau de aggravo ? Da que, por exemplo, julga competente a justiça local, em excepção de incompetencia, opposta pelo réu, que entende dever a causa ser processada e julgada pela justiça federal ? Deve o recurso ser interposto da decisão proferida pela segunda instancia da justiça local, que em aggravo se pronuncia sobre esse ponto, ou cumpre aguardar a sentença definitiva que mais tarde ha de ser proferida sobre a questão de *meritis* ? Ainda aqui tem variado a jurisprudencia do

Supremo Tribunal Federal, posto que ultimamente se tenha accentuado em grande cópia de accordams a opinião de que basta a decisão da questão de competencia em grau de aggravo para se admittir o recurso. Declarar indispensavel a sentença definitiva sobre o merecimento da causa para se facultar o recurso, fôra impôr aos litigantes injustificada perda de tempo e de dinheiro, offendendo-se desse modo um dos principios cardeaes do processo. Demais tem variado a opinião dos juristas patrios acerca da possibilidade juridica de se reformar afinal a decisão proferida sobre a materia de competencia, entendendo alguns que, decidida num sentido, em grau de aggravo, a questão de competencia, é sempre permittido, na sentença final sobre o merecimento da causa, ao proprio tribunal que julgou o aggravo, reformar a sua primeira sentença (e parece-nos que esta é a melhor opinião; pois, as decisões em aggravo, de natureza interlocutoria, não fazem coisa julgada), e outros que, julgada em segunda instancia a questão de competencia, embora em grau de aggravo, não mais é licito sentenciar o contrario. Prevalecendo esta ultima opinião nas justiças locaes, se não se recorrer da decisão do aggravo, impossivel será interpôr o recurso extraordinario, por falta de opportunidade juridica, nos casos em que os tribunaes dos Estados decidem contra os preceitos da Constituição Federal.

A Constituição autorisa o recurso unicamente «das sentenças das justiças dos Estados»; e, pois, das decisões proferidas por quaesquer outras autoridades locaes, que não os tribunaes judiciarios, não cabe o recurso extraordinario.

Do artigo 58, § 1º, da lei n. 221, de 1894, conclue-se que ao Supremo Tribunal Federal, e não aos tribunaes dos Estados, compete decidir se o recurso deve, ou não, ser admittido. Esse artigo só faculta a carta testemunhavel do despacho que não recebe o recurso extraordinario, e não do que o admitte (a lei n. 221 neste caso denomina o recurso extraordinario—appellação ; mas, está bem claro que o legislador se refere de modo inequivoco ao recurso extraordinario). Á vista da carta testemunhavel deve resolver o Supremo Tribunal Federal se o caso é, ou não, de mandar tomar por termo o recurso. Entretanto, a erronea, ou obscura redacção do artigo 144 do regimento do Supremo Tribunal Federal tem feito que alguns supponham ser possivel julgar logo a materia do recurso. O artigo 70 da lei n. 221, de 20 de novembro de 1894, estatue : «O tribunal, em vista da carta testemunhavel, mandará escrever o aggravo, ou tomará logo conhecimento da materia, se o instrumento fôr instruido de modo que a tanto o habilite, independentemente de mais esclarecimento». O que ahi se dispõe com bastante clareza, é que o tribunal póde, ou mandar que suba o aggravo que foi denegado á parte, afim de resolver *sobre a materia do mesmo aggravo, que é tambem a da carta testemunhavel,* ou julgar immediatamente *essa questão,* pelos dados da carta testemunhavel, e dispensando os esclarecimentos que *o aggravo* poderia trazer. Está, portanto, manifesto que a decisão do tribunal em qualquer hypothese só póde versar *sobre a questão de recebimento, ou não, do recurso extraordinario, e nunca sobre o merecimento deste ultimo recurso,* que fôra absurdo julgar em autos de carta testemunhavel, sem os documentos juntos aos autos originaes da questão principal, sem as razões das partes acerca do recurso extraordinario, e portanto com surpreza pelo menos para uma dellas. Reproduzindo mal o preceito do artigo 70 da lei n. 221, reza assim o artigo 144 do regimento do Supremo Tribunal Federal : «Decidindo da carta testemunhavel, o

Tribunal mandará, ou não, escrever o aggravo, ou julgará logo a materia, se o instrumento estiver instruido de modo que a isto habilite independentemente de outros esclarecimentos (lei n. 221, artigo 70)». No artigo 173 do mesmo regimento ainda se aggrava o erro, ou talvez a obscuridade da reproducção do preceito legal: «A carta testemunhavel será distribuida e processada como o aggravo; mas, se na occasião do julgamento verificar o Tribunal que o instrumento está sufficientemente instruido para se decidir do recurso, mandará que se observe o processo estabelecido para este», isto é, para o recurso extraordinario. Dahi a opinião a que alludimos, e que tem sido adoptada até por alguns ministros do Supremo Tribunal Federal, consistente em asseverar que nos proprios autos da carta testemunhavel póde logo ser decidida a questão que faz objecto do recurso extraordinario denegado. Nem no artigo 58, § 1°, nem no artigo 70, autorisa a lei n. 221 o preceito contido no regimento, e que neste nunca poderia ser formulado. O artigo 58, § 2º, da citada lei n. 221 só permitte o julgamento do recurso extraordinario sobre traslado, devidamente conferido e concertado, *quando não é possivel a apresentação dos autos originaes*.

Arrazoa-se o recurso extraordinario perante a justiça local. Recebido o recurso no Supremo Tribunal Federal, não podem as partes juntar-lhe documentos, nem razões (artigo 169 do mesmo regimento). É, entretanto, permittido embargar a decisão proferida sobre o recurso, podendo então as partes juntar novos documentos.

Submettido o recurso a julgamento, costuma o Supremo Tribunal Federal, sempre que se allega que de qualquer modo não foi applicada uma lei federal, tomar conhecimento do mesmo, e negar-lhe provimento, quando verifica, ao julgar *de me-*

ritis, que bem resolvida foi a questão pela justiça local. Por esta jurisprudencia a simples allegação de que não se applicou a lei federal, sem nenhum fundamento, sem nenhuma prova, sem ter cabimento algum o recurso, faz que a fórma do julgamento seja—conhecer do recurso, e negar-lhe provimento, o que nos parece de pleno accordo com a logica juridica. Desde que o recorrente allegou que uma lei federal não foi applicada, ao tribunal superior cumpre estudar a materia, e averiguar se realmente se realisou a hypothese allegada, ao passo que, se o proprio recorrente, ao fundamentar o recurso, em vez de allegar a não applicação de uma lei federal, declara, por exemplo, que a sentença recorrida é injusta, porque appreciou mal a prova, ou julgou provado o que não o está, a fórma do julgamento é—não tomar conhecimento do recurso, por não ser caso desse remedio judicial extraordinario.

§ 28. Deve o Supremo Tribunal Federal applicar ao facto a lei federal invocada, proferindo assim uma decisão de direito e de facto sobre a especie, ou declarar qual a lei reguladora da hypothese, confiando á justiça local a tarefa de applical-a ao caso? Esta ultima opinião, que tem sido sustentada algumas vezes por ministros do Supremo Tribunal Federal, não tem prevalecido. Julgando o *writ of error,* a Suprema Côrte Federal norte-americana póde confirmar, annullar, ou modificar sómente a sentença, ou o decreto, do tribunal do Estado; póde discricionariamente ordenar a exécução do seu aresto, ou devolver o feito á côrte local de que lhe foi remettido o recurso: «*In such cases the Supreme Court may affirm, reverse, or modify the judgement or decree of the state court, and may at its discretion award execution or remand the same to the court from which it was removed*» (¹). Podendo assim o tribunal que julga o recurso extraordinario resolver a questão, applicando o direito ao facto, adoptou o Supremo Tribunal Federal esse modo de proceder, que não contraria a parte final da primeira *alinea* do artigo 24 da lei n. 221, de 1894; visto como, o que veda essa disposição legal, é que se julgue questão estranha á suscitada acerca da lei federal reguladora da especie. Applicar ao facto a lei federal invocada, e que se deixou de observar na justiça local, não importa em decidir questão estranha á «questão federal controvertida no recurso». Se, no sentenciar os recursos extraordinarios, o Supremo Tribunal Federal se limitasse a uma simples indicação da lei federal applicavel, deixando ao cuidado da justiça local applicar ao caso a lei invocada, aggravaria manifesta e grandemente as já excessivas delongas com que se julgam entre nós os litigios; provavelmente daria azo a que em varias hypotheses se não applicasse fielmente a lei federal, a cuja observancia já antes se esquivára a justiça local, originando-se talvez novos recursos; ou uma infindavel série de recursos na mesma causa; finalmente não se adstringiria ao texto constitucional (artigo 59, II e III, § 1º), que lhe manda *julgar* em grau de recurso (*julgar* no sentido commum do termo) as questões já resolvidas pelas justiças dos Estados.

Decidido pelo Supremo Tribunal Federal um recurso extraordinario, não se admittem embargos infringentes á execução de tal sentença (accordám n. 314, de 30 de janeiro de 1904). Mas, supponha-se (e a hypothese já se verificou) que, julgado pelo Supremo Tribunal Federal um recurso extraordinario, se faça indispensavel, para a exe-

---

(¹) **Willoughby**, obra citada, § 562.

cução da sentença, proceder prévïamente á liquidação, e que, ao julgar a liquidação, de tal arte proceda a justiça local, que venha finalmente a annullar a sentença do Supremo Tribunal Federal. Qual o recurso em tal hypothese? Parece-nos que ha de ser forçosamente o mesmo recurso extraordinario; pois, no caso figurado a justiça local ainda deixou de applicar a lei federal. A differença unica entre a especie resumida e a que frequente e indiscutidamente legitima o recurso extraordinario, é que nos outros casos o recurso se justifica por não ter sido applicada uma lei federal que o tribunal competente ainda não tivera o ensejo de declarar applicavel, e neste caso especial o recurso se justifica, por não ter sido applicada a lei federal reguladora da hypothese, e já mandada applicar pelo tribunal competente.

Com a natureza especial do recurso extraordinario, cuja funcção é manter a autoridade das leis nacionaes, não se compadece a ideia de alçada. Por isso no direito patrio, como no dos Estados-Unidos da America do Norte [1], é admittido o recurso, por menor que seja o valor da causa. Sóbre este ponto nunca houve doutrina, nem julgados divergentes.

A jurisprudencia do Supremo Tribunal Federal tem sido invariavel acerca dos seguintes pontos: em nenhuma questão de facto, por mais censuravel que seja a decisão da justiça local, é admissivel o recurso (entre muitos outros o recurso extraordinario n. 630). Consequentemente, por mais erronea que seja a apreciação das provas, não tem cabimento o recurso (entre muitos outros o recurso extraordinario n. 642). Tambem não justifica o recurso a errada classificação juridica dos

[1] **Willoughby**, *The Supreme Court of the United States*, pagina 25.

factos; pois, isso não importa em não applicar a lei federal (recurso extraordinario n. 642). Das sentenças em que se interpretam e applicam leis dos Estados, não deve ser facultado o recurso extraordinario (recurso n. 658). Sentenças das justiças locaes, em que se interpretam actos juridicos, como testamentos, contractos, etc., nunca legitimam o recurso (recursos extraordinarios ns. 633 e 629).

§ 29. Quando houver de applicar leis dos Estados, a justiça federal deverá consultar a jurisprudencia dos tribunaes locaes, assim como as justiças dos Estados deverão consultar a jurisprudencia dos tribunaes federaes, sempre que tiverem de interpretar leis da União.

Um exemplo de applicação de leis dos Estados pela justiça federal é o caso de desapropriação por utilidade publica estadual. Ao tempo do Imperio já ás provincias era dado promulgar leis de desapropriação por utilidade publica provincial. Essa faculdade não póde ser negada aos Estados, que devem exercital-a, respeitando as disposições constitucionaes e as normas do direito civil, garantidoras da propriedade. Supponhamos (o que já se tem realisado) que num Estado se decreta a desapropriação por utilidade publica de um predio, situado no seu territorio e pertencente a pessôa domiciliada, ou que reside em outro Estado. Por força do artigo 60, letra *d)*, da Constituição, é a justiça federal a competente para processar e julgar a desapropriação, ou a parte relativa á indemnisação ; pois, a desapropriação, como se sabe, é um instituto juridico mixto, em parte do dominio do direito administrativo, em parte da esphera do direito civil e do processo civil. Em tal hypothese, á justiça federal incumbe, antes de applicar a lei local, perquirir a jurisprudencia dos tribunaes do Estado sobre a materia, afim de bem penetrar o espirito da lei.

Por seu turno, deve a justiça local informar-se da jurisprudencia dos tribunaes federaes, quando fôr obrigada a applicar leis federaes. Para patentearmos os inconvenientes da applicação das leis federaes pela justiça dos Estados, sem o estudo e a observancia da jurisprudencia federal, basta que lembremos o que frequentemente se tem dado em relação ao artigo 60, letra *d)*, da Constituição. Depois de não poucos deslizes, firmou o Supremo Tribunal Federal a unica jurisprudencia tolerada pelos principios do regimen federativo e pelo espirito e pela letra da nossa Constituição, julgando que á justiça federal compete processar e julgar as causas entre habitantes de Estados diversos, muito embora só se trate de applicar leis federaes, e consequentemente as mesmas para todos os Estados. A essa jurisprudencia, sem nenhum fundamento juridico, e só por falta de conhecimento dos principios do direito publico federal, não se têm submettido alguns tribunaes locaes, que declaram competente a justiça dos Estados para processar e julgar a especie, com grande prejuizo de tempo e de dinheiro para as partes litigantes ; pois, em grau de recurso extraordinario é sempre possivel annullar todo o feito.

Manda a Constituição que as justiças dos Estados *consultem* a jurisprudencia dos tribunaes federaes, e vice-versa que estes ultimos tribunaes *consultem* a jurisprudencia dos tribunaes locaes. O que, pois, ordena a Constituição, é que os tribunaes de cada uma das duas especies ou ordens constitucionaes de justiça examinem, estudem, pesquizem o modo de interpretar e applicar as leis da outra ordem de tribunaes, afim de bem se instruirem acerca do escopo dos preceitos legaes, evitando-se desse modo inuteis e só prejudiciaes divergencias no applicar as normas juridicas. Mas, é obvio que nenhuma das duas ordens constitucionaes de justiça está adstricta a adoptar cegamente a jurisprudencia erronea, infundada, injustificavel, seguida pelos tribunaes da outra especie.

Art. 60. Compete aos juizes ou tribunaes federaes processar e julgar:

a) as causas em que alguma das partes fundar a acção, ou a defesa, em disposição da Constituição Federal;

b) todas as causas propostas contra o governo da União, ou fazenda nacional, fundadas em disposições da Constituição, leis e regulamentos do poder executivo, ou em contractos celebrados com o mesmo governo;

c) as causas provenientes de compensações, reivindicações, indemnisação de prejuizos, ou quaesquer outras, propostas pelo governo da União contra particulares, ou vice-versa;

d) os litigios entre um Estado e cidadãos de outro, ou entre cidadãos de Estados diversos, diversificando as leis destes;

e) os pleitos entre Estados estrangeiros e cidadãos brasileiros;

f) as acções movidas por estrangeiros e fundadas, quer em contractos com o governo da União, quer em convenções ou tratados da União com outras nações;

g) as questões de direito maritimo e navegação, assim no oceano como nos rios e lagos do paiz;

h) as questões de direito criminal ou civil internacional;

i) os crimes politicos.

1º É vedado ao Congresso commetter qualquer jurisdicção federal ás justiças dos Estados.

§ 2º As sentenças e ordens da magistratura federal são executadas por officiaes judiciarios da União, aos quaes a policia local é obrigada a prestar auxilio, quando invocado por elles.

§ 30. O primeiro preceito deste artigo, o qual outorga aos juizes (¹) ou tribunaes federaes competencia para processar e julgar as causas em que alguma das partes fundar a acção, ou a defesa, em disposição da Constituição Federal, tem o melhor e mais conciso dos seus fundamentos no trecho do *Federalista,* em que **Hamilton**, depois de notar que « deve haver sempre um meio constitucional de assegurar a execução das disposições constitucionaes », e que nenhuma efficacia teriam as restricções impostas á autoridade das legislaturas dos Estados, se não houvesse no apparelho constitucional uma força adequada a lhes garantir a observancia, raciocina do seguinte modo: «Muitas coisas são prohibidas aos Estados pelo plano da Convenção, já para o fim de se resguardarem os interesses da União, já para se respeitarem os principios de um bom governo. A creação de impostos sobre as mercadorias importadas e a emissão de papel-moeda, eis ahi exemplos de cada uma das duas especies. Nenhum homem sensato acreditará que taes prohibições sejam escrupulosa-

---

(¹) A cada juiz federal compete processar e julgar as causas que versarem sobre factos passados na respectiva secção, como bem doutrina **J. Barbalho**, nos *Commentarios,* pagina 249, e como já tem julgado o Supremo Tribunal Federal (entre varios outros vejam-se os accordams sobre aggravos, n. 230, de 2 de fevereiro de 1898, e n. 242, de 15 de junho do mesmo anno).

mente observadas, se não houver no governo um poder efficaz para lhes evitar ou reprimir as infracções. Tal poder só póde consistir num veto directo sobre as leis dos Estados, ou numa autoridade conferida aos tribunaes federaes para desprezar ou não applicar as que manifestamente offenderem os artigos da Constituição. Não posso imaginar um terceiro meio. Dos dois o ultimo parece ter sido o preferido pela Convenção, e creio que é o que mais convem aos Estados» (¹). Logo adiante, explica o que se entende por um processo, ou litigio, que nasce da Constituição, ou, segundo a linguagem da nossa lei fundamental, por «causa em que alguma das partes funda a acção, ou a defesa, em disposição da Constituição Federal»: «Interrogar-se-á: que quer dizer «um processo que nasce da Constituição», em opposição aos «oriundos das leis dos Estados-Unidos?» A differença já ficou assignalada, e della nos dão exemplos todas as restricções impostas á autoridade das legislaturas dos Estados. Assim é que estas não têm a faculdade de emittir papel-moeda : eis uma prohibição que resulta exclusivamente do preceito constitucional, e não de qualquer outra lei dos Estados-Unidos. Se acontecesse fazer um Estado uma emissão de papel-moeda, as questões que dahi se originassem, seriam processos ou litigios emanados da Constituição, e não das leis ordinarias dos Estados-Unidos. Ahi está um exemplo sufficiente para dar ideia do assumpto» (²).

Uma acção proposta com fundamento na Constituição é, pois, uma acção baseada *directa* ou *immediata e exclusivamente* em um preceito constitucional, e tem por fim evitar a applicação de uma

---

(¹) N. LXXX, traducção de **Boucard e Jèse**.
(²) *Ibidem*.

lei, federal ou local, por ser contraria á Constituição, ou annullar actos ou decisões do governo nacional, dos Estados ou dos municipios (¹), que igualmente contravêm aos preceitos constitucionaes. Uma acção cuja defesa é apoiada na Constituição é uma acção, em que o réu se defende, invocando *directa ou immediata e exclusivamente* um artigo constitucional, para o mesmo fim de evitar a applicação de uma lei, federal ou estadual, ou de annullar actos de algum dos tres governos mencionados, em consequencia do vicio da inconstitucionalidade.

Se, *além da inconstitucionalidade,* o autor, ou o réu, articula qualquer outro fundamento; se, por exemplo, allega em seu favor a disposição de uma lei ordinaria federal, ou da Constituição ou de lei secundaria de um Estado; se pretende demonstrar que o acto tachado de inconstitucional tem, *além disso,* o defeito de infringir alguma outra lei, nacional, ou local; a justiça competente para processar e julgar o feito é a local, com recurso extraordinario para o Supremo Tribunal Federal, nos termos do artigo 59, § 1º, da Constituição.

Se, depois de proposta e contestada a acção, o autor, ou o réu, no correr do processo, invoca em seu favor um preceito constitucional, pela mesma razão á justiça local compete processar e julgar o litigio, muito embora a decisão final tenha por objecto a questão constitucional.

As regras expostas têm seu fundamento no principio constitucional, que creou as justiças locaes para a funcção de processar e julgar todas as causas, excepto as enumeradas neste artigo 60 da Constituição, de applicar todas as leis federaes, inclusive o direito civil, o commercial e o

(¹) Lei n. 1939, de 28 de agosto de 1908, art. 6º.

penal, exceptuados sómente os casos que se enumeram neste mesmo artigo 60 (¹). Sendo assim, desde que, além da questão constitucional, ha outra qualquer em um pleito judicial, o que é regular, o que manda a logica juridica, é que a justiça local primeiro desempenhe a sua tarefa de julgar, e depois, em grau de recurso extraordinario, a justiça federal diga a ultima palavra sobre a questão constitucional. Isto está de accordo com a doutrina do direito publico federal acerca da inconstitucionalidade das leis. Como bem ensina **Cooley**, reproduzindo a lição commum, sempre que fôr possivel evitar a declaração de ser uma lei inconstitucional, e decidir o feito por outros fundamentos, deve o tribunal abster-se de tocar nesse ponto delicado, assim como igualmente deve desprezar a allegação da inconstitucionalidade, feita por um litigante que não tem interesse na annullação do acto acoimado de inconstitucional (²).

As justiças dos Estados julgam, pois, as questões constitucionaes, *de envolta com outras quaesquer questões*, suscitadas nas causas forenses. Eis o que se dá geralmente. Quando o autor propõe a acção, baseado *directa* ou *immediata* e *exclusivamente* no preceito constitucional, o pleito é da competencia da justiça federal. Ahi temos o que se verifica excepcionalmente.

Neste ponto importa assignalar a differença que ha entre o direito constitucional brasileiro e o norte-americano: ao passo que é outorgada á justiça federal norte-americana competencia para processar e julgar, em todas as instancias, as causas oriundas não só da Constituição como

---

(¹) Não é necessario repetir as excepções, de caracter especial, do artigo 59.

(²) *A Treatise on the Constitutional Limitations*, pagina 196.

das leis ordinarias federaes, á justiça federal brasileira compete sómente processar e julgar, nas duas instancias, as causas fundadas *immediata* e *exclusivamente* nos preceitos da Constituição Federal. No Brasil a justiça local tem por funcção applicar nas duas instancias todas as leis federaes, inclusive o direito civil, o commercial e o penal, em todos os casos, excepto sómente os que se indicam neste artigo 60 da Constituição, facultando-se das suas decisões o recurso extraordinario para o Supremo Tribunal Federal ([1]).

João Barbalho, ao commentar este artigo da Constituição, apoia-se no que ensina **Story** a proposito do artigo 3º, secção 2ª, n. 1, da Constituição norte-americana, dizendo que as causas incluidas na letra *a)* do artigo 60 da Constituição brasileira são as regidas directamente pelos preceitos constitucionaes, as que respeitam aos poderes outorgados, ás garantias asseguradas e ás prohibições impostas pela Constituição, sem necessidade ou dependencia de qualquer lei especial. Logo depois, para mostrar que a jurisprudencia do Supremo Tribunal Federal, não se afasta da bôa doutrina, cita o accordam n. 297, de 20 de abril de 1892, no qual se firmou a intelligencia do artigo 60, letra *a)*, com a declaração de que a competencia do poder judiciario federal se limita ás causas de interesse *directo e principal* da União.

Mas, no mesmo commentario accrescenta o seguinte, que destroe a theoria e a pratica por elle preconisadas: «Julgando causa em que se allegava lesão de direitos pela transgressão das disposições contidas no artigo 72, §§ 17 e 24, o Supremo Tribunal Federal, considerando que

---

([1]) Já estão resalvadas as excepções do artigo 59, de natureza especial.

nem o direito de propriedade nem a liberdade de industria são regidos directamente pelos citados §§, e que, ao contrario, dependem de leis especiaes, que lhes regulem o exercicio, e estão sujeitos a restricções, entre as quaes as disposições de policia administrativa e hygienica, consagrou no accordam em aggravo n. 185, de 3 de abril de 1897, aquella interpretação do sabio commentador. E, accrescenta o citado accordam, a dar-se maior amplitude ao artigo invocado, «não só seria uma inutilidade o artigo 59, § 1º, da Constituição, como ainda viriam a pertencer á esphera da justiça federal todas as causas que se agitassem na Republica, visto como todas tendem á reparação de uma lesão de direito, e todos os direitos encontram base na Constituição; e inuteis seriam, por sua vez, as demais especificações contidas no artigo 60».

Se o fim que teve em mente o legislador constituinte foi, de accordo com as lições do direito publico federal, fazer do poder judiciario da União, que é o interprete e applicador da Constituição Federal, o unico juiz das causas em que o autor, ou o réu, funda a sua pretenção, ou defesa *immediata e exclusivamente* em um preceito constitucional, comprehende-se que, embora verse o litigio sobre a materia dos §§ 17 e 24 do artigo 72 da Constituição (ou sobre quaesquer outros invocaveis em um pleito judicial) e muito embora já se tenham promulgado leis secundarias acerca do assumpto, é sempre possivel suscitar uma questão concernente ao direito de propriedade, ou á liberdade de industria, que seja da competencia da justiça federal; porquanto, é sempre possivel oppor-se o autor, ou o réu, a uma lei, arguida de inconstitucional, ou a um acto do poder executivo, impugnado pelo mesmo defeito, assentando o autor a acção, ou o réu a defesa, *di-*

recta e exclusivamente no principio constitucional, circumstancia necessaria e sufficiente para sujeitar um feito á só competencia da justiça federal.

Tambem não nos parecem acceitaveis as seguintes regras, firmadas pelo illustre commentador da nossa Constituição: «Quando a acção ou a defesa fundar-se em disposição constitucional, que haja sido violada por acto legislativo ou executivo do poder federal, a competencia é das justiças da União (artigo 60, *a)*. Quando se fundar em disposição constitucional, que haja sido violada por acto do poder legislativo ou executivo dos Estados, a competencia é das justiças estaduaes, com recurso para o Supremo Tribunal Federal (artigo 59, § 1º). E dest'arte o poder de declarar nullos e inefficientes, por contrarios á Constituição Federal, actos legislativos e executivos, é tanto da União como dos Estados, e neste sentido póde-se dizer que elle é de jurisdicção concurrente. Da questão de constitucionalidade conhecem os tribunaes todos do paiz, nacionaes e locaes, mas estes a proposito de leis e de actos de autoridades do Estado e aquelles quanto aos da legislatura e da administração federaes, sujeitas entretanto as decisões finaes da magistratura estadual á revisão pelo Supremo Tribunal Federal, quando considerarem validos os actos impugnados como inconstitucionaes» [1].

Na letra e no pensamento, no corpo e no espirito do artigo 60, letra *a)*, nada absolutamente se nos depara, que justifique ou ampare as regras assentadas pelo illustre commentador. Se á justiça federal compete processar e julgar as causas em que o autor, ou o réu, se funda *immediata e*

---

[1] *Commentarios*, paginas 249 e 250.

exclusivamente em preceito constitucional, como se ha de explicar a excepção, não autorisada, nem prevista, em artigo algum da Constituição, que se pretende abrir para os casos em que mais justificavel, mais necessaria, é a exclusão das justiças locaes? Na verdade, se ao legislador constituinte, guiado pelos principios do direito publico federal e pelos ensinamentos dos constitucionalistas norte-americanos, pareceu necessario confiar á justiça da União as causas em que a tarefa do juiz consiste em interpretar e applicar normas constitucionaes, violadas por actos legislativos ou executivos da União, que motivo ha para entregar ás justiças locaes as causas em que se trata de interpretar e applicar preceitos constitucionaes, violados por actos legislativos ou executivos dos Estados, ou dos municipios? Quando mais razões temos para recear que, no antagonismo entre os interesses locaes e os federaes, as justiças dos Estados, dominadas por interesses, preconceitos, predilecções e sentimentos regionaes, se afastem da linha da imparcialidade, em beneficio das suas circumscripções territoriaes, das pessôas e das influencias mais proximas, é que havemos de investir os tribunaes locaes da faculdade, que lhes negamos em condições diversas, de velar pela interpretação e applicação dos preceitos constitucionaes?

A exegese de **João Barbalho** tem sido justamente repellida pelo Congresso Nacional. Pela Constituição é vedado aos Estados crear impostos de transito pelo territorio de um Estado, ou na passagem de um para outro, sobre productos de outros Estados da Republica ou estrangeiros, e bem assim sobre vehiculos de terra e agua que os transportarem (artigo 11, 1º). Promulgou-se a lei n. 1185, de 11 de junho de 1904, a qual declara que, salvo o disposto no artigo 9º, § 3º, da

Constituição, só é licito aos Estados estabelecer taxas ou tributos que, sob qualquer denominação, incidam sobre as mercadorias estrangeiras, ou sobre as nacionaes de producção de outros Estados, quando concorrerem as duas condições de já constituirem as mercadorias referidas objecto do commercio interno dos Estados e se acharem assim incorporadas ao acervo de suas proprias riquezas, e de incidirem as taxas ou tributos, com a mais completa igualdade, sobre as mercadorias similares de producção do Estado. As mercadorias estrangeiras, ou nacionaes, que não tiverem similares na producção do Estado, só poderão por este ser taxadas ou tributadas, quando constituirem objecto de commercio a retalho, ou depois de vendidas pelo importador. Os municipios igualmente só poderão taxar ou tributar as mercadorias estrangeiras, ou as nacionaes produzidas por outros municipios do mesmo ou de differente Estado, se, em relação a elles, se verificarem todas as condições mencionadas. Violado o preceito constitucional citado do artigo 11, § 1º, *por lei estadual, ou municipal,* que estabeleça impostos fóra das condições do decreto legislativo n. 1185, de 11 de junho de 1904, qual a justiça competente para processar e julgar as causas originadas dessa infracção do preceito constitucional ? Por expressa disposição do artigo 5º desse decreto, disposição nunca tachada de inconstitucional, é a justiça federal, a qual para esse fim está sempre a conceder mandados de manutenção, ou prohibitivos.

Outro exemplo temos no artigo 6º da lei n. 1939, de 28 de agosto de 1908. Pelo artigo 13 da lei n. 221, de 20 de novembro de 1894, foi creada a acção especial (que não tem par em nenhuma outra legislação), destinada ao restabelecimento de direitos individuaes lesados por actos ou decisões de autoridades administrativas da União. O citado artigo da lei de 1908 estendeu a competencia da justiça federal ao processo e julgamento das acções intentadas contra as lesões de direitos individuaes por actos ou decisões de autoridades administrativas *dos Estados e dos municipios*.

Diante, pois, do que dispõem as duas leis, o decreto legislativo n. 1185, de 11 de junho de 1904 e o n. 1939, de 28 de agosto de 1908, temos a justiça federal a processar e julgar litigios fundados em preceitos constitucionaes violados por actos legislativos, ou executivos, dos Estados e dos municipios.

Não é só nesses dois casos, mas em todos os outros identicos, que a competencia é da justiça federal, por expressa disposição da norma constitucional que commentamos.

§ 31. Ao julgar as acções fundadas em preceitos constitucionaes, violados por leis ordinarias, não deve a justiça federal declarar nulla a lei increpada. A jurisprudencia norte-americana a esse respeito é bem conhecida: a Suprema Côrte Federal, observa **Willoughby**, não julga jámais nulla uma lei; apenas julga o feito, sem attender á lei inconstitucional, desprezando-a [1]. A Côrte Suprema, accrescenta o eminente constitucionalista norte-americano, não tem superintendencia, supremacia, ou superioridade, em relação ao poder legislativo: a lei não se applica, porque infringe a Constituição [2].

Não basta demonstrar que a lei incriminada é injusta, oppressora, ou fere direitos naturaes, sociaes, ou politicos. É indispensavel convencer de

---

[1] *The Supreme Court of the United States*, pagina 36.
[2] *Ibidem.*

que se trata de uma lei contraria á Constituição, que viola um preceito constitucional, devendo-se concluir a opposição entre a lei e o artigo constitucional de modo inequivoco dos termos da Constituição: «*Nor are the courts at liberty to declare an act void, because in their opinion it is opposed to a spirit supposed to pervade the constitution, but not expressed in words. When the fundamental law has not limited, either in terms, or by necessary implication, the general powers conferred upon the legislature, we cannot declare a limitation under the notion of having discovered something in the spirit of the constitution which is not even mentioned in the instrument*» ([1]).

§ 32. A lei póde ser julgada inconstitucional sómente em parte, ou em uma ou algumas de suas disposições unicamente ([2]).

Vale a pena reproduzir as palavras de **Hamilton** no *Federalista*, a proposito desta faculdade conferida á justiça de não applicar as leis inconstitucionaes, faculdade implicita na Constituição norte-americana, e na brasileira outorgada de modo tão expresso no artigo 59, § 1º, e no artigo 60, letras *a)* e *b)*: « Têm-se levantado duvidas acerca da competencia dos tribunaes para declarar nullos os actos legislativos contrarios á Constituição, sob o pretexto de que tal systema envolveria a superioridade do poder judiciario em relação ao legislativo. Tem-se dito que uma autoridade, investida do poder de declarar nullos os actos de uma outra autoridade, é necessariamente superior áquella cujos actos podem ser annullados. Tendo esta doutrina um grande alcance para todas as constituições norte-americanas, tem

---

[1] **Cooley**, *A Treatise on the Constitutional Limitations*, pagina 204, sexta edição.

[2] Obra citada, pagina 209.

muito cabimento uma breve discussão das razões em que ella repousa.

Não ha proposição mais evidentemente verdadeira do que esta—todo acto de uma autoridade delegada, contrario aos termos da delegação em virtude da qual procedeu essa autoridade, é nullo. Consequentemente, nenhum acto legislativo, infringente da Constituição, póde ser valido. Negal-o importaria em affirmar que o delegado é superior ao committente; que o servo póde mais que o senhor; que os representantes do povo têm mais faculdades que o proprio povo; que homens que obram em virtude de poderes conferidos, podem fazer não só o que os poderes outorgados não autorisam, como o que prohibem.

Se objectarem que o congresso legislativo é o unico juiz constitucional da sua competencia, e que a interpretação, por elle dada, é concludente para os outros poderes, poderemos responder que essa não é a presumpção natural, excepto se a Constituição assim preceituar em disposições especiaes. Não se deve suppor que a Constituição dê aos representantes do povo o direito de sobrepor a sua vontade á dos seus constituintes. É muito mais racional admittir que os tribunaes foram investidos da missão de servir de corpos intermediarios entre o povo e a legislatura, para, entre outros, o fim de manter a ultima dentro nos limites assignalados á sua autoridade. Na interpretação das leis reside a funcção propria e peculiar aos tribunaes. Uma Constituição é, na realidade, e deve ser considerada pelos juizes como uma lei fundamental. Sendo assim, aos juizes compete determinar-lhe o sentido, assim como o de quaesquer leis ordinarias, emanadas do corpo legislativo. Se se verificar entre os preceitos constitucionaes e os das leis secundarias uma contradicção absoluta, deverá ser preferida a que tem caracter obrigatorio e valor superiores. É o que é natural. Em outros termos, a Constituição deve ser acatada de preferencia á lei, a intenção do povo de preferencia á intenção dos seus agentes.

Essa conclusão de nenhum modo presuppõe superioridade do poder judiciario em relação ao legislativo. Apenas exprime a preeminencia do poder do povo diante dos poderes constitucionaes, e quer dizer que, quando a vontade da legislatura, manifestada em suas leis, está em opposição com a do povo, exarada na Constituição, é á ultima, e não á primeira, que os juizes devem prestar obediencia. Suas sentenças devem antes ser reguladas pelas leis fundamentaes que pelas secundarias.

Frequentes são os exemplos do exercicio do poder judiciario, reduzido a decidir entre duas leis ordinarias contradictorias, ou antinomicas. Não raro se nos deparam duas leis, que se contrariam no todo ou em parte, sem que se possa descobrir numa ou noutra alguma clausula, ou termo derogatorio. Em tal hypothese, consiste a missão dos juizes em lhes determinar e lhes fixar o sentido e o effeito. Quando é possivel concilial-as por uma interpretação razoavel, são concordes a razão e o direito em nos aconselhar que assim procedamos; quando isso é impossivel, forçoso se torna dar vigor a uma das leis com exclusão da outra. Nos tribunaes está admittida a regra de determinar o valor respectivo das leis, preferindo-se a ultima em data. Ahi temos uma simples regra de interpretação, que não deflue de nenhuma lei positiva, mas da natureza das coisas e da razão. É um canon, que não foi imposto aos tribunaes por decisão alguma legislativa, mas por elles adoptado na interpretação das leis como norma de procedimento conforme á verdade e ao bom senso. Aos juizes pareceu racional, entre duas leis contradictorias da mesma autoridade, preferir a que lhe guarda a expressão da ultima vontade.

Mas, em relação aos actos contradictorios de uma autoridade superior e de uma autoridade subordinada, de um poder originario e de um poder derivado, mandam a natureza das coisas e a razão que adoptemos uma regra diversa: o acto, primeiro em data, emanado de uma autoridade superior, deve ser acatado de preferencia ao acto subsequente, que procede de uma autoridade inferior, ou subordinada. E consequentemente, todas as vezes que uma lei ordinaria contraría a Constituição, é obrigação dos tribunaes judiciarios obedecer á Constituição, desprezando a lei ordinaria.

Nenhuma procedencia tem a objecção de que os tribunaes, engendrando contradicções ou antinomias entre a lei e a Constituição, poderiam sobrepor a sua propria vontade ás intenções constitucionaes da legislatura. Isso tambem se poderia dar no caso de duas leis contradictorias; ainda a mesma coisa poderia verificar-se na applicação de uma só e mesma lei. O que cumpre aos tribunaes, é interpretar as leis, declarar-lhes e fixar-lhes o sentido; se dão para manifestar *a sua vontade,* em vez de se limitarem a exprimir *o seu juizo,* o abuso poderá estender-se a quaesquer leis illimitada e indistinctamente. Se alguma coisa demonstrasse esta objecção, é que não deve haver um poder judiciario separado do legislativo» (¹).

Não terminaremos o commentario a este preceito constitucional, sem recordarmos a seguinte lição dos constitucionalistas norte-americanos, resumida por **Cooley**: para que possa declarar in-

---

(¹) N. LXXVIII.

constitucional uma lei, é necessario que o tribunal não alimente *duvida razoavel (reasonable doubt)* acerca da inconstitucionalidade (¹).

—

§ 33. São processadas e julgadas pelos juizes federaes, com appellação para o Supremo Tribunal Federal, todas as causas propostas contra o governo da União, ou fazenda nacional, fundadas em disposições da Constituição, leis e regulamentos do poder executivo, ou em contractos celebrados com o mesmo governo (letra *b)* do art. 60).

Se approximarmos esta disposição da regra geral da letra *c)*, do mesmo artigo 60, que entrega á justiça federal o processo e julgamento de *quaesquer* causas, propostas pelo governo da União contra particulares, e vice-versa, teremos patenteado a competencia da justiça da União para processar e julgar *todos* os litigios, em que se pleiteie um interesse da União, seja qual fôr a natureza desse interesse.

Sob o regimen imperial havia um certo numero de questões, em que era interessada a fazenda publica, para cujo processo e julgamento se outorgava competencia á propria administração. Tinhamos o contencioso administrativo, mais ou menos organisado de accordo com os principios respectivos do direito francez (²).

Pelas citadas disposições da Constituição Federal foi claramente revelado o pensamento

---

(¹) Obra citada. pagina 216.
(²) Vejam-se o *Ensaio sobre o Direito Administrativo*, do **Visconde de Uruguay**, capitulos XV a XXII, e o *Direito Administrativo Brasileiro*, de **Ribas**, capitulos VI e VII.

do legislador constituinte de abolir o contencioso administrativo, confiando-se aos tribunaes judiciarios a attribuição de processar e julgar os feitos, que antes eram da competencia dos tribunaes administrativos.

Já no periodo monarchico os melhores estadistas patrios propugnavam a extincção do contencioso administrativo. Eis a esse respeito a opinião do **Visconde de Ouro Preto**: «O contencioso administrativo é outra invenção franceza, que procurou-se imitar entre nós, quanto aos negocios geraes, tentando-se por vezes estendel-o tambem ás provincias, especialmente no projecto do Marquez de S. Vicente, estudado no Conselho de Estado.

Devia-se, entretanto, ter em vista que sómente razões de conveniencia politica determinaram a creação dessa instituição no paiz em que mais desenvolveu-se, a França, tratando-se de justifical-a por meio de distincções subtis, sem base no terreno do direito.

Ao envez de alguns estadistas nossos, **Minghetti**, que a achára já estabelecida em todos os Estados da Italia, cuidou logo de a ir abolindo para restituir aos tribunaes judiciarios as attribuições delles retiradas, afim de constituirem a competencia dessa jurisdicção anormal, que converte em juiz a mais forte das partes litigantes. Taes foram os intuitos do seu projecto de lei de 27 de abril de 1861.

Elle observava, com razão, que onde quer que a inamovibilidade dos magistrados é preceito da lei fundamental, a existencia de um tribunal do contencioso administrativo é attentado contra a Constituição» (¹).

(¹) *Reforma Administrativa e Municipal*, capitulo IV.

A abolição do contencioso administrativo importou, pois, em satisfazer uma necessidade de ordem juridica, já reconhecida e proclamada sob a monarchia em nosso paiz.

Mas, foi completa, foi absoluta a eliminação do contencioso administrativo? No artigo 89 da Constituição está escripto o seguinte: «É instituido um tribunal de contas para liquidar as contas da receita e despeza e verificar a sua legalidade, antes de serem prestadas ao Congresso. Os membros deste tribunal serão nomeados pelo Presidente da Republica com approvação do Senado, e sómente perderão os seus logares por sentença.»

Depois do regimento de 1892, foi a creação do artigo 89 da Constituição desenvolvida e regulamentada pelo decreto legislativo n. 392, de 8 de outubro de 1896, e pelo regulamento n. 2409, de 23 de dezembro do mesmo anno, modificados pelo decreto legislativo n. 2511, de 20 de dezembro de 1911, e pelo decreto n. 9393, de 28 de fevereiro de 1912.

No artigo 2º prescreve a lei n. 392, de 8 de outubro de 1896: «Funcciona o Tribunal de Contas: 1) como fiscal da administração financeira; 2) *como tribunal de justiça com jurisdicção contenciosa e graciosa*». E no artigo 3º «*O Tribunal exercita a sua jurisdicção contenciosa:* 1) processando, julgando, em unica instancia, e revendo as contas de todas as repartições, empregados e quaesquer responsaveis que, singular ou collectivamente, houverem administrado, arrecadado e despendido dinheiros publicos ou valores de qualquer especie, inclusive em material, pertencentes á Republica, ou por que esta seja responsavel e estejam sob sua guarda; bem assim dos que deverem prestar ao Tribunal, seja qual fôr o ministerio a que pertencerem, em virtude de responsabilidade por contracto, commissão ou adiantamento; 2) suspendendo os responsaveis que não satisfizerem as prestações das contas, ou não entregarem os livros e documentos de sua gestão, dentro dos prazos fixados nas leis e nos regulamentos, ou quando, não havendo taes prazos, forem intimados para esse fim; 3) ordenando a prisão dos responsaveis com alcance julgado em sentença definitiva do Tribunal, ou intimados para dizerem sobre o alcance verificado em processo corrente de tomada de contas, que procurarem ausentar-se furtivamente, ou abandonarem o emprego, a commissão, ou o serviço de que se acharem encarregados, ou houverem tomado por empreitada. O tempo de duração da prisão administrativa não poderá exceder de tres mezes, findo o qual serão os documentos que houverem servido de base á decretação da medida coerciva, remettidos ao procurador geral da Republica para instaurar o processo por crime de peculato, nos termos do artigo 14 do decreto legislativo n. 221, de 20 de novembro de 1894. A competencia conferida ao Tribunal por esta disposição em sua primeira parte não prejudica a do governo e seus agentes na fórma da segunda parte do artigo 14 da lei n. 221, de 20 de novembro de 1894, para ordenar immediatamente a detenção provisoria do responsavel alcançado, até que o Tribunal delibere sobre a dita prisão, sempre que assim o exigir a segurança da fazenda nacional; 4) impondo multas aos responsaveis remissos ou omissos em fazerem a entrega dos livros e documentos para o ajuste de contas, nas épocas marcadas nas leis, regulamentos, instrucções e ordens relativas ao assumpto, ou nos prazos que lhes forem designados; 5) ordenando o sequestro dos bens dos responsaveis ou seus fiadores, precisos para a segurança da Fazenda;

6) fixando á revelia o debito dos responsaveis que não apresentarem as suas contas, os livros e documentos de sua gestão; 7) mandando passar quitação aos responsaveis correntes em suas contas; 8) julgando extinctas as cauções de qualquer natureza pela quitação dos responsaveis, livres os valores depositados e ordenando o levantamento do sequestro dos que declarar exonerados para com a fazenda publica; 9) apreciando, conforme as provas offerecidas, os casos de força maior allegados pelos responsaveis como escusos do extravio dos dinheiros publicos e valores a seu cargo para ordenar o trancamento das contas dos responsaveis, quando pelo mesmo motivo se tornarem illiquidaveis; 10) julgando os embargos oppostos ás sentenças por elle proferidas, e admittindo a revisão do processo de tomada das contas, em virtude de recurso de parte, ou do representante do ministerio publico». No § 2º do mesmo artigo estatue o legislador «os tramites e formalidades substanciaes do processo» da tomada de contas.

O que ahi fica instituido, é inquestionavelmente o contencioso administrativo. Se compararmos as disposições transcriptas ás que, sob o Imperio, vigoravam acerca deste mesmo assumpto, nenhuma duvida nos deixará o confronto sobre o intuito do legislador de 1896. Eis como **Ribas**, ao enumerar as funcções contenciosas da administração, dividindo-as em grandes classes, resume a que foi incluida pelo legislador no artigo reproduzido da lei de 1896: «A tomada de contas dos dinheiros publicos a quaesquer pessôas a quem tenha sido confiada a sua arrecadação, dispendio ou guarda. Para este fim institue-se discussão entre o responsavel e o funccionario incumbido pelo thesouro, ou thesouraria, da tomada de contas, podendo-se offerecer quaesquer documentos, ou explicações, verbaes ou escriptas, para o esclarecimento da questão. Afinal o tribunal profere julgamento sobre as contas, mandando passar quitação ao responsavel que nellas estiver corrente, ou, em caso de alcance, fixando o debito (decreto n. 736, de 20 de novembro de 1850, artigo 2º, §§ 3º e 5º, n. 870, de 22 de novembro de 1851, artigo 1º, §§ 3º e 4º, n. 2343, de 29 de janeiro de 1859, artigo 4º, 10, 21, § 2º, n. 2354, de 16 de fevereiro de 1859, n. 2529, de 13 de fevereiro, n. 2548, de 10 de março, n. 2719, de 31 de dezembro de 1860, aviso n. 529, de 12 de novembro de 1862, etc.). Julgadas as contas e inscripta a divida nos livros competentes, caso não seja paga nos prazos que forem marcados, termina a acção do contencioso administrativo, e a fazenda publica, como credora de quantia liquida e certa, comparece por meio do seu procurador perante o poder judicial em fôro privilegiado, a pedir o seu pagamento. As contas por certidão extrahidas dos livros fiscaes têm força de escriptura publica, e nellas tem a fazenda a sua intenção fundada e liquidada de facto e de direito, de modo a não precisar de qualquer outra prova; compete-lhe o processo executivo (Reg. da Fazenda, capitulo 176, lei de 22 de dezembro de 1761, artigo 3º, § 5º, citado regulamento n. 2548, artigo 25, § 3º, n. 2)».

Ter-se-á com a lei n. 392, de 8 de outubro de 1896, restabelecido sob a Republica o contencioso administrativo que existia sob o Imperio? Em face das disposições das letras *b)* e *c)* do artigo 60 e da do artigo 89 da Constituição Federal, a resposta affirmativa é inadmissivel. O artigo 89 institue um tribunal de contas unicamente para liquidar as contas da receita e despeza, e verificar a sua legalidade, antes de serem prestadas ao Congresso. Nenhuma excepção se contém nesse artigo ás regras exaradas nas letras *b)* e *c)* do artigo 60, em virtude das quaes á justiça federal compete processar e julgar «*todas*» e «*quaesquer*» causas propostas contra o governo da União, ou fazenda nacional, fundadas em disposições da Constituição, leis e regulamentos do poder executivo, ou em contractos celebrados com o mesmo governo, assim como «*todas*» e «*quaesquer*» causas propostas «*pelo governo da União contra particulares e vice-versa*». Consequentemente, ás pessôas julgadas responsaveis por debitos de qualquer origem para com a União pelo Tribunal de Contas, é sempre facultado fazer valer o seu direito perante os juizes federaes, não se podendo attribuir ás decisões desse tribunal a mesma efficacia juridica adjectivada ás dos tribunaes do contencioso administrativo no periodo imperial. Nas questões judiciaes discutidas perante a justiça federal, as sentenças do Tribunal de Contas só tem o valor juridico de informações, posto que muito preciosas, de esclarecimentos, embora de um valor inestimavel. Reputar definitiva e irrevogavelmente julgadas pelo tribunal de contas as questões suscitadas entre a União e as pessôas para com ella responsaveis, fôra infringir inquestionavelmente as claras e peremptorias normas do artigo 60, letras *b)* e *c)*, da Constituição. Dêm, se quizerem, aos accordams do Tribunal de Contas o effeito de provas, exhibidas perante os juizes federaes por occasião de intentar a fazenda publica uma acção judicial, mas de provas que pódem ser illididas; ou mesmo o effeito de sentenças, mas de sentenças que pódem ser reformadas pela justiça federal. O que não é possivel, em face das duas expressas e terminantes disposições do artigo 60, é vedar aos particulares a discussão judicial e a decisão pelos juizes federaes de quaesquer questões que se suscitem entre elles e a União, ou a fazenda nacional.

Nenhum apoio poderia ir á opinião contraria á nossa de um appello ao artigo 83 da Constituição. «Continuam em vigor, reza esse artigo, emquanto não revogadas, as leis do antigo regimen, no que explicita ou implicitamente não fôr contrario ao systema de governo firmado pela Constituição e aos principios nella consagrados». O contencioso administrativo, que, conforme já vimos, era condemnado, sob a monarchia, pelos nossos mais competentes estadistas, que já o reputavam inconciliavel com a propria Constituição do Imperio, tem contra si na Republica, além dos principios consagrados na Constituição Federal, as citadas disposições irrefragaveis do artigo 60, letras b) e c).

Pouco importam as disposições contidas nos §§ 1º e 2º do artigo 4º da citada lei n. 392, de 8 de outubro de 1896, que dizem o seguinte: «§ 1º A execução da sentença definitiva sobre tomada de contas, na parte em que condemnar o responsavel ao pagamento do alcance e á entrega dos valores ou do material sob a sua guarda e administração, será promovida no juizo federal da secção pelo respectivo procurador, á vista da cópia authentica da sentença, remettida pelo representante do ministerio publico perante o Tribunal de Contas. § 2º Os embargos oppostos na execução, quando infringentes ou modificativos da sentença, serão julgados pelo Tribunal de Contas, ao qual será devolvido o processo. Quando referentes ao processo da execução, julgal-os-á o juiz federal da secção».

Esta disposição do § 2º não póde ser applicada por inconstitucional. Applical-a, isto é, interdizer aos juizes federaes, de primeira e segunda instancia, o julgamento dos litigios entre o particular e a União, ou a fazenda nacional, fôra infringir o texto explicito e decisivo da Constituição, e infringil-o com prejuizo para os direitos dos particulares, com reducção das garantias asseguradas a estes pela mesma lei fundamental; porquanto, seja embora o Tribunal de Contas composto de membros que só podem perder os seus logares por sentença, nos termos do preceito constitucional, perante um tribunal administrativo nunca os direitos dos administrados e dos agentes da administração são cercados das mesmas seguranças que nos tribunaes judiciarios.

Consequentemente, sem embargo do que se estatuiu no § 2º do artigo 4º da lei citada de 1896, aos juizes federaes, de primeira e segunda instancia, compete, por força dos preceitos constitucionaes tantas vezes invocados, julgar definitivamente *quaesquer causas* entre particulares e o governo da União, ou a fazenda nacional.

Nos Estados-Unidos da America do Norte, para decidir acerca de certas pretenções ou reclamações dos particulares contra o governo federal, foi creada a *Court of Claims* com attribuições definidas pela lei, *facultando-se, entretanto, recurso das suas decisões para a Suprema Côrte Federal* (¹).

Posto que sem um plano preconcebido, mas propulsados unicamente pela necessidade de pôr a lei secundaria de accordo com as normas constitucionaes, no Brasil viemos finalmente a ter um tribunal administrativo contencioso, cujas decisões estão sujeitas a ser reformadas pela justiça federal.

(¹) **Bryce,** *American Commonwealth,* 1ª parte, capitulo XXII, e **Willoughby,** obra citada, §§ 554 e 566.

§ 34. Estando assim abolido pela Constituição Federal o contencioso administrativo (pois, as unicas disposições de lei ordinaria em que se poderia ver o restabelecimento dessa creação juridica da França, não pódem ser applicadas, por infringentes da Constituição), uma questão se levanta, que tem sido muito discutida, dando origem a votos radicalmente diversos no Supremo Tribunal Federal. Queremos referir-nos á questão de saber se, no actual estado do direito patrio, a defesa do réu no executivo fiscal está reduzida ao que prescreve o artigo 65 da parte quinta da *Consolidação das Leis da Justiça Federal* (decreto n. 3084, de 5 de novembro de 1898).

Reproduzindo o que estatue o decreto n. 9885, de 29 de fevereiro de 1888, no artigo 12, e o decreto n. 848, de 11 de outubro de 1890, no artigo 201, diz o artigo 65 do citado decreto de 1898: «A materia da defesa, estabelecida a identidade do réu, não póde consistir senão na prova da quitação, na nullidade do processo executivo, ou prescripção da divida». O decreto de 29 de fevereiro de 1888 ao artigo 12 accrescentava o seguinte paragrapho unico: «O contribuinte que fôr intimado para pagar divida de imposto a que não se julgar obrigado, ou de que não puder, por qualquer motivo, exhibir a respectiva quitação, deverá representar immediatamente á repartição arrecadadora competente. Caso esta reconheça a justiça da reclamação, assim mencionará no proprio documento da intimação, para que, junto aos autos, se considere extincta a execução».

Sob o regimen monarchico, a defesa judicial no processo executivo fiscal estava circumscripta á prova da quitação, da prescripção da divida, da nullidade do processo, ou da não identidade do réu. Mas, como dos actos e despachos das autoridades administrativas que mantinham os lançamentos de impostos illegaes, era permittido aos collectados interpôr um recurso de ordem contenciosa administrativa, no qual se provasse e demonstrasse não ser devido o imposto por um motivo, ou por um facto diverso dos já mencionados como admissiveis para a defesa do réu no executivo fiscal ([1]), a consequencia é que sob o Imperio ficaria a posição do devedor na acção fiscal para a cobrança de impostos sendo melhor, mais garantida, cercada de mais amplos meios de defesa, se esta fosse restringida sob a Republica nos termos do artigo 65 da parte quinta do decreto n. 3084, de 1898.

Isso não é possivel. O legislador constituinte aboliu o contencioso administrativo, satisfazendo um voto dos estadistas liberaes do periodo monarchico, isto é, exactamente para garantir de modo mais efficaz os direitos dos administrados, e não para o fim de cercear as seguranças desses direitos. A amplificação da defesa do réu no executivo fiscal é um corollario logico das disposições constitucionaes que elimináram o contencioso administrativo. Não está explicita, mas contém-se implicitamente na Constituição. Dispõe o artigo 78 desse estatuto: «A especificação das garantias e direitos expressos na Constituição não exclue outras garantias e direitos não enumerados, mas resultantes da fórma de governo que ella estabelece, *e dos principios que consigna*». Consignado o principio de que todos as questões entre o governo da União, ou a fazenda nacional, e os particulares, inclusive as que sob o regimen monarchico eram da esphera do contencioso administrativo, são julgadas pelos tribunaes federaes,

---

[1] **Souza Bandeira**, *Novo Manual do Procurador dos Feitos da Fazenda*, § 496, e leis e decretos ahi citados.

não se póde reduzir a defesa de tal arte, que venha a garantia estatuida no principio constitucional a se converter em prejuizo para os direitos do réu, em ficar este em posição juridica inferior á que lhe assegurava o contencioso administrativo.

Consequentemente, desde que o réu, no executivo fiscal, prove que não deve a quantia pedida, seja embora a materia da defesa consistente em articulado diverso do que lhe facultava o decreto de 29 de fevereiro de 1888, ao juizo federal não é licito condemnal-o.

—

§ 35. Á especial competencia da justiça federal ainda estão confiadas as causas provenientes de compensações, reivindicações, indemnisação de prejuizos, ou quaesquer outras, propostas pelo governo da União contra particulares, ou vice-versa (artigo 60, letra *c*).

Por esta disposição constitucional ficaram pertencendo á justiça federal todas as causas intentadas pela União contra os particulares, ou por estes contra aquella. A despeito de estatuir uma regra extensiva a todas e quaesquer questões entre as duas partes mencionadas, julgou necessario o legislador constituinte especificar alguns pleitos, como os relativos á indemnisação de prejuizos, em que á União caiba o papel de autora, ou de ré.

Confrontando-se este preceito com o do artigo 82, vê-se claramente o pensamento que dictou as duas disposições da nossa Constituição.

O que se consagra nesta clausula do artigo 60, e com a discreção, a generalidade e a concisão, que requeria a natureza da lei em cujo corpo foi incluida, é a responsabilidade da União por prejuizos causados aos particulares, individuos, ou pessôas collectivas, responsabilidade pelos actos e decisões *do poder publico;* visto como a responsabilidade do Estado, considerado como pessôa juridica, moral, artificial, ou collectiva, sujeita ás normas do direito privado, nunca se poz em duvida no direito patrio.

Bem interpretou, pois, este preceito constitucional o legislador ordinario, quando no artigo 13 da lei n. 221, de 20 de novembro de 1894, prescreveu: « Os juizes e tribunaes federaes processarão e julgarão as causas que se fundarem na lesão de direitos individuaes por actos ou decisões das autoridades administrativas da União »; e no § 9º do mesmo artigo accrescentou: « Verificando a autoridade judiciaria que o acto ou resolução em questão é illegal, o annullará no todo ou em parte, para o fim de assegurar o direito do autor ». Ainda bem interpretada foi esta clausula constitucional, e della deduzido um corollario logicamente juridico, quando no artigo 6º da lei n. 1939, de 28 de agosto de 1908, estatuiu o legislador ordinario : « O processo summario especial de que trata o artigo 13 da referida lei (a de 20 de novembro de 1894) será igualmente applicavel aos actos e decisões das autoridades administrativas dos Estados e municipios, sempre que a respectiva acção tenha de ser proposta no juizo federal, por ser directamente fundada em dispositivos da Constituição Federal (Constituição Federal, artigo 60) ». Ficou assim reconhecido o direito á indemnisação pelo Estado, ou pelo municipio, que têm as pessôas cujos direitos individuaes foram lesados por actos ou decisões das autoridades administrativas locaes, de uma e de outra categoria.

O artigo 82 da Constituição, que alguns não têm hesitado em offerecer como argumento de que a União nunca responde pelos prejuizos causados pelos seus representantes, approximado do preceito que óra estudamos, demonstra exactamente o contrario, salvo se suppuzermos o legislador constituinte ignorante de todo o progresso juridico moderno, no que toca á responsabilidade do Estado, *como pessôa juridica, ou collectiva, e como poder publico,* e se alêm disso lhe attribuirmos a pecha de incluir na lei fundamental um artigo inutil, ou em antinomia com outro.

O que preceitúa o artigo 82, é isto: « Os funccionarios publicos são estrictamente responsaveis pelos abusos e omissões em que incorrerem no exercicio de seus cargos, assim como pela indulgencia ou negligencia em não responsabilisarem effectivamente os seus subalternos ». Este artigo nada mais é do que a reproducção do que se continha no artigo 179, n. 29, da Constituição do Imperio, que rezava o seguinte: «Os empregados publicos são estrictamente responsaveis pelos abusos e omissões praticadas no exercicio das suas funcções, e por não fazerem effectivamente responsaveis os seus subalternos ». Ora, ao tempo do Imperio não variavam os interpretes do texto constitucional transcripto. O que se determinou nesse texto, foi a responsabilidade penal dos funccionarios publicos, para o fim de se garantir a moralidade e a boa ordem no desempenho do serviço publico. Eis como foi elle interpretado pelo **Marquez de S. Vicente** ([1]): «É um principio fundamental que os empregados publicos são estabelecidos no interesse do serviço social, e não no seu interesse individual, para manter os direitos dos cidadãos, fazer-lhes justiça, promover os interesses e o bem-ser da associação. Todo emprego suppõe regras do seu exercicio, e obrigações a satis-

---

([1]) *Direito Publico Brasileiro* e *Analyse da Constituição do Imperio,* 2ª parte, pagina 437, §§ 602 e 603.

fazer; é, pois, de razão e de dever cumpril-as; essa é tambem a exigencia da propria honra e moralidade do funccionario. Nenhuma corrupção é mais detestavel do que a dos delegados do poder publico; ella prejudica o poder, desmoralisa a sociedade, inverte em prejuizo o instrumento que fôra estabelecido para ser util e protector. A responsabilidade dos agentes do poder constitue, pois, uma das condições e necessidades essenciaes da ordem e liberdade publica, uma das garantias indispensaveis dos governos constitucionaes. Se, pois, e não obstante estes justos fundamentos, o funccionario publico, violando a lei e os seus deveres moraes, converte o emprego em meio de interesse pessoal ou instrumento de suas paixões, não só o cidadão injustamente lesado deve ter o direito de promover sua responsabilidade, mas os seus proprios superiores estão na obrigação de provocal-a, ou fazer effectiva, pois que, como o nosso paragrapho constitucional bem se expressa, não basta deixar de praticar abusos ou omissões, é demais essencial fazer effectivamente responsaveis os subalternos, que assim procederem. Não é na simples promessa da lei que está a garantia, sim em sua exacta observancia. O codigo criminal, artigos 129 a 168, 170 a 172, e outros, assim como a lei de responsabilidade dos ministros e secretarios de Estado, e regimentos das diversas autoridades, estabelecem as respectivas penalidades. As crenças e a moral social resentem-se muito do modo por que os empregados publicos se comportam, e da maneira por que a alta administração sobre elles exerce sua inspecção e correcção». Aqui está um outro commentador da Constituição do Imperio, que no artigo, reproduzido quasi *ipsis verbis* no artigo 82 da Constituição Federal, tambem vê uma regra acerca da responsabilidade criminal dos funccionarios publicos, **Rodrigues de**

Souza (¹) : «A responsabilidade dos empregados publicos pelos abusos e omissões praticadas no exercicio de suas funcções é uma garantia dos direitos individuaes e politicos dos cidadãos, que deste ou daquelle modo pódem soffrer. Segundo a qualidade dos empregos, são os ditos empregados responsaveis por prevaricação—artigo 129, § 1º a 8º do Cod. Crim., por peita—artigo 130 a 132, por suborno—artigos 133 e 134, por concussão —artigos 135 e 136, por excesso ou abuso de autoridade ou influencia proveniente de emprego —artigo 137 a 152, por falta de exacção no cumprimento dos deveres—artigos 153 a 155, por falsidade—artigos 167 e 168, por peculato—artigos 170 a 172. A parte offendida tem contra elles o direito de queixa—artigo 72 do Codigo do Processo Criminal ; qualquer pessôa do povo tem o de denuncia, e ao promotor publico compete essa por dever official—artigo 74 e artigos 150 a 172 do mesmo Codigo».

Se, commentando a Constituição do Imperio, eram unanimes os nossos antigos juristas em ler no artigo 179, n. 29, uma ordem do legislador para se processarem *criminalmente* os funccionarios e empregados publicos. a mesma identidade de vistas se nota entre os que interpretam o artigo 82 da actual Constituição. **A. Milton** (²) escreveu : «Se, no entanto, o funccionario tornar-se infiel ao compromisso contrahido, esquecendo os seus deveres, cumpre punil-o, e lembrar-lhe que o emprego foi-lhe dado, não para que promovesse seus interesses pessoaes, ou favorecesse

---

(¹) *Analyse e Commentario da Constituição do Imperio do Brasil* —pelo desembargador **Joaquim Rodrigues de Souza**, vol. 2º, pagina 479, edição de 1870.

(²) *A Constituição do Brasil, Noticia Historica, Texto e Commentario*, pagina 484.

suas paixões particulares, mas exclusivamente afim de que trabalhasse pela patria e pela lei. E, se os superiores por acaso não fazem effectiva a responsabilidade, que o caso exige, então devem ser a seu turno punidos, porque tão bom é o ladrão como o consentidor». Tal é tambem o conceito do deputado ao Congresso Constituinte, **Amphilophio de Carvalho**, e de **Clovis Bevilaqua**, como se vê do seguinte trecho deste ultimo([1]): «Como bem ponderou o Dr. **Amphilophio**, esse artigo refere-se aos delictos que praticarem os funccionarios, por abuso ou omissão, delictos que estão capitulados no codigo penal, especialmente no capitulo das malversações, abusos e omissões dos funccionarios publicos, artigos 207-238». Finalmente é essa ainda a interpretação de **João Barbalho**, que, melhor do que os escriptores citados, dá uma exacta ideia do disposto no artigo 82, mostrando que o legislador constituinte determinou a responsabilidade criminal dos funccionarios publicos, e que essa responsabilidade, como não podia deixar de ser pelos principios do nosso direito, é acompanhada da responsabilidade *civil:* o delinquente é obrigado a indemnisar o damno causado. Leiamos a passagem alludida de **João Barbalho** ([2]): «No exercicio de suas funcções, os funccionarios entendem sobre objecto referente ao direito dos cidadãos, a interesses legitimos dos particulares, e sem a responsabilidade tudo isso ficaria a arbitrio dos empregados e sujeito a prejuizos e lesões admiraveis. Por isto a disposição constitucional de que nos occupamos, comquanto não mencionada (como o era na Con-

---

([1]) *Theoria Geral do Direito Civil*, pagina 186, edição de 1908.

([2]) Obra citada, pagina 354. A edição citada é sempre a de 1902, unica até hoje conhecida.

stituição Imperial, art. 179, § 29) entre as garantias dos direitos civis e politicos dos cidadãos, é effectivamente uma dellas. E será uma das mais solidas e efficazes, se sempre, cada vez que fôr occasião, os prejudicados a fizerem valer pelos meios que a lei tem estabelecido. Promovendo-se a responsabilidade dos empregados publicos pelas suas faltas e prejuizos causados, além do resarcimento destas, se obterá melhorar o serviço publico *formidine poenoe*. É esse um direito cujo exercicio é utilissimo ao individuo e á sociedade; e tamanha é sua importancia, que a Constituição não se contenta de responsabilisar os funccionarios *pelos abusos e omissões em que incorrerem;* mas, vae além, fazendo-os ainda responder *pela indulgencia ou negligencia em não responsabilisarem effectivamente seus subalternos.* Esta obrigação imposta aos superiores importa em muito á fiscalisação e superintendencia do serviço, para que não deixe de correr sempre regularmente, e em muitos casos supprirá a inercia dos interessados, que não se apresentam a fazer suas reclamações perante as autoridades a que competir. A responsabilidade é assim criminal como civil. Da primeira é sancção o disposto no codigo penal, no seu capitulo *das malversações, abusos e omissões dos funccionarios publicos* (artigos 207 a 238, além dos artigos 193, 194, 255, paragrapho unico, e 257, paragrapho unico) e na lei n. 30, de 8 de janeiro de 1892. A segunda rege-se pelas disposições do direito commum». Em seguida investiga o illustre constitucionalista se é o Estado responsavel pelo damno que seus funccionarios causarem aos particulares. Dá noticia de uma sentença do Supremo Tribunal Federal em sentido negativo, e termina, citando accordams que firmáram a doutrina juridica, ainda hoje mantida pela jurisprudencia do mesmo tribunal.

Posto que a disposição do artigo 82, sobretudo se a cotejamos com a do artigo 179, n. 29, da Constituição do Imperio, tal como a interpretaram sempre os constitucionalistas do antigo regimen politico, nos pareça de indubitavel clareza, pela sua letra e pelo seu espirito, bem visivel, quando a approximamos da clausula da letra c), do artigo 60, não julgámos escusadas as citações feitas; pois, muito frequentemente invocam os defensores da Fazenda Federal o artigo 82, suppondo que ahi está prescripta a exclusiva responsabilidade dos funccionarios publicos pelos damnos causados aos particulares. Não: fôra preciso que o nosso legislador constituinte não tivesse o mais vago sentimento da radical e fecunda revolução juridica, que se estava realisando, e ainda continúa, no que diz respeito á responsabilidade do *poder publico* pelos damnos causados aos particulares, para que se limitasse a declarar os funccionarios publicos responsaveis nos termos do artigo 82, e por esse meio pretendesse excluir a responsabilidade do *poder publico* da União, do Estado e do municipio.

Que ha acerca dessa responsabilidade no actual estado do direito patrio?

Para ser clara, a resposta pede e justifica uma rapida synthese doutrinal, synthese que seria perfeitamente dispensavel, se o leitor tivesse, por exemplo, diante dos olhos o livro de Tirard [1] onde, sem minucias inuteis, e omittidos os nomes dos autores de theorias philosophico-juridicas, se resumem claramente as principaes correntes de ideias sobre a materia.

[1] *De la Responsabilité de la Puissance Publique*, 1906.

A doutrina da irresponsabilidade do *poder publico* é hoje repudiada pelos juristas, e vae sendo pouco a pouco desprezada pelos legisladores. Já no Senado da França chegou a receber o epitheto de—*these feudal,* insustentavel em nossos dias.

Para a satisfação das necessidades sociaes é necessario organisar os serviços publicos. Da execução dessa ordem de serviços, que pódem ser da União, do Estado, da provincia, do municipio, ou do districto, procedem damnos, prejuizos, lesões de direitos para os particulares, pessôas singulares e collectivas. São resarciveis *pelo poder publico* esses prejuizos?

Até ha poucos annos, era geralmente dada a essa interrogação uma só resposta, baseada numa distincção muito conhecida: será reparado o damno pela pessôa moral, se emanou *de um acto de gestão;* se, porêm, proveio *de um acto de autoridade,* a indemnisação não é devida; porquanto, *o poder publico* é irresponsavel. A União, o Estado, a provincia, o municipio, praticam duas especies de actos: ora, agem como um particular na gestão do seu patrimonio; ora, usando da sua autoridade, ordenam como um poder irresistivel. No primeiro caso temos a *pessôa moral* da União, do Estado, da provincia ou do municipio; no segundo temos o *poder publico* de uma dessas circumscripções politicas e administrativas. A compra e venda de um predio para um serviço publico, um contracto de fornecimento feito pela administração publica, um desastre occorrido numa estrada de ferro do Estado, ou numa fabrica por este explorada como um serviço administrativo, eis ahi factos do dominio da *pessôa moral* da União, do Estado, ou dos seus sub-organismos. A sentença de um magistrado, a demissão de um funccionario publico, uma ordem administrativa para que se feche um estabelecimento insalubre, ou uma casa que ameaça ruina, ahi estão factos do dominio da União, do Estado, ou dos seus sub-organismos, considerados como *poder publico*. Entre os actos do Estado ha uma antithese contínua e irreductivel: de um lado os actos de *gestão,* do outro os de *autoridade*. O Estado tem duas faces: óra é *pessôa moral,* óra é *poder publico;* óra é *pessôa civil,* óra é *governo*. A *pessôa moral* está sujeita ao direito privado, como os particulares, no que respeita á indemnisação dos damnos que causa. O *governo,* ou o *poder publico,* não está subordinado ás normas do direito civil; e, pois, não indemnisa os prejuizos que por suas decisões, actos de qualquer especie, ou omissões, occasiona aos particulares, pessôas singulares ou collectivas.

Para dar uma ideia completa do assumpto, cumpre notar que ha duas correntes de doutrina: a *civilista* e a *de direito publico*. Os adeptos da primeira submettem a União, o Estado, ou os seus sub-organismos, ás regras do direito civil concernentes á indemnisação do damno. Neste caso a base da responsabilidade é a *culpa*. Sem uma culpa, negligencia ou imprudencia, não ha condemnação ao resarcimento do prejuizo causado. Quando um acto do *poder publico* lesa o direito de um individuo, este nenhuma indemnisação póde reclamar. Não ha texto de lei que o autorise a isso. A indemnisação do damno é regulada exclusivamente pelo direito civil, e este só se applica ao *Estado—pessôa moral,* e não ao *Estado — poder publico*.

Para os sectarios da doutrina da responsabilidade fundada no direito publico, é neste direito, e não no direito civil, que está a base juridica da responsabilidade do Estado. Nada tem que vêr o direito privado com a questão que estudamos. A razão jurídica de ser o Estado obrigado a indemnisar as offensas feitas aos direitos individuaes está no *principio da igualdade dos onus e encargos,* principio consagrado em varias leis dos povos cultos. Os serviços publicos acarretam necessariamente certos males, e estes devem ser soffridos por todos, contribuindo cada um para a indemnisação do damno que incidiu numa só pessôa. Além deste, outros fundamentos propugnam os defensores da doutrina da responsabilidade em direito publico, que omittimos, por não ser opportuna uma resenha desenvolvida dos pontos principaes sequer da theoria.

Quaes são os actos do *poder publico,* que pódem originar uma indemnisação? Nos paizes onde domina o direito publico europeu, dos actos legislativos não póde derivar uma acção de indemnisação. Mas, onde vigora o direito publico federal, tal como foi ideiado pelos norte-americanos, e adoptado pelo Brasil, Argentina, Mexico e outras nações, desde que as leis inconstitucionaes não são applicadas pelo poder judiciario, e pódem causar prejuizos aos particulares, os damnos causados por taes actos legislativos são resarciveis. A pessôa prejudicada por uma lei inconstitucional tem manifestamente, em face do artigo 60, letra *a)*, da Constituição, o direito de pedir a reparação do prejuizo soffrido. O que está dito acerca das leis, é perfeitamente applicavel pelo mesmo fundamento aos decretos e regulamentos do poder executivo.

Já o mesmo principio não vigora em relação aos actos do poder judiciario. A irresponsabilidade do poder publico neste caso é um corollario fatal da autoridade da *res judicata.* Ao particular lesado por uma sentença judicial só poderia ser facultada a propositura de uma acção de indemnisação, depois de ter esgotado todos os recursos processuaes ; mas, depois de esgotados todos esses recursos, a sentença é irretratavel. Reclamar do Estado uma indemnisação por essa decisão inalteravel fôra iniciar um novo litigio sobre a questão já ultimada por uma sentença passada em julgado. Consequentemente, só nos casos de revisão e de rescisão da sentença é que pódem os particulares obter o resarcimento do prejuizo infligido por uma sentença illegal.

Em se tratando de actos e decisões do poder executivo, não ha que distinguir no nosso regimen constitucional: de qualquer delles, desde que sejam offensivos da Constituição, ou das leis, póde nascer uma justa acção de indemnisação. E o que aqui dizemos do poder executivo da União, deve applicar-se tambem ao Estado e ao municipio (artigos 59, § 1º, e 60, letra *a)*, da Constituição, lei n. 221, de 1894, artigo 13, e lei n. 1939, de 1908, artigo 6º).

Na doutrina, como nas leis dos paizes cultos, inclusive o nosso, ha tres systemas de responsabilidade em direito publico:

1º) a theoria do risco integral, ou por causa do serviço publico ;

2º) a theoria da culpa administrativa ;

3º) a theoria do accidente administrativo ou da irregularidade do funccionamento do serviço publico [1].

Desde que um particular soffre um prejuizo, em consequencia do funccionamento (irregular ou regular, pouco importa) de um serviço organisado no interesse de todos, a indemnisação é devida. Ahi temos um corollario logico do principio *da igualdade dos onus e encargos sociaes.*

---

[1] **Tirard**, obra citada, pagina 195.

Segundo a theoria da *culpa administrativa*, só ha direito á indemnisação, quando se prova que houve uma imprudencia, uma negligencia, uma culpa de qualquer especie da parte dos orgams e dos prepostos da administração, dos funccionarios e empregados publicos. Esta doutrina é muito similhante á da indemnisação do damno por culpa do direito civil.

A terceira theoria é um tentamen de conciliação das duas primeiras. Em primeiro logar, presuppõe o principio da igualdade dos onus e encargos sociaes; mas, não vae com todo o rigor da logica até á conclusão de mandar que se indemnisem todos os prejuizos oriundos do funccionamento, regular ou irregular. dos serviços publicos. Por outro lado, sente-se nesta doutrina um vestigio do conceito de culpa, mas, a culpa aqui (deixem passar a expressão) é *impessoal, objectiva, do serviço publico*. Em todos os casos em que o damno resulta de um acto de um dos orgams, ou de um dos prepostos. da administração, e se descobre que o procedimento desse agente administrativo foi culposo, o particular prejudicado tem direito á indemnisação; mas, além desses casos, sempre que o prejuizo emanou *de um facto material, do funccionamento passivo do serviço publico, sem nenhuma culpa pessoal, basta um accidente administrativo, uma irregularidade de qualquer proveniencia, um insignificante e involuntario desvio do bom funccionamento do serviço publico*, para justificar a indemnisação do damno causado aos particulares.

Dessas tres doutrinas a que se formou de accordo com a logica juridica, é a primeira. Nem se objecte que adoptado esse systema, desapparece em grande parte o estimulo dos funccionarios publicos no desempenho das suas obrigações: tudo se concilia, pagando o Estado a indemnisação do damno, e punindo os agentes que tiverem procedido culposamente, e condemnando-os por seu turno á reparação devida ao mesmo Estado. Não procede tão pouco o argumento dos que lembram a probabilidade de crescer demasiadamente esta nova fonte de despezas para o Estado. Como bem respondeu este outro expositor synthetico das doutrinas acerca da responsabilidade do *poder publico,* **Marcq** (¹), que por sua vez se arrima a **Cotelle**, «*si les condamnations prononcées contre l'État pouvaient devenir assez fréquentes pour comprometttre le patrimoine public, un pareil fait indiquerait des désordres dans le corps administratif; le seul remède efficace contre ces désordres serait précisément de forcer l'État par une application sévère de la règle de la responsabilité à choisir des agents plus éclairés et plus dévoués à l'intérêt public* ».

Na legislação patria, como na dos demais paizes cultos, não ha por emquanto unidade quanto ao fundamento da obrigação de indemnisar os damnos causados pelo *poder publico.* Óra, essa obrigação assenta num principio, óra noutro.

No artigo 72, § 17, da Constituição parece ter sido consagrado o *principio de igualdade dos onus e encargos publicos:* sendo necessario um predio, pertencente a um particular, para uma obra de utilidade ou de necessidade publica, todos contribuem para a indemnisação do individuo privado de sua propriedade. Do nosso preceito constitucional bem podemos dizer o que da norma equivalente na Constituição belga disse **Marcq** (²). Tal preceito repousa no seguinte apophtegma

---

(¹) *La Responsabilité de la Puissance Publique*, pagina 383.
(²) Obra citada, pagina 362 e seguintes.

juridico: «Os onus e encargos do Estado devem ser por todos supportados com igualdade ; e toda ideia de proporção desappareceria, se um só ou alguns pudessem ser obrigados a sacrificios, para os quaes não concorressem os outros cidadãos».

De accordo com a *theoria do risco integral*, fundada no *principio da igualdade dos encargos do Estado*, temos leis secundarias, como, por exemplo, os artigos 6º e 7º, do decreto n. 7653, de 11 de novembro de 1909, os quaes declaram que a União é responsavel pelos valores entregues aos seus correios, sem absolutamente exigirem a allegação, e menos a prova, pelo interessado, de que houve culpa de qualquer grau de algum dos empregados postaes, ou de que se deu uma irregularidade nesse ramo do serviço publico.

Em outras leis secundarias e decretos de organisação de serviços publicos, diverso é o criterio do legislador. Assim, por exemplo, no decreto legislativo n. 2681, de 7 de dezembro de 1912, que «*regula a responsabilidade civil das estradas de ferro*», e que se applica tanto ás estradas de ferro de propriedade de sociedades anonymas e de particulares, como ás pertencentes á União e aos Estados, ao lado do artigo 1º, no qual se funda a responsabilidade pelos damnos causados na «*culpa sempre presumida*», e só elisivel por algum dos factos taxativamente enumerados no mesmo artigo, está o artigo 11, onde se estatúe que os passageiros de uma estrada de ferro só terão direito á indemnisação em consequencia de perda ou avaria de bagagens não despachadas, provando culpa ou dolo por parte dos agentes e empregados da estrada de ferro.

Tambem no artigo 1º, § 20, do decreto legislativo n. 1151, de 5 de janeiro de 1904, repelle o legislador o *principio da igualdade dos onus do*

Estado, quando dispõe: «Fica salvo á pessôa lesada o direito de reclamar judicialmente, perante a justiça federal, as perdas e damnos que lhe couberem, se o acto ou medida da autoridade sanitaria tiver sido illegal, e promover a punição penal, se houver sido criminosa».

Desde a disposição legal, já incluida sob o regimen monarchico no artigo 18, § 6º, da lei n. 2033, de 20 de setembro de 1871, e reproduzida no artigo 378, parte 2ª, do decreto n. 3084, de 5 de novembro de 1898, disposição que tem por base a theoria da culpa, e que reconhece e garante a quem soffre um constrangimento illegal «o direito de justa indemnisação contra o responsavel por similhante abuso do poder», até ás regras exaradas nos artigos 246 e 250 da *Nova Consolidação das Leis das Alfandegas e Mesas de Rendas da Republica*, regras que fazem responsavel o *poder publico* (artigo 250) *por todo extravio e por qualquer descaminho, falta, ou não entrega de mercadorias sob a guarda das Alfandegas*, e que têm por fundamento a theoria do accidente administrativo, ou da irregularidade do funccionamento do serviço publico, varios outros preceitos se notam na legislação patria, que nos autorisam a pedir á União e ao Estado uma indemnisação dos damnos causados pelos orgams e prepostos do *poder publico*.

Nesta materia, como em muitas outras, a nossa jurisprudencia ainda é inconsistente, incerta, vária, pelo que de pouca utilidade fôra indicar alguns julgados (¹). Basta-nos saber que, além dos casos em que a indemnisação é auto-

---

(¹) Aos que quizerem vèr alguns accordams do Supremo Tribunal Federal sobre esta materia lembramos as abundantes citações da *Responsabilidade Civil do Estado*, de **Amaro Cavalcanti**, pagina 510 *usque* 537.

risada por texto expresso de lei, em varios outros similhantes tem o poder judiciario mandado resarcir o damno causado, fundando-se, para applicar o principio constitucional, nas fontes subsidiarias do nosso direito.

O que importa muito ter sempre em mente, é que, para haver condemnação, é necessario que o autor prove que de facto se deu *a lesão de um direito;* que essa lesão acarretou um damno *certo*, e não apenas *eventual, presente* e não *futuro;* finalmente, que entre a prestação ou desempenho do serviço publico, o acto ou omissão do serviço publico, que occasionou o damno, e este, se verifique uma relação *directa* de causalidade, um laço *directo de causa* a effeito (¹). Por exemplo, um delicto de furto, ou de roubo, perpetrado nas condições em que geralmente taes crimes se commettem, não dá á victima o direito de ser indemnisada pelos cofres publicos; pois, evidentemente não ha um vinculo *directo*, que prenda o *damno causado* a um *acto do poder publico*. Laço *directo* só se descobre entre o mal soffrido e o acto dos autores do crime. Mas, se uma aggressão contra a pessôa, ou contra a propriedade, fôr conhecida e annunciada com tal antecedencia e visos de certeza, que a policia administrativa deva e possa evital-a, e não obstante, graças á inercia injustificavel das autoridades, o attentado se realisar, animado ou auxiliado pela indifferença dos agentes da segurança publica, ao Estado incumbe indemnisar o damno causado; porquanto, a sua inacção concorreu tanto para a pratica do acto criminoso, que, se não na linguagem rigorosa da logica, pelo menos na linguagem commum se póde dizer com propriedade que esse procedi-

---

(¹) **Tirard**, obra citada, pagina 225 a 228, e **Marcq**, obra citada, pagina 439 a 440.

mento do *poder publico* foi a causa do damno soffrido: de todos os antecedentes cujo concurso era necessario para a producção deste consequente — o damno causado pelo crime, o que primeiro se nos apresenta ao espirito, o que mais nos fere a attenção, por nos parecer que das causas concomitantes é a mais efficiente — dada a particularidade da hypothese, é a inercia do *poder publico,* o qual com seus meios normaes de acção teria efficazmente atalhado o mal (¹).

§ 36. Á justiça federal compete processar e julgar « os litigios entre um Estado e cidadãos de outro, ou entre cidadãos de Estados diversos, diversificando as leis destes »: eis o controvertidissimo preceito da letra *d)* do artigo 60.

A disposição transcripta é inquestionavelmente oriunda da regra incluida na secção segunda do artigo 3° da Constituição norte-americana, a qual estatue o seguinte: «*The judicial power shall extend to all cases in law and equity arising under this Constitution... to controversies between a State and citizens of another State, between citizens of different States*», e da exarada no artigo 100 da Constituição argentina: «*Corresponde á la Corte Suprema y a los tribunales inferiores de la Nacion el conocimiento y decision de todas las causas que versen sobre puntos regidos por la Constitucion... de las causas que se susciten entre una Provincia y los vecinos de otra; entre los vecinos de diferentes Provincias* ».

(¹) Assim julgou o Supremo Tribunal Federal em appellação civil n. 1923, entre a Leopoldina Railway, autora, appellada, e o Estado do Rio de Janeiro, réu, appellante.

Dado o modo como se formou a federação norte-americana, cujos elementos integrantes, convertidos em Estados federados, eram a principio colonias dominadas por certo espirito de rivalidade, com inclinações, preconceitos e interesses locaes, comprehende-se bem que os elaboradores da Constituição dos Estados-Unidos sentissem a necessidade de outorgar á justiça federal competencia para processar e julgar as causas entre um Estado e cidadãos de outro, ou entre cidadãos de Estados diversos. Das ideias dominantes acerca deste assumpto no momento em que a America do Norte preparava a sua lei fundamental, uma impressão exacta nos é transmittida por esta passagem de um artigo de **Hamilton**, no *Federalista* ([1]): «A faculdade de julgar os litigios entre dois Estados, entre um Estado e os cidadãos de outro, e entre cidadãos de Estados diversos, é talvez não menos essencial á paz da União do que a competencia ultimamente estudada (a competencia para julgar as causas em que são partes estrangeiros, ou em que são interessadas nações estrangeiras). A historia desenha-nos um quadro horrivel das dissensões e das guerras civis que dilaceraram e desolaram a Allemanha antes da instituição da Camara Imperial por Maximiliano, nos fins do seculo XV; e ao mesmo tempo nos ensina qual foi a influencia dessa instituição no sentido de estancar as desordens e restituir ao Imperio a tranquillidade. Era uma Côrte investida no poder de decidir em ultima instancia todas as questões suscitadas entre os membros do Todo Germanico».

Nos *Commentaries*, §§ 1690 e seguintes, tambem **Story** nos revela os motivos que levaram

---

([1]) *Le Fédéraliste,* trad. de **Jèze**, n. LXXX.

os norte-americanos a consignar em sua Constituição este preceito, que examinamos: podia succeder que num Estado se pretendesse crear para os seus habitantes um regimen de prerogativas ou de direitos, contrario á Constituição Federal, e que nesse Estado a organisação judiciaria fosse de tal modo defeituosa, que os juizes, por falta de garantias, não pudessem fazer valer o principio constitucional da igualdade e julgar com independencia e isenção de animo. Em taes condições fôra preciso ser muito ingenuo, ou muito credulo, para suppôr que os juizes pudessem emancipar-se dos preconceitos e sentimentos regionaes, ou resistir á acção das autoridades arrastadas por esses motivos: «*It would require an uncommon exercise of candour or credulity to affirm that, in cases of this sort, all the state tribunals would be wholly without state prejudice or state feelings; or, that they would be as earnest in resisting the encroachments of state authority, upon the just rights and interests of the citizens of other states, as a tribunal differently constituted, and wholly independent of state authority*».

Não faz **Story** a mais vaga allusão *á diversidade de leis*, para dahi concluir que neste caso de litigios entre cidadãos de Estados diversos deve ser outorgada competencia á justiça federal.

Como o autorisado autor dos COMMENTARIOS, os demais constitucionalistas norte-americanos repetem uniformemente a asserção de que o preceito constitucional transcripto tem por fundamento o receio de que interesses, sentimentos e preconceitos locaes, levem a justiça regional a não proceder com a necessaria imparcialidade. **Pomeroy**, por exemplo ([1]), doutrina que os fun-

---

([1]) *An Introduction to the Constitutional Law of the United States*, § 758.

damentos da disposição constitucional que dá competencia á justiça federal para julgar os litigios entre cidadãos de Estados diversos, se reduzem todos ao empenho por assegurar ás partes litigantes uma justiça inaccessivel aos interesses locaes: «*They are all summed up in the desire to furnish a tribunal free from partisan influences in those cases where it was feared lest local interests might prevent perfect justice being done to suitors*». Do mesmo modo **Cooley** (¹) não vê outro fundamento para essa norma: «*if a citizen of one State should bring suit in one of its courts against a citizen of another State, the case would be one which by the Constitution is embraced in the grant of the federal power; and the reason why it was included ist that it may sometimes happen that local feelings, sentiments, prejudices or prepossessions may preclude a fair trial in the State court, or at least give rise to fears or suspicions that such may be the case*». Sempre o receio de que sentimentos, inclinações, preconceitos, prevenções e interesses regionaes desviem o juiz da senda recta da justiça. Esse mesmo receio é repetido por **Black** (²): «*The reason for giving to the federal courts jurisdiction of controversies between citizens of different states was the apprehension that a citizen sued in the courts of his own state by a non-resident might be able to prevail unjustly, in consequence of his local influence, or the prejudice against citizens of other states or state pride and jealousy. This has proved to be the largest source of federal jurisdiction*». O temor de perder

---

(¹) *The General Principles of Constitutional Law*, pagina 139, 3ª edição.

(²) *Handbook of American Constitutional Law*, § 88, pagina 140, *in fine*, 2ª edição.

injustamente uma causa, em consequencia da preponderancia dos interesses e preconceitos locaes, está assentado pela jurisprudencia da Suprema Côrte Federal norte-americana, como se vê no *Digest of the United States Supreme Court Reports* (¹), e justifica o direito que tem a pessôa não residente num Estado de desaforar da justiça local para a federal o litigio em que é autora ou ré: «*he has reason to believe and does believe, that from prejudice or local influence he will not be able to obtain justice in such state court*».

Na Republica Argentina, pensa **Agustin de Vedia**, não havia as mesmas razões que nos Estados-Unidos da America do Norte para se adoptar a mesma regra constitucional. Dos escriptores de direito constitucional federativo que conhecemos, é este o unico a quem parece que a unidade da legislação substantiva dispensava esta garantia da competencia da justiça federal para julgar as causas entre habitantes de Estados diversos: *La Constitucion argentina adoptó la misma regla jurisdiccional, sin tener de su parte las razones que guiaron á los fundadores deu sistema*» (²). Quando em 1865 se discutiu no Senado argentino o projecto de reforma da Constituição, o doutor **Valentin Alsina**, notavel como politico e como jurista, apresentou um projecto, no qual, entre outros pontos, se incluiu a derogação do artigo 100, na parte de que nos occupamos, para o fim de ficarem entregues á justiça local as causas entre habitantes de provincias diversas. Eis como **A. de Vedia** resume a justificação do projecto, feita por seu autor (³):

(¹) Volume 5º, pagina 5055, n. 2.
(²) *Constitucion Argentina*, pagina 537.
(³) Obra citada, pagina 546.

«*El doctor Alsina creia que esa excepcion al derecho común no sólo era innecesaria y carecia de objecto, sino que era además prejudicial y opuesta á los principios nacionales. Explicó el origen de un regimen semejante en los Estados Unidos, en la época en que se estableció, y sostuvo que muy diversas eran las circunstancias en la Republica Argentina. «Si alguna disposición, dijo, hay justa y sensata en nuestra legislación, y que sea universal por serlo de sentido común, es la de que, quien quiera demandar, debe hacerlo en el fuero y ante el juez de la residencia del demandado». Tal habia sido siempre la prática, al menos en los paises latinos; no debia irse contra hábitos antiguos, cuando no se consultaba una utilidad evidente; debia proceder-se en un sentido opuesto al de la constitución. En vez de consagrar la existencia de desconfianzas ó recelos mutuos entre las provincias, se debió infundir, por el contrario, la conciencia, y la seguridad de que en todas elas imperaria una recta administración de justicia; de que el hijo de Salta encontraria en los tribunales locales de San Luis perfecta imparcialidad; que el de la Rioja la encontraria en los de Entre Rios; el de Corrientes en los jueces de Buenos Ayres, etc. Se trataba, como se ve, de restringir la jurisdición federal dentro del mismo fuero civil, reformando, al efecto, la constitución*». Qual foi a sorte do projecto do Dr. **Alsina**? «*La Convención no consideró suficientemente justificada esa reforma, y concretó la revision al único objeto de suprimir la disposición que impedia estabelecer derechos sobre la esportación* » ([1]).

([1]) Obra citada, pagina 547.

Repellido o projecto do Dr. **Alsina**, continuam os tribunaes argentinos a applicar a disposição constitucional, que entrega á justiça federal o processo e julgamento das causas entre habitantes de provincias diversas, e continuam os seus constitucionalistas a ensinar que esse preceito constitucional tem por fundamento o receio de que sentimentos, preconceitos e interesses locaes, influam nas decisões dos juizes regionaes. «*Lo mismo dice la Constitución* (outorga competencia á justiça federal) *sobre las causas entre vecinos de varias provincias, fundada en razones analogas. Es facil que el parentesco, intimidad, etc., de un litigante con el juez de la provincia de que és vecino, influyan en la decision de los pleitos*» (¹).

Isto posto, importa accentuar que duas nações, sujeitas ao direito publico federal, muito embora uma tenha confiado aos Estados a attribuição de legislar sobre o direito substantivo e sobre o direito formal, e a outra tenha estatuido um só direito material para toda a federação, sem embargo dessa divergencia em assumpto de tanta magnitude, incluiram em suas constituições o mesmo preceito. que confere á justiça federal competencia para julgar as causas entre habitantes de Estados diversos. A circumstancia de se preferir a unidade, ou a fragmentação, ou a pulverisação do direito substantivo, não influiu no animo dos legisladores constituintes para a adopção de normas diversas acerca da competencia da justiça neste caso. Uno, ou multiplo, o direito material da nação, é sempre a justiça federal a competente para julgar os litigios entre habitantes de Estados diversos.

(¹) **Estrada**, *Curso de Derecho Constitucional*, tomo 3º, pagina 328.

Segundo o testemunho de **J. Barbalho**, no projecto de constituição que o governo provisorio publicou com o decreto n. 510, de 22 de junho de 1890, não se lia a clausula restrictiva — «*diversificando as leis destes*». Foi depois de promulgado o decreto n. 848, de 11 de outubro de 1890, o qual no artigo 15, letra *c)*, outorga competencia aos juizes seccionaes para processar e julgar « os litigios entre habitantes de Estados differentes, inclusive os do Districto Federal, quando sobre o objecto da acção houver diversidade nas respectivas legislações, caso em que a decisão deverá ser proferida de accordo com a lei do fôro do contracto »; foi depois de publicado esse decreto que se incluiu no projecto de constituição, novamente publicado em 23 de outubro do mesmo anno, com o decreto n. 914, A, a expressão — « diversificando as leis destes ». Pretende **J. Barbalho** que, devido ao facto de, na discussão do referido projecto pela Constituinte, óra se admittir a pluralidade, óra a unidade do direito substantivo, ficou exarada por equivoco na letra *d)* do artigo 60 a dita restricção — « diversificando as leis destes ». Votada definitivamente a unidade do direito material, cumpria supprimir a clausula em questão, que assim se tornára injustificavel; mas, isso não se fez: a despeito de não poder variar o direito substantivo de um Estado em relação ao de qualquer dos outros, lá ficou no texto constitucional a absurda limitação. Nem se supponha que ha exaggeração no qualificar assim a clausula restrictiva da letra *d)*. Que raciocinio juridico, que argumento sociologico, que consideração philosophica, que motivo de ordem pratica, podia levar o legislador constituinte a sujeitar as causas entre habitantes de Estados diversos á justiça local, *quando identico fosse o direito substantivo* *dos Estados dos litigantes*, e á justiça federal, *quando diversificassem as leis dessa especie?* Não ha razão para acreditar que a magistratura federal tenha mais preparo scientifico do que a local. Um só é o viveiro das duas judicaturas; no mesmo seminario se escolhem os juizes que compõem uma e outra. Porque não havia a magistratura local de applicar com a mesma competencia technica da federal as leis dos varios Estados da União? Mais facil fôra, por certo, aos juizes locaes estudar as leis substantivas dos outros Estados que não o seu, do que á justiça federal conhecer as leis estrangeiras, para as applicar ás questões de direito internacional, como está estatuido na letra *h)* do mesmo artigo 60. Não se comprehende absolutamente que garantia juridica para as partes litigantes, que utilidade de qualquer especie para os particulares, para o Estado, ou para a União, poderia resultar do facto de ser competente a justiça federal para o julgamento das causas entre habitantes de Estados diversos, *no caso e sómente no caso de diversificarem as leis materiaes dos Estados*. Tanto na hypothese de serem diversas como na de serem identicas essas leis, poderia verificar-se a antinomia entre os preceitos constitucionaes e as normas do direito secundario; mas, para esse mal o remedio apropriado é o recurso extraordinario, consagrado em outro artigo da Constituição: dirimido um litigio com a applicação de uma regra de direito substantivo, promulgada por um Estado, com violação de um artigo da Constituição Federal, sempre ficaria reservado ao Supremo Tribunal Federal annullar a sentença offensiva da Constituição. Tanto na hypothese de serem diversas como na de serem identicas as leis substantivas entre os Estados (o que, consagrado o principio da fragmentação do direito, só se poderia dar por mera coincidencia), possivel igualmente é que claudique a justiça local. Não se descobre um só motivo razoavel para outorgar competencia á justiça federal para julgar as causas entre habitantes de Estados diversos, unicamente quando diversificam as leis dos Estados dos contendores. Isso que nunca se fez, que nunca se pensou em fazer nos paizes submettidos ao regimen federal, não era possivel que se cogitasse de realisar entre nós. A unica prova que se poderia exhibir de que o legislador constituinte teve o intento, posto que transitoriamente, de prescrever a competencia da justiça federal para o caso de variarem as leis substantivas dos Estados, é um texto em que ficou admittida essa variabilidade, *peremptoriamente vedada* pelo artigo 34, n. 23, da Constituição!... Não basta essa contradicção para patentear que o nosso legislador constituinte nunca alimentou o designio de incluir na nossa lei fundamental a cervotina singularidade que lhe attribuem? O unico fundamento admissivel para o preceito da letra *d)* do artigo 60 é o que os norte-americanos uniformemente repetem, quando querem justificar a sua equivalente disposição constitucional. Se entre os nossos Estados não ha as mesmas rivalidades que entre os elementos componentes da Federação norte-americana, não é licito negar entre os mesmos uma notavel differença quanto ao grau de instrucção, quanto á educação e costumes politicos, e sobretudo quanto á influencia dos governos locaes, que, nulla nos Estados mais adiantados, ainda é nociva á administração da justiça nos mais atrazados e sujeitos a oligarchias locaes, ao poderio dos caudilhos e ás frequentes e criminosas usurpações do poder executivo. É neste sentido que ha motivos para recear entre nós a influencia dos sentimentos, interesses e preconceitos locaes, na administração da justiça local.

Ou aceitemos a explicação dada por J. **Barbalho** do modo imperdoavelmente defeituoso como ficou redigido o preceito da letra *d)* do artigo 60, ou concordemos com os que pensam que o legislador constituinte, pelo seu imperfeito conhecimento do direito publico federal, quiz conferir á justiça da União competencia para julgar as causas entre habitantes de Estados diversos, quando variasse entre os Estados das partes litigantes o direito judiciario (que abrange as leis de organisação judiciaria e as de processo), o que é certo, é que num caso como no outro bem manifesto resalta o equivoco, e inerte se torna a clausula restrictiva da letra *d)* do artigo 60. Realmente, se na diversidade, ou na unidade das proprias leis substantivas não descobriram as nações que adoptaram e praticam o regimen federal, motivo para preferir este, ou aquelle alvitre, no que respeita á competencia da justiça federal para julgar as causas de que nos occupamos; nada mais evidentemente absurdo do que deduzir da diversidade de leis adjectivas a necessidade, ou a conveniencia de decretar a competencia da justiça federal para julgar as alludidas causas. Perfilhado o principio da unidade do direito material, como em nossa Constituição o fizemos, não ha mais ridicula infantilidade do que imaginar que a applicação desse direito substantivo uno, federal, esteja assegurada desde que a organisação judiciaria e o processo sejam os mesmos nos dois Estados em que residem os litigantes, ou que essa applicação esteja exposta a ser frustrada, desde que a organisação judiciaria e o processo do Estado de residencia do autor divirjam do direito judiciario do Estado de residencia do réu. Póde ser perfeitamente identico o direito judiciario dos dois Estados, e, por ser em ambos pessimamente constituido, contrario aos principios cardeaes desse ramo do direito, nenhuma garantia offerecer da bôa applicação das leis materiaes da União; ou, vice-versa, variar de um Estado para o outro, e compor-se de normas tão conformes aos principios que dominam a materia, que perfeitamente garantida, sob esse aspecto, fique a applicação das leis substantivas. Cremos que só á absoluta irreflexão se póde attribuir o conceito dos que pensam que a clausula — « diversificando as leis destes » contém uma referencia ás leis adjectivas, ou ao direito judiciario. Assim interpretada, a restricção da letra *d)* offende vivamente o mais elementar senso commum: essa clausula fica sem explicação possivel no dominio da logica juridica.

Por mais difficil que seja ao interprete emittir um juizo tão repellido pela hermeneutica juridica, preferivel é dizer com **J. Barbalho** que a restricção da letra *d)* do artigo 60 exprime um equivoco, a concordar com os que impensadamente irrogam ao nosso legislador constituinte a pecha de incluir nos textos legaes celebreiras que tocam ás raias da necedade. Não se comprehende de modo algum em que fique assegurada a bôa applicação das leis federaes pelo facto de ser o mesmo o direito judiciario de dois Estados, e em que fique exposta a perigos a applicação dessas leis, quando diversifica o direito judiciario de dois Estados, assim como absolutamente não se comprehende a opinião dos que prentendem que a expressão — « diversificando as leis destes » allude ás leis administrativas dos Estados. Maior fôra, então, o dispauterio; pois, além de não se atinar com a garantia resultante de serem julgadas pela justiça federal as causas em que se discute a applicação do direito administrativo local (excepto se se recear que a justiça regional propenda para a applicação das leis do Estado, com prejuizo dos direitos dos individuos, hypothese em que é admittida e vencedora a doutrina que sempre sustentámos), o remedio bem conhecido, e muitas vezes já applicado, para os casos em que se applique uma lei administrativa, lesiva de direitos individuaes, por offender a Constituição, ou as leis federaes secundarias, é o recurso extraordinario, remedio que não tem succedaneo; visto como na especie é sempre preferivel que primeiro a justiça local bem elucide e dirima a controversia sobre a lei local, para depois a justiça federal averiguar se a decisão offendeu a Constituição, ou as leis federaes. Assim mais se aprofunda o estudo da materia, e mais se facilita aos poderes locaes a exhibição de todos os argumentos favoraveis á pretenção do Estado.

Aquelles que censuram asperamente a **J. Barbalho**, por interpretar de tal arte o artigo 60, letra *d)*, que afinal se converte em phrase ociosa, em letra morta, a clausula restrictiva desse preceito, não attentam em que a sua interpretação tem um defeito muito mais grave: entendem geralmente que a expressão — «diversificando as leis destes» allude ás leis substantivas, e, como estas não podem variar em face da Constituição, concluem que os litigios entre habitantes de Estados diversos são sempre da competencia da justiça local, *o que é nullificar toda a norma da letra* D) *do artigo*, e não sómente a clausula restrictiva final. Aos que suppõem que a restricção é sómente relativa ás leis adjectivas, que actualmente pódem variar, já mostrámos quanto é inane, desarrazoado, repugnante ao mais rudimentar bom senso, esse conceito.

§ 37. Muito tambem se tem controvertido acerca da questão de saber se a regra da letra *d)* do artigo 60 comprehende as causas entre habitantes de um Estado e habitantes do Districto Federal. Parece-nos que a leitura attenta da Constituição dissipa quaesquer duvidas. Primeiro que tudo importa lembrar que uma profunda differença existe entre a Constituição norte-americana e a nossa, neste assumpto particular, pelo que nenhum cabimento teria a invocação dos textos legaes dos Estados-Unidos da America do Norte, e dos escriptos dos seus jurisconsultos. Basta notar que, segundo dispõe a secção 8ª, 17ª *alinea*, do artigo 1º da Constituição citada, ao Congresso compete «exercer o poder legislativo exclusivamente» em todo o Districto de Colombia, e que nenhum preceito ha na Constituição americana, que obrigue o legislador ordinario a estatuir para a capital da União a dualidade de justiça, inherente aos Estados. Por isso uma justiça unica podia ser, e de facto foi organisada na capital norte-americana. No Brasil, o legislador constituinte, em primeiro logar, creou duas justiças com attribuições bem distinctamente definidas: de um lado a justiça *commum, geral*, conhecida por justiça local, e de outro a justiça *especial, de excepção*, denominada justiça federal. Esta justiça *excepcional* só processa e julga, em primeira e segunda instancia, as causas, conflictos e recursos, enumerados nos artigos 59, 60 e 61, da Constituição. Mas se apenas, e por excepção, processa e julga as causas mencionadas, releva accentuar que, em virtude do rigido preceito constitucional, só e exclusivamente por essa justiça taes causas podem ser julgadas. Como já tivemos occasião de mostrar nas primeiras paginas deste livro, a Constituição brasileira neste ponto desceu a expressas e terminantes disposições especiaes, particulares, e não se limitou a traçar os lineamentos fundamentaes e geraes da organisação judiciaria, como fez a Constituição norte-americana. Estatuida no artigo 60 bem clara e categoricamente a competencia restricta da justiça federal de primeira e segunda instancia, a constituição de duas justiças, a *commum*, ou *geral*, ao lado da *especial*, ou *de excepção*, está imposta necessariamente, e para todo o territorio nacional. Se uma só justiça fosse creada no Districto Federal, a essa justiça forçosamente competiria processar e julgar as causas especiaes do artigo 60 e todas as outras entregues pela Constituição á justiça commum. Mas, accumular nas mãos de um só juiz as duas competencias, a *geral* e a *especial*, confundir em um só tribunal as attribuições da justiça *de excepção* e da *commum*, fôra certamente transgredir, dar como inexistentes o artigo 60 e o artigo 55 da Constituição Federal. As leis que têm creado e reformado a justiça federal, ou *especial*, e a local, ou *commum*, no Districto Federal, são logicos corollarios dos preceitos constitucionaes referidos. Ao instituir as duas justiças, a Constituição, posto que pudesse abrir uma excepção para o Districto Federal, na realidade não o fez; o que vigora é a regra do artigo 55: o poder judiciario da União, um poder judiciario excepcional, compõe-se de tantos juizes e tribunaes, «distribuidos pelo paiz», sem excepção do Districto Federal, quantos o Congresso crear, e ao lado desses tribunaes e juizes, esparsos por todo o territorio nacional, ha necessariamente os da justiça *commum*, ou local. Demais, se uma só justiça houvesse no Districto Federal, as appellações dessa justiça seriam todas interpostas para o Supremo Tribunal Federal. Não se comprehenderia um tribunal de segunda instancia ao lado do Supremo Tribunal Federal, e ainda menos este convertido em terceira instancia obrigatoria para todas as causas do Districto Federal. Mas, a essa amplificação de attribuições, que entregaria ao Supremo Tribunal Federal competencia para julgar em grau de appellação todas as causas, tanto as do artigo 60, como todas as outras da justiça commum, resistiria efficazmente o artigo 59, II, que ao mesmo tribunal só dá competencia para julgar em grau de recurso as causas já decididas pelos juizes federaes (artigo 60), as que sobem em grau de recurso extraordinario (artigo 59, § 1º) e as do artigo 61.

Sendo corollario logico dos preceitos constitucionaes a existencia no Districto Federal das duas justiças, resta indagar se a competencia para julgar as causas entre habitantes dos Estados e habitantes do Districto Federal, propostas neste ultimo, deve ser e está vinculada á justiça federal, ou á local, da capital da União. Como já se tem notado em varios accordams do Supremo Tribunal Federal, especialmente no proferido no aggravo n. 167, de 19 de outubro de 1896, a Constituição Federal contém preceitos acerca do Districto Federal no titulo que tem por epigraphe — «*Dos Estados*» e não no que se occupa do «*Municipio*». Sob o aspecto administrativo, é o Districto Federal, sem nenhuma duvida, uma creação heteroclita: óra está sujeito á administração federal, óra a uma administração local, de nomeação do poder executivo da União (artigos 34, n. 30, e 67 da Constituição). O seu poder legislativo tambem se biparte, para ficar conferido ao Congresso Nacional e ao conselho municipal. Mas, no que diz respeito ao poder judiciario, nenhum artigo ha na Constituição, que justifique o conceito dos que pretendem que o Districto Federal esteja subordinado a um regimen diverso do estabelecido para os Estados. Perfeitamente equiparado ao Estado, quando se enumeram os elementos integrantes da Federação (artigo 2º da Constituição); quando se cuida da constituição do poder legislativo e da eleição de deputados e senadores (artigos 28 e 30), e quando se cogita de fixar os limites das circumscripções territoriaes em que se divide a União (artigo 34, n. 10); o Districto Federal é muito claramente considerado pelo artigo 66, n. 4, como equivalente ao Estado, *quando se trata exactamente da organisação da justiça*. Esta ultima disposição prohibe aos Estados denegar a extradição de criminosos, reclamados pelas justiças de outros Estados ou do *Districto Federal*. Nada mais expresso, mais inequivoco, mais terminante: justiça *de outros Estados*, ou *do Districto Federal*, só póde ser a justiça local; visto como a federal não é de *nenhum dos Estados*, nem do *Districto Federal,* mas da *União nacional*. No artigo 365 do decreto n. 848, de 11 de outubro de 1890, estava estatuido: «Para os effeitos da presente lei o Districto Federal é equiparado ao Estado». A Constituição, que veio depois, homologou essa equiparação. E assim no Districto Federal ficáram existindo duas justiças, distinctas e autonomas *pela natureza das funcções,* que é um dos fundamentos constitucionaes da nossa dualidade judiciaria, a qual não assenta exclusivamente na diversidade da investidura. Assim uniformisado, sob o aspecto judicial, o Districto Federal com os Estados, muito logicamente á justiça federal do mesmo districto devia competir, e compete, processar e julgar as causas entre habitantes dessa circumscripção nacional e os dos Estados.

Se a causa entre taes litigantes é proposta nos Estados, manifestamente a competencia para a processar e julgar é da justiça *de excepção*. Neste ponto nenhuma procedencia tem o argumento de **João Barbalho**, consistente em affirmar que nenhum motivo ha para recear a influencia dos preconceitos, sentimentos e interesses locaes, na administração da justiça dos Estados, desde que a parte contraria ao residente em algum dos Estados seja habitante do Districto Federal. A preponderancia dos elementos locaes deve ser evitada, porque ha razão para se temer, tanto no caso de um litigio movido entre habitantes de Estados diversos, como no de residir uma das partes contendentes num Estado e a outra no Districto Federal. Neste ponto procedemos com uma logica, debalde procurada nas leis americanas relativas á materia. Não se conhece um motivo para presumir que cedam os preconceitos, sentimentos e interesses locaes, quando a acção é proposta num Estado por um habitante da capital da União.

§ 38. Os *litigios* entre cidadãos de Estados diversos de que trata o legislador nesta parte do artigo 60 da Constituição, são as acções civeis, e não os processos criminaes. **Paschal** ([1]), citando **Curtis**, doutrina que no artigo e secção correspondentes da Constituição norte-americana «*litigios* é expressão equivalente *a questões ou pleitos civeis*». Nas acções criminaes, seja o processo instaurado por denuncia ou por queixa, como a offensa é reputada feita principalmente á sociedade, o pleito se trava entre ella e o delinquente; e, portanto, não devemos dizer que temos em tal caso um litigio entre *cidadãos* de Estados diversos. «*L'azione é sempre pubblica, perchè tutti i delitti (benchè ne sia subordinata la persecuzione alla querela del leso) si puniscono nell'*

([1]) *La Constitucion de los Estados Unidos*, trad. de C. **Quiroga** n. 206.

interesse della società» (¹). Mostrando a differença entre os *crimes privados* dos romanos e os crimes que actualmente se punem mediante queixa da parte offendida, conceitos profundamente diversos, nota **Pessina**: «*La concezione giuridica moderna è che ogni delitto offende gl'interessi sociali, anzi che appunto perciò, un fatto lesivo del diritto può essere incriminato*» (²). E **Manzini**, depois de analysar as relações de ordem publica, sujeitas ao direito penal, conclue que em todas ellas entra como sujeito principal a pessôa juridica do Estado, não como titular de simples direitos subjectivos, «*ma ben più quale detentore della potestà sovrana diretta al mantenimento e alla reintegrazione dell'ordine giuridico mediante la pena*» (³). Sendo assim, muito embora resida o autor, ou queixoso, em Estado differente daquelle em que intenta a acção criminal, e onde reside o réu, a justiça competente é sempre a local.

Na linguagem da Constituição, cidadão de um Estado, para os effeitos da regra constitucional que analysamos, quer dizer—*residente num Estado:* «*... every person who is a citizen of one state and removes into another, with the intention of taking up his residence and inhabitancy there, becomes* ipso facto *a citizen of the state where he resides; and he then ceases to be a citizen of the state from which he has removed his residence*» (⁴). Na jurisprudencia do Supremo Tri-

---

(¹) **Carrara**, *Programma del Corso di Diritto Criminale*, parte geral, vol. 3º, § 864.

(²) *Enciclopedia, Del Diritto Penale Italiano*, vol. 3º, pagina 142.

(³) *Trattato di Diritto Penale Italiano*, volume 1º, pag. 368, ed. de 1908.

(⁴) **Story**, obra citada, § 1693.

bunal Federal esse conceito tem sido consagrado por uma serie invariavel de sentenças.

§ 39. Qual a justiça competente, quando uma das partes tem domicilio num Estado, e residencia em outro, e a parte contraria reside num dos dois Estados, o da residencia, ou o do domicilio? Na primeira hypothese, isto é, quando o litigante que propõe uma acção em Estado onde tem residencia, é domiciliado em outro Estado, nenhuma controversia póde suscitar-se, desde que a parte adversa tambem reside no Estado onde se move o litigio: temos as duas partes contendentes com residencia no mesmo Estado, caso indiscutivel de competencia da justiça local. Mas, se uma das partes tem domicilio no Estado em que reside a outra, e residencia em Estado diverso, dever-se-á julgar competente para o pleito a justiça federal? A questão não é vã. O direito civil distingue o *domicilio* da *residencia*, e esta da *estada*. Claras noções ministra-nos a este respeito **Lomonaco**, nas *Istituzioni di Diritto Civile Italiano*. O domicilio civil de uma pessôa está no logar que lhe é a séde principal dos negocios e interesses (¹): *ubi quis larem, rerumque ac fortunarum suarum summam constituit* (l. 7ª, Cod., *de incolis*). O domicilio é a séde *legal, juridica*, da pessôa. A *residencia* é o logar, onde a pessôa se acha *de facto, habitualmente* (²). *Domicilium in solo animo potest consistere. Domicilium distinguitur ab habitatione. Habitatio enim requirit corporalem existenciam, et moram in loco, ita ut inhabitans ibi moretur, comedat et bibat.* Póde uma pessôa ter a séde principal e legal de seus negocios e interesses num logar,

---

(¹) Obra citada, volume 1º, pagina 196. 2ª iç.
(²) Obra citada, pagina 197.

e achar-se de facto, habitualmente, noutro, isto é, ter o domicilio num logar e a residencia noutro. Não se confunde a residencia com a *estada (dimora,* em italiano), que tem um caracter *passageiro, provisorio* (¹).

Conhecido o fundamento da regra do artigo 60, letra *d)*, da Constituição, o domicilio deve reputar-se equivalente á residencia para os effeitos dessa norma; e consequentemente, sempre que uma das partes tiver domicilio, ou residencia, num Estado, no qual intenta uma acção contra pessôa ahi residente, ou domiciliada, competente é a justiça local para o julgamento do feito. Não é natural que receie a influencia dos sentimentos, preconceitos e interesses locaes, na administração da justiça regional, quem elegeu essa circumscripção do paiz para nella fixar seu domicilio, ou para ahi residir, e nesse logar tem a séde principal de seus negocios e interesses, ou se acha de facto, habitualmente. Na seguinte passagem, em que figura o caso de alguem mudar de domicilio, ou de residencia, Story não distingue, no que diz respeito á nossa questão, uma das posições juridicas da outra: «*Of course, when he gives up his new residence or domicile, and returns to his native or other state residence or domicile, he reacquires the character of the latter*» (²).

§ 40. Sendo a justiça federal uma justiça especial, ou de excepção, a parte que perante ella propõe uma causa, apoiando-se no artigo 60, letra *d)*, da Constituição, deve *provar* que se verifica a circumstancia do litigio entre cidadãos de Estados diversos. Igual prova incumbe ao que

---

(¹) Obra citada, pagina 198.
(²) *Commentaries,* § 1893.

se oppõe á propositura da acção perante a justiça local por esse mesmo fundamento (¹).

§ 41. As sociedades civis e commerciaes, e as associações autorisadas pelo direito patrio, consideram-se pessôas domiciliadas no Estado em que foram constituidas e onde têm sua séde principal: «*In respect to jurisdiction of federal courts, a corporation is regarded as a citizen of the state creating it* (²). «*For purposes of jurisdiction corporations are considered as persons and citizens*» (³).

Quid, se a sociedade tem a séde principal num Estado, e noutros succursaes e agencias? Segundo a jurisprudencia americana, em tal hypothese os litigios entre cidadãos de um Estado e a succursal, ou a agencia, estabelecida no mesmo Estado, são da competencia da justiça local: «*The fact that a corporation organised under the law of another state had a managing agent and office in the state where the plaintiff resided, was not regarded as giving jurisdiction to the federal circuit court of that state*» (⁴). A circumstancia de ter a sociedade uma succursal, ou uma agencia, em certo Estado, cria-lhe relações e radica-lhe interesses nessa circumscripção territorial; e, portanto, desapparece a desigualdade entre o habitante do Estado e a sociedade *estranha*, com séde em outro Estado, que justifica a competencia da justiça federal para decidir a causa.

§ 42. A diversidade de residencia entre o autor e o réu deve existir no momento em que se inicia o pleito: «*The diversity of citizenship*

(¹) **Paschal**, obra citada, n. 206.
(²) *Digest*, volume citado, pagina 2184.
(³) *Digest*, citado, volume 2º, pagina 2181.
(⁴) *Digest*, volume 2º, pagina 2187.

upon which jurisdiction of federal courts may rest must exist at the time the action was commenced» (¹). É evidente que, se a mudança de residencia, durante o curso do processo, pudesse influir na competencia da justiça, da vontade de uma das partes dependeria a annullação do processo.

§ 43. Se o habitante de um Estado transfere sua residencia para outro, com o intuito de propor uma acção perante a justiça federal, intuito confessado e notorio, ou não, não importa esse facto em obstaculo a que seja realmente competente a justiça desse modo invocada: «*A citizen of the United States can instantly transfer his citizenship from one state to another; and his right to sue in the courts of the United States is none the less because his change of domicile was induced by the purpose, whether avoided, or not, of invoking, for the protection of his rights, the jurisdiction of a federal court* (²). Prenhe de perniciosas consequencias fôra o «canon» opposto. As mudanças de residencia, feitas com toda a boa fé, e sob a pressão das circumstancias da vida, poderiam sempre ser exploradas pela chicana forense, quando nenhuma razão ha para exigir com tão grande rigor que o cidadão brasileiro, ou o estrangeiro residente no Brasil, se sujeite a uma das duas justiças. A preferencia dada a uma dellas, que uma ou outra vez póde manifestar-se por esse meio, não deve ser considerada um acto tão condemnavel, que justifique uma pesquisa inquisitorial para o fim de se averiguar se a mudança de residencia foi determinada unicamente por esse motivo. Isso não quer dizer que se deva admittir perante a justiça federal

(¹) *Digest*, volume 2º, pagina 2191.
(²) *Digest*, vol. 2º, pagina 2193.

a acção proposta de má fé, quando as partes residem no mesmo Estado, e simulam a diversidade de residencias. Pelo contrario, a regra para este ultimo caso é esta: «*When it appears that the apparent diverse citizenship on which the jurisdiction of the federal circuit court rests is fraudulent, the action will be dismissed*». (¹) Verificado que uma das partes, ou ambas allegam a diversidade de residencia *fraudulentamente*, deve ser declarada a incompetencia da justiça federal.

§ 44. Em virtude do disposto no artigo 3º, secção 2ª, da Constituição norte-americana, e do disposto no artigo 100 da Constituição argentina, á justiça federal compete processar e julgar as causas entre os habitantes de um Estado da Federação e os estrangeiros. Os termos de que se serviu o legislador americano são estes: «*The judicial power shall extend to all cases... and between a State, or the citizens thereof, and foreign states, citizens, or subjects*». A justiça federal estende sua jurisdicção e competencia a todas as causas entre um Estado da União, ou os seus cidadãos, ou pessôas nelle residentes, e os Estados estrangeiros, seus cidadãos, ou subditos. De expressão quasi identica se utiliza o legislador constituinte argentino: «*Corresponde á la Corte Suprema y á los tribunales inferiores de la Nacion el conocimiento y decisión de todas las causas que versen sobre puntos regidos por la Constitución... y entre una provincia ó sus vecinos, contra un estado ó ciudadano extranjero*». Nada mais claro do que o preceito das duas constituições: pela justiça federal devem ser julgados os litigios entre cidadãos de qualquer dos Estados e estrangeiros.

(¹) *Digest*, vol. 2º, pag. 2193.

No conceito dos publicistas e jurisconsultos americanos, um poderoso fundamento justifica essa norma constitucional. **Hamilton**, no *Federalista* (¹), assim o explica: «Diante das potencias estrangeiras é a União incontestavelmente responsavel pelo procedimento de seus membros. E a responsabilidade que sobre ella pesa por uma offensa, deve ser acompanhada da faculdade de a prevenir. Desde que a denegação de justiça, ou a perversão da justiça pelas decisões dos tribunaes, ou por qualquer outro motivo, é com razão incluida entre as justas causas de guerra, segue-se que a justiça federal deve conhecer de todas as causas em que são interessados os cidadãos dos outros paizes».

Em nossa Constituição Federal nenhuma regra ha identica, ou similhante, *nos termos, no elemento litteral,* ás normas transcriptas das duas constituições, em que se inspirou o legislador brasileiro. Dever-se-á por isso concluir que as causas entre estrangeiros, residentes nos seus respectivos paizes, ou em quaesquer outros, e brasileiros, ou estrangeiros, domiciliados entre nós, sejam da competencia da justiça local? Essa e outras questões connexas serão estudadas no commentario á disposição da letra *h)* deste mesmo artigo.

§ 45. Uma questão que tem sido ultimamente suscitada varias vezes, e renhidamente discutida, é a de saber qual a justiça competente para processar e julgar as acções rescisorias, ou annullatorias, de sentenças proferidas pela justiça local, quando a rescisão, ou annullação, é pedida por pessôa residente num Estado contra quem reside em outro.

(¹) N. LXXX.

Bem explicito é o preceito constitucional que analysamos: á justiça federal compete processar e julgar os litigios entre cidadãos de Estados diversos. Temos aqui um caso de competencia determinada *pela natureza das pessôas*, e *não pela natureza da causa*. Desde que se trata de intentar uma acção entre habitantes de Estados diversos, a competencia é da justiça federal, sem excepção, sem restricções, sem distincções, no preceito constitucional. Mas, objecta-se, neste caso a excepção já estava ha muito estatuida no direito patrio; porquanto, é proprio da acção rescisoria ser proposta perante o mesmo juiz que proferiu a sentença rescindenda.

Entre nós a rescisão, ou declaração de nullidade das sentenças, reveste a fórma, não de um recurso, mas de uma acção ordinaria. Commentando a Ord., liv. 3º, tit. 75, *ad princ.*, doutrinou **Sylva**: «*At vero textus nostri dispositio procedit, quando agitur de nullitate per viam actionis; tunc enim etiam post sex dies potest agi de nullitate adversus sententiam usque ad triginta annos*». É uma acção ordinaria, com o processo commum dessa especie de acções, e que só prescreve em trinta annos (**Pereira e Sousa,** *Primeiras Linhas,* nota 880, e *Gazeta Juridica,* de **Carlos Perdigão**, tomo 3º, paginas 384 a 393). Pouco importa que em outros paizes cultos a rescisão das sentenças assuma a modalidade de um recurso, como succede na França com a *requête civile* (artigos 480 a 504 do Codigo do Processo Civil), na Italia com a *rivocazione* (artigos 494 a 509 do *Codigo de Processo Civil),* na Allemanha com a *reassumpção do juizo* ([1]) *Wiederaufnahme des*

([1]) Esta ultima já se approxima um pouco mais da nossa *acção rescisoria.*

Verfahrens (§§ 578 e seguintes do *Processo Civil do Imperio Germanico,* de 20 de maio de 1898, trad. italiana de **Ludovico Eusebio**). Os tentamens feitos em nosso paiz para a conversão da acção rescisoria em *recurso* da sentença rescindenda, são juridicamente inefficazes, por lhes faltar a força legal.

Qual o juiz competente para processar e julgar as acções rescisorias? Na ausencia de disposição de lei no direito patrio, tem-se entendido que é o mesmo juiz que julgou a acção terminada com a sentença rescindenda, por assim estar prescripto no direito romano e no das nações cultas, a que ha pouco alludimos. Mas, no direito romano nem sempre é o juiz prolator da sentença rescindenda o que julga a acção rescisoria. É sabido que a acção rescisoria é uma das *restitutiones in integrum civiles*: «*Le restitutiones in integrum civiles alla lor volta si riducono opportunamente a due categorie:*... b) *la restituzione contro una sentenza definitiva basata su false prove*» (¹). No fr. 6º, § ultimo, do *Digesto, de minoribus vigintiquinque annis*, sentenciou **Ulpiano**: «*Et tam præfectus urbi, quam alii magistratus pro jurisdictione sua restituere in integrum possunt, tam in aliis causis tam contra sententiam suam*. E, como nota **Alessio** na excellente monographia — *La Revocazione delle Sentenze Civili* (pagina 113), «*Giustiniano, con poche eccezioni, segui l'avviso di Ulpiano, concedendo quasi a tutti i giudici di pronunziare sulla domanda di restituzione, ponendo a ragione suprema l'interesse di facilitare la soluzione delle liti: sic etenim non difficilis sit causæ examinatio.*» Eis as palavras de **Justiniano**, na constituição 3ª, *ubi et apud quem*

(¹)-**Glück**, *Commentario alle Pandette*, livro 4º, § 432.

cognitio in integrum restitutionis agitanda sit: Sed ne quid penitùs dubitandum relinquatur, et hoc addendum esse censemus, ut his tantùm, quos supra enumeravimus, liceat de in integrum restitutione disceptare; sive hoc specialiter eis fuerit mandatum (quod et veteribus non fuerat incognitum), vel si generaliter dati sunt judices, vel in aliis speciebus inciderit quædan quæstio restitutionis.

No direito francez ha excepções á regra de que é competente para julgar a acção rescisoria ou, antes a *requête civile,* o recurso equivalente á nossa acção rescisoria, o juiz que proferiu a sentença rescindenda. **Dalloz** (¹) enumera as seguintes: 1ª — interposta contra a sentença arbitral, a *requête civile* é julgada pelo tribunal competente para conhecer da appellação, se a sentença recorrida fosse de juiz togado; 2ª — extincto o tribunal, singular ou collectivo, que julgou o feito, á Côrte de Cassação cumpre designar o tribunal perante o qual deve ser intentada a acção rescisoria; 3ª — finalmente, a *requête civile* contra uma sentença emanada de um tribunal ordinario póde ser decidida por juizes arbitros.

No direito italiano, como observa **Alessio** (²), não prescreveu o legislador que a *rivocazione,* seja sempre julgada pelo juiz da sentença rescindenda. Eis o que estatue o artigo 498 do *Codigo do Processo Civil:* «*la domanda in revocazione si propone davanti l'autorità giudiziaria che ha pronunziato la sentenza impugnata, e possono pronunziare gli stessi giudici*». Não obstante a expressão de que se serviu o legislador italiano (*possono* e não *debbono),* os mais competentes

---

(¹) *Répertoire, verbis* — *requête civile,* ns. 192 a 196.
(²) Obra citada, paginas 110 e 111.

nesta materia entre os jurisconsultos daquelle paiz se insurgem contra o preceito judiciario, demonstrando que lhe fallece qualquer fundamento racional. O autorisado **Saredo** e o autor da interessante monographia que temos citado, **Alessio**, estranham sobretudo que se exija do magistrado, que julgou injusta e illegalmente, a reforma de uma sentença, obtida pelo dolo de uma das partes, ou que é o effeito de um erro grave em que incidiu o juiz (artigo 494 do *Codigo da Processo Civil* italiano). Dada a natureza humana, isso importa em converter a *rivocazione* em letra morta para a maior parte dos casos, em que é applicavel (¹).

Eis ahi a que fica reduzido o subsidio prestado ao nosso direito pelo direito romano e pelo das nações a que mais habitualmente recorremos, neste assumpto especial da competencia do juizo para o processo e julgamento da acção rescisoria. Mutilada com o progresso do direito romano, limitada por varias excepções no direito dos povos contemporaneos (o direito italiano nesta materia é quasi identico ao francez), a regra da competencia do juiz prolator da sentença rescindenda para julgar a acção rescisoria, é victoriosamente combatida pela doutrina.

Se assignalarmos uma differença, capital para a nossa questão, entre o direito patrio e o estrangeiro, muito clara ficará a injuridicidade da opinião daquelles que pretendem da regra mencionada deduzir, em face do artigo 60, letra *d)*, da Constituição, a competencia da justiça local para julgar os litigios entre habitantes de Estados diversos, mesmo em se tratando de acções rescisorias. No direito patrio é a *incompetencia do*

(¹) **Alessio**, obra citada, ns. 182 a 184.

juiz uma das causas expressamente declaradas por lei da acção rescisoria. No direito das nações cultas a que nos temos referido, a nullidade resultante *da incompetencia do juizo* não autorisa a parte prejudicada a recorrer aos meios judiciaes equivalentes á nossa acção rescisoria, como facilmente se póde verificar pela leitura dos artigos de lei, citados, relativos á *requête civile,* á *rivocazione* e á *reassumpção do juizo.*

Não se cogitando de annullar *uma sentença proferida por juiz incompetente,* e de julgar de novo o feito, comprehende-se que o mesmo juiz que proferiu a sentença rescindenda julgue mais tarde nulla a sua decisão, e, examinando o litigio mais cuidadosamente instruido, reforme, ou não, a sua primitiva sentença. Mas, intentar perante *um juiz incompetente* para processar e julgar uma certa causa uma acção, na qual se lhe peça que annulle a sentença por elle proferida nessa causa, e julgue de novo a lide, é um incontestavel dispauterio. Se o juiz é *incompetente* para a especie, como pretender que elle julgue *validamente* pela segunda vez uma causa por elle nullamente julgada? Que é que na acção rescisoria communica ao juiz incompetente uma competencia que a lei lhe recusa? Nem se objecte com a possibilidade de separar o *judicium rescindens* do *judicium rescisorium,* para o fim de ser a sentença rescindenda sómente annullada *pelo juiz incompetente,* e o feito julgado de novo por outro juiz, *o competente.* Sendo a incompetencia determinada pela natureza das pessôas, *ratione personarum,* como é a da justiça local para julgar causas entre habitantes de Estados diversos, em face do artigo 60, letra *d),* da Constituição Federal, nenhuma sentença póde proferir o juiz incompetente entre as partes litigantes. E permittir que o juiz incompetente annulle sómente a sentença rescindenda fôra facultar a esse juiz incompetente a prolação de uma sentença, que fere o merito, o amago da questão; pois, confirmada por um juiz incompetente a sentença por elle proferida, não declarada nulla essa decisão, vedado fica ao juiz competente julgar o pleito. E por esse modo se torna completamente inane o artigo 60, letra *d)*, da Constituição, sempre que a acção entre habitantes de Estados diversos é uma acção rescisoria proposta para o fim de annullar uma sentença da justiça local, nulla por lhe fallecer competencia para o caso, isto é, quando mais necessario se faz confiar o litigio á justiça federal; porquanto a local, além dos preconceitos, sentimentos e interesses regionaes, que, no sentir do legislador constituinte, lhe geram a inaptidão para o caso, ainda tem contra si a circumstancia de se tratar de uma sentença proferida por um juiz, que, como bem assignaláram **Saredo** e **Alessio**, difficilmente modificará a sua opinião antes manifestada; visto como tal modificação importaria em confessar que errou, ou foi illaqueado pelo dolo de uma das partes.

Se attendermos exclusivamente á substancia, ao fundo da acção rescisoria, que em ultima analyse é um recurso judicial, só teremos mais forte razão para entregar o feito á justiça federal. As leis que alteram a competencia dos tribunaes, singulares ou collectivos, para o julgamento dos recursos, applicam-se desde o momento em que começam a vigorar, retroagindo, ou abrangendo quaesquer feitos anteriormente iniciados ([1]).

Ao redigir a disposição do artigo 60, letra *d)*, da Constituição, não podia o legislador pa-

---

([1]) **Gabba**, *Teoria della Retroattività delle Leggi*, volume 4º, paginas 431 a 439, 2ª ed.

trio ignorar ou esquecer, a existencia da nossa acção rescisoria. E, portanto, quando no artigo 62, depois de prohibir de modo absoluto a intervenção da justiça local em questões submettidas aos tribunaes federaes, e a annullação, alteração, ou suspensão, das sentenças destes tribunaes por aquella justiça, declarou que reciprocamente á justiça federal é prohibido intervir em questões submettidas ás justiças dos Estados, ou annullar, alterar, ou suspender as decisões ou ordens destas, exceptuados os casos expressamente declarados na Constituição, um dos casos exceptuados era forçosamente o do artigo 60, letra *d)*, artigo que expressamente, e sem excepções, manda sejam processadas e julgadas pela justiça federal todas as causas entre habitantes de Estados diversos.

Se essa é, conforme nos parece, a exegese irrecusavel do preceito constitucional que analysamos, releva, entretanto, não omittir que pela jurisprudencia uniforme, invariavel, nunca interrompida, do Supremo Tribunal Federal, as acções rescisorias intentadas para annullar sentenças da justiça local são propostas perante os juizes regionaes, prolatores das sentenças rescindendas.

Segundo essa mesma ininterrupta jurisprudencia, as decisões de ordem administrativa, ou de jurisdicção voluntaria, da justiça dos Estados, devem prevalecer, emquanto por acção rescisoria, proposta perante os juizes que as proferiram, não forem annulladas.

§ 46. Usando o legislador constituinte nesta disposição do termo—*litigio*,—muito se tem questionado sobre se quiz abranger estes tres processos—a divisão e a demarcação de terras e as fallencias.

Diante do claro preceito do artigo 37 do decreto n. 720, de 5 de setembro de 1890, que diz assim: «Embora a contestação verse sobre questão de propriedade, ou outra considerada de alta indagação, della se tomará conhecimento, na conformidade do processo ora estabelecido», parece-nos que não mais se póde negar ás acções de divisão e de demarcação (o artigo 37 é commum ás duas) o caracter de um processo contencioso, de um litigio, de uma causa, de uma acção.

Bem sabemos que no actual estado de organisação da justiça federal, dada a existencia de um só juiz seccional e de um substituto na capital de cada Estado, e de supplentes, alheios em geral aos assumptos juridicos e com attribuições reduzidissimas, quasi nullas, nos municipios e comarcas do interior (¹), difficil e dispendiosa é a propositura das acções de demarcação e de divisão perante a justiça federal. Mas, por embaraços de ordem pratica poderá justificar-se a violação de um preceito constitucional?

De certo tempo a esta parte, contra alguns votos renitentes, tem o Supremo Tribunal Federal julgado competente a justiça federal para processar e julgar as mencionadas acções.

Na materia das fallencias tem havido manifesta instabilidade nos julgados, propendendo ultimamente a jurisprudencia do Supremo Tribunal Federal para a competencia da justiça local. Nunca pudemos perfilhar essa opinião. Não nos parece juridico attribuir á fallencia o caracter de mero processo administrativo. Leia-se o artigo 84 da lei n. 2024, de 17 de dezembro de 1908, e ver-se-á que a verificação de creditos se realisa sob a fórma de uma verdadeira contenda judicial, embora summariamente, com exhibição de

---

(¹) Artigo 3º da lei n. 221, de 20 de novembro de 1894.

provas e allegações. Leia-se o artigo 108 da mesma lei, e ver-se-á que da mesma fórma contenciosa se revestem os embargos á concordata.

—

§ 47. Compete igualmente á justiça federal processar e julgar os pleitos entre Estados estrangeiros e cidadãos brasileiros (letra *e)* do artigo 60).

Commentando a equivalente disposição da Constituição americana, affirmava **Story** que a sujeição de um Estado estrangeiro aos tribunaes americanos era inteiramente voluntaria *(wholly voluntary):* nenhuma nação póde ser compellida a ser parte, autora ou ré, perante os tribunaes dos Estados-Unidos ([1]).

Esse commentario de **Story** é reproduzido, ou, antes, resumido por J. **Barbalho** ([2]).

Mas, no presente estado do direito internacional a these de **Story** precisa ser explicada, ou, melhor, limitada. Foi na ultima metade do seculo XIX, e portanto depois de publicada a obra do grande constitucionalista norte-americano, que a questão da competencia territorial em face dos Estados estrangeiros teve na doutrina um amplo desenvolvimento, que repercutiu na jurisprudencia ([3]).

([1]) *Commentaries,* § 1699.

([2]) Commentarios, pagina 253.

([3]) Vejam-se sobre este assumpto o excellente livro — *Le Azioni Giudiziarie contro gli Stati Stranieri,* do erudito **Tosi Bellucci**, obra de que muito nos aproveitámos para este capitulo, *Il Fallimento degli Stati e il Diritto Internazionale* de G. **Diena** e *Il Diritto Processuale Civile Internazionale,* de P. **Fedozzi**. O primeiro desses livros é uma esplendida resenha do que ha mais interessante acerca da materia na doutrina e na jurisprudencia.

Ainda hoje innumeros são os adeptos da *theoria da incompetencia,* para os quaes as offensas á independencia e soberania do Estado, resultantes da propositura da acção judicial perante os tribunaes de um Estado contra uma nação estrangeira, são motivos poderosos, peremptorios, para lhes justificar a doutrina. Eis como argumenta um dos mais pervicazes propugnadores dessa theoria, **Gabba**: «Todo acto de jurisdicção civil, ou penal, é um acto de soberania. Se um Estado consente no julgamento dos proprios actos, ainda que sejam actos juridicos privados, por um Estado estrangeiro, sómente por isso o primeiro Estado se submette á soberania do segundo, o que constitue um manifesto absurdo. Tão estreitamente está a soberania do Estado ligada á administração da justiça civil, que os governos são impellidos á recusa constante de admittir sequer a possibilidade da execução das sentenças estrangeiras, mesmo nas hypotheses mais justas, e até quando o réu é estrangeiro. E assim procedem, porque julgam tal execução offensiva, ou pelo menos prejudicial, á soberania do Estado. Ora, como admittir que queira um Estado sujeitar-se á jurisdicção estrangeira, quando a esta procura subtrahir os proprios subditos, ou só lh'os submette com grande difficuldade?» (¹).

A doutrina de **Gabba** assenta num conceito da *soberania,* que não póde mais ser perfilhado actualmente. Embora não acceitemos a doutrina radical de **Duguit** (²), que **Hauriou** talvez sem razão denominou «*anarchista da cathedra*», não podemos negar a evolução por que está passando o principio da soberania. Não se concebe actual-

---

(¹) *Journal de Droit International Privé,* 1889, pagina 551.
(²) *Manuel de Droit Constitutionnel,* §§ 20 a 27.

mente, não se póde conceber a soberania absoluta, que, conforme notou **von Bar**, só fôra compativel com o *absoluto isolamento* do Estado. Da rigidez da sua primitiva concepção, da sua originaria intangibilidade, desceu a soberania a uma natural e logica adaptação ás exigencias e á pratica hodierna das relações internacionaes ([1]). A verdade acerca da soberania e da independencia dos Estados no periodo contemporaneo está resumida nestas palavras de **Pillet**: «*Loin d'être indépendants les uns des autres, les États sont au contraire dans le commerce international soumis à un état de perpetuelle dépendance caractérisée par ce fait que chaque souveraineté trouve devant elle sur ce terrain une souveraineté égale, avec laquelle elle ne peut même pas se mesurer, n'étant pas d'origine commune. La véritable situation des États dans le commerce international est une situation d'interdépendance*» ([2]). A soberania não é um poder absoluto, illimitado.

Dessa affirmação temos provas irrecusaveis nas excepções que a doutrina *da incompetencia* dos tribunaes territoriaes é forçada a abrir na sua regra geral. E com effeito opinião commummente adoptada pelos sectarios dessa theoria que cessa a razão da incompetencia territorial, quando, proposta uma acção por um Estado estrangeiro contra um individuo, oppõe este uma reconvenção

De accordo com tal doutrina se tem manifestado a jurisprudencia internacional. Os tribunaes inglezes offerecem-nos diversos exemplos de decisões nesse sentido. Assim julgou a Côrte de Chancellaria em 1833 contra o rei de Hespanha, e em 1866 contra os Estados-Unidos da America do

---

([1]) **Tosi Bellucci**, obra citada, pagina 19.
([2]) Veja-se **Bellucci**, obra citada, nota 2ª á pagina 19.

Norte, representados pelo presidente **Johnson**. Em 1826 contra o governo da Colombia, na acção em que foi ré a casa Rotschild. Em 1865 em uma causa dos Estados-Unidos contra Prioleau. Em 1867 contra os Estados-Unidos, representados pelo presidente Vagner. Em 1868 em processo dos Estados-Unidos *versus* Arman. Por sentença de 19 de janeiro de 1885, a Côrte de Appellação reconheceu a admissibilidade da reconvenção opposta pelo réu contra o governo da Belgica, autor. Em maio de 1895, num litigio do governo imperial do Japão com a *Peninsular and Oriental Company*, a Côrte Consular ingleza declarou que um tribunal, incompetente para conhecer de certas questões, póde tornar-se competente, desde que o réu se lhe submette por meio de uma reconvenção (¹). Verdade é que ultimamente a jurisprudencia ingleza restringiu a admissibilidade da reconvenção (²).

A theoria da competencia não deve ser, nem é absoluta, isto é, não admitte em todas as hypotheses a acção intentada pelo particular contra o Estado estrangeiro. O principio da competencia geral, sem distincções, nem restricções, fôra inconciliavel com os direitos de autonomia e de independencia dos Estados.

Actualmente estão em grande numero os juristas que distinguem os actos de gestão dos actos de imperio no dominio do direito internacional. «Não se póde dizer, observa **Fiore**, que todas as vezes que o Estado figura como comprador ou vendedor, ou contrae obrigações, esteja em causa a

---

(¹) **T. Bellucci**, obra citada, pagina 37.
(²) Sentença da Alta Côrte de Justiça de 24 de novembro de 1897, em pleito da Republica Sul-Americana contra a Companhia Franco-Belga das Estradas de Ferro do Norte da Republica Sul-Africana.

soberania, visto como não se pódem confundir as relações de direito civil e de direito privado com as de direito publico, nem uma compra e venda, uma divida, um contracto qualquer, se modifica na sua essencia juridica, porque tem como parte, como comprador, ou como vendedor, o Estado... Cada Estado é soberano na sua esphera de acção, isto é, no dominio proprio do exercicio do poder publico» (¹). Por outros termos, e de modo mais incisivo, enuncia **Laurent** as mesmas ideias: «É o Estado uma pessôa civil, isto é, póde exercer os direitos privados de que são titulares os individuos. Assim, é proprietario, póde adquirir e possuir bens; diariamente está em condições de contractar e consequentemente se torna credor, ou devedor. Os actos que pratica o Estado como pessôa civil, não differem na essencia dos que realisam os particulares: uma compra e venda não se altera em sua natureza, porque o Estado é comprador ou vendedor, e as obrigações permanecem identicas, inalteradas, quando o Estado contracta. Ahi temos, pois, relações de direito e de interesse privados; qualquer ideia de poder, de soberania, é estranha aos actos em que intervem o Estado como pessôa privada. Por conseguinte, quando o Estado age num processo como proprietario, como credor ou devedor, não está em questão a soberania, não é o Estado como poder que litiga, é o Estado a exercer os direitos de um particular; é, pois, um particular cujos direitos apreciam os tribunaes, e que por estes é condemnado a pagar, e não um soberano, nem um orgam da soberania»(²). Como pessôa publica, doutrina por sua vez **De Paepe**, o Estado é independente, posto não o seja

---

(¹) *Digesto Italiano*, vol. II, parte 1ª, pagina 915.
(²) *Le Droit Civil International*, tomo 3º, n. 48.

como pessôa privada, caracter no qual depende dos tribunaes estrangeiros em relação aos immoveis que no estrangeiro possue, e aos contractos que fóra do seu territorio celebra ([1]).

Na Italia a jurisprudencia vae-se firmando no sentido de sujeitar aos tribunaes todas as questões, em que o Estado figura como pessôa civil de direito privado, todas as questões em que se discutem actos de gestão do Estado. Indo além, vae assentando a competencia do poder judiciario para dirimir as proprias controversias relativas a actos de imperio. Uma longa serie de julgados neste ultimo sentido cita **Tosi Bellucci** ([2]).

Presa em geral á tradição, a jurisprudencia internacional não tem perfilhado, para os effeitos da competencia territorial, a distincção entre actos de gestão e actos de imperio do Estado estrangeiro. Tem oscillado entre o maximo de extensão da competencia na Italia e o minimo na Austria. Apoiados em uma sentença da Côrte de Cassação, de 22 de janeiro de 1849, os tribunaes francezes constantemente se têm pronunciado a favor da incompetencia dos tribunaes territoriaes em face dos Estados estrangeiros ([3]). Na Inglaterra, como já vimos, depois de varias decisões favoraveis á competencia, tem prevalecido uma interpretação restrictiva. Na Belgica, posto que a doutrina seja propicia á competencia, os julgados se têm resentido da influencia da opinião seguida na França. Todavia, a mais recente jurisprudencia parece encaminhar-se para a acceitação da distincção entre os actos de gestão

---

([1]) *Journal de Droit International Privé*, 1895, volume XXII, paginas 31-46.

([2]) Nota 2ª, á pagina 97 da citada obra.

([3]) Vide **Lachau**, *De la Compétence des Tribunaux Français à l'égard des Étrangers.*

e os actos de imperio. Na Allemanha, até 1884, era acolhida a these da competencia territorial. Depois daquella época repetidas decisões têm sido proferidas no sentido da incompetencia. Na Austria nem sequer as excepções, que os proprios adversarios da theoria da competencia têm adoptado, são acceitas pela jurisprudencia. Em antithese com essa opposição da jurisprudencia austriaca está a completa conformidade da jurisprudencia norte-americana á distincção entre actos de gestão e actos de imperio ([1]).

Eis aqui, em apoio da nossa asserção a respeito da jurisprudencia italiana, alguns arestos mais interessantes: em 16 de março de 1886, a Côrte de Cassação de Napoles julgou sujeito á jurisdicção territorial um Estado estrangeiro, representado pelo consul, num litigio sobre obrigações civis, contrahidas no reino em favor dos cidadãos italianos. Em 2 de abril do mesmo anno a Côrte de Appellação de Lucca decidiu que um Estado estrangeiro e o seu chefe, ou legitimo representante, podem ser citados perante as autoridades judiciarias da Italia, desde que a questão não diga respeito a actos praticados no exercicio do *jus imperii*. Identica sentença proferiu a Côrte de Cassação de Florença a 25 de julho de 1886. Por aresto de 22 de julho de 1892 declarou a Côrte de Appellação de Veneza que um Estado estrangeiro póde ser citado perante os tribunaes italianos para falar sobre negocios por elle tratados na qualidade de pessôa juridica privada, desde que, nos termos do artigo 105 do Codigo do Processo Civil italiano, concorram as condições do fôro contractual. A 12 de outubro de 1893 foi esta ultima sentença

---

([1]) **Tosi Bellucci,** obra citada, paginas 113-116.

confirmada pela Côrte de Cassação de Roma, em cuja decisão, entre outros, se lê o seguinte considerando: «Se um Estado que pratica um acto de governo, não póde ficar sujeito a nenhuma ingerencia nem á jurisdicção de outro, quando pelo contrario desce a actos de administração e contractos civis, ou assume personalidade privada, fica subordinado ás regras do *jus commune*. Demais, se o Estado age *utendo jure privatorum*, não póde furtar-se á autoridade judiciaria perante a qual seja citado». Por sentença de 6 de agosto de 1895 a Côrte de Appellação de Veneza sanccionou de novo o principio da competencia territorial em face do Estado estrangeiro, no que toca aos actos realisados na esphera da sua actividade privada. Essa decisão foi confirmada pela Côrte de Cassação de Florença, a qual accrescentou: «reveste-se o Estado do aspecto e do caracter de pessôa juridica, quando provê aos interesses patrimoniaes da nação, e tambem quando nos tratados internacionaes adquire direitos e se submette a obrigações». Mais recentemente, no mesmo sentido se pronunciáram o Tribunal de Veneza por sentença de 20 de dezembro de 1896 e a Côrte de Appellação da mesma cidade por sentença de 21 de março de 1897. Por sentença de 4 de julho de 1902, declarou o Tribunal de Napoles que o Estado estrangeiro, que assume obrigações pelo orgam do seu consul, fica sujeito á jurisdicção territorial, desde que as obrigações devem ter seu adimplemento no reino. Analoga decisão proferiu o Tribunal de Milão a 20 de julho de 1905, insistindo na distincção entre actos de gestão e actos de imperio [1].

Em relação a contractos feitos por um Estado com um individuo estrangeiro, no territo-

---

[1] **Tosi Belluci**, obra citada, paginas 117-133.

rio deste ultimo, temos uma sentença do Tribunal Regional Superior de Colonia, proferida a favor da competencia territorial, « quando se trata de um contracto concluido na Allemanha, e todos os actos resultantes desse contracto devem praticar-se e terminar-se na Allemanha ([1]). A sentença mencionada tem a data de 17 de janeiro de 1905.

A um Estado estrangeiro é facultado possuir immoveis em outro Estado ([2]). Se fosse absoluta a theoria da *incompetencia territorial,* incompetente seria o *forum rei sitæ* para os litigios suscitados sobre esses immoveis. Entretanto, pela doutrina e pela jurisprudencia está quasi geralmente consagrada a competencia territorial para taes causas. Na propria França não faltam internacionalistas, como **Audinet** e **Féraud Giraud**, que para pleitos desta ordem reconheçam a competencia dos juizes nacionaes. O proprio **Gabba**, na Italia, em regra tão contrario á competencia territorial, neste caso abranda o seu rigor, e acceita a excepção. Com a doutrina está de accordo a jurisprudencia internacional, que, no dizer de **Bellucci**, tantas vezes citado, só nos offerece uma sentença divergente ([3]).

O Estado que pratica actos de commercio no territorio de outro Estado, fica sujeito á jurisdicção deste. Muito se tem discutido sobre a possibilidade de ser um Estado commerciante; mas, os exemplos, apresentados por **Bellucci**, de Estados que compram em territorio estrangeiro mercadorias, que vendem no seu proprio terri-

---

([1]) *Journal de Droit International Privé,* 1906, paginas 464-465.

([2]) Vide o parecer da *Faculdade de Direito de Berlim,* no *Journal de Droit International Privé,* anno de 1893.

([3]) Obra citada, pagina 153 a 156.

torio com grandes lucros, graças ao monopolio, são bastantes para nos convencer de que o Estado póde exercer o commercio (¹).

Á despeito da opinião contraria de **Laurent**, um Estado estrangeiro póde, de accordo com uma grande corrente de juristas, ser instituido herdeiro, ou legatario de um cidadão de outro Estado, e adir a herança no territorio do *de cujus*, sejam os bens hereditarios moveis ou immoveis.

Qual a jurisdicção competente para julgar as acções propostas contra o Estado estrangeiro, herdeiro ou legatario, sobre bens da herança, ou legado? Responde-nos **von Bar** com a sua grande autoridade: «Um Estado estrangeiro, herdeiro, ou legatario, gosa de todos os direitos concedidos a uma pessôa privada; e, pois, é, necessario que responda, como responderia um particular, ás acções intentadas contra elle, na qualidade de herdeiro, ou legatario, ou provocadas pela partilha da herança. Fôra realmente estranho vêr, em casos taes, um Estado acastellar-se no seu privilegio de soberania» (²). No mesmo sentido **Woeste** e **Le Jeune** (³).

Quanto ás dividas contrahidas por um Estado, por meio de emprestimos por subscripção publica, no territorio de outro, a doutrina geralmente admittida é a que **von Bar** expoz no seu relatorio perante o Instituto de Direito Internacional: para julgar as questões oriundas do inadimplemento dessas obrigações não é competente a justiça territorial (⁴).

(¹) Obra citada, paginas 162 a 168.

(²) *Annuaire de l'Institut de Droit International*, annos 1889 a 1892, XI, paginas 418 a 419.

(³) **Bellucci**, obra citada, pagina 181.

(⁴) *Annuaire*, XI, pagina 413.

No que diz respeito ás acções conducentes á indemnisação do damno causado por um delicto, ou por um quasi-delicto, no projecto elaborado por **von Bar**, e approvado pelo Instituto de Direito Internacional, ficou estatuido que entre as acções validamente proponiveis contra um Estado estrangeiro devem incluir-se «as acções para o resarcimento de perdas e damnos em consequencia de um delicto, ou quasi-delicto, se o delicto, ou quasi-delicto, se consummou no territorio» (n. 6 do artigo 2º, § 1º).

Muito controvertida é a questão de saber como se póde citar *validamente* um Estado estrangeiro perante a justiça territorial. Deve ser feita a citação na pessôa do representante diplomatico? Não, responde **Gabba**, o Estado estrangeiro, abroquelado pelo conceito de soberania, póde sempre recusar a citação, e ao seu ministro diplomatico é facultado allegar que não tem poderes para esse acto judicial, ou para quaesquer outros da mesma natureza [1].

Não procede o argumento de **Gabba**. Este autor está de pleno accordo com os que abrem uma excepção á regra da incompetencia territorial, quando se trata de acções intentadas contra os Estados estrangeiros sobre immoveis por estes possuidos no territorio sujeito á jurisdicção perante a qual respondem. As normas processuaes que regulam a citação no caso especial de um litigio sobre immoveis, são perfeitamente applicaveis ás outras hypotheses de competencia territorial, repellidas por **Gabba**. Desde que nas acções sobre immoveis o direito internacional dispõe de meios para citar validamente um Estado estrangeiro perante a jurisdicção terri-

---

[1] *Journal de Droit International Privé*, 1890, pàgina 27.

torial, toda a questão se reduz a investigar os outros casos em que o Estado estrangeiro está sujeito á justiça territorial. Para não admittir a citação VALIDA de um Estado estrangeiro, fôra necessario negar a competencia territorial sempre, em todas as hypotheses, o que é absurdo, condemnado pelos melhores internacionalistas, inclusive os adeptos da *theoria da incompetencia*, para os quaes ha excepções, muito legitimas.

No seu já citado *projecto* incluiu **von Bar** um artigo, segundo o qual a citação se faz ao Estado estrangeiro por meio de uma carta do tribunal, dirigida á legação, e, na falta desta, ao ministro das relações exteriores do Estado réu, por via diplomatica. Querem outros que a citação se faça por editaes affixados á porta do tribunal, e publicados no jornal official, ficando o procurador geral incumbido de communical-a pelos tramites diplomaticos. Segundo uma terceira opinião, deve ser citado o ministro diplomatico de accordo com a fórma processual ordinaria, e, não havendo legação, o orgam do ministerio publico, ou representante do Estado réu perante a justiça por intermedio do ministro das relações exteriores.

Quem representa o Estado estrangeiro, é o chefe do Estado, monarcha, ou presidente de republica. Por sentença do Tribunal Civil do Sena, de 29 de julho de 1868, foi decidido que, tendo os Estados-Unidos citado um individuo, de nome—Armand, para restituir certa quantia, e não havendo declarado quem representava em juizo o autor, fôra a acção regularmente proposta; visto como se devia considerar o mesmo autor validamente representado pelo presidente da União, chefe do poder executivo. Identica sentença, e tambem num pleito judicial em que os

Estados-Unidos eram o autor, proferiu a Côrte de Chancellaria ingleza (¹).

Estão sujeitos á penhora, ou a sequestro, ou a outras medidas judiciaes da mesma natureza, os bens de um Estado estrangeiro, existentes no territorio onde se pretende requerer qualquer dessas providencias? «A grande maioria dos escriptores e a jurisprudencia geralmente se pronunciam no sentido de que não tem cabimento acto algum de execução contra um governo estrangeiro. E tal opinião é sustentada não só pelos juristas que se manifestam contra a competencia dos tribunaes nacionaes para julgar contra Estados estrangeiros, como tambem pelos autores que mais amplamente admittem essa competencia, ou pelos que a limitam aos actos realisados a titulo privado» (²).

Tambem a jurisprudencia internacional tem sido favoravel á doutrina alludida. Na Prussia, por uma pratica constante, é inadmissivel o sequestro contra um governo estrangeiro. Igual jurisprudencia mantem a França, como se póde ver na sentença da Côrte de Nancy, de 13 de julho de 1881, confirmada pela Côrte de Cassação, a 5 de maio de 1885. Entretanto, na Belgica diversa tem sido a orientação judiciaria, como se vê da decisão da Côrte de Bruxellas, de 12 de abril de 1866. Na Inglaterra tem variado a jurisprudencia: negado muitas vezes, foi o sequestro concedido por uma sentença da Côrte de Chancellaria, de 6 de março de 1874 (³).

Muito embora não se possa dar á sequestrabilidade dos bens possuidos por um Estado no territorio de outro a extensão que pretende **Tosi**

(¹) **Tosi Bellucci,** obra citada, pagina 329.
(²) **Diena,** *Il Fallimento degli Stati,* n. 20.
(³) **Tosi Bellucci,** obra citada, paginas 360-361.

Bellucci, o que é certo é que, preconisada por alguns escriptores a opinião favoravel á penhora e ao sequestro de taes bens, a jurisprudencia de alguns paizes tem algumas vezes perfilhado a doutrina, com as restricções e distincções de que dá noticia o mesmo **Bellucci**.

Sejam quaes forem os embaraços oppostos á execução de uma sentença proferida contra um Estado estrangeiro, dahi não se póde deduzir a incompetencia da justiça territorial para julgar os litigios em que é parte um Estado estrangeiro. A boa doutrina está synthetisada nestas palavras de **Despagnet**: «A difficuldade de execução absolutamente não infirma o valor juridico da condemnação pronunciada, e do que se cuida é apenas de indagar se um Estado civilisado poderá moralmente subtrahir-se, em seu territorio, aos effeitos de uma decisão equitativamente lavrada contra elle por um tribunal estrangeiro, competente na especie» (¹).

---

§ 48. Da mesma competencia da justiça federal são as acções movidas por estrangeiros e fundadas, quer em contractos com o governo da União, quer em convenções ou tratados da União com outras nações.

Ao iniciar o seu ligeiro commentario a esta parte do artigo 60 da Constituição, observa J. **Barbalho** que superflua é a primeira regra nella contida: já na letra *c)* fôra estatuido que *quaesquer causas* propostas pelo governo da União contra particulares, *ou vice-versa*, se processam e julgam na justiça federal. E, sendo assim, as

(¹) *Cours de Droit International Public*, n. 257, 4ª ed.

acções movidas por estrangeiros, e fundadas em contractos com o governo da União, estão comprehendidas na citada letra *c)*.

Podia J. **Barbalho**, nessa ordem de considerações, lembrar ainda o disposto na letra *b)* do mesmo artigo 60, que confia á justiça federal *todas* as causas contra o governo da União, ou fazenda nacional, fundadas em contractos celebrados com o mesmo governo, para concluir que em dois preceitos constitucionaes já se encerrára antes a norma que constitue a primeira parte da disposição da letra *f)*.

Mas, não nos parece justificavel a reflexão. Diverso do manifestado nas letras *b)* e *c)*, foi o intuito do legislador constituinte, ao redigir a primeira parte da letra *f)*. O que elle quiz, de accordo com a mais moderna e melhor doutrina de direito internacional, foi declarar formalmente a competencia da justiça federal brasileira para decidir as causas propostas por estrangeiros contra a União. Depois de mostrar as difficuldades com que lucta um Estado credor de outro Estado, passa **Diena** ao estudo dos meios de que póde dispor um credor particular de um Estado estrangeiro, e escreve; «*Maggiori difficoltà generalmente trovano i privati creditori di uno Stato straniero per far rispettare i propri diritti.*» Porque? Eis a razão dada pelo illustre internacionalista: «*È noto del resto che, secondo i principí ammessi nella maggior parte delle legislazioni, contro lo Stato non si può procedere ad atti esecutivi; quindi, quando esso non si presti ad eseguire volontariamente la sentenza di condanna, questa rimane lettera morta*» ([1]).

Declarando positivamente que os estrangeiros, credores da União em virtude de con-

---

([1]) Obra citada, n. 17.

tractos feitos com a mesma, têm o direito de intentar perante os juizes federaes as acções competentes para a cobrança do que lhes é devido, espancou o legislador constituinte quaesquer duvidas sobre a legalidade da propositura dessas acções e a competencia para as processar e julgar, dirimindo ao mesmo tempo as renhidas questões que se têm suscitado acerca da execução de taes acções, e de que nos dá noticia o citado **Diena** (¹).

Tambem não se póde dizer desnecessaria a segunda parte da letra *f)*, a que allude ás causas fundadas *em convenções ou tratados da União com outras nações*, pelo facto de logo adiante se nos deparar a letra *h)*, que se occupa das questões de direito internacional, civil ou criminal.

Varias são as especies de tratados que podem celebrar as nações. Temos os tratados que são fontes de direito internacional, os tratados politicos, as convenções entre belligerantes, e os tratados relativos aos interesses sociaes e economicos dos Estados, entre os quaes se incluem os destinados a proteger a propriedade litteraria e artistica, a propriedade industrial, os reguladores da pesca maritima, ou fluvial, os de commercio, os de união aduaneira, os de navegação, as convenções monetarias, os concernentes a pesos e medidas, as convenções ou uniões postaes, as convenções telegraphicas, os relativos á construcção de estradas de ferro e a medidas sanitarias (²).

Desde que um estrangeiro pretende fazer valer em juizo um direito, que articula ou allega ser fundado em um tratado, ou convenção, celebrada por uma nação estrangeira com a União Fe-

---

(¹) Obra citada, nota 2ª á pagina 82.

(²) **Bonfils**, *Manuel de Droit International Public*, ns. 861 a 928, e **Calvo**, *Le Droit International Théorique et Pratique*, §§ 1079 a 1669.

deral, a justiça competente para examinar a especie e dirimir o litigio é a justiça federal. Pouco importa a natureza, ou a especie do tratado, ou convenção. Diante dos termos amplos da Constituição, á justiça federal não é licito restringir a sua competencia a certas especies de tratados, ou convenções. Em quaesquer ajustes internacionaes é sempre possivel incluir clausulas, ou estipulações, de que se originem interesses individuaes, que, protegidos assim por actos que têm força legal, são direitos subjectivos, garantidos pelo preceito constitucional que óra analysamos, *preceito que expressamente obriga a nação brasileira a responder como ré perante a sua justiça, a justiça da União, sempre que fôr citada por um estrangeiro para as acções que menciona esta parte do artigo 60.*

Desde que um assumpto está regulado por uma convenção, ou por um tratado internacional, pelas normas assim estipuladas devem, está claro, sem nenhuma vacillação ser resolvidas todas as questões suscitadas pelos que juridicamente invocam taes normas. As clausulas das convenções e tratados têm força de lei, ou, antes, são verdadeiras leis. Uma só differença ha entre os tratados e as leis internas, além da origem desses actos, e vem a ser que a lei, por ser obra exclusiva do legislador, por este póde ser modificada e abrogada a seu talante, ao passo que o tratado, ou convenção, resultando do concurso das vontades dos varios Estados que o assignaram, constitue um ajuste, ou contracto, subordinado aos principios que regem os actos oriundos do consenso de varias pessôas. A um só Estado não é, pois, permittido modificar o pactuado, sem a adhesão dos demais contractantes (¹).

(¹) **J. Valery**, *Manuel de Droit International Privé*, n. 449.

A um só dos Estados signatarios da convenção será facultado interpretal-a, dando-lhe um sentido diverso do que lhe attribuem os outros Estados, compartes no ajuste? Em primeiro logar, se duvidas se levantam acerca do sentido dos termos e do alcance das clausulas de um tratado, sempre é possivel um accordo entre as partes contractantes, por meio do qual um e outro se fixem. Temos então uma convenção interpretativa, obrigatoria, como o proprio tratado interpretado, para os Estados que assignáram os dois ajustes. A mesma autoridade tem a decisão arbitral, proferida sobre um ponto duvidoso de um tratado. A uma e outra interpretação fica sujeito o poder judiciario, quando lhe incumbe applicar as clausulas de uma dessas convenções internacionaes.

Mas, se num documento official um dos Estados contractantes manifesta o seu modo de interpretar um tratado, ou convenção, perante os tribunaes, ainda os do proprio Estado que externou essa opinião, nenhum valor tem a interpretação dada, excepto a de um mero esclarecimento, que póde ser acceito, ou não ([1]).

Nos paizes sujeitos ao direito constitucional unitario, como, por exemplo, a França, e nos quaes o poder judiciario não exerce as funcções que a Constituição norte-americana e as suas congeneres, de accordo com a mais irrecusavel logica juridica, lhe reconhecem, tem sido por muitos abraçada a doutrina, que, vendo no poder legislativo, quando este approva um tratado elaborado pelo executivo, *um poder politico associado á acção do governo*, e não o legislativo a exercer uma funcção propria, nega aos

---

([1]) J. Valery, obra citada, n. 450.

tribunaes a faculdade de interpretar esse tratado; porquanto, temos em tal caso um acto politico, cujos intuitos e disposições só póde bem determinar o poder politico que o celebrou. No principio da separação dos poderes reside um invencivel obstaculo á concessão aos tribunaes do poder de interpretar os tratados e convenções. Deve limitar-se a tarefa do poder judiciario a applicar das convenções internacionaes exclusivamente aquellas clausulas que não suscitam duvidas (¹). Essa é a doutrina adoptada pelo Conselho de Estado da França,

Della se afasta a Côrte de Cassação do mesmo paiz, a qual reconhece aos tribunaes a faculdade de interpretar sómente as clausulas concernentes a interesses privados, vedando-lhes a interpretação das que dizem respeito ao direito publico. Segundo o conceito da Côrte de Cassação, os tratados diplomaticos, em relação aos individuos dos paizes contractantes, têm o caracter de lei, e, em relação ás nações que os celebram, têm o caracter de contractos synallagmaticos. Confiar aos tribunaes de um Estado a interpretação das estipulações de interesse publico de um tratado concluido com outro Estado, importa numa offensa á soberania deste ultimo, e póde influir nas relações dos dois paizes (²).

Na propria França, como se vê do excellente livro de **Valery**, tem sido justamente refugada a doutrina da Côrte de Cassação. Illusorio é o criterio escolhido para distinguir os tratados que os tribunaes têm o poder de interpretar dos reservados á interpretação do governo. Não ha nos tratados internacionaes clausulas cuja observancia interesse unicamente os particulares. Quando

---

(¹) **J. Valery**, obra citada, n. 451.
(²) Obra citada, n. 452.

num tratado se convenciona que os naturaes de um paiz terão garantidos no territorio de outro os seus direitos de propriedade industrial, litteraria ou artistica, ou gosarão de certas tarifas especiaes para os transportes por estrada de ferro, é fóra de duvida que a violação dessas estipulações constitue uma offensa ao governo que as negociou, e incluiu no tratado em beneficio dos seus compatriotas. Eis porque, como nota o escriptor citado, a propria Côrte de Cassação se tem visto forçada muitas vezes a infringir o principio que adoptou.

Nos paizes sujeitos ao direito publico federal, a clausula equivalente á que analysamos tem por fim especial subtrahir aos tribunaes regionaes e entregar á justiça federal todas as questões fundadas em tratados internacionaes. Em o n. LXXX do **Federalista** resumiu **Hamilton** as razões, mais tarde reproduzidas pelos commentadores da Constituição norte-americana, do preceito constitucional que outorga á justiça da União competencia para processar e julgar as causas oriundas de tratados e convenções internacionaes. Sem esse canon, sem a concessão de tal faculdade aos tribunaes da nação, ficaria esta exposta ao perpetuo perigo de collisões e de guerras, e impossibilitada de cumprir as obrigações decorrentes dos tratados: «*without this power, there would be perpetual danger of collision, and even of war, with foreign powers, and an utter incapacity to fulfil the ordinary obligations of treaties*» ([1]).

No que toca á extensão da faculdade de interpretar e applicar as clausulas dos tratados internacionaes, a competencia da justiça federal

---

([1]) **Story**, *Commentaries*, § 1643.

não póde ser mais restricta do que a competencia dos tribunaes dos paizes sujeitos ao direito publico unitario. Se não se comprehende que á justiça federal, tal como foi constituida entre nós, se negue competencia, em face do artigo 59, letra *d)*, para processar e julgar os litigios e reclamações entre Estados estrangeiros e a União, muito menos se explicaria a recusa de competencia á mesma justiça para interpretar e applicar todas as estipulações relativas a direitos privados, bem como as que respeitam ao direito publico, *desde que sejam inseparaveis do direito dos individuos:* «*As to private rights, however, arising under treaties in force, and even as to public rights, when these are inseparable from private rights, the courts exercise independent judgment as to the meaning to be given to treaty provisions*» ([1]).

Antes de interpretar e applicar um tratado, deve o tribunal verificar se essa convenção internacional existe legalmente, se póde ser invocada para regular as relações juridicas em litigio e se, dada a nacionalidade das partes, está o facto subordinado ás suas estipulações ([2]). Um tratado offensivo da Constituição Federal não póde evidentemente ser applicado pelos tribunaes brasileiros.

§ 49. A justiça federal outrosim processa e julga as questões de direito maritimo e navegação, tanto no oceano como nos rios e lagos do paiz.

---

[1] **Willoughby**, obra citada, volume 1º, § 224.
[2] **Valery**, obra citada, n. 455.

O preceito da Constituição norte-americana, correspondente ao nosso, contém a declaração de que o poder judiciario federal se estende a todos os casos de almirantado e de jurisdicção maritima (*to all cases of admiralty and maritime jurisdiction*). Das mesmas expressões usou o legislador constituinte argentino, quando conferiu á Côrte Suprema e aos tribunaes inferiores da nação competencia para julgar as causas de almirantado e de jurisdicção maritima (*de las causas de Almirantazgo y jurisdición maritima*).

Em primeiro logar, dessa diversidade de termos de que se serviram os legisladores constituintes das tres nações resultou uma notavel diversidade de preceitos, no que respeita á jurisdicção criminal. Ao passo que nos Estados-Unidos da America do Norte e na Republica Argentina os crimes commettidos sobre aguas navegaveis óra são submettidos á justiça federal, óra á justiça local, de accordo com as distincções que fazem os commentadores das duas constituições [1], entre nós os crimes commettidos em alto mar, a bordo de navios nacionaes, os perpetrados nos rios e lagos que dividem dois ou mais Estados, nos portos, nas ilhas pertencentes á União, e em geral nos logares de absoluta jurisdicção do governo federal, são julgados pelas justiças locaes, desde que não revistam o caracter de crimes que, por sua natureza, por serem—por exemplo, politicos, sejam da competencia excepcional da justiça da União [2]. Taes crimes são processados e julgados pela justiça federal, quando por sua natureza, ou

---

[1] Vejam-se, por exemplo, **Black,** *Handbook of American Constitutional Law*, § 88, **Araya,** *Comentario á la Constitucion de la Nación Argentina*, tomo 2º, paginas 269 a 272, e **Kent,** *Commentaries*, volume 1º, ns. 360 a 372.

[2] Decreto n. 848, de 11 de outubro de 1890, artigo 15, § 1º.

pelas pessôas que os perpetraram, ficam subtrahidos por especiaes disposições de leis (¹) á justiça commum. Comprehende-se que a submissão desses delictos á justiça federal se dá por força de preceitos legaes, que nenhuma relação têm com o artigo 60, letra g), que óra estudamos. Segundo a nossa Constituição e leis secundarias, promulgadas de conformidade com os preceitos constitucionaes, a regra é a competencia da justiça local para processar e julgar os crimes. A essa regra não ha preceito, *derivado da letra g) do artigo 60,* que furte os delictos praticados sobre aguas navegaveis. Estes delictos estão subordinados á regra geral *e ás excepções assentadas em fundamentos de outras especies, ou em outros preceitos constitucionaes.*

A jurisdicção cível que o artigo 60, letra g), investe na justiça federal, abrange duas ordens de questões: a) as de direito maritimo; b) as de navegação, assim no oceano como nos rios e lagos do paiz.

Quaes são as questões de direito maritimo? Quatro são os ramos do que se denomina direito maritimo (²). Temos, em primeiro logar, o *direito internacional publico maritimo,* que regula as relações entre os Estados, oriundas do commercio maritimo, quer em tempo de paz, quer em tempo de guerra. Temos, em segundo logar, *o direito administrativo maritimo,* que regula as relações das pessôas privadas com o Estado, no que diz respeito á exploração maritima. O Estado exerce a sua autoridade, intervindo por meio de leis e regulamentos na actividade dos homens do mar, exercendo a sua funcção de policia no

---

(¹) Decreto n. 3084, de 5 de novembro de 1898, *parte segunda,* artigo 6º.

(²) **Ripert,** *Droit Maritime,* tomo 1º, ns. 21 a 42.

mar, regulando por multiplos actos officiaes as suas relações com as pessôas singulares e collectivas, de direito privado, que se entregam á industria da navegação no mar. Do direito administrativo maritimo são partes integrantes o direito penal e disciplinar da marinha mercante, as regras concernentes á inspecção e conservação em bom estado do material, e as relativas á policia e precauções hygienicas nos portos. Um terceiro ramo do direito marítimo é o *direito commercial maritimo,* que mais propriamente se denominaria *direito privado maritimo;* porquanto, como bem reflecte **Ripert**, citado, nos casos em que o proprietario do navio é, não um armador, commerciante, mas um individuo que viaja por prazer, ou preoccupado com investigações scientificas, não se pódem applicar todas as regras do direito commercial maritimo. Este ramo do direito maritimo regula as relações juridicas entre pessôas privadas, oriundas da exploração maritima. Finalmente, não se completa o quadro do direito maritimo sem nelle incluir *o direito internacional privado maritimo,* que nos ensina os meios de resolver os conflictos de leis, suscitados a proposito das relações maritimas com os estrangeiros [1].

É evidente, em face da Constituição, que á justiça federal, e nunca ás justiças dos Estados, compete processar e julgar as causas sujeitas a qualquer desses ramos de direito maritimo. As questões de direito internacional publico maritimo e as de direito internacional privado maritimo, quando não ficassem subordinadas á justiça federal por força deste preceito da letra *g)* do artigo 60, não poderiam escapar a essa justiça

---

[1] **Ripert**, obra e passagens citadas.

diante da letra *d)* do artigo 59 e da letra *h)* deste mesmo artigo 60. As de direito administrativo maritimo, se não fossem da competencia da justiça federal em virtude do disposto nesta letra *g)* do artigo 60, sel-o-iam em face das normas constitucionaes que dão competencia a essa justiça para processar e julgar as causas propostas pelo governo da União contra particulares, ou por estes contra aquelle, fundadas em leis e em regulamentos do poder executivo federal, qualquer que seja a sua natureza, ou objecto, o que está expressamente estatuido nas letras *b)* e *c)* deste artigo da Constituição.

Restam as questões de direito privado maritimo. Quaes são estas? Todas as reguladas pela segunda parte, arts. 457 a 796, do Codigo Commercial (¹). O artigo 15, letra *g)*, do decreto n. 848, de 11 de outubro de 1890, começa, enumerando as questões sujeitas á justiça federal por este preceito da Constituição, e indica as relativas á propriedade e posse de embarcações, sua construcção, reparos, vistoria, registro, alienação, penhor, hypotheca e as concernentes ao pessoal das mesmas embarcações; as que versarem sobre o ajuste e soldada dos officiaes e gente da tripolação; sobre contractos de fretamento de navios, dinheiros a risco, seguros maritimos; sobre naufragios e salvados, arribadas forçadas, damnos por abalroação, abandono, avarias; e afinal formula uma regra, declarando que compete á justiça federal processar e julgar «as questões resultantes do direito maritimo e navegação, tanto no mar como nos rios e lagos da exclusiva

---

(¹) Essa parte do nosso Codigo Commercial está com toda a proficiencia explanada pelo illustre commercialista patrio, conselheiro **Silva Costa**, no *Direito Commercial Maritimo*, Paris, 1912, 2.ª edição.

jurisdicção da União, *comprehendidas nas disposições da parte segunda do Codigo Commercial*».

Basta dizer *todas as questões de direito maritimo,* para tornar bem clara a primeira parte do preceito da letra *g)*. Nem teria cabimento aqui, diante dos termos da Constituição, distinguir, como fazem, por exemplo, alguns commercialistas, a navegação *maritima* da *fluvial* e *mixta,* quer se assentasse a distincção na estructura do navio, quer no logar da navegação (¹). Não toleraria a amplitude do canon constitucional quaesquer restricções baseadas nessa distincção: todas as questões de direito maritimo e navegação, assim no oceano como nos rios e lagos do paiz, competem á justiça federal.

Não foi debalde que o legislador constituinte, depois da expressão—*direito maritimo,* usou deste termo — *navegação.* Não outorgou á justiça federal competencia para julgar sómente todas as questões de direito maritimo, mas tambem para dirimir quaesquer contendas judiciaes relativas á navegação. Pelo artigo 34, n. 6, foi dada competencia ao Congresso Nacional para legislar sobre a navegação dos rios que banhem mais de um Estado, ou se estendam a territorios estrangeiros, e pelo artigo 13 da mesma Constituição ficou estatuido que o direito da União e dos Estados de legislarem sobre a viação ferrea e navegação interior será regulado por lei federal. Assim, quando se trata da navegação de rios que banham mais de um Estado, ou se estendem a territorios estrangeiros, só o poder legislativo federal tem competencia para legislar sobre o assumpto. Quando se trata da navegação in-

---

(¹) **Ripert**, obra citada, ns. 117 e seguintes.

terior em rios que não estão nas condições mencionadas, mas que se encerram dentro nos limites de um só Estado, a competencia para legislar sobre a materia depende do que prescrever o Congresso Nacional em lei. Esta lei, autorisada pelo artigo 13, já foi promulgada. É a lei n. 109, de 14 de outubro de 1892, que reza assim: «artigo 1º — É da exclusiva competencia dos poderes federaes resolver sobre o estabelecimento: 1º das vias de communicação fluviaes ou terrestres, constantes do plano geral de viação que fôr adoptado pelo Congresso; 2º de todas as outras que futuramente forem, por decreto emanado do poder legislativo, consideradas de utilidade nacional, por satisfazerem necessidades estrategicas, ou corresponderem a elevados interesses de ordem politica ou administrativa. Artigo 2º — Em todos os mais casos, aquella competencia é dos poderes estaduaes. Art. 3º — Quando o melhoramento interessar a mais de um Estado, sobre elle resolverão os governos respectivos. Artigo 4º — Além das vias de communicação de que trata o artigo 1º, poderá a União estabelecer ou auxiliar o estabelecimento de outras, precedendo neste caso accordo com os poderes competentes dos Estados ou do Estado, a que possam ellas interessar. Poderá tambem permittir que as linhas a que se refere o mesmo artigo sejam estabelecidas por conta de um ou mais Estados interessados, celebrando para isso com os governos respectivos convenios, pelos quaes fiquem garantidas a uniformidade de administração e outras conveniencias de caracter federal. Paragrapho unico. Taes accordos e convenios, sempre celebrados pelo poder executivo, só crêam obrigações para a União depois de approvados pelo Congresso Nacional.»

Todas as questões relativas á navegação nos rios e lagos do paiz (é evidente que os canaes que para o futuro se construirem, ficarão sujeitos ao mesmo tratamento juridico) devem ser processadas e julgadas pela justiça federal. Essas questões não se confundem completamente com as de direito maritimo, pelo que justificavel é o uso dos termos do preceito constitucional: «questões de direito maritimo e navegação». Na verdade, além das questões de direito maritimo, de que já nos occupámos, á justiça federal compete julgar quaesquer questões *sobre navegação dos rios e lagos do paiz,* inclusive as que se suscitarem a proposito da interpretação e applicação do artigo 34, ns. 5 e 6, e do artigo 13 da Constituição, bem como as que se agitarem acerca da interpretação e applicação da lei, já transcripta, de 14 de outubro de 1892, e de quaesquer outras que se promulgarem para o cumprimento da disposição constitucional do artigo 13. Estas questões devem resolver-se pela interpretação e applicação de principios constitucionaes e de leis derivadas desses principios. Não são, portanto, de direito maritimo, pelo que não se póde tachar de ociosa, superflua, ou redundante, a clausula constitucional que estudamos ([1]).

Isto posto, cumpre determinar o sentido dos termos — «rios e lagos do paiz». Não são todos os rios e lagos situados no territorio brasileiro, mas unicamente os de utilidade nacional, os sujeitos aos poderes federaes pelo artigo 34, n. 6, da Con-

---

([1]) Ainda o Congresso Nacional não se desempenhou do dever a si mesmo imposto pelo artigo 1º da lei n. 109, de outubro de 1892: não estatuiu o plano geral de viação, nem declarou de utilidade nacional nenhuma via de communicação fluvial. Neste estado provisorio, a que cumpre pôr termo, temos de considerar sujeitos aos Estados os rios que a Constituição expressamente não subordinou á União, pela regra geral do artigo 65, n. 2, regra que domina as leis derivadas, que se promulgam como desenvolvimentos e applicações da Constituição.

stituição e pelas leis promulgadas para o cumprimento do artigo 13 da mesma Constituição. Á União falta competencia para legislar sobre a navegação dos rios que percorrem o territorio de um só Estado.

Dir-se-á talvez: desde que se trate de regular as relações do dominio do direito privado maritimo, pouco importa que o rio, quanto á navegação, esteja subordinado aos poderes federaes ou aos dos Estados; as questões são de direito maritimo; e consequentemente á justiça federal compete processal-as e julgal-as.

A essa objecção responde o nosso Codigo Commercial com uma distincção, que o legislador constituinte não podia ignorar, nem esquecer. As questões da segunda parte desse Codigo (artigos 457 a 796), denominadas de direito maritimo, nunca se confundiram no Brasil com as reguladas pelos artigos 99 a 117, artigos relativos «aos conductores de generos e commissarios de transportes», e que dispõem acerca dos direitos e obrigações dos «donos, administradores e arraes de barcas, lanchas, saveiros, faluas, canôas, e outros quaesquer barcos de similhante natureza, empregados no transporte dos generos commerciaes». Sendo assim, os litigios oriundos da exploração desses pequenos instrumentos de navegação, usados nos rios que não ultrapassam os limites do territorio de um Estado, nem por outro fundamento, no que respeita á navegação, estão subordinados aos poderes federaes, pertencem á competencia da justiça local, por não serem de direito maritimo — no conceito do legislador patrio, nem versarem sobre a navegação dos rios sujeitos á regulamentação federal. Não se justifica a intervenção da justiça federal no processo e julgamento dos litigios concernentes á navegação de botes e canôas e similhantes embarcações nos rios encerrados nos limites de um Estado. Nenhum interesse tem nesses pleitos a navegação internacional, ou, sequer, a navegação interestadual. Quando, porêm, se cogita de navegação maritima, dos rios e lagos de utilidade federal, quaesquer causas derivadas dessa exploração, seja qual fôr a grandeza, fórma ou destino das embarcações, devem ser decididas pela justiça federal: nesse caso a navegação, de qualquer modo exercitada, interessa ás relações da União com outras nações, ou, pelo menos, ás de um Estado com outro.

Em substancia, synthetisaremos as nossas conclusões do seguinte modo:

1º) em face da letra *g)* do artigo 60 da Constituição, póde uma questão ser da competencia da justiça federal por um destes dois fundamentos: *a)* por ser de direito maritimo, ou regulada por algumas das disposições da segunda parte do nosso Codigo Commercial; *b)* por ser concernente á navegação no mar ou nos rios e lagos do paiz sujeitos á jurisdicção federal.

2º) são da competencia da justiça local as questões que de qualquer modo digam respeito á navegação de que trata o artigo 118 do Codigo Commercial, desde que esta se faça em rios cujo percurso não exceda as raias de um Estado.

A jurisprudencia do Supremo Tribunal Federal a principio vacillou em relação a esta materia do artigo 60, letra *g)*, da Constituição, como provam o accordam proferido na appellação civel n. 184, de 26 de agosto de 1896, e o da appellação civel n. 249, de 19 de junho de 1897. Ultimamente, as decisões têm sido pautadas pela exegese constitucional, que acabamos de expor, como se verifica pela leitura dos accordams

n. 1226, sobre aggravo, de 16 de abril de 1910, e n. 1570, sobre appellação civel, de 12 de julho de 1911.

—

§ 50. A competencia da justiça federal ainda abrange as questões de direito criminal ou civil internacional.

Não tem esta disposição do artigo 60, letra *h)*, da nossa Constituição uma que lhe seja perfeitamente equivalente na Constituição norte-americana, nem na argentina. No artigo 3º, secção 2ª, da primeira dessas duas constituições estatuiu-se que á justiça federal compete processar e julgar as causas entre um Estado da União, ou os seus cidadãos, e as nações estrangeiras, seus cidadãos, ou subditos *(between a State, or the citizens thereof, and foreign states, citizens, or subjects)*. E pelo artigo 100 da argentina foi outorgada competencia á justiça federal para processar e julgar as causas entre uma provincia, ou seus habitantes, e um Estado, ou cidadão estrangeiro *(entre una Provincia ó sus vecinos contra un Estado, ó ciudadano extranjero)*.

O fundamento dos preceitos das duas constituições nos é dado a conhecer por este trecho do *Federalista:* «Funda-se o quarto preceito na proposição evidente — *a paz do todo não póde ficar entregue ás disposições de uma parte*. A União ha de ser incontestavelmente responsavel pelo procedimento de seus membros para com as potencias estrangeiras. E a responsabilidade em que se incorre em consequencia de uma offensa, deve ser sempre acompanhada do poder de a evitar. Desde que com razão se inclue entre as justas causas de guerra a denegação de justiça, ou a perversão da justiça pelas decisões dos tribunaes, ou por qualquer outra causa, a conclusão logica é que o poder judiciario federal deve julgar todas as causas em que são interessados os cidadãos dos outros paizes. Tão necessaria é esta condição para se manter a fé publica como para se preservar a tranquillidade publica. Talvez queiram fazer uma distincção entre as questões que se suscitam com apoio nos tratados e no direito das gentes e as cuja decisão depende sómente do direito interno. Dir-se-á talvez que as primeiras competem á justiça federal, e as ultimas ás justiças locaes. Mas, é licito ao menos duvidar que uma sentença injusta contra um estrangeiro, ainda quando o objecto da controversia esteja inteiramente sujeito á *lex loci,* caso seja mantida, não constitua uma aggressão ao soberano do paiz a que pertence o estrangeiro, bem como uma violação das estipulações de um tratado ou do direito internacional. E muito maior obstaculo á distincção assignalada proviria da immensa difficuldade, senão impossibilidade, de discriminar praticamente as causas da primeira categoria das que entram na segunda. Tão frequentemente surgem entre nós as questões em que são partes estrangeiros, reguladas não obstante por leis nacionaes, que muito mais conveniente e muito mais seguro é submetter aos tribunaes federaes todos os litigios em que estrangeiros tenham interesse » ([1]).

Ahi está o germen da disposição da letra *h),* do artigo 60. Preoccuparam-se os organisadores da Constituição norte-americana com a questão de saber o que mais convinha: conferir á justiça federal competencia para julgar as questões de direito internacional, ou para julgar todas as ques-

---

([1]) N. LXXX.

tões em que fossem interessados estrangeiros, inclusive as subordinadas ás leis nacionaes, ao direito interno unicamente ? E, adoptaram a ultima solução. Dois motivos levaram os constituintes americanos a esse alvitre: 1º uma sentença injusta, mesmo em pleitos judiciaes regulados sómente pelas leis internas, bem póde ser considerada uma offensa ao soberano da nação de que faz parte o estrangeiro, victima da injustiça, assim como uma violação das estipulações de um tratado ou do direito das gentes; 2º praticamente é muito difficil, senão impossivel, distinguir as causas dirimiveis pela só applicação das leis internas das regidas ao menos em parte pelos principios e regras do direito internacional.

Cortando todas essas difficuldades, os constituintes norte-americanos deram á justiça federal competencia para julgar todos os litigios em que sejam interessados estrangeiros, sem excepção, nem restricção.

Pela primeira das soluções suggeridas optou o nosso congresso constituinte, prescrevendo que á justiça federal compete processar e julgar «as questões de direito criminal ou civil internacional».

Como se deve entender o nosso preceito constitucional? Sempre pensámos que (e assim temos votado no Supremo Tribunal Federal) por essa clausula da nossa Constituição aos juizes federaes foi conferida competencia para processar e julgar todas as causas, que integral ou parcialmente se resolvem pela applicação de principios e regras de direito internacional, criminal ou civil. Por outros termos: desde que no dirimir uma contenda judicial necessario se faz applicar um ou mais conceitos, ou normas, de direito internacional, ainda que não se tenha suscitado entre as partes litigantes discussão, ou controversia, acerca desses pontos de direito internacional, o feito é da competencia da justiça federal. No inicio da acção, verificado que para a solução do litigio deve concorrer um principio, ou um preceito, de direito internacional, á justiça local cumpre declarar-se incompetente, devendo em hypothese contraria suscitar-se o conflicto de jurisdicção.

Entretanto, forçoso é confessar que a jurisprudencia do Supremo Tribunal Federal desde a sua fundação tem sido abertamente opposta a esse modo de vêr. Segundo essa jurisprudencia, continuamente sustentada, e quasi diariamente reaffirmada, pelos juizes federaes de primeira instancia, á justiça federal só compete processar e julgar, em virtude do disposto no artigo 60, letra *h)*, as causas que se propõem, *suscitando effectivamente as partes uma questão, levantando uma controversia, travando uma discussão acerca de qualquer ponto de direito internacional, criminal, ou privado (civil e commercial).* Se a acção é intentada, sem que se formule questão alguma de direito internacional, ou sem que o réu em excepção, ou em contrariedade, ventile alguma dessas questões, competente para a processar e julgar é a justiça local.

Por alguns exemplos mais facilmente se comprehenderá a differença, que separa a interpretação por nós dada ao artigo 60, letra *h)*, da Constituição, da que uma pratica constante e hoje invariavel (repetimol-o) tem firmado por innumeras decisões das duas instancias federaes. Supponhamos que perante a justiça local é instaurado um processo criminal contra um famulo, ou domestico, de uma legação estrangeira em nosso paiz, e sem que até á sentença condemnatoria seja invocada qualquer norma de direito penal internacional. Segundo a exegese adoptada, a que temos alludido, a acção criminal foi intentada perante a justiça competente. Iniciou-se um processo crime, no qual apenas se suscitam questões regidas pelo direito criminal brasileiro; e, consequentemente, a competencia para o caso é indubitavelmente da justiça local. Resolvida a questão pelo criterio da opinião que temos sustentado, porêm, a justiça competente é a federal; visto como a hypothese judicial está subordinada a principios e regras de direito internacional, sem cuja applicação é impossivel dirimir o caso. Pouco importa que não se tenham levantado duvidas acerca da applicação e do sentido desses principios e normas internacionaes: uma questão de direito civil não deixa de ser de direito civil, porque os litigantes, sem discutirem a applicabilidade, nem a significação dos textos legaes, que regulam o pleito, apenas se occupam com algumas regras de processo, ou com a accepção que deve ser ligada aos termos de um documento. A questão que figuramos, é uma das que fazem o objecto do direito penal internacional (**Fiore**, *Traité de Droit Penal International*, trad. de C. Antoine, volume 1º, n. 22, **Despagnet**, *Cours de Droit International Public*, n. 250, 4ª ed., **Bonfils**, *Manuel de Droit International Public*, n. 711, 3ª ed.).

Um estrangeiro, residente no seu paiz (figuramos esta circumstancia unicamente para tornar mais saliente e viva a injuridicidade da solução contraria á nossa), intenta no Brasil uma acção civil para reivindicar um immovel, situado no territorio nacional, e de que se diz proprietario, ou para haver uma herança a que se julga com direito, ou para annullar um contracto, que allega ter sido feito illegalmente com preterição de formalidades substanciaes, ou por pessôa incapaz. Evidentemente não é possivel resolver o litigio sem a intervenção dos principios e regras do direito internacional privado. A Constituição no artigo 72 garante a igualdade perante a lei, e portanto o *goso* dos direitos civis, unicamente aos estrangeiros residentes no Brasil. Se quizermos verificar quaes os direitos de que gosam em nosso paiz os estrangeiros, residentes fóra delle, só temos um meio de esclarecer-nos a respeito, que é investigar as lições do direito internacional privado. Hoje não mais se reduz este ramo do direito, como antigamente, a resolver os conflictos entre as leis dos diversos Estados (¹). Como observa **Pillet**, as questões de conflictos de leis no espaço são as mais numerosas e as mais difficeis das que alimentam o direito internacional privado, e durante muito tempo se consideráram o unico objecto dessa divisão do direito; mas, actualmente o direito internacional privado tem «*essencialmente*» um triplice objecto: 1º *regular em cada paiz a condição dos estrangeiros;* 2º resolver os conflictos entre diversas legislações; 3º *determinar para cada paiz o effeito dos actos juridicos realisados no estrangeiro* (²) É pelo direito internacional privado que somos informados dos direitos que os estrangeiros têm e podem exercer em nosso paiz.

Figuremos a hypothese de ser uma acção civil, ou commercial, proposta por um estrangeiro, residente no Brasil, contra um habitante de qualquer dos nossos Estados. Poderá ser o litigio dirimido com abstracção do direito internacional privado?

(¹) Vide **Rolin**, *Principes de Droit International Privé*, tomo 1º, n. XI da *Introducção*.

(²) *Principes de Droit International Privé*, §§ 9 e 10, ed. de 1903. Vejam-se no mesmo sentido **Clovis Bevilaqua,** *Principios Elementares de Direito Internacional Privado*, pagina 93, e **Rodrigo Octavio**, *Direito do Estrangeiro no Brasil, passim.*

Á pergunta responde cabalmente a distincção irrecusavel, hoje geralmente feita, entre *goso de direitos e exercicio de direitos*, distincção que nos revela a necessidade de consultar o direito internacional privado para a solução das questões movidas entre estrangeiros residentes num paiz e naturaes desse paiz. O que a nossa Constituição assegura aos estrangeiros residentes no paiz, o que o Codigo Civil italiano, no artigo 3º, o Codigo Civil japonez no artigo 2º, e as leis de outros povos cultos garantem igualmente aos estrangeiros, é o *goso* dos direitos civis, o que não quer dizer que o *exercicio* desses mesmos direitos esteja subordinado á legislação do paiz, que assim iguala os seus naturaes e os estrangeiros no que toca ao *goso* dos direitos civis. Em magistral *Memoria,* publicada na revista da *Reale Academia dei Lincei* (anno CCCIII, 1906), salienta **Gabba** a distincção entre o *goso* e o *exercicio* dos direitos civis. O Codigo Civil italiano garante aos estrangeiros o *goso* dos direitos civis. Dada essa *possibilidade abstracta* de adquirirem os estrangeiros os direitos civis assegurados aos italianos, os artigos 6 a 12 das *Disposições Preliminares do Codigo Civil* determinam as leis applicaveis á acquisição e ao *exercicio* de cada uma das especies de direitos civis pelos estrangeiros. Assim, por exemplo, o artigo 6º das citadas *Disposições Preliminares* estatúe que o estado e a capacidade das pessôas e as relações de familia são regulados pela lei da nação a que pertencem. Consequentemente, podendo adquirir qualquer dos direitos civis de que *gosam* os italianos, o estrangeiro só o adquire e só o exercita, de accordo com a lei que lhe regula o estado e a capacidade. Se é menor, ou interdicto pela sua lei nacional, embora não o seja pela lei italiana, está impossibilitado de exercitar o direito, que em sua patria não poderia igualmente exercitar, e que entretanto os italianos exercitam. Na Italia póde casar-se, ser tutor de um seu compatriota, alienar immoveis, *gosando* dos direitos que a lei italiana faculta; mas, para adquirir e exercitar qualquer desses direitos, ha de ter a idade legal, fixada pela lei do seu paiz, visto como vigora na Italia o principio da nacionalidade nas relações de direito internacional privado, como entre nós. Se o legislador italiano, accrescenta **Gabba**, não tivesse promulgado as normas dos artigos 6 a 12 das *Disposições Preliminares,* em virtude das quaes os estrangeiros, ao adquirirem e exercitarem os direitos que o Codigo Civil italiano lhes garante, ficam sujeitos ás normas legaes dos seus respectivos paizes, o que o artigo 3º do Codigo Civil concede como um beneficio, fôra convertido em um damno, em um mal, obrigando-se desse modo os estrangeiros a submetter-se á lei italiana, e a desrespeitar o direito da sua nação, contra os seus proprios interesses e intentos. E **Pillet** por seu turno doutrina: «Um Estado excederia o seu poder juridico em relação aos estrangeiros, se lhes recusasse o beneficio do estatuto pessoal, e pretendesse applicar-lhes em tudo as regras de sua propria legislação» ([1]). E logo adiante: «... no actual estado do direito, a igualdade entre o nacional e o estrangeiro é mais apparente do que real. Cumpre, na verdade, contar com a applicação do estatuto pessoal do estrangeiro, *que muitas vezes terá por effeito modificar em sua pessôa a physionomia da instituição juridica, cujo accesso lhe é aberto.* Em França permitte-se o casamento aos estrangeiros como aos francezes; entretanto, *o casamento de dois estrangeiros não*

---

[1] Obra citada, n. 82.

se parecerá com o de dois francezes, nem pelo que respeita ás condições, nem pelo que toca aos effeitos. Igualdade na superficie, diversidade no fundo, eis a verdade. O que temos em ultima analyse, é a faculdade outorgada ao estrangeiro *de se utilisar a seu modo (à sa façon)* das diversas instituições de direito privado organisadas em beneficio dos naturaes do paiz, faculdade preciosa, favoravel ao desenvolvimento do commercio internacional » ([1]). Ainda, pois, quando se trata de acções em que são partes brasileiros e estrangeiros residentes no Brasil, não é licito excluir taes questões das que indicou o legislador constituinte na letra *h)* do artigo 60.

Dir-se-á talvez que nenhum inconveniente ha em acceitar a interpretação geral e ininterruptamente adoptada entre nós desse preceito constitucional: sempre que se suscitar uma controversia de direito internacional, criminal ou civil, *no correr de uma causa,* desaforada será a questão, que então passará á competencia da justiça federal. É justamente por nos parecer isso impossivel *juridicamente* que sempre temos combatido a exegese vulgar. Figuremos primeiro a hypothese de um processo criminal, como o ha pouco ideado, em que é réu um famulo, ou domestico, de uma legação estrangeira no Brasil. Em vez de se intentar a acção criminal, publica ou privada, perante a justiça federal, tendo-se em attenção que o caso não póde ser resolvido sem o subsidio do direito criminal internacional, instaura-se o processo na justiça local, de accordo com a pratica invariavelmente seguida. Suscita-se o conflicto de jurisdicção, autorisado pelos artigos 31 a 34, parte segunda, do decreto n. 3084, de 5 de novembro de

---

([1]) Obra citada, n. 83.

1898, ou se oppõe a excepção de incompetencia, regulada pelos artigos 58 a 61, parte segunda, do mesmo decreto, que nada mais contém nos mencionados artigos do que as regras estatuidas no artigo 51 do decreto n. 4824, de 22 de novembro de 1871, ainda mantido pelos Estados, ou substituido por disposições no fundo identicas. Applicado um dos dois recursos, ou successivamente a excepção de incompetencia e o conflicto de jurisdicção, decide-se que o processo corre perante a justiça competente, o que é incontestavel em face da exegese commum. Depois de pronunciado o réu, ou de condemnado pelo jury, ou mesmo depois de passada em julgado a sentença, confirmada pela segunda instancia da justiça julgada competente, a local, põe-se em perfeita evidencia a natureza internacional do feito pela apresentação de reclamações diplomaticas. Figuremos ainda que taes reclamações, como é natural, alludam á incompetencia da justiça que pronunciou, ou que condemnou o accusado. Qual o recurso diante de nossas leis? O *habeas-corpus?* A revisão? Nenhum desses, nem qualquer outro; porquanto, todos presuppõem a pronuncia, ou a condemnação por juiz incompetente, e na hypothese o juiz de uma e de outra *era perfeitamente competente, segundo a exegese trivial*. Admittir qualquer desses recursos apontados, ou algum outro que não podemos conceber, é implicitamente, mas de modo inquestionavel, reconhecer a verdade da interpretação que afóra as questões na justiça federal, ou na local, attendendo á natureza do pleito, á circumstancia de ser a questão integral ou parcialmente resoluvel pela applicação dos principios, ou das regras, do direito internacional, e não ao facto de se iniciar o processo — formulando controversias, provocando discussões de direito internacional. Se no crime as consequencias da opinião triumphante são as que ahi ficam salientadas por um exemplo, a que facil fôra reunir muitos outros, no civel ainda mais frequentemente se podem verificar os desastrosos effeitos da exegese adoptada. Julgada pela justiça local em ultima instancia e definitivamente uma causa, em que não se tenha formulado, no inicio do pleito, nem no curso deste, nenhuma questão de direito internacional privado, mas á qual se applicaram na ultima sentença, a que passou em julgado, principios ou regras de direito internacional, cuja intervenção no litigio foi decisiva, subsistem os effeitos da decisão da justiça local, vem a ser esta acceita como competente para dirimir a questão, e viola-se o preceito constitucional sem recurso algum. O recurso extraordinario só cabe nos casos em que se declara invalida uma lei, ou um tratado federal, ou se deixa de applicar algum desses actos, ou a justiça dos Estados considera valido um acto, ou uma lei local, em contestação sobre a validade desses actos regionaes em face da Constituição, ou das leis federaes. Da sentença que, proferida em ultima instancia e definitivamente pela justiça local, applica de um certo modo principios, ou regras, de direito internacional privado, não se póde interpôr o recurso extraordinario, assim como licito não é interpôr esse recurso, allegando-se que a justiça local era incompetente para julgar a lide, por lhe ser objecto uma questão de direito internacional privado: não tendo sido formulada nenhuma questão de direito internacional pelas partes litigantes, indubitavel era a competencia da justiça local para dirimir o pleito. E assim temos os tribunaes dos Estados a sentenciarem nas causas de direito internacional privado sem recurso algum, e sem nenhum recurso violada a disposição do artigo 60, letra *h)*, da Constituição.

Pela interpretação que nos parece verdadeira, e que é construida de harmonia com os principios de direito applicaveis ao assumpto, o nosso preceito constitucional pouco diverge do preceito correspondente nas constituições dos Estados-Unidos e da Argentina; e assim evitamos a feia incongruencia de confiar á justiça federal as causas entre habitantes de Estados diversos (artigo 60, letra *d*), e deixar entregues ás justiças regionaes as causas propostas por estrangeiros, e sobretudo por estrangeiros residentes fóra do paiz. Offerecendo, para resolver a questão que suscitara, as duas soluções suggeridas no trecho do *Federalista,* reproduzido no começo deste commentario, não podia por certo o espirito altamente organisador de **Hamilton** conjecturar um só momento que o alvitre que lhe parecia menos conveniente, menos efficaz, menos garantidor, seria mais tarde o preferido, tão cerceado, porém, na pratica, que viria a se desnaturar inteiramente. Na verdade, firmar a competencia da justiça federal unicamente para o julgamento das causas em que se formulam questões de direito internacional privado desde a propositura da acção, ou desde o offerecimento da contrariedade, é esquecer as garantias que a logica juridica faz derivar para os estrangeiros da propria estructura do direito publico federal, e ao mesmo tempo crear nova fonte inexplicavel de competencia para a justiça federal; porquanto, abstrahindo-se do facto de nellas serem partes estrangeiros, não se comprehende porque as questões de direito internacional, criminal ou civil, hão de pertencer á competencia da justiça federal: tanto poderia applicar os principios e as normas desse ramo do direito a justiça federal, como a local, cujo preparo scientifico não ha razão para se julgar inferior ao da justiça da União, e que a cada passo, no dirimir os litigios da sua competencia, applica subsidiariamente as leis estrangeiras das nações cultas e a doutrina dos jurisconsultos alienigenas.

A exegese que temos combatido (sem nenhuma esperança de a demover) assignala-se por um cunho notavelmente pratico, muito simplifica o estudo das questões, e reduz extraordinariamente a tarefa dos juizes federaes, o que produz o inapreciavel beneficio de evitar as delongas provenientes da grande accumulação dos feitos nas mãos de um deficiente, de um diminutissimo numero de juizes. Mas, taes vantagens de ordem pratica não pódem prevalecer, segundo nos parece, contra os principios indicados.

—

§ 51. Á justiça federal compete finalmente processar e julgar os crimes politicos.

A principio tanto o Supremo Tribunal Federal como o Congresso Nacional excluiam da competencia da justiça federal, para o fim de serem julgados pelas justiças dos Estados, os crimes politicos que só offendiam essas circumscripções politicas e administrativas, isto é, os perpetrados contra as autoridades dos Estados, ou dos municipios, ou os crimes contra a ordem e a segurança interna dos Estados ([1]). Assim julgou o Supremo Tribunal Federal varias vezes. Ao cabo de algum tempo, de accordo com essa interpretação do artigo 60, letra *i)*, da Constituição, promulgou o legislador patrio a lei n. 221, de

---

([1]) Nos *Commentarios,* paginas 255 a 259, **J. Barbalho** dá noticia da evolução por que passou o nosso direito neste assumpto.

20 de novembro de 1894, em cujo artigo 83 estatuiu: «A jurisdicção privativa da justiça federal em relação aos crimes politicos não comprehende os praticados contra as autoridades dos Estados, ou contra a ordem e segurança interna de alguns delles, por nacionaes ou estrangeiros domiciliados, salvo nos casos dos crimes que forem a causa ou consequencia de perturbações que, nos termos do artigo 6º da Constituição, occasionem uma intervenção armada federal». Mais tarde, pela lei n. 1939, de 28 de agosto de 1908, artigo 4º, foi expressamente revogado o artigo 83, transcripto. E hoje a uniforme jurisprudencia do Supremo Tribunal Federal nesta materia só á justiça da União reconhece competencia para processar e julgar os crimes politicos commettidos contra a Federação, contra os Estados, ou contra os municipios, bem como os crimes communs, connexos com os politicos (¹).

Está, pois, assentado pelo poder legislativo e pelo poder judiciario, que, segundo cremos, bem interpretaram o artigo 60, letra *i)*, que este preceito constitucional, cuja expressão já é muito significativa, e não tolera restricções, abrange *quaesquer crimes politicos*. Desde que se trata de crimes politicos, quer perpetrados contra a União, quer contra o Estado, ou o municipio, estão todos concordes em que a justiça mais apta para os processar e julgar, e a que da lei recebeu essa competencia, é a federal.

Resta unicamente saber o que é crime politico, questão só resoluvel pelos principios, ou no

---

(¹) *Vide* O. Kelly, *Manual de Jurisprudencia Federal*, verbis—*crimes politicos, Revista de Direito,* volume 21, pagina 130, *Direito,* volume 109, paginas 532, 545 e 668, e volume 110, pagina 460, além de muitas outras decisões.

dominio da doutrina. É, pois, necessario que se nos permittam algumas ideias geraes.

No *Trattato di Diritto Penale*, volume segundo, depois de notar que sob um certo aspecto todos os delictos são perpetrados contra o Estado, porquanto não ha delicto sem *o damno publico mediato*, **Florian** denomina *delictos contra o Estado* os que offendem o Estado *directamente e de modo especifico*. Taes delictos tambem se chamam *delictos politicos*. E accrescenta logo que a locução — *delictos politicos* — não tem um sentido commum e preciso: alguns assignam aos delictos politicos uma esphera mais ampla, outros uma esphera mais restricta do que a propria dos delictos contra o Estado. Óra, o delicto politico tem por objecto sómente o organismo politico do Estado, isto é, a sua soberania sobre um dado territorio e a sua autonomia e independencia em face dos outros Estados *(materia do Estado)*, e os orgams por meio dos quaes o Estado se manifesta e exerce as suas funcções *(fórmas do Estado)*; óra, tem por objecto os direitos politicos dos cidadãos; finalmente não faltam criminalistas que estendam o delicto politico ás offensas feitas á organisação social. O delicto da primeira especie é o *delicto politico propriamente dito, ou directo;* o da segunda, o *delicto politico improprio, ou indirecto;* o da terceira, o *delicto social*. Ninguem põe em duvida a natureza, ou qualidade de *politicos* dos crimes perpetrados contra o organismo politico do Estado *(materia e fórmas)*. A controversia só se trava acerca dos *delictos politicos improprios, ou indirectos,* e dos *delictos sociaes* ([1]).

Quanto á questão de saber se a violação dos direitos politicos dos cidadãos, e especialmente

---

([1]) **Florian**, obra citada, pagina 54 e 55, ed. de 1902.

a dos direitos eleitoraes, constitue um crime politico, parece-nos que difficil será sustentar a negativa aos que meditarem um pouco sobre o que constitue a essencia do governo representativo, os direitos politicos e particularmente a funcção eleitoral. Funda-se o governo representativo no concurso dos elementos nacionaes, manifestado principalmente pela eleição, que lhe constitue ao mesmo tempo a razão de ser e a legalidade do funccionamento. «A eleição representa a fórma legal, de que se serve a nação para conferir a alguns cidadãos o mandato de represental-a.» Todos os systemas eleitoraes tendem a um fim commum: fazer que a representação nacional esteja em perfeita harmonia com o corpo eleitoral, de que deve ser «uma imagem synthetica». Só se consegue essa correspondencia harmonica, obtendo o eleito *realmente e livremente* os votos dos seus eleitores. Qualquer acto illegitimo que acarrete uma alteração do resultado do escrutinio, ou por meio da fraude, ou por meio da violencia, ou por meio da corrupção, importa em um desnaturamento do systema representativo, em uma perversão dos orgams do Estado, e consequentemente em uma offensa ao seu organismo politico. As leis que reprimem as perturbações da funcção eleitoral, produzidas pela obra criminosa de minorias rebeldes e violadoras dos direitos dos cidadãos, são leis que definem e punem delictos politicos (¹).

Esse conceito de delicto politico, que comprehende os crimes perpetrados contra os direitos politicos dos cidadãos, é o perfilhado pela

---

(¹) **Pessina**, *Enciclopedia del Diritto Penale Italiano*, paginas 1002 e seguintes, ed. de 1908.

jurisprudencia belga (¹), na França pela doutrina e pela lei (²) e na Allemanha igualmente pela lei e pela doutrina (³). Na Italia, posto que nada se nos depare a respeito no Codigo Penal, muitos escriptores adoptam essa theoria (⁴)

Se está assim geralmente acceita a opinião que nos delictos politicos inclue os delictos contra os direitos politicos dos cidadãos e contra a funcção eleitoral, grande é, por outro lado, a maioria dos juristas que excluem dos delictos politicos os delictos sociaes. Denominam-se *delictos sociaes, ou delictos contra a organisação social,* os crimes que offendem a instituição da familia e a da propriedade privada. Vão alguns escriptores ainda além, e, dando maior elasticidade aos delictos sociaes, classificam entre estes os crimes contra a igualdade civil e outros principios e institutos de direito (⁵).

Mas, evidentemente infringe os rudimentos da logica juridica a reunião em uma só classe dos delictos sociaes e dos delictos politicos: os primeiros lesam a organisação social, ao passo que os segundos são perpetrados contra a organisação politica e contra os direitos politicos dos cidadãos. Demais, o saliente cunho de relatividade dos delictos politicos, devido á mutabilidade das instituições por elles visadas, está em manifesto contraste com o caracter de permanencia dos delictos sociaes, ou, melhor, com as lentas modificações por que passa o conceito do delicto so-

(¹) **G. Beltjens**, *Encyclopédie de Droit Criminel Belge*, paginas 862 e 868, ed. de 1901.

(²) **Florian**, obra citada, paginas 55 e 56.

(³) **Von Liszt**, *Tratado de Direito Penal Allemão*, vol. 1º, pagina 174, e volume 2º, pagina 423, traducção de J. Hygino.

(⁴) **Florian**, obra e volume citados, pagina 56.

(⁵) **Florian**, obra e volume citados, paginas 59 a 64.

cial, facto explicavel pela estabilidade, posto que não absoluta, das instituições contra as quaes se commettem estes crimes (¹).

Como bem accentua o criminalista que varias vezes temos citado, Florian, para se ter uma noção exacta do delicto politico, importa examinar e precisar os elementos de que se compõe o conceito do delicto politico. Depara-se-nos então neste estudo uma grande variedade de doutrinas. Em primeiro logar, temos a opinião, muito divulgada, dos que adoptam como criterio distinctivo do delito politico a natureza do direito lesado. Offende um delicto um dos direitos primarios da segurança do Estado, a integridade do territorio, a autonomia, a fórma de governo? Eis um *delicto politico propriamente dito*. Viola os direitos politicos dos cidadãos? Ahi está um *delicto politico improprio*. Lesa uma das grandes instituições da organisação social? O que se nos depara, é um *delicto social*. Excluido o delicto social, que, conforme já demonstrámos, não se póde incluir entre os delictos politicos, o criterio do *direito lesado* não basta para a determinação do crime politico. O homicidio perpetrado contra uma sentinella póde ser um crime politico, ou um crime commum, dependendo a classificação do delicto do fim collimado pelo réu, que póde praticar esse acto para o fim de privar do poder o chefe do Estado, por exemplo, ou por vingança pessoal, ou para roubar. Cumpre, portanto, attender tambem ao *fim,* ao *escopo* do agente. Dahi uma segunda doutrina, que levou Dalloz a definir o delicto politico, dizendo: «*On nomme ainsi tout délit, tout crime, dont la politique est le but et le mobile*» (²). Mas,

---

(¹) *Ibidem.*
(²) *Répertoire, verbis—délit politique*, n. 1.

o *fim*, o *escopo* não póde ser considerado o criterio unico, exclusivo, para a classificação de um crime entre os crimes politicos. Não basta que, perpetrando o delicto, o agente tenha em vista realisar um crime politico, para que realmente tenhamos em certa especie um crime politico. É necessario que o delinquente, querendo realisar um fim politico, offenda o organismo politico do Estado, ou um direito politico do cidadão. Foi tendo em vista esse aspecto do assumpto que **Ortolan** escreveu a sua definição do crime politico, ainda hoje tão reproduzida e tão estimada: «*Si l'on suppose maintenant que des actes soient commis ayant pour but, par des moyens contraires à la loi et frappés de peines par elle, soit de renverser ou de modifier cette organisation des grands pouvoirs publics de l'État; soit de détruire, d'affaiblir ou de déconsidérer l'un de ces pouvoirs; soit d'étendre ou de restreindre la part que les divers membres ou que certains membres de l'association sont appelés à y prendre; soit d'exercer, dans un sens ou dans un autre, une action illégitime sur le jeu de leur mécanisme ou sur la direction générale et suprême qui en résulte pour les affaires de l'État; soit de détruire ou de transformer en quelqu'un de leurs éléments ou en tous les conditions sociales faites par la constitution aux individus; soit enfin de susciter des troubles, des haines, ou des luttes de violence dans la société à propos de l'un ou de l'autre des objets qui précèdent: ces actes tous puisés à une idée commune d'atteinte à l'ordre social ou à l'ordre politique établie, seront qualifiés délits politiques*» ([1]). Se excluirmos da definição transcripta os delictos sociaes, que não são delictos politicos, como já

([1]) *Eléments de Droit Pénal*, tomo 1º, n. 699, ed. de 1875.

vimos, a definição do já quasi esquecido grande criminalista francez é uma das melhores que se conhecem (apezar de sua grande extensão), o que **Florian** francamente reconhece. Nem sequer se esqueceu **Ortolan** de salientar o *modo* como deve ser perpetrado o crime politico, *modo* que, segundo alguns criminalistas, deve constituir o criterio para a determinação do crime politico, o que faz surgir uma terceira doutrina acerca do nosso assumpto. Nos Estados livremente organisados deve ser permittida a mais larga critica ás instituições vigentes e a mais aspera censura aos actos do governo *(la censura anche più aspra degli atti del governo,* para nos servirmos das expressões de **Florian**). Para que se commetta, portanto, um crime politico, indispensavel é que o delinquente use da violencia, ou da fraude ([1]). O que não é necessario, é que se dêm *certas circumstancias,* como querem os autores de uma quarta doutrina, para que possamos qualificar como politico um delicto. Se este se realisou em meio de uma guerra civil, ou de uma sedição, ou de uma commoção politica, deve ser classificado entre os crimes politicos; se *fóra dessas circumstancias,* é um crime commum. Sem esse ambiente não ha crime politico, o que é manifestamente absurdo; e dentro delle os crimes communs poderiam ser considerados politicos, o que é ainda maior absurdo. É attendendo ao *objecto do delicto* (ao *direito lesado)* ao *fim* e ao *modo,* que logramos formular um conceito seguro acerca do crime politico ([2]). Se tivermos em attenção um só desses elementos, arriscamo-nos a classificar entre os delictos politicos um facto que não pertença a essa classe, ou a excluir da serie dos crimes

---

([1]) **Florian,** obra citada, pagina 77.
([2]) **Florian,** pagina 79.

politicos actos que inquestionavelmente têm esse caracter. O criterio para a classificação dos delictos politicos, pois, é *um criterio complexo*.

Ha certos casos simples, observa **Degois** (¹), em que facil é classificar o delicto entre os crimes politicos: taes são todos os que importam em offensas á ordem politica, quer se trate da ordem politica exterior (crimes contra o Estado considerado como poder internacional), quer da ordem politica interior (crimes contra a fórma de governo, contra a organisação dos poderes publicos, ou contra os direitos politicos dos cidadãos). Começa a difficuldade, quando se nos deparam crimes communs commettidos sob o imperio da paixão politica, com um escopo politico. Tal é o caso em que alguem pratica o crime de homicidio contra um chefe de Estado, para mudar a fórma de governo do paiz. Temos, então, um *crime mixto*, que é um delicto *complexo*, ou *composto*, no qual o agente com um só facto viola dois direitos, ou varios direitos. Não menor difficuldade se nos offerece, quando entre um crime commum e um crime politico se verifica uma relação *de meio para fim*, de *occasião*, ou de *consequencia*. Tal é, por exemplo, o caso em que numa sedição os amotinados matam os agentes de policia que se esforçam pelo restabelecimento da ordem. Temos, então, um delicto commum, *connexo* a um delicto politico. Para não desenvolvermos uma materia que, sendo longamente tratada, foge do quadro de nosso trabalho, para entrar no mero dominio do direito penal, limitar-nos-emos a dizer que os delictos *mixtos* e *communs* se incluem na classe dos delictos politicos, verificado que o escopo do agente foi politico.

(¹) *Traité Élémentaire de Droit Criminel*, n. 90, ed. de 1911.

Essa é a doutrina perfilhada pelo Supremo Tribunal Federal, e constante de varios accordams (¹). Os crimes *mixtos e communs* são processados e julgados pela justiça federal.

O Codigo Penal brasileiro não contém nenhuma classificação dos delictos politicos, ou nenhuma divisão dos crimes em communs e politicos. Não seremos nós quem, entre os seus graves e reconhecidos defeitos, descubra mais esse. Pelo contrario, concordamos com os que pensam que preferivel é que um codigo, *exposição pratica e não tractado scientifico,* encerre apenas a definição, ou descripção dos crimes, segundo uma certa ordem logica, sem pretenção a classificações scientificas. Convem, portanto, lembrar que pela jurisprudencia do Supremo Tribunal Federal são — crimes politicos, processados e julgados pela justiça federal, os crimes constantes do livro 2°, titulo 1°, capitulos I, II e III, e titulo 2°, capitulos I, II, III, IV e V (²), bem como os delictos denominados eleitoraes, definidos nos artigos 165 a 178 do Codigo (³). Entre os crimes politicos inclue o Supremo Tribunal Federal os perpetrados contra a constituição legal, ou o funccionamento das camaras ou conselhos municipaes, e contra os prefeitos ou agentes executivos dos municipios (⁴).

Segundo a opinião quasi commum, os delictos do anarchismo não são crimes politicos. Na verdade, não se traduzem por offensas limitadas ao organismo politico, ou aos direitos politicos dos cidadãos, como os crimes politicos: os delictos do anarchismo têm por fim destruir todas as magis-

---

(¹) **O. Kelly,** *Manual de Jurisprudencia Federal,* pagina 85.
(²) Obra citada, pagina 84.
(³) Obra e pagina citadas.
(⁴) Obra citada, paginas 85 e 86.

traturas, todos os vinculos de direito, todos os instrumentos de policia social, reduzir em summa o homem a uma existencia *more ferarum* (¹). O escopo dos anarchistas é exterminar toda a organisação social, quando o alvo dos delictos politicos é transformar as instituições politicas, ou realisar pelo menos certos fins politicos individuaes (como nos delictos eleitoraes), sem prejuizo da organisação social.

O que se discute, quando se trata de classificar os crimes do anarchismo, é se cumpre incluil-os entre *os delictos communs*, ou entre *os delictos sociaes* (²). Parece-nos fóra de duvida que taes crimes pertencem á classe dos crimes sociaes. Admittida esta classe de delictos, e assentado que ella deve abranger os crimes commettidos contra as instituições fundamentaes da sociedade, como della excluir os crimes que têm por fim a destruição de toda a sociedade? Nada mais logico do que a opinião de **Garraud**, de **Florian** e dos criminalistas por este citados, acerca da natureza dos delictos do anarchismo.

Isto posto, sendo a justiça federal uma justiça de excepção, que só processa e julga as questões que a Constituição especialmente lhe entrega, a justiça competente para processar e julgar os delictos do anarchismo é forçosamente a local.

—

§ 52. Não dariamos uma ideia exacta da competencia da justiça federal no crime e no civel, se á exposição até aqui feita não accrescentassemos

---

(¹) *Vide* as *Dissertações e Polemicas*, do autor deste livro, pagina 227.

(²) **Florian**, obra e volume citados, paginas 155 e seguintes, e **Garraud**, *L'Anarchie et la Répression*, n. 10.

uma noticia das leis secundarias, promulgadas de accordo com os preceitos constitucionaes do artigo 60, ou, antes, *que são corollarios desse artigo,* nas quaes se estatuem normas a respeito da competencia da justiça federal para o processo e julgamento de varias questões crimes e civeis.

Em virtude do disposto no artigo 20 da lei n. 221, de 20 de novembro de 1894, compete á justiça federal julgar os crimes de responsabilidade dos funccionarios federaes, os de intercepção ou subtracção de correspondencia postal ou telegraphica, e os de falsidade de depoimento ou de outro genero de prova no juizo federal.

Por força do que preceitúa o artigo 137 da lei n. 1269, de 15 de novembro de 1904, á justiça federal compete julgar os delictos definidos nos artigos 130 a 136 da mesma lei.

Pelo decreto n. 2110, de 30 de setembro de 1909, foi declarada a competencia da justiça federal para julgar os crimes de fabrico de moeda sem autoridade legitima ou de materia diversa, peso e valor intrinseco differentes das legaes; diminuição do peso, ou augmento do valor da moeda verdadeira mediante qualquer artificio; falsificação de qualquer papel de credito publico, que se receba nas estações publicas como moeda; formação de cedulas ou notas do governo, cedulas ou bilhetes do Thesouro Federal, da Caixa de Conversão, ou dos bancos, com fragmentos de outras cedulas e notas, ou bilhetes verdadeiros; a importação ou exportação, compra ou venda, troca, cessão ou emprestimo, por conta propria ou de outrem, das moedas, notas e bilhetes mencionados; introducção dolosa na circulação de moeda falsa; restituição á circulação de moeda falsa, recebida como verdadeira, depois de conhecida a falsidade ou tendo-se razão para a conhecer; fabricação, exploração, posse ou conservação sob sua guarda de machinismos ou objectos destinados exclusivamente á fabricação ou alteração da moeda nacional ou estrangeira, de curso legal ou commercial, dentro ou fóra do paiz; falsificação de papeis de credito ou titulos da divida publica, bilhetes e letras do governo da União e cadernetas das caixas economicas da União; falsificação dos sellos publicos da União; falsificação dos sellos adhesivos, estampilhas, vales postaes, *coupons* da divida publica da União, ou emissão sem autorisação legal desses papeis, quando verdadeiros; emissão ou introducção dolosa na circulação, importação ou exportação, compra ou venda, troca, cessão ou emprestimo, por conta propria ou de outrem, dos ditos sellos, estampilhas, vales e *coupons* falsificados; uso doloso dos mesmos; falsificação de talões, recibos, quitações, guias, alvarás e outros documentos destinados á arrecadação da renda da União, ou relativos ás fianças e aos depositos de dinheiro de particulares, orfams, ausentes e defuntos em poder da União, ou em que esta seja interessada; falsificação de passes e bilhetes de estradas de ferro, ou de qualquer empreza de transporte da União; a posse ou a conservação sob a sua guarda, para fins criminosos, de moeda falsa, sellos, estampilhas; os crimes de peculato, de estellionato, roubo, furto e damno, quando commettidos contra a Fazenda Federal, ou quando, pertencente a um particular o objecto subtrahido, distrahido ou damnificado, se ache esse objecto sob a guarda, deposito, arrecadação ou administração do governo federal.

Pelo artigo 13 da lei n. 221, de 20 de novembro de 1894, e pelo artigo 6º da lei n. 1939, de 28 de agosto de 1908, á justiça federal compete julgar as causas que se fundarem na lesão de direitos individuaes por actos ou decisões das autoridades administrativas da União, ou por actos e decisões das autoridades administrativas dos Estados e municipios, sempre que a respectiva acção tenha de ser proposta no juizo federal, por ser *directamente* fundada em dispositivos da Constituição Federal.

Pelos artigos 12 e 16 da lei n. 221, de 20 de novembro de 1894, ficou reconhecida a competencia da justiça federal para julgar as causas de nullidade de patentes de invenção ou de certidão de melhoramentos, passadas pelo governo federal. O artigo 12 da citada lei havia declarado competente a mesma justiça para processar e julgar as questões sobre marcas de fabrica, propriedade litteraria e privilegios de invenção. O artigo 31 da lei n. 1236, de 24 de setembro de 1904, sobre marcas de fabrica e de commercio, restringiu a disposição desse artigo aos casos de convenção ou tratado de reciprocidade (na parte relativa ás marcas de fabrica e de commercio). E o artigo 5º da lei n. 1939, de 28 de agosto de 1908, declarou que a competencia conferida aos juizes seccionaes pelo citado artigo 12 da lei n. 221 comprehende sómente as actos de caracter *internacional*.

Ex-vi do que se prescreve no artigo 1º, § unico, da lei n. 515 de 3 de novembro de 1898, a competencia dos juizes seccionaes para o julgamento do crime de contrabando abrange sómente os casos em que este versar sobre direitos e impostos de importação ou outros cobrados pela União.

As leis e decretos que temos citado, discriminam, no que diz respeito ao crime, as hypotheses em que é competente o jury federal, das em grande numero confiadas á competencia dos juizes seccionaes (¹).

—

§ 53. Pelo § 1º do artigo 60 é vedado ao Congresso commetter qualquer jurisdicção federal ás justiças dos Estados.

O artigo 16 do decreto n. 848, de 11 de outubro de 1890, havia estatuido que, « quando um pleito, que em razão das pessôas ou da natureza do seu objecto deva pertencer á competencia da justiça federal, fôr, não obstante, proposto perante um juiz ou tribunal do Estado, e ás partes contestarem a lide sem propôr excepção declinatoria, se julgará prorogada a jurisdicção, não podendo mais a acção ser sujeita á jurisdicção federal, nem mesmo em grau de recurso, salvo nos casos especificados no artigo 9º, II, paragrapho unico ».

Sem embargo da clara disposição do § 1º do artigo 60 da Constituição, que veda de modo absoluto ao Congresso outorgar qualquer jurisdicção federal ás justiças dos Estados, pelo que ao poder judiciario federal é igualmente prohibido julgar prorogada a jurisdicção local em relação ás causas federaes, continuaram alguns juristas a acreditar erradamente que ainda estava em vigor o artigo 16 do decreto n. 848. Refutada pelos que invocavam o claro e terminante preceito constitucional, essa opinião se restringiu, e foi convertida no artigo 10 da lei n. 221, de 20 de novembro

---

(¹) Ás leis citadas cumpre accrescentar a lei n. 1269, de 15 de novembro de 1904, art. 37, o decreto n. 1733, de 26 de setembro de 1907, e o decreto n. 2419, de 11 de julho de 1911, art. 14, que crearam e ampliaram o recurso eleitoral para o Supremo Tribunal Federal.

de 1894, que reza assim: «A prorogação da jurisdicção local em relação ás causas federaes só tem logar nos litigios sobre que é licita a transacção das partes, e sendo estas habeis para transigir». Apesar da limitação, esta norma ainda era absolutamente inadmissivel em face do § 1º do artigo 60 da Constituição. É principio de direito judiciario que a prorogação da jurisdicção só tem cabimento, quando o juizo é competente *ratione materiae, ou causae* (¹). Diante da illimitada interdicção constitucional, que não tolera que o Congresso confira por meio de uma lei competencia á justiça local para julgar uma só das causas reservadas pela Constituição á justiça federal, como admittir a prorogação da jurisdicção local para julgar qualquer das questões confiadas exclusivamente á justiça da União? Que importa que as partes litigantes, habeis para transigir, de facto transijam, acceitando a jurisdicção condemnada e inteiramente vedada pela Constituição? Será possivel justificar pela transacção das partes a transgressão de um preceito de ordem publica, de um canon constitucional? Para eliminar o grave erro, que importava em uma grave violação de uma regra constitucional, veio a lei n. 1939, de 28 de agosto de 1908, que no artigo 4º revogou o artigo 10 da lei n. 221, de 1894. Em caso nenhum se permitte que a justiça local julgue qualquer das causas da competencia da justiça da União, assim como (fôra superfluo accrescentar) não se póde consentir que a justiça federal, justiça de excepção, julgue as causas para as quaes é competente a justiça regional.

Se o artigo 16 do decreto n. 848, de 1890, ficou de nenhum effeito por força do preceito constitu-

---

(¹) **João Monteiro**, *Processo Civil e Commercial*, volume 1º, § 43.

cional que commentamos, o mesmo não é licito dizer do artigo 362 do citado decreto n. 848, o qual contém a seguinte disposição: « As autoridades administrativas, nacionaes ou locaes, prestarão o auxilio necessario á execução das sentenças e actos da justiça federal; assim tambem os juizes ou tribunaes dos Estados farão cumprir os despachos rogatorios, expedidos pela justiça federal, quer para fazer citações ou intimações e receber depoimentos de testemunhas, quer para dar á execução sentenças e mandados, e praticar outros actos e diligencias judiciaes.» A este respeito, o accordam unanime proferido na appellação civel n. 109, de 29 de agosto de 1895, encerra a verdadeira e incontestavel doutrina. Num dos considerandos desse accordam affirmou o Supremo Tribunal Federal «que o citado artigo 362 do decreto n. 848, de 11 de outubro de 1890, continua em vigor, e não se oppõe:— 1º ao artigo 60, § 1º, da Constituição, que sómente prohibe a delegação de jurisdicção federal aos Estados, devendo entender-se por delegação de jurisdicção a do poder de julgar; — 2º aos artigos 7º, § 3º, e 60, § 2º, ainda da Constituição, que, expressamente autorisando os officiaes judiciarios da União a pedir o auxilio da policia local, não lhes pódem vedar que peçam tambem o auxilio da justiça local; que na verdade é impossivel a coexistencia de duas justiças no mesmo territorio e exercendo a sua acção sobre as mesmas pessôas, sem que reciprocamente se auxiliem».

—

§ 54. As sentenças e ordens da magistratura federal são executadas por officiaes judiciarios da União, aos quaes a policia local é obrigada a prestar auxilio, quando invocado por elles (artigo 60, § 2º).

Já no artigo 7º, § 3º, fôra prescripto que as leis da União, os actos e as sentenças de suas autoridades, serão executados em todo o paiz por funccionarios federaes, podendo, todavia, a execução das primeiras ser confiada aos governos dos Estados, mediante annuencia destes.

De accordo com essas disposições constitucionaes, estatuiu o legislador ordinario no artigo 17 da lei n. 221, de 20 de novembro de 1894, que os juizes seccionaes são competentes para a execução de todas as sentenças e ordens do Supremo Tribunal Federal, que não forem attribuidas privativamente a outros juizes; mas (accrescenta o mesmo artigo), nas execuções das sentenças proferidas em grau de *recurso extraordinario* das decisões dos juizes e tribunaes dos Estados ou do Districto Federal, nos casos expressos nos artigos 59, § 1º, e 61 da Constituição, sómente intervirão, se o juiz ou tribunal recorrido recusar cumprir a sentença superior. Prevendo ainda a hypothese da recusa do juiz local á execução das sentenças proferidas pelo Supremo Tribunal Federal, prescreveu o mesmo legislador no artigo 58, § 3º, da citada lei de 1894: «Se por qualquer modo fôr obstada, ou impedida, a execução das sentenças do Supremo Tribunal Federal, o ministerio publico apresentará denuncia contra o oppositor ou oppositores, pelo crime definido no artigo 111 do Codigo Penal, e tanto elle como as partes interessadas poderão promover a execução das mesmas sentenças perante o juizo federal, recusando-se o local».

Para assegurar a execução das sentenças federaes, a Constituição abre uma das suas poucas excepções ao principio geral da autonomia dos Estados, e permitte *a intervenção* da União (artigo 6º, n. 4). Pela propria natureza do caso a intervenção aqui é do poder executivo da Federação. Ha uma sentença, o que presuppõe a applicação de uma norma juridica ; e, portanto, do que se trata, é de executar um preceito legal do paiz, applicado pelo poder judiciario. Ao Presidente da Republica apenas cumpre prestar o auxilio da força para a execução do decreto judicial. A missão da justiça federal, como bem observa **J. Barbalho**, além do julgamento dos recursos que da hypothese surgirem, consistirá em processar os desobedientes, e a do Congresso Nacional em acudir com alguma providencia de ordem legislativa, que as circumstancias mostrem ser necessaria (¹).

(¹) *Commentarios*, pagina 27.

Art. 61.—As decisões dos juizes ou tribunaes dos Estados, nas materias de sua competencia, porão termo aos processos e ás questões, salvo quanto a:

1º *habeas-corpus*, ou

2º espolio de estrangeiro, quando a especie não estiver prevista em convenção, ou tratado.

Em taes casos haverá recurso voluntario para o Supremo Tribunal Federal.

No artigo 72 dispõe a mesma Constituição: «A Constituição assegura a brasileiros e estrangeiros residentes no paiz a inviolabilidade dos direitos concernentes á liberdade, á segurança individual e á propriedade, nos termos seguintes:

....

§ 22 Dar-se-á o *habeas-corpus*, sempre que o individuo soffrer ou se achar em imminente perigo de soffrer violencia ou coacção por illegalidade ou abuso do poder».

§ 55. A grande distensão que sob o regimen republicano, especialmente nos ultimos annos, se tem dado ao *habeas-corpus* entre nós, obriga-nos a ampliar um pouco desproporcionadamente o commentario aos dois artigos transcriptos:

Trataremos:

1º da discriminação dos casos em que o *habeas-corpus* deve ser requerido perante a justiça federal, dos em que á justiça local compete conhecer do pedido e decidir, e do recurso desta ultima justiça para o Supremo Tribunal Federal;

2º do conceito do *habeas-corpus* segundo a doutrina e a jurisprudencia da nação que creou o instituto, a Inglaterra, e da que o perfilhou e continúa a aperfeiçoal-o, os Estados-Unidos da America do Norte;

3º das nossas disposições legaes acerca da materia, sob o regimen imperial e no actual regimen;

4º finalmente da jurisprudencia do Supremo Tribunal Federal sobre o assumpto, especialmente do *habeas-corpus* em casos de prisão militar, de prisão administrativa, para o exercicio de funcções publicas, para o exercicio de uma profissão, do *habeas-corpus* durante o estado de sitio e no caso de intervenção do governo federal nos negocios peculiares dos Estados, finalmente do *habeas-corpus* concedidos aos estrangeiros expulsos, ou cujo ingresso no Brasil foi vedado.

—

§ 56. Ao Supremo Tribunal Federal, no exercicio da attribuição que lhe é conferida pelo artigo 47 do decreto n. 848, de 1890, compete conceder originariamente a ordem de *habeas-corpus*, quando o constrangimento ou a ameaça deste proceder de autoridade, cujos actos estejam sujeitos á jurisdicção do tribunal, ou fôr exercido contra juiz ou funccionario federal, ou quando se tratar de crimes sujeitos á jurisdicção federal, ou ainda no caso de imminente perigo de se consummar a violencia, antes de outro tribunal ou juiz poder tomar conhecimento da especie em primeira instancia (artigo 23 da lei n. 221, de 1894).

Os juizes seccionaes, dentro da sua jurisdicção, *igualmente* são competentes para conhecer da petição de *habeas-corpus*, ainda que a prisão, ou a ameaça desta, seja feita por autoridade estadual, desde que se trate de crimes da jurisdicção federal, ou o acto se dê contra funccionarios da União (artigo 23 da mesma lei, 2ª *alinea*).

Assim, nos casos de constrangimento ou ameaça deste, procedente de juiz federal, de um ministro de Estado, ou do presidente da Republica, deve o *habeas-corpus* ser impetrado ao Supremo Tribunal Federal. Quando se trata de crimes da jurisdicção federal, ou de violencia contra funccionarios da União, poderá ser concedida a ordem pelo Supremo Tribunal Federal, ou pelos juizes seccionaes: pelo primeiro, se o que se quer, é exactamente um remedio para um caso de coacção illegal, procedente de um dos juizes seccionaes; pelos segundos, quando estes não são os autores do constrangimento ou ameaça de constrangimento illegal. Sempre que ha necessidade urgente da ordem de *habeas-corpus*, por se verificar perigo imminente de se consummar a violencia, antes de qualquer outro juizo conhecer da especie, é o Supremo Tribunal Federal competente para dar o *habeas-corpus*.

Fóra dos casos enumerados, é a justiça local a competente para conceder ordens de *habeas-corpus*. Das decisões da mesma justiça, em que fôr negada a ordem, dá-se recurso voluntario para o Supremo Tribunal Federal, recurso que póde ser interposto directamente da decisão do juiz de primeira instancia, não sendo, portanto, necessario recorrer da denegação do *habeas-corpus* pelo juiz local da primeira instancia para a segunda instancia da mesma justiça, para depois interpor o recurso para o Supremo Tribunal Federal (§ unico do artigo 23 da lei citada).

O mesmo recurso tambem cabe, quando o juiz ou tribunal local se declara incompetente, ou por qualquer motivo se abstem de conhecer da petição *(ibidem,* letra *a).*

Independentemente de petição, o Supremo Tribunal Federal e os juizes seccionaes, dentro dos limites de sua respectiva jurisdicção, pódem passar a ordem de *habeas-corpus ex-officio,* todas as vezes que no curso de um processo chegue ao seu conhecimento, por prova instrumental ou ao menos deposição de uma testemunha, que algum cidadão, official de justiça, ou autoridade publica, tem illegalmente alguem sob a sua guarda ou detenção.

—

§ 57. Segundo o conceito classico do *habeas-corpus* na Inglaterra, este grande remedio constitucional *(this great constitutional remedy)* para toda especie de coacção illegal *(for all manner of illegal confinement)* é definido por **Short and Mellor**, no autorisado livro—*The Practice of the Crown Office* (pagina 305 da ed. de 1908)—*o processo legal que se applica para fazer valer summariamente o direito de liberdade pessoal, quando illegalmente restringido, processo extensivo a todos os casos de prisão illegal, por ordem de autoridade publica ou por violencia de um particular (it is that legal process which is employed for the summary vindication of the right of per-*

sonal liberty when illegally restrained, and extends to all cases of illegal imprisonment whether claimed under public or private authority).

A noção de *habeas-corpus* que nos subministra esse estudo pratico sobre o instituto, é a mesma que lemos em um livro destinado ao ensino das escolas de direito, *The Student's Legal History*, de **Storry Deans**, onde (á pagina 97 da segunda edição) está escripto: *The writ itself was a sufficient protection against arbitrary imprisonment, and against prolonged incarceration without trial, provided there were no hitch in the procedure»,* Á pagina 23 havia dito o autor: «o *habeas-corpus* era dirigido ao carcereiro e ordenava a este que apresentasse o preso, informando ao mesmo tempo sobre a causa da detenção, ao Tribunal do Banco do Rei, de modo que ficassem habilitados os juizes a verificar se a prisão fôra legal, ou não, e, no caso de ser legal, se o preso devia ser admittido a prestar caução».

Essa é a funcção do *habeas-corpus* na Inglaterra: proteger a liberdade individual, resguardar a liberdade de locomoção das prisões ou restricções injustas.

Com o mesmo cunho e com os mesmos effeitos juridicos passou esse remedio judicial para os Estados-Unidos da America do Norte. Em o numero LXXXIV do *Federalista*, **Hamilton**, reproduzindo um trecho dos *Commentarios* de **Blackstone**, bem accentua que o fim do *habeas-corpus* é a protecção da liberdade de locomoção, a defesa do individuo contra o «*perigo funesto*» *da sequestração e do encerramento por um governo arbitrario.*

Kent, de accordo com o conceito inglez sobre o *habeas-corpus*, doutrina: «Todo constrangimento á liberdade do individuo equivale, aos olhos da lei, á prisão, qualquer que seja o logar e qualquer que seja o meio de que se tenham utilisado para effectuar a coacção. Toda pessôa que é detida com ou sem as formalidades legaes *(with or without due process of law)*, tem direito a uma ordem de *habeas-corpus*, exceptuando-se unicamente os casos de trahição ou de felonia, clara e especialmente indicados no mandado de prisão, e o do condemnado, o do que cumpre legalmente uma sentença» (¹).

Não é diverso o conceito de **Cooley** acerca do mesmo instituto. Depois de dizer que o *habeas-corpus* é uma das principaes salvaguardas da liberdade pessoal *(one of the principal safeguards to personal liberty)*, passa a explicar o que se entende por liberdade pessoal, para o que se serve da definição de **Blackstone**: «*personal liberty consists in the power of locomotion, of changing situation, or moving one's person to whatsoever place one's own inclination may direct, without imprisonment or restraint, unless by due course of law. It appears, therefore, that this power of locomotion is not entirely unrestricted, but that by due course of law certain qualifications and limitations may be imposed upon it without infringing upon constitutional liberty. Indeed, in organized society, liberty is the creature of law, and every man will possess it in proportion as the law, while imposing no unnecessary restraints, surround him and every other citizen with protections against the lawless acts of others*» (²).

Identica é a lição de **Black** (³).

(¹) *Commentaries on American Law*, volume II, pagina 26, 14ª edição.

(²) *Constitutional Limitations*, pagina 412, 6ª edição.

(³) *Handbook of American Constitutional Law*, n. 199.

Nem diverso é o conceito de um dos mais modernos e autorisados commentadores da Constituição norte-americana, **Willoughby**, que no § 736 da obra já tantas vezes citada repete a noção classica do *habeas-corpus* na Inglaterra e nos Estados-Unidos, dizendo que os americanos sempre o consideraram «*the greatest of the safeguards erected by the civil law against arbitrary and illegal imprisonment by whomsoever the detection may be exercised or ordered*».

Se recorrermos aos ensinamentos dos que se occuparam especialmente do estudo do *habeas-corpus*, e sobre o assumpto escreveram as mais divulgadas monographias, ainda havemos de vêr que é sempre a mesma a ideia que se forma nos Estados-Unidos (como na Inglaterra) a respeito desse remedio juridico. No *A Treatise on the Right of Personal Liberty and on the Writ of Habeas-Corpus*, começa **Hurd** por definir a *liberdade pessoal*, para que nenhuma duvida paire sobre a natureza do *habeas-corpus*: «*personal liberty is the power of unrestrained locomotion*». E, depois de reproduzir a definição do *habeas-corpus* de **Short** e **Mellor**, já por nós transcripta, definição que estes ultimos escriptores extrahiram de um caso julgado, que citam, accrescenta **Hurd** que «o *habeas-corpus*, usado para proteger o direito de liberdade pessoal, se tornou um companheiro inseparavel deste; e á proporção que a liberdade pessoal ia sendo cada vez mais estimada, ia augmentando o apreço em que era tido o *habeas-corpus*» (pagina 130 da 2ª ed.).

No conceito de um outro monographo do *habeas-corpus*, **Wood**, autor do *A Treatise of the Legal Remedies of Mandamus and Prohibition, Habeas-Corpus, Certiorari and Quo warranto*, o *habeas-corpus* é o meio judicial a que deve recorrer o individuo preso ou coagido em sua liberdade *(a person imprisoned or restrained in his liberty)*, por qualquer motivo, ou sob qualquer pretexto *(for any cause, or upon any pretence)*. Immediatamente em seguida, á pagina 112, affirma, em termos peremptorios, que o *habeas corpus* só póde ser concedido para o fim de libertar o individuo, em cujo favor foi impetrado, de uma prisão ou de um constrangimento illegal *(can only be allowed for the purpose of delivering the person for whose relief it is asked from illegal imprisonment or restraint)*. E á pagina 117, enumerando os requisitos de uma petição de *habeas-corpus*, ensina que é indispensavel a declaração de que a pessôa, em cujo beneficio se impetra a ordem, está presa, ou coagida em sua liberdade, do logar onde se verificou a prisão ou constrangimento, e o nome dos funccionarios ou pessôas que praticaram a violencia *(the petition must state, in substance: 1º that the person in whose behalf the writ is applied for, is imprisoned, or restrained in his liberty; the place where, unless it is unknown, and the officer or person by whom, he is so imprisoned or restrained, naming both parties, if their names are known, and describing either party whose name is unknown»)*.

Na Inglaterra e nos Estados-Unidos, pois, só se concede o *habeas-corpus* para garantir a liberdade individual, a liberdade pessoal; e liberdade pessoal, no conceito por todos admittido, quando se trata deste remedio judicial, é a liberdade de locomoção. Na Inglaterra e nos Estados-Unidos não se concede o *habeas-corpus* para outros fins, para proteger outros direitos.

§ 58. Deduzindo um corollario muito logico do preceito contido no artigo 179 da Constituição do Imperio, que garantia «a inviolabilidade dos direitos civis e politicos dos cidadãos brasileiros, que tem por base a liberdade, a segurança individual e a propriedade», estatuiu o legislador ordinario no artigo 340 do Codigo do Processo Criminal (de 29 de novembro de 1832) : «Todo cidadão que entender que elle, ou outrem, soffre uma prisão, ou constrangimento illegal em sua liberdade, tem direito de pedir uma ordem de *habeas-corpus* em seu favor». A petição para obter essa ordem devia designar, segundo prescreve o artigo 341, o nome da pessôa que soffre a violencia, o de quem é della causa, o conteudo da ordem por que foi o paciente *mettido em prisão* e as razões em que funda a convicção da illegalidade *da prisão*. Em todos os seguintes artigos consagrados á materia se faz constante referencia a prisões illegaes, ao facto de uma autoridade publica, um official de justiça, ou um cidadão, ter illegalmente alguem sob sua guarda ou detenção.

A lei n. 2033, de 20 de setembro de 1871, foi um pouco além ; pois, no artigo 18 prescreveu : «Os juizes de direito poderão expedir ordem de *habeas-corpus* a favor *dos que* estiverem illegalmente presos, ainda quando o fossem por determinação do chefe de policia, *ou de qualquer outra autoridade administrativa,* e sem exclusão dos detidos a titulo de recrutamento, não estando ainda alistados como praças do exercito ou armada». E no § 1º do mesmo artigo : «Tem logar o pedido e concessão da ordem de *habeas-corpus,* ainda quando o impetrante não tenha chegado a soffrer o constrangimento corporal, *mas se veja delle ameaçado*». Esta ultima disposição nada mais fez do que sanccionar, ou adoptar a jurisprudencia então seguida (¹).

No artigo 45 do decreto n. 848, de 11 de outubro de 1890, assegurou-se o *habeas-corpus* por uma fórma ainda mais ampla: «O cidadão ou estrangeiro que entender que elle ou outrem soffre prisão ou constrangimento illegal em sua liberdade, ou se acha ameaçado de soffrer um ou outro, tem direito de solicitar uma ordem de *habeas-corpus* em seu favor ou no de outrem».

Veio afinal a Constituição de 24 de fevereiro de 1891, que prescreveu, como já vimos: «Dar-se-á o *habeas-corpus,* sempre que o individuo soffrer ou se achar em imminente perigo de soffrer violencia ou coacção por illegalidade ou abuso de poder».

Diante de expressões tão liberaes têm pretendido alguns juristas que a nossa lei fundamental deu ao instituto do *habeas-corpus* uma feição diversa da que antes tinha entre nós, e da que sempre tem tido no paiz que lhe foi berço, a Inglaterra, e no que o perfilhou e continua a desenvolvel-o, os Estados-Unidos da America do Norte.

Para darmos uma ideia exacta dessa tendencia, a que, segundo nos parece, obstam a doutrina e a lei, julgamos preferivel expôr o que se tem dado no dominio da jurisprudencia, que é onde tem surgido varias vezes a tendencia assignalada.

—

§ 59. Primeiramente notaremos que em relação á prisão de militar, ou de individuo sujeito a regimento militar, o nosso direito actual é o

---

(¹) *Reforma Judiciaria, Notas e Observações,* por **Levindo Ferreira Lopes**, volume 2º, pagina 46, n. 63.

mesmo que vigorava antes da Constituição Federal. Como se vê no segundo volume, livro 5º, titulo 2º, do *O Processo Criminal Brasileiro*, de **João Mendes Junior**, ao tempo do Imperio não se liberalisava o *habeas-corpus* até se estender aos militares presos por crimes sujeitos ao fôro privativo. Essa era a jurisprudencia dos nossos tribunaes judiciarios e a opinião abraçada pelo Conselho de Estado.

Proclamada a Republica, foi promulgado o decreto n. 848, de 11 de outubro de 1890, em cujo artigo 47 ficou estatuido que «o Supremo Tribunal Federal e os juizes de secção farão, dentro dos limites da sua jurisdicção respectiva, passar de prompto a ordem de *habeas-corpus* solicitada, nos casos em que a lei o permitta, seja qual fôr a autoridade que haja decretado o constrangimento ou ameaça de o fazer, *exceptuada todavia a autoridade militar, nos casos de jurisdicção restricta, e quando o constrangimento ou a ameaça fôr exercida contra individuos da mesma classe, ou de classe differente, mas sujeitos a regimento militar*». Esse artigo foi consolidado no artigo 354, parte segunda, do decreto n. 3084, de 5 de novembro de 1898, do seguinte modo: «Não terá logar, porêm, a ordem de *habeas-corpus*: ... b) nos casos de jurisdicção militar, quando o constrangimento ou a ameaça de constrangimento se dirigir contra individuos pertencentes á classe militar, ou a classes annexas e sujeitas a regimento militar».

De accordo com esses preceitos, tem o Supremo Tribunal Federal julgado muitas vezes, negando a ordem impetrada ([1]).

([1]) **O. Kelly**, obra citada, pagina 244, n. 1438.

§ 60. Quanto ás prisões administrativas, o artigo 14 da lei n. 221, de 20 de novembro de 1894, declarou que «é mantida a jurisdicção da autoridade administrativa (decreto n. 657, de 5 de dezembro de 1849) para ordenar a prisão de todo e qualquer responsavel pelos dinheiros e valores pertencentes á Fazenda Federal, ou que, por qualquer titulo, se acharem sob a guarda da mesma, nos casos de alcance, ou de remissão ou omissão em fazer as entradas nos devidos prazos, não sendo admissivel a concessão *de habeas-corpus por autoridade judiciaria, salvo se a petição do impetrante vier instruida com documento de quitação ou deposito do alcance verificado*. São competentes para ordenar a prisão de que trata este artigo, no Districto Federal o ministro e secretario dos negocios da Fazenda, e nos Estados os inspectores das alfandegas e os chefes ou directores das delegacias fiscaes, relativamente aos individuos que funccionarem ou se acharem no referido Estado».

A prisão administrativa não póde exceder o espaço de tres mezes (artigo 356, *b*), 3ª *alinea* do decreto n. 3084, de 5 de novembro de 1898, segunda parte).

Em observancia dessas disposições legaes, tem o Supremo Tribunal Federal negado a *habeas-corpus* pedido em favor dos responsaveis por dinheiros e valores pertencentes á Fazenda Federal, presos administrativamente [1].

—

§ 61. Um caso de *habeas-corpus*, já admittido e consagrado por um sem numero de accordams do Supremo Tribunal Federal, é o em

[1] **O. Kelly**, obra citada, pagina 290.

que um cidadão brasileiro impetra a ordem, allegando e provando que está legalmente investido numa funcção publica, mas não póde exercel-a em consequencia *de coacção, oriunda de um acto inconstitucional, ou illegal, de uma autoridade da União, ou dos Estados.*

Exemplo bem frisante dessa jurisprudencia, ha algum tempo seguida invariavelmente pelo Supremo Tribunal Federal, e de que, como já dissemos, não faltam confirmações, é o accordam proferido sob o n. 2990, a 25 de janeiro de 1911, em favor do Conselho Municipal do Districto Federal.

Reproduzimol-o, por nos parecer que concretisa a doutrina verdadeira acerca do assumpto: «Vistos, relatados e discutidos, estes autos de *habeas-corpus,* desta Capital, em que são pacientes e impetrantes Manoel Corrêa de Mello e outros, membros do Conselho Municipal do Districto Federal, verifica-se que a especie é a seguinte: realisada em 31 de outubro de 1909 a eleição de intendentes do Districto Federal, dividiram-se os eleitos em dois grupos, um que procedia á verificação de poderes sob a presidencia do mais velho dos eleitos, e outro que se obstinava em não cumprir a lei, pretendendo verificar seus poderes sob a presidencia de um dos eleitos que não era o mais velho, e não podia por conseguinte ser o presidente das sessões preparatorias. Depois de impetradas e obtidas varias ordens de *habeas-corpus,* e tendo este Tribunal mandado que se respeitasse a reunião dos intendentes que sob a presidencia do mais velho exercessem os direitos decorrentes de seus diplomas, entre os quaes o de verificar os poderes dos intendentes eleitos, o grupo dos intendentes presidido pelo mais velho constituiu o Conselho Municipal, dando-se em seguida a posse dos dezeseis intendentes.

As ordens de *habeas-corpus* haviam sido pedidas, por ter o poder executivo federal por mais de um decreto declarado que o Conselho não se constituira por força maior, um dos casos em que o Prefeito deve governar e administrar o municipio, de accordo com as leis em vigor. Votado pelo Conselho o orçamento municipal, oppoz o Prefeito o «veto», que o Senado confirmou.

Continuaram os intendentes municipaes a exercer as suas funcções sem que com os mesmos entrasse em relações o Prefeito, nem o poder executivo da União, quando pelo decreto de 4 de janeiro corrente, depois de varios considerandos, o Presidente da Republica designou novo dia para a eleição de intendentes deste municipio, o que significava estar dissolvido o Conselho Municipal.

Julgando-se com razão ameaçados de constrangimento em sua liberdade individual, ou impossibilitados de continuar no exercicio de suas funcções, requereram os intendentes referidos a presente ordem de *habeas-corpus*.

Isto posto, considerando que preliminarmente o caso é de *habeas-corpus;* porquanto, os pacientes têm justas razões para recear um constrangimento em sua liberdade individual, restando sómente verificar se é legal a posição dos impetrantes e pacientes, se é manifestamente juridica a situação em que se acham, ou, por outras palavras, se é constitucional o decreto do poder executivo que dissolveu o Conselho Municipal desta Capital.

Considerando que o artigo 68 da Constituição Federal garante a autonomia dos municipios em tudo o que diz respeito ao seu peculiar interesse, e que, em virtude das disposições dos artigos 34,

n. 30, e 67 da mesma Constituição, a autonomia do Districto Federal é cerceada ou restringida; pois, compete ao Congresso Nacional privativamente legislar sobre a organisação municipal, a policia e o ensino superior do Districto Federal, bem como sobre os demais serviços que forem reservados para o Governo da União, importando notar que só por leis federaes (art. 67 da Constituição) pódem determinados serviços ser reservados para o Governo da União.

Salvo essas restricções, o Districto Federal é administrado pelas autoridades municipaes (art. 67 citado):

Considerando que por disposição do artigo 3º da lei de 29 de dezembro de 1902 ha dois casos unicos em que cessam as funcções do Conselho Municipal desta cidade: 1º, o de annullação da eleição de intendentes; 2º, o de força maior. Mas, cumpre notar que de tal natureza é a disposição do artigo 3º da lei de 29 de dezembro de 1902, que, ainda quando não tivesse sido promulgada essa norma juridica, forçoso seria fazer o que ella preceitúa, isto é, ficar o Prefeito governando e administrando o Districto Federal até que pudesse reunir-se o Conselho Municipal: desde que as eleições estão annulladas, e não ha intendentes municipaes ou desde que um acontecimento irresistivel obsta á reunião do Conselho, é evidente que o executor das leis municipaes e administrador do municipio deve continuar a exercer suas funcções, como igualmente continuaria a exercer as suas o Presidente da Republica, se por acaso não se pudesse reunir o Congresso Nacional, por um caso de força maior, ou por se ter annullado a eleição da maioria de seus membros. Esta lei, pois, não viola a autonomia do Districto Federal. Contém uma disposição inutil;

Considerando que não se verificou nenhuma das hypotheses do artigo 3º da lei de 29 de dezembro de 1902: o facto de pertencerem os intendentes eleitos a dois partidos oppostos, com ideias e interesses contrarios, longe de ser um caso de força maior, é o que póde haver de mais natural e, por conseguinte, de mais previsivel, nos paizes sujeitos a um regimen democratico:

Considerando que dos dezéseis intendentes eleitos oito deixaram de comparecer ás sessões preparatorias, e destes oito sete não quizeram prestar o seu concurso aos trabalhos do Conselho Municipal, o que tambem não é caso de força maior: os cidadãos eleitos para o cargo de intendente, bem como para o de vereador ou de deputado, pódem acceitar e exercer, ou não, o mandato;

Considerando que, segundo dispõe o artigo 8º do regimento municipal, as sessões preparatorias do Conselho Municipal para o reconhecimento de poderes pódem effectuar-se *com qualquer numero de intendentes eleitos*. E, sendo assim, não é licito dizer que os intendentes reunidos sob a presidencia do mais velho não constituiam numero legal para a verificação de poderes;

Considerando que nem o poder legislativo federal, nem o Presidente da Republica, nem o poder judiciario tem competencia para annullar a verificação de poderes das camaras municipaes da União, ou da do Districto Federal; pois, se tal competencia fosse reconhecida, extincta ficaria a autonomia municipal, garantida pela Constituição, cumprindo não esquecer que, cerceada ou restringida, a autonomia do Districto Federal é garantida pela Constituição, e que não ha lei alguma federal que confira ao Senado, ou ao Congresso Nacional, ou ao poder executivo da União, competencia para vedar ou annullar a verificação de poderes dos intendentes municipaes do Districto Federal;

Considerando que o Senado tem competencia para approvar ou reprovar o *veto* do Prefeito Municipal ás resoluções do Conselho do Districto Federal; mas, dessa competencia, *que é uma limitação, uma excepção creada por lei federal,* não se póde induzir, ou deduzir, a de annullar a verificação de poderes dos intendentes. São faculdades distinctas; e a annullação da verificação de poderes é mais do que a confirmação, ou a rejeição do *véto* do Prefeito;

Considerando que este caso não é daquelles de natureza politica, subtrahidos á competencia do Supremo Tribunal Federal: não se trata de actos commettidos pela Constituição á discreção do poder legislativo, ou do executivo da União; de modificações sóciaes, feitas por qualquer desses poderes em beneficio da collectividade, ou com esse intento; de assumptos em que se cogite da utilidade, ou necessidade nacional, e que devam ser apreciados com certa amplitude por uma autoridade mais ou menos arbitraria. O caso é todo regido por disposições constitucionaes e por leis secundarias; entende sómente com a applicação de normas constitucionaes e legaes; resolve-se em indagar se foram infringidas as disposições constitucionaes e legaes que garantem a autonomia municipal, e especialmente a autonomia do Districto Federal. Segundo a jurisprudencia da Suprema Córte dos Estados-Unidos da America do Norte, o poder judiciario tem competencia para garantir direitos politicos, desde que ha uma disposição constitucional ou legal, que regula a materia *(Digesto Americano,* vol. 2º, pag. 2109, n. 109). Consequentemente, ainda que se considere a especie daquellas em que ao poder judiciario se pedem garantias para direitos politicos, não é licito negar ao Tribunal competencia para sentencear, resolvendo a questão; visto como ha na Constituição Federal e em leis ordinarias disposições claras, applicaveis ao presente pleito.

Considerando que, dada a posição legal dos impetrantes, e portanto a illegalidade do constrangimento á liberdade individual dos mesmos, creada pelo decreto inconstitucional do poder executivo federal, o remedio proprio para o caso é o *habeas-corpus*.

Erro seria, em vez do *habeas-corpus*, usar da acção especial do *artigo* 13 da lei n. 221, de 20 de novembro de 1894, quando na hypothese se deu manifestamente um constrangimento á liberdade individual, e a leitura dos artigos da Constituição, e das leis ordinarias applicaveis á especie, torna patente a posição legal dos impetrantes.

O facto de se tratar de cidadãos que pretendem exercer uma funcção publica, e para isso pedem esta ordem de *habeas-corpus*, não é motivo juridico para se julgar incabivel o *habeas-corpus*: «*The constitutional guaranties of personal liberty are a shield, for the protection of all classes, at all times, under all circumstances*». (*Dig. Amer.*, volume 3º, verb. *Habeas-corpus*, pag. 3229, n. 6);

Considerando, em summa, que os pacientes são membros do Conselho Municipal do Districto Federal, legalmente investidos de suas funcções, e com razão receiam que lhes seja tolhido o ingresso no edificio do Conselho, em consequencia do decreto de 4 de janeiro corrente, o qual, do mesmo modo por que o de 26 de novembro de 1909, é manifestamente infringente da Constituição Federal (na parte em que garante esta a autonomia municipal e especialmente a deste districto) e das leis ordinarias applicaveis á hypothese:

O Supremo Tribunal Federal concede a ordem de *habeas-corpus* impetrada, afim de que os pacientes, assegurada a sua liberdade individual, possam entrar no edificio do Conselho Municipal, e exercer suas funcções até á expiração do prazo do mandato, prohibido qualquer constrangimento que possa resultar do decreto do poder executivo federal, contra o qual foi pedida esta ordem de *habeas-corpus*».

Tendo o Presidente da Republica desacatado a ordem de *habeas-corpus*, concedida pelo accordam transcripto, e remettido ao presidente do Supremo Tribunal Federal uma cópia da mensagem que a respeito do assumpto dirigiu ao Congresso Nacional, na sessão em que se leu essa peça, na qualidade de relator do accordam reproduzido, julgámos necessario desenvolver e explicar mais claramente as ideias que serviram de fundamento á mesma decisão.

Estamos convencido de que nessa explanação está resumida a verdadeira doutrina acerca do *habeas-corpus*, e por isso a trasladamos para aqui:

«Não me surprehendeu, nem me causou a menor estranheza, o acto pelo qual o Presidente da Republica manifestou a resolução de desacatar o accordam deste Tribunal, que concedeu a ordem de *habeas-corpus*, impetrada em favor dos intendentes municipaes do Districto Federal. A muitos dos meus illustres collegas, neste recinto e fóra delle, havia eu communicado mais de uma vez a profunda convicção, que sempre nutri, de que não seria respeitada a decisão proferida em favor dos membros do Conselho Municipal, assim como respeitada não seria qualquer outra sentença, igualmente justa, desde que contrariasse os interesses politicos dominantes. Annullando, com visivel e inexplicavel transgressão do direito, o accordam em que se déra o *habeas-corpus* requerido pelos deputados estaduaes do Rio de Janeiro, o proprio Tribunal contribuiu para facilitar um pouco a tarefa de negar obediencia ás sentenças do poder judiciario.

O que me impelliu a dar estas explicações, foi sómente a conveniencia de mostrar ás pessôas que não leram os meus votos anteriores em materia de *habeas-corpus,* ou os leram sem a necessaria attenção, que entre o accordam do caso do Conselho Municipal e os votos por mim antes proferidos não ha a contradicção, que se aponta na mensagem do Presidente da Republica ao Congresso Nacional.

A doutrina que acerca do *habeas-corpus* invariavelmente tenho sustentado, applicando-a sempre como juiz, é clara, simples e assenta em expressas disposições do direito patrio. Della nunca me afastei uma só vez. Importa recordal-a, posto que resumidamente. Frequentemente, todos os dias, se requerem ordens de *habeas-corpus,* allegando os pacientes que estão presos, ou ameaçados de prisão, e pedindo que lhes seja restituida, ou garantida, a liberdade individual. Nessas condições, não declaram, nem precisam declarar, quaes os direitos cujo exercicio lhes foi tolhido, ou está ameaçado; porquanto, a prisão obsta ao exercicio de quasi todos os direitos do individuo. A liberdade individual é um direito fundamental, condição do exercicio de um sem numero de direitos: para trabalhar, para cuidar de seus negocios, para tratar de sua saude, para praticar os actos de seu culto religioso, para cultivar seu espirito, aprendendo qualquer sciencia, para se distrahir, para desenvolver seu sentimento, para tudo, em summa, precisa o homem da liberdade de locomoção, do direito *de ir e vir*. Além de inutil, fôra difficil, se não impossivel, enumerar todos os direitos que o individuo fica impossibilitado de exercer pela privação da liberdade individual : pela prisão, pela detenção, ou pelo exilio. A impetração do *habeas-corpus* para fazer cessar a prisão, ou para a prevenir, é o que se vê diariamente.

Algumas vezes, entretanto, a illegalidade de que se queixa o paciente, não importa a completa privação da liberdade individual. Limita-se a coacção illegal a ser vedada unicamente a liberdade individual, *quando esta tem por fim proximo o exercicio de um determinado direito*. Não está o paciente preso, nem detido, nem exilado, nem ameaçado de immediatamente o ser. Apenas o impedem de ir, por exemplo, a uma praça publica, onde se deve realisar uma reunião com intuitos politicos; a uma casa commercial, ou a uma fabrica, na qual é empregado; a uma repartição publica, onde tem de desempenhar uma funcção, ou promover um interesse; á casa em que reside, ao seu domicilio.

Na primeira hypothese figurada, a que se realisa constantemente, cifra-se a tarefa processual do juiz em averiguar se o paciente está preso, ou ameaçado de prisão; se está condemnado, ou pronunciado; se é competente o juiz que decretou a prisão, ou a pronuncia.

Na segunda, expressamente consagrada no artigo 72, § 22, da Constituição Federal, que manda conceder o *habeas-corpus*, sempre que o individuo soffrer *qualquer* coacção á sua liberdade individual (pois, o preceito constitucional não qualifica, nem restringe, nem distingue a coacção, que é destinado a impedir), assume diversa modalidade a indagação a que é obrigado o juiz: o que a este cumpre, é verificar se o direito que o paciente quer exercer, e do qual a liberdade physica é uma condição necessaria; um meio indispensavel para se attingir o fim; um caminho cuja impraticabilidade inhibe que se chegue ao termo almejado; o que cumpre verificar é se esse direito é incontestavel, liquido, se o seu titular não está de qualquer modo privado de exercel-o, embora temporariamente. Esta investigação se impõe ao juiz; porquanto o processo do *habeas-corpus* é de andamento rapido, não tem fórma, nem figura de juizo, e conseguintemente não comporta o exame, nem a decisão de qualquer outra questão judicial, que se lhe queira annexar, ou que nelle se pretenda inserir. Desde que apurada esteja a posição juridica manifesta, a situação legal inquestionavel, de quem é victima de uma coacção, que constitue o unico obstaculo ao exercicio de um direito incontestavel, não é licito negar o *habeas-corpus*. Nem de outro modo fôra possivel respeitar o preceito da Constituição, amplo, vasto, perfeitamente liberal, mais adiantado (e isto resalta dos seus proprios termos) que o preceito similar dos paizes mais cultos.

Pouco importa a especie de direitos que o paciente precisa ou deseja exercer. Seja-lhe necessaria a liberdade de locomoção para pôr em pratica um direito de ordem civil, ou de ordem commercial, ou de ordem constitucional, ou de ordem administrativa, deve ser-lhe concedido o *habeas-corpus,* sob a clausula exclusiva de ser juridicamente indiscutivel este ultimo direito, o direito escopo. Para recolher á casa paterna o impubere transviado, para fazer um contracto ou um testamento, para receber um laudemio, ou para constituir uma hypotheca; para exercitar a industria de transporte, ou para protestar uma letra; para ir votar, ou para desempenhar uma funcção politica electiva; para avaliar um predio e collectal-o, ou para proceder ao expurgo hygienico de qualquer habitação; se é necessario garantir a um individuo a liberdade de locomoção, porque uma offensa, ou uma ameaça, a essa liberdade foi embaraço a que exercesse qualquer desses direitos, não lhe póde ser negado *habeas-corpus*. Que juiz, digno desse nome, indeferiria o pedido de *habeas-corpus* em favor do cidadão que, estando no goso dos seus direitos politicos, não pudesse chegar até á mesa eleitoral, porque lh'o vedasse a violencia de qualquer esbirro, ou de qualquer autoridade energumena?

Neste ponto releva espancar uma confusão, em que têm incidido, até na imprensa diaria, alguns espiritos que não attentam bem na funcção do *habeas-corpus*. É esse, dizem, um remedio judicial adequado á exclusiva protecção da liberdade individual, entendida embora esta expressão — *liberdade individual* — no sentido amplo, que abrange, além da liberdade de locomoção, a de imprensa, de associação, de representação, a inviolabilidade do domicilio.

Manifesto erro! É exclusiva missão do *habeas-corpus* garantir a liberdade individual na accepção restricta, a liberdade physica, a liberdade de locomoção. O unico direito em favor do qual se póde invocar o *habeas-corpus*, é a liberdade de locomoção, e de accordo com este conceito tenho sempre julgado. Evidente engano fôra suppôr que pelo *habeas-corpus* se póde sempre defender a liberdade de imprensa. Quando a imprensa é violentada, porque ao redactor de um jornal, por exemplo, não se permitte ir ao escriptorio da folha, e lá escrever e corrigir os seus artigos, ou porque ao entregador, ou ao vendedor, se tolhe o direito de percorrer a cidade entregando, ou vendendo o jornal, não ha duvida que o caso é de *habeas-corpus*. Mas este caso é de *habeas-corpus*, exactamente pelo facto de ter sido violada a liberdade de locomoção. Quando a imprensa é violentada, porque, por exemplo, se dá a apprehensão do material typographico, ou dos numeros do jornal, ou dos exemplares de um livro, por certo ninguem se lembraria de requerer uma ordem de *habeas-corpus* como meio de fazer cessar a violação do direito. Quando se offende a liberdade religiosa, obstando a que alguem penetre no templo da sua seita, ou saia a praticar actos de culto externo da sua confissão, incontestavelmente tem cabimento o recurso de *habeas-corpus,* visto como foi embaraçando a liberdade de locomoção que se feriu a liberdade religiosa. Quando se offende a liberdade religiosa, porque se arrazam as igrejas, ou se destroem os objectos do culto, a nenhum jurista principiante occorreria a ideia de requerer um *habeas-corpus,* remedio applicado sómente ás pessôas, e nunca ás coisas. Além da liberdade de locomoção, nenhuma outra ha defensavel pelo *habeas-corpus*. Absurda é qualquer extensão, qualquer elasticidade, que se dê ao *habeas-corpus* nesse sentido. A liberdade de locomoção constitue uma condição, um meio, um caminho, para o exercicio, não só de outros direitos individuaes, como de direitos secundarios, direitos meramente civis, politicos, ou administrativos.

Para garantír a liberdade individual, não ha remedio succedaneo do *habeas-corpus,* nem a este comparavel no que toca á rapidez da applicação. Demais, é um remedio que nenhum mal produz, que se póde usar em larga escala, sem o menor inconveniente. O que importa muito, e sómente, é saber administral-o. Conhecidos os limites do *habeas-corpus,* não ha motivo algum para recear que por elle se substitua qualquer outro processo judicial ; que se lance mão do *habeas-corpus,* quando diverso é o meio processual competente, apropriado; que se transfiram para o *habeas-corpus* as funcções de outra qualquer acção, como, por exemplo, as da acção especial do artigo 13 da lei n. 221, de 20 de novembro de 1894. Refiro-me expressamente á acção mencionada, porque já se tem dito e escripto, que no caso do Conselho Municipal desta cidade se devera ter applicado essa fórma processual, em vez do *habeas-corpus*.

O erro é grosseiro, e a sua refutação já está feita em linhas anteriores. Para os que comprehendem a natureza juridica do *habeas-corpus*, e a da acção especial do artigo 13 da lei n. 221, não ha confusão possivel entre os dois meios judiciaes. O *habeas-corpus*, por ser um processo de rito muito rapido, sem fórma nem figura de juizo, não comporta o exame, nem a prova, nem a decisão de questões que exijam um estudo algum tanto detido. Se se requer o *habeas-corpus* para pôr termo a uma prisão illegal, ou para evitar esse abuso, ao juiz só cumpre indagar, antes de proferir a sua decisão, se ha uma sentença condemnatoria, ou um despacho de pronuncia, e se é competente o juizo que condemnou ou pronunciou. É isso o que se faz, em regra.

Se se requer *habeas-corpus*, para prevenir, ou remover a coacção, que se traduz, não em prisão ou detenção, mas na impossibilidade de exercer um direito qualquer, de praticar um acto legal, ao juiz, que não póde envolver no processo do *habeas-corpus* qualquer questão que deva ser processada e julgada em acção propria, incumbe verificar se o direito que o paciente quer exercer, é incontestavel, liquido, não é objecto de controversia, não está sujeito a um litigio. Sómente no caso de concluir que manifestamente legal é a posição do paciente, que a este foi vedada a pratica de um acto que tinha inquestionavelmente o direito de praticar, deve o juiz conceder a ordem impetrada. Para hypothese diversa foi creada a acção especial do artigo 13 da lei n. 221: desde que ha uma controversia juridicamente possivel, desde que se levanta uma contestação acerca de um direito, e se faz mistér exhibir provas e discutir a questão, para o fim de annullar um acto administrativo, já incabivel é o *habeas-corpus*, e adequada a acção especial referida.

Imaginemos que um funccionario, ou um empregado publico, requer uma ordem de *habeas-corpus*, allegando que lhe é vedado o ingresso na repartição em que trabalha. Pede o juiz informações, e averigúa que o paciente não foi demittido, nem suspenso, que a sua posição juridica de funccionario continúa inalterada. Impõe-se em tal hypothese a concessão do *habeas-corpus*. Se, pelo contrario, o que consta, é que o paciente foi demittido, ou suspenso, por autoridade competente, injuridico se torna o conceder a ordem pedida. Bem póde ser illegal a suspensão, ou a demissão; mas, releva apurar os factos, conhecer as allegações da autoridade que praticou o acto impugnado, e annullar esse acto, sem o que injustificavel fôra o deferimento do *habeas-corpus*. Ainda quando se trate de funccionario ou empregado vitalicio, póde ser legal a demissão; porquanto, pelo abandono do emprego, por incompetencia physica ou moral, pela perpetração de certos crimes, são demissiveis taes funccionarios ou empregados. Neste e em casos analogos, o meio judicial proprio, admissivel, é a acção especial do artigo 13 da lei n. 221.

Na hypothese do Conselho Municipal, manifestamente absurda fôra a propositura da referida acção especial. Em primeiro logar, se para os proprios despachos de pronuncia e sentenças condemnatorias, proferidos por juiz incompetente, se tem julgado remedio adequado e efficaz o *habeas-corpus*, e assim decidiu ha muito pouco tempo este Tribunal, como se ha de recusar este recurso aos que, investidos em funcções administrativas, não pódem exercel-as, porque uma ordem, ou um decreto, de uma autoridade incompetente, de natureza administrativa, lhes interdisse a reunião para cumprirem os deveres juridicos do seu cargo, sendo essa ordem de autoridade incompetente o unico obstaculo ao desempenho de taes deveres? Concede-se immediatamente o *habeas-corpus* aos pronunciados e aos condemnados por juiz incompetente, sem nenhuma acção prévia, em que se declare nulla a sentença condemnatoria, ou de pronuncia. Que motivo legal haverá para não proceder de modo identico, quando temos deante de nós cidadãos coagidos em sua liberdade individual, e assim impossibilitados de exercer qualquer direito, em consequencia de um abuso de poder, praticado por uma autoridade administrativa incompetente? Posto que me pareça desnecessario, dentro em pouco demonstrarei a incompetencia do Presidente da Republica para intervir na verificação de poderes de intendentes, annullando a investidura nos seus cargos desses mandatarios municipaes. Em segundo logar, inefficaz seria a acção do artigo 13 da lei n. 221 para a realisação do fim collimado pelos membros do Conselho Municipal desta cidade. A jurisprudencia do Supremo Tribunal Federal está bem firmada: a ninguem é dado pedir, pela mencionada acção, que o poder judiciario condemne o executivo a reintegrar o autor no cargo de que foi illegalmente despojado. Limitam-se as nossas sentenças a garantir as vantagens do cargo, dando-se a reintegração, quando não se oppõe o poder executivo. Ora, o que pretendiam os intendentes do Districto Federal, não era a percepção dos seus subsidios. Desses proventos materiaes, aliás tão raramente alliados ás funcções de vereador, ou conselheiro municipal, em nosso paiz, que não sei se haverá em toda a União uma duzia de municipios, entre tantas centenas, cujos mandatarios sejam subsidiados, de nenhum modo se occuparam os intendentes do Rio de Janeiro, nas varias petições com que imploraram a justiça deste Tribunal. Requereram sómente que lhes garantissemos o direito de exercer as suas funcções administrativas. A acção especial do artigo 13 da lei n. 221 não tem a efficacia de restituir ás suas funcções electivas intendentes municipaes. Dir-se-á talvez que, pela dita acção, se poderia annullar o acto do poder executivo federal, e que a consequencia dessa annullação seria voltarem os intendentes ao exercicio dos seus cargos. Mas, se attentarmos em que a acção aconselhada só se terminaria pela sentença final, em segunda instancia, ao cabo de um longo espaço de tempo, veremos logo que as perturbações causadas á vida municipal por uma decisão annullatoria, assim protrahida, são motivos bastantes para repellirmos tal remedio judicial.

Concedi o *habeas-corpus*, que o Presidente da Republica inconstitucional e voluntariosamente desacatou, porque os impetrantes e pacientes apenas pretendiam exercer um direito, ou funcção publica, em que estavam legalmente investidos, e de que o Presidente da Republica é manifestamente incompetente para os destituir.

No direito *constituendo* pódem variar as opiniões acerca da organisação administrativa da capital de um paiz, sujeito ao regimen federativo. Em nosso direito constituido, não é serio negar a autonomia, posto que cerceada, outorgada ao municipio da Capital. Ao passo que Washington tem uma administração confiada ao governo federal, o Rio de Janeiro é um municipio autonomo. Estatue de modo bem expresso e terminante o artigo 67 da Constituição Federal: salvo as restricções do artigo 34, n. 30, em virtude das quaes compete ao Congresso Nacional legislar sobre a policia e o ensino superior no Districto Federal, e sobre os demais serviços que por *leis federaes (leis*, e não actos do poder executivo) forem reservados para o Governo da União, «o *Districto Federal é administrado por autoridades municipaes*». Onde descobrir um acto mais eivado de inconstitucionalidade do que o decreto pelo qual o Presidente da Republica despoja das suas funcções de intendentes os mandatarios eleitos pelo municipio, e com poderes já reconhecidos? Bastava-me a barreira levantada pelo artigo 67 da Constituição entre o governo municipal e o da União, para julgar inadmissivel, por uma palpavel incompetencia, a intromissão do poder executivo federal na formação do Conselho Municipal desta cidade. Como conciliar a observancia do artigo 67 da Constituição com o reconhecimento da competencia do Presidente da Republica para se arvorar em segunda instancia, na verificação de poderes dos intendentes municipaes?

Se bem visivel é na Constituição a incompetencia do Presidente da Republica para annullar a verificação de poderes do Conselho Municipal desta cidade, como de quaesquer outras camaras municipaes, fôra preciso fazer do nosso direito um grotesco formalismo chinez para se embaraçar um tribunal, ao conhecer de um *habeas-corpus*, com uma ordem, ou um decreto, expedido pelo poder constitucionalmente incompetente.

Para mascarar o abuso de poder, tem-se escripto que o Districto Federal não gosa da mesma organisação administrativa que os outros municipios da União. Quem ousaria negal-o? O que se affirma, é que as limitações á autonomia deste municipio são as unicas traçadas pela Constituição e pelas *leis* federaes. O *veto*, por exemplo, aliás tão discutido sob o aspecto da constitucionalidade, o *veto* do Prefeito, com a subsequente deliberação do Senado, é uma das restricções creadas por *lei*. Mas, sendo a regra a autonomia, será permittido tirar de uma excepção illações que constituam outras excepções, não previstas pelo legislador?

Para conceder o *habeas-corpus* não me era necessario, nem me parecia regular, examinar a verificação de poderes dos intendentes municipaes. Desde que o fundamento do meu voto foi a faculdade, que é ao mesmo tempo um dever conferido ao Tribunal, de, no julgamento dos feitos em geral, desprezar os actos do poder legislativo e do executivo, infringentes da Constituição, não me competia examinar a verificação de poderes. Para mim, a questão neste ponto se reduzia a averiguar as attribuições do governo da União em face das que, pela Constituição e por leis federaes, tem este municipio. Para resolvel-a, ninguem porá em duvida a competencia do Supremo Tribunal Federal, desde que advirta no poder expressamente outorgado ao Tribunal (artigo 59 da Constituição) de dirimir as causas e conflictos (*conflictos* sem restricção, e conseguintemente tambem os de attribuições) entre a União e os Estados. Não se objecte que o conflicto neste caso seria entre a União e o Districto Federal; pois, sob varios aspectos, é o Districto Federal equiparado ao Estado, e este mesmo Tribunal já tem julgado conflictos de attribuições entre o governo da União e o do municipio. Nem se diga, tão pouco, que fôra necessario resolver primeiro o conflicto, e depois conceder o *habeas-corpus:* o Tribunal tem incontestada competencia para decidir os conflictos de jurisdicção entre juizes criminaes de Estados diversos; e, entretanto, na hypothese de não ter sido suscitado o conflicto, e requerer *habeas-corpus* um réu, condemnado por juiz incompetente, ninguem discute a legalidade da concessão da ordem impetrada. O *simile* é irrecusavel.

Se me competisse examinar a verificação de poderes dos intendentes e os fundamentos em que assenta a resolução que a annullou, nada mais teria deante de mim que uma vasta messe de sophismas e de falsas asseverações. Affirmou-se que oito dos intendentes diplomados haviam renunciado os seus logares; mas isso é falso: em carta, junta aos autos de *habeas-corpus,* carta escripta e assignada, com a firma reconhecida, pelo Dr. Serzedello Corrêa, declarou peremptoriamente o ex-Prefeito que nunca viu o papel em que se dizia estar escripta a renuncia. Como se não bastasse prova tão esmagadora, um dos intendentes, que se dizia haverem renunciado, assignou a petição de *habeas-corpus,* depois de ter comparecido ás sessões do Conselho por mais de um anno. Entendeu-se que o facto de serem oito intendentes de um partido e oito de outro constituia um caso de força maior, que impossibilitava a reunião do Conselho, quando todos sabem que o caso de força maior é sempre um acontecimento imprevisivel e irresistivel, ou pelo menos irresistivel, e a formação de um corpo legislativo com individuos filiados a partidos diversos é a coisa mais previsivel, natural e conveniente, e a que se não deve oppôr a minima resistencia, porque todos devem desejar, todos devem querer, todos devem acoroçoar, todos devem julgar de grande e incontestavel utilidade á boa gestão dos negocios publicos. Assegurou-se que o regimento do Conselho Municipal exige uma certa maioria para a realisação das sessões preparatorias de verificação de poderes, quando é certo, e todos que sabem lêr podem verifical-o, que esse regimento dispõe no artigo 8º que as sessões preparatorias para verificação de poderes se effectuam *com qualquer numero de intendentes*. Chegou-se a este extremo no absurdo: sendo 16 os intendentes municipaes, e havendo nove eleitos e diplomados, que por longos mezes compareceram ás sessões, julgou-se que o facto de sete não terem comparecido ás sessões autorisava o annullamento da eleição dos nove, firmando-se assim um precedente de funestissimas consequencias.

Nenhuma procedencia tem a allegação, tantas vezes repetida, de que ao Tribunal faltava competencia para conhecer do *habeas-corpus*, por ser a materia de ordem politica. O que é espantoso, é que essa observação tem sido produzida por aquelles mesmos que haviam antes recorrido ao Tribunal para fim perfeitamente identico. Varias ordens de *habeas-corpus* foram impetradas ultimamente pelos membros do Conselho Municipal, assim como pelos deputados estaduaes do Rio de Janeiro. Tanto em um caso como no outro, os dois grupos adversos imploraram ao mesmo Tribunal a mesma protecção, esforçando-se cada um por demonstrar quanto era adequado o recurso á defesa dos seus direitos. Os membros deste Tribunal na sua quasi unanimidade manifestaram igual sentir. Na preliminar sempre se decidiu que o caso era de *habeas-corpus*, por uma grande maioria. Foi sómente depois que os contrariados em suas intenções e interesses se lembraram de arguir a incompetencia do Tribunal para sentenciar na especie.

A mais estranha fórma, que tem revestido a objecção da natureza politica ao caso do Conselho Municipal, é a consistente em declarar que o Tribunal não tem competencia para conceder *habeas-corpus* politicos. Falar em *habeas-corpus* politicos é o maior destempero, com que a insciencia e a má fé se podiam pronunciar sobre a especie. Não sei que membro da familia dos Cervotos gerou tão descompassada celebreira. Não ha, não póde haver *habeas-corpus* politicos, assim como não ha *habeas-corpus* commerciaes, administrativos, ou de qualquer outro modo similhante qualificados. O *habeas-corpus,* repito, tem por funcção exclusiva garantir a liberdade de locomoção, *o direito ir e vir.* A um ladrão cadimo e ao mais hediondo assassino não póde o Tribunal recusar uma ordem de *habeas-corpus,* uma vez averiguado que foi pronunciado ou condemnado por juiz incompetente. E ha de negar o *habeas-corpus* ao eleitor que, no goso incontestavel dos seus direitos politicos, é impedido, pelo arbitrio de uma autoridade, de penetrar no edificio em que se procede á eleição, quando esse tem o seu direito garantido por uma lei especial, a de 15 de novembro de 1904? Ou ao deputado a quem o governo porventura tolha a liberdade de locomoção, porque lhe convenha evitar o voto de tal representante da nação em determinado momento politico? Ainda quando se trate de crimes politicos, porque se ha de usar desse tratamento juridico excepcional, caracterisado por um perverso rigor, quando é sabido que em todas as nações cultas são precisamente os delinquentes politicos os mais benignamente tratados e os mais brandamente punidos, pela circumstancia de serem os factos qualificados crimes politicos frequentemente inspirados em um ardente patriotismo e nas mais nobres aspirações, o que fez o grande **Carrara**, o eminente chefe da escola classica em direito penal, depôr a penna, ao chegar o momento de dissertar sobre os crimes politicos, escrevendo a phrase celebre, que serve de epigraphe ao ultimo capitúlo da sua vasta obra : «*perché non espongo questa classe ?*»

Se examinarmos sob um aspecto mais amplo a arguição da incompetencia do Tribunal para conhecer de questões politicas, ainda não poderemos chegar á conclusão dos que nos increpam de usurpar attribuições de outros poderes. Macaqueámos as instituições constitucionaes norte-americanas, a cada passo os nossos politicos militantes lavam o rosto aos adversarios com precedentes e costumes politicos americanos ; mas, quando apparece a necessidade ou o ensejo de applicar as instituições que, bem ou mal, importámos, bem patente se faz a nossa falta de envergadura para imitar o modelo, a nossa incapacidade para pôr em pratica o regimen perfilhado por nossas leis.

Ausente desta capital, e longe dos meus livros, ao tomar estes apontamentos, não me foi possivel extractar das lições dos constitucionalistas americanos, as autoridades irrecusaveis no assumpto, o que importa a este ponto. Mas por um feliz acaso, tinha á mão a obra que foi invocada ao discutirmos o caso do Conselho Municipal, para o fim de vedar ao Tribunal o conhecer da especie. Refiro-me ao trabalho monumental do Sr. **Ruy Barbosa** sobre *O Direito do Amazonas ao Acre-Septentrional*. Nos dois volumes, em que se contém o extraordinario estudo, ha uma serie exhaustiva de citações das autoridades americanas nesta materia. Cifrar-se-á o meu trabalho em reproduzir os principaes ensinamentos, indicando os logares de que foram trasladados, para facilitar a tarefa dos que quizerem verificar a fidelidade da reproducção. Releve-me o Tribunal que assim proceda. Se ha caso em que se torne justificavel e indispensavel a citação de autoridades, é este.

Primeiramente, importa notar que ao Supremo Tribunal Federal, e não ao Governo da União, compete determinar sobre que especies de pleitos se estende a sua jurisdicção. O bom senso e o espirito liberal dos norte-americanos não permittem que essa attribuição seja exercida pelo poder executivo, não raras vezes arrastado por interesses e paixões de momento a soluções illegaes. Dessa doutrina e dessa pratica dá testemunho o professor **Allen Smith**: «*Desde que só a esse tribunal* (a Côrte Suprema) *compete decidir quaes as questões que são politicas, quaes as que o não são*, nas suas mãos está o ensanchar ou estreitar o sentido ao qualificativo de politicos, segundo lhe parecer.» (*The Spirit of American Government*, pag. 110).

Ainda quando de natureza politica fosse o caso do Conselho Municipal, não seria isso razão para se não cumprir a sentença judicial. Nos Estados-Unidos da America do Norte, a Côrte Suprema «decide renhidas questões sobre a intelligencia da Constituição nos seus aspectos politicos» (**Baldwin**, *Modern Political Institution*, pagina 253). «A Suprema Côrte dos Estados-Unidos é frequentemente chamada a resolver grandes questões politicas, submettidas ao seu conhecimento sob fórmas judiciaes» (**F. Pollock**, *A First Book of Jurisprudence*, pagina 335). «A Côrte Suprema tem annullado *(annulled)* vinte e uma vezes deliberações do Congresso, e leis estaduaes mais de duzentas vezes, por implicarem umas e outras com a Constituição. Muitas dessas teem sido questões *do mais alto alcance politico (of the highest political importance)*, renhida e amargamente debatidas nas assembleias legislativas, em meio á excitação publica. Frequentemente succede que a nação inteira se divida no apreciar dessas controversias judiciaes, e por vezes o julgado não vinga entre os nove juizes senão mediante ligeira minoria. Não obstante, muito ha que o paiz se submette sempre *(every time)* ao oraculo *(to the oracle)* da Côrte Suprema, tendo por definitivamente encerradas as contendas sobre que ella se pronunciou». *(H. Münsterberg, The Americans,* pagina 110). Dissertando sobre os celebres *Casos Insulares,* escreveu o professor **Rowe**: «Estes julgados serviram de realçar com grande clareza *a posição unica,* occupada pela Côrte Suprema. *Diversamente de outro qualquer tribunal* lhe cabe ás vezes resolver questões que, supposto juridicas na fórma, são politicas na substancia e actuam profundamente sobre a estructura das nossas instituições». *(The Supreme Court and the Insular Cases,* Ann. of the Americ. Acad. of Polit. and Soc. Science, vol. XVIII, pagina 38)».

Sendo assim, dir-se-á: a que fica reduzida a regra de que a Côrte Suprema não resolve questões politicas, as quaes são proprias da esphera do poder legislativo e do executivo? Fazem os mestres do direito constitucional americano uma conhecida distincção entre casos *puramente politicos, exclusivamente politicos, absolutamente politicos,* e casos juridicos ou, antes, judiciaes, cuja decisão é de consequencias politicas, e casos politicos que assumem uma feição judicial, uma fórma de pleito subordinado a normas juridicas. Só as questões *meramente politicas,* isto é, as que não estão sujeitas a disposições legaes, e consistem na apreciação das necessidades sociaes e da utilidade da adopção de certas providencias, e da pratica de actos, que interessam á collectividade, questões entregues á discreção, ao poder arbitrario do Congresso e do Governo, escapam á jurisdicção da Côrte Suprema. A politica, segundo bem definiu **Schaffle**, é «a arte de guiar todas as tendencias sociaes divergentes, imprimindo-lhes novas direcções communs e médias, com a minima resistencia collectiva e a minima perda de forças», o que exige no poder politico certa liberdade de apreciação e de resolução. Desde que uma questão deve ser dirimida em face de preceitos legaes, porque taes preceitos determinam o modo de solver questões dessa especie, temos um assumpto judicial, pouco importando que as consequencias de qualquer sentença, proferida em litigios dessa ordem, sejam politicas, influam na politica, ou que a substancia do pleito seja politica, isto é, que se trate da direcção das tendencias sociaes e de modificar o estado da collectividade em beneficio da mesma, ou com esse intento. É este Tribunal competente para processar e julgar o Presidente da Republica nos crimes communs. Difficilmente se descobrirá um facto que mais profundas alterações possa causar á direcção politica do paiz do que a sentença condemnatoria do chefe da nação em dadas emergencias. É expressa a attribuição de não applicar as leis e actos do executivo contrarios á Constituição. Reformas reputadas urgentes, ou de grande utilidade, por um partido politico, podem ser nullificadas em virtude dessa faculdade do Tribunal.

Na doutrina e na pratica da America do Norte é corrente a distincção assignalada. **Thayer**: «Em casos puramente politicos *(purely political)* e de mera acção discrecionaria, embora os outros poderes violem a Constituição, o judiciario lhe não poderia acudir» *(Harvard Law Review*, vol. VII, pagina 134). **Hitchcok**: «As questões puramente politicas, isto é, as que são commettidas pela Constituição, ou pelas leis, á discreção quer do poder executivo, quer do legislativo, não entram na competencia dos tribunaes». *(Chief Justice Marshall,* pagina 80).

Algumas vezes tem a Côrte Suprema julgado questões politicas da maior gravidade, como os *Casos Insulares,* em cujas decisões estatuiu disposições constitucionaes alheias á Constituição de 1787.

A attribuição de manter cada um dos outros poderes federaes e os estaduaes dentro dos limites da sua orbita constitucional de actividade, não a recusam os constitucionalistas americanos á Suprema Côrte. **Bryce**: «A Côrte Suprema mantem todo o seu mecanismo em boa ordem, protegendo a União contra os Estados e cada uma das partes do Governo Federal contra qualquer attentado dos outros». *(Studies in history and jurisprudence,* volume I, pagina 399). **Willoughby**: «O mais poderoso dos freios no preservar, não só as relações regulares entre o poder federal e os poderes dos Estados, mas ainda entre os proprios ramos do poder federal, tem consistido indubitavelmente na Côrte Suprema. Ella tem sido a roda mestra *(the balance wheel)* no mecanismo da Republica. A Constituição, no exercicio da sua supremacia a respeito de todos esses poderes, *a todos lhes poz limites e o instrumento para dar realidade a esta limitação tem sido a Côrte Suprema,* como interprete do direito constitucional» (**Willoughby,** *The Supreme Court of the United States,* pagina 83).

Se tivesse o Tribunal proferido um accordam sobre questão politica, nunca fôra licito ao poder executivo federal annullar esse accordam, ou suspender-lhe a execução, sob o fundamento de ser a materia de natureza politica, quando a esse poder não compete decidir o que é questão politica. Mas, o objecto da decisão do Tribunal no caso do Conselho Municipal não foi de natureza politica. Tratava-se de resolver se devia ser respeitada, ou não, a annullação inconstitucional de uma camara municipal. O que havia na realidade, e todos o sabem, era o interesse de um grupo politico em annullar uma camara composta de adversarios. Nada mais. Façamos de conta, entretanto, que essa não fosse a hypothese, e indaguemos em these que caracter politico poderia revestir a questão suscitada. Onde já viu alguem caracter politico na administração municipal? Póde o municipio intervir na declaração de guerra e na celebração de tratados de paz, na direcção das relações diplomaticas, no regimen do commercio internacional, no regimen tributario, na creação de bancos de emissão, na legislação sobre as forças de terra e mar, na declaração do estado de sitio, na determinação das condições e do processo da eleição para os cargos federaes, na formação de qualquer dos ramos do direito, na sancção das leis da União, na livre nomeação e demissão dos ministros de Estado, ou em qualquer outro dos muitos assumptos de politica nacional? Tem o municipio a attribuição, ou meios, de dirigir as diversas tendencias sociaes, imprimindo-lhes uma direcção qualquer? Não é sua missão cuidar exclusivamente das necessidades e interesses locaes? Ainda quando entendesse alguem que mais vasta deve ser a esphera de acção das autoridades no Districto Federal, não temos a combinação dos textos expressos dos artigos 68, 67 e 34, n. 30, da Constituição Federal, a delimitar bem vivamente o que é attribuição do municipio desta Capital, e o que não póde fazer o governo da União no mesmo municipio? No texto peremptorio do artigo 67, o qual bem claramente dispõe que, salvas as excepções creadas pela Constituição e por *leis* federaes (por *leis* exclusivamente), o Districto Federal é administrado por autoridades municipaes, não está a declaração solenne de que o municipio é governado por autoridades por elle constituidas? Quererá esse texto constitucional dizer o contrario do que muito claramente dão a entender as suas palavras, isto é, que as autoridades municipaes pódem ser livremente déstituidas pelo governo federal? Não terá o texto mencionado por fim manifesto impedir as demasias do Presidente da Republica, e não competirá a este Tribunal applicar a Constituição, sempre que se lhe depare algum desses excessos, ou abusos de poder, em um processo submettido ao seu julgamento? Se o fundamento falso, ou mesmo real, da necessidade, ou utilidade politica, basta para justificar a intervenção do poder executivo federal na constituição das autoridades e funccionarios municipaes do Districto Federal, que texto da Constituição preservará a autonomia dos demais municipios da União? Diante da Constituição e das *leis* não está bem patente a incompetencia do Presidente da Republica para expedir decretos que annullem a formação do Conselho Municipal desta cidade, bem como das camaras municipaes dos Estados? Em sã consciencia, não ha necessidade, ou interesse *politico,* tomando o termo na sua accepção propria, que resguarde o decreto que annullou o Conselho Municipal desta cidade. E, quando o houvesse, a questão nunca se poderia dizer *meramente, exclusivamente politica;* porquanto a sua solução está encerrada em textos expressos da Constituição Federal.

Já se vê que solidas razões tive eu para votar, como votei, no caso do Conselho Municipal.

Denuncía a mensagem do Presidente da Republica, de 22 de fevereiro do corrente anno, uma contradicção entre o meu voto nesta especie e votos por mim proferidos em outros *habeas-corpus*. Para evidenciar a minha inconsequencia, começa a mensagem presidencial, transcrevendo uma passagem do accordam n. 2970, de 17 de dezembro de 1910, a qual diz o seguinte: «... o instituto do *habeas-corpus* tem por funcção garantir a liberdade physica, ou o direito *de ir e vir*, obstando a que seja alguem encarcerado, exilado, ou detido, a não ser por sentença de juizo competente, proferida de accordo com as formalidades legaes».

Fui o relator desse accordam, cujo trecho citado está fielmente reproduzido. Mas, no periodo assim destacado, isolado do resto da sentença, não se póde ver o meu conceito sobre o *habeas-corpus*. A nenhum homem é dado exprimir em uma só phrase todo o seu pensamento acerca de uma materia complexa. Posto contenha no fundo uma prelecção sobre o *habeas-corpus*, a mensagem presidencial evidentemente reveste a fórma do arrazoado forense, das allegações finaes, a cujos vicios, bem conhecidos e condemnados, não se pôde forrar.

Parece que a intenção da MENSAGEM de 22 de fevereiro foi inculcar que no accordam referido eu manifestara a opinião de que só devemos conceder uma ordem de *habeas-corpus,* quando o paciente se queixa de estar preso, exilado, ou detido, ou ameaçado de immediatamente ser preso, exilado, ou detido. Mas, para qualquer pessôa se certificar do contrario será sufficiente a leitura de toda a decisão. Tratava-se de individuos que se julgavam victimas de uma *coacção illegal,* porque a policia de S. Paulo, quando os encontrava nos passeios lateraes da rua mais transitada da capital do Estado, lhes pedia cortezmente que se collocassem junto das paredes das casas ou sobre as guias dos passeios, deixando estes desobstruidos, afim de que os demais transeuntes não fossem constrangidos a passar pelo meio de uma rua, sempre cheia de vehiculos de toda especie, o que constituia um perigo, especialmente para crianças e velhos. Fundamentando a denegação da ordem impetrada, cogitei primeiro da hypothese, tão commum, de se pedir *habeas-corpus* para fazer cessar, ou para prevenir, uma prisão ou detenção illegal, para em seguida mais detidamente me occupar do caso sujeito á decisão do tribunal, e que era precisamente o em que os pacientes se julgam victimas de uma coacção illegal, que se não traduz pela ameaça de uma prisão immediata. Decidiuse que *nenhum constrangimento illegal soffriam os requerentes;* porquanto, a medida posta em pratica pela policia do Estado de S. Paulo tinha por fim exactamente proteger a liberdade de locomoção, facilitando a todos o transito, e precavendo os transeuntes contra desastres facilmente previsiveis, o que é missão da policia administrativa.

Para sustentar, como faz a mensagem, que o *habeas-corpus* tem cabimento exclusivamente, quando se quer pôr termo á prisão, ao exilio, ou á detenção illegal, fôra preciso nunca ter lido o artigo 340 do Codigo do Processo Criminal, que assim preceitúa: «Todo cidadão que entender que elle, ou outrem, soffre uma prisão, ou *constrangimento illegal* em sua liberdade, tem direito de pedir uma ordem de *habeas-corpus* em seu favor». Bastava, pois, a simples leitura do Codigo do Processo Criminal, ou da Constituição Federal, cujo texto concernente á especie já foi antes reproduzido, para não incidir na heresia juridica de que só se concede o *habeas-corpus*, contra a prisão, detenção ou exilio, e não contra *qualquer coacção,* ou *constrangimento illegal,* á liberdade physica.

Nem vale a pena alludir ás citações do decreto de 11 de outubro de 1890, da lei de 20 de novembro de 1894 e do regimento deste Tribunal, com que argumenta o poder executivo para o fim de convencer o judiciario, de que deve criminosamente infringir a disposição clara e terminante da Constituição Federal, que manda conceder o *habeas-corpus,* sempre que o individuo se achar em imminente perigo de soffrer violencia ou coacção, por illegalidade, ou abuso de poder. A quem se estriba em uma disposição constitucional, positiva, ampla e insophismavel, não se responde, nem se objecta, com preceitos de leis secundarias, nem com regimentos de tribunaes.

É manifesta a vontade de que, sob a republica, a nação brasileira desande muitos annos, no que respeita á garantia da liberdade individual, e se negue o *habeas-corpus* em casos que sob a monarchia se resolviam por esse remedio judicial. Haja vista aquillo que, em 1883, em consulta do conselho de Estado, opinava o Sr. conselheiro **Lafayette Rodrigues Pereira**, um dos mais acatados consultores technicos do governo da União: «*O habeas-corpus* é uma instituição de pura creação do direito inglez, e desse direito passou directamente para o nosso. Essa admiravel garantia da liberdade não foi ainda naturalisada em França (**Serrigny**, *Droit Public des Français,* tit. 3°). As disposições do Codigo do Processo Criminal e as da lei n. 2033, relativas ao *habeas-corpus,* são, por assim dizer, trasladadas de **Blackstone**. Pois bem: acerca do ponto controvertido, a lei ingleza é terminante: «A ordem de *habeas-corpus* é um mandado de direito, que não póde ser recusado, mas deve ser concedido a todo homem, que é enviado á prisão, ou nella detido, *ou que soffre qualquer constrangimento,* ainda que seja por ordem do rei, do conselho privado, ou de qualquer autoridade».

Se, portanto, no decreto que mandou fechar o Conselho Municipal, e vedou a reunião dos intendentes, nada mais se contivesse do que um constrangimento illegal á liberdade physica dos pacientes, sem nenhuma ameaça de prisão, o *habeas-corpus,* não obstante, devia ser concedido. Mas, a verdade, resaltante aos olhos de todos, é que os intendentes municipaes, publicado o decreto inconstitucional, ficaram expostos a ser presos, desde que não se conformassem ao abuso de poder e quizessem penetrar no edificio do Conselho Municipal, para o fim de exercerem as funcções de que foram nullamente destituidos, por um poder incompetente. Tentando dissimular essa verdade, a mensagem bem nos revela que a fórma de arrazoado forense influiu na emissão dos conceitos de que está repleta a dissertação presidencial.

Nesse documento ainda se reproduz um trecho de outro voto, por mim aqui proferido, para se patentear a minha incongruencia. É o seguinte: «Entretanto, neguei a ordem de *habeas-corpus,* porque o fim que se tentou conseguir, impetrando-a, não foi garantir a liberdade individual sómente, mas resolver uma questão de investidura em funcções de ordem legislativa. Ensinam os publicistas inglezes e americanos, que nesta materia são *maestri di color che sanno,* que o *habeas-corpus* tem por funcção garantir unicamente a liberdade individual... Ainda que se adopte o conceito de liberdade individual dos que mais dilatam esse direito, como, por exemplo, o que nos ministra **A. Brunialti**, no 2º volume de sua obra *Il Diritto Costituzionale e la Politica,* pag. 642, nunca será permittido affirmar que o *habeas-corpus* seja meio regular de garantir a liberdade individual, resolvendo simultaneamente outras questões, envolvidas propositadamente na decisão do *habeas-corpus*, que foi o que se pretendeu nestes autos».

Ahi está bem claramente resumido, o que sempre tenho sustentado em materia de *habeas-corpus*. O *habeas-corpus* tem por funcção garantir a liberdade de locomoção exclusivamente. Nenhum direito mais se defende, nenhuma questão estranha se resolve, por uma ordem de *habeas-corpus*. Se, para conceder o *habeas-corpus*, é mistér examinar allegações e provas, que devam ser exhibidas em uma acção qualquer, sob qualquer fórma processual, ao juiz cumpre indeferir o pedido. A quem requer um *habeas-corpus*, allegando que lhe é tolhida a liberdade de locomoção, quando quer usar desse direito para praticar um determinado acto, para exercer um direito de qualquer especie, não é licito negar a ordem pedida, desde que o direito—escopo, o direito para o qual se precisa da liberdade de locomoção, não esteja contestado ou não possa razoavelmente ser contestado.

No caso do Conselho Municipal, já o disse e agora repito, a questão que me incumbia decidir, reduzia-se a esta formula: devo conceder o *habeas-corpus* a intendentes municipaes, eleitos, diplomados, com seus poderes verificados, o que tudo se provou, além de ser publico e notorio, estando averiguado que o unico obstaculo ao ingresso desses intendentes no edificio das suas reuniões é um decreto do Presidente da Republica? Dada a theoria acerca do *habeas-corpus*, da qual nunca me afastei, importava-me examinar se no processo summarissimo desse recurso judicial se envolvera qualquer outra questão, que devesse preliminarmente ser julgada. Ora, o que immediatamente se impoz ao meu espirito, foi a manifesta incompetencia do Presidente da Republica para expedir o decreto de 4 de janeiro do corrente anno. Essa incompetencia só interesses illegitimos pódem pôr em duvida. Em negocios peculiares aos Estados é licito ao governo federal intervir em casos muito estrictos, porque assim o estatue o artigo 6º da Constituição. Mas, em negocios peculiares aos municipios, qual é o artigo da Constituição que permitte a ingerencia do poder federal? Invocar o artigo 34, n. 30, e o artigo 67, para colorir a inconstitucionalidade do acto, argumentando com as limitações da autonomia do Districto Federal, é um sophisma pueril, ou um paralogismo, explicavel sómente pela falta de leitura attenta das disposições constitucionaes. Não estamos em Washington, Capital Federal, entregue á administração central. Vivemos no Rio de Janeiro, municipio autonomo, *administrado por autoridades municipaes,* conforme preceitúa, com inexcedivel clareza, o artigo 67. Argumentar com o *veto* do Prefeito ás resoluções municipaes e a consequente deliberação do Senado sobre o *veto,* é incorrer em igual transgressão da logica, tão patente como a primeira. O *veto* é conciliavel com a autonomia cerceada. A despeito delle, é o Districto Federal administrado por autoridades municipaes, que proveem aos interesses locaes; só excepcionalmente as resoluções do governo municipal são modificadas pelo Prefeito e pelo Senado. Admittido o abuso de obstar o Governo da União ao exercicio das funcções do Conselho Municipal, e assim de facto dissolver a camara do municipio, mandando proceder a novas eleições, quem poderá dizer em sã consciencia que continua o Districto Federal a ser administrado por autoridades municipaes? Que vontade municipal representam os intendentes do municipio, quando os eleitos pelos municipes podem ser expellidos pelo poder federal? Sendo evidentemente inconstitucional o acto do Presidente da Republica, por lhe ter a Constituição claramente negado competencia para intervir, como o fez, na vida autonoma municipal, nenhum embaraço se me deparava á concessão do *habeas-corpus*. Nem fôra acertado considerar a materia da manifesta incompetencia, objecto de uma questão merecedora de discussão, provas e decisão em processo separado. Nunca o Tribunal se lembrou de assim proceder, quando os pacientes invocam a incompetencia dos juizes que os pronunciaram, ou os condemnaram, concedendo-se immediatamente a ordem. Como havemos de ver nos actos, nullos por incompetencia, da administração uma difficuldade á concessão do *habeas-corpus,* que não descobrimos nos actos, eivados do mesmo vicio, do poder judiciario? No caso do Conselho Municipal, pois, não tinha que resolver nenhuma questão, propositadamente envolvida no *habeas-corpus*. Não se fazia mistér discutir, contender, exhibir provas, nem julgar nenhum pleito. De accordo com a doutrina, que nunca abandonei, podia conceder o *habeas-corpus*.

Patenteada a incompetencia, que tão expressamente a Constituição fulminou, do Presidente da Republica para influir na composição do Conselho Municipal, não me era necessario estudar sob outros aspectos o decreto de 4 de janeiro. Mas, se me dedicasse a esse exame, nada mais encontraria do que vãs, vãnissimas allegações e peladissimos sophismas sobre pontos exclusivamente de direito. E ninguem ousará sustentar que, para impedir a concessão de um *habeas-corpus* contra um acto illegal (por falta de competencia), que importa um constrangimento á liberdade individual, basta que a autoridade incompetente anteponha á ordem illegal uma série de considerações que nada justificam. Pois, então, deixa um constrangimento de ser illegal, e surge uma questão, que obsta á concessão do *habeas-corpus*, só porque antes da ordem illegal se alinham argumentos evidentemente improcedentes? Já reflectiram os que assim raciocinam nos perigosissimos corollarios, em que se póde desentranhar tão esdruxula opinião, para o mais precioso de todos os direitos, depois do direito de viver, e para a primeira de todas as liberdades?

Não prevalecia contra a concessão do *habeas-corpus* o argumento capital dos que se lhe oppunham, deduzido do artigo 2º da lei de 29 de dezembro de 1902. A referida disposição apenas declara que o Prefeito governa o municipio, quando se verifica qualquer das duas hypotheses — annullação de eleições, ou caso de força maior. As eleições não foram julgadas nullas por quem tinha competencia para fazel-o, competencia que nenhuma lei deu ao governo da União. E, quanto á força maior, nada mais absurdo, e contrario aos rudimentos do direito, do que julgar que se realisa essa hypothese quando se dá o facto, perfeitamente previsivel, natural e de excellentes resultados, de serem eleitos intendentes filiados a partidos diversos. O que de modo nenhum se comprehende, é o caso de intendentes, em qualquer numero, não quererem exercer as suas funcções, servir de fundamento a um decreto, que annulla a eleição dos outros intendentes eleitos, diplomados, com seus poderes verificados e já no exercicio dos seus cargos.

Nem podia ater-me ao dilemma da mensagem, em virtude do qual se considerou incompetente este Tribunal para conhecer do *habeas-corpus;* porquanto, ou o Tribunal tinha competencia para verificar os poderes dos intendentes, e então devia apreciar o reconhecimento feito pelo Conselho Municipal, ou não lhe era dado esse poder, e nesse caso não devia conceder uma ordem de *habeas-corpus* a individuos que não lhe era licito affirmar fossem intendentes. Excellente meio de argumentar são os dilemmas, quando feitos logicamente, figurando as duas unicas hypotheses possiveis; mas, se esquecem uma terceira hypothese, que é a mais razoavel, nada valem. Ao Tribunal não cabia apreciar os caracteres intrinsecos dos poderes dos intendentes, missão do Conselho Manicipal. O que lhe incumbia neste, e em todos os mais casos analogos, era indagar sómente se tinha deante de si cidadãos eleitos para o cargo que deviam occupar, com os seus poderes verificados *por quem de direito,* interpretado o regimento da corporação pelos competentes para isso. Foi o que se fez.

Tres *habeas-corpus* requereram os intendentes municipaes desta cidade, antes do de que me preoccupo.

O primeiro foi impetrado por um grupo de intendentes, que illegalmente, e á fina força, pretendiam que o Tribunal julgasse regular uma mesa provisoria, presidida, contra a expressa disposição da lei municipal, por quem não era o mais velho dos eleitos. Negámol-o. Era inquestionavelmente illegal a posição dos pacientes, cujo procedimento ulterior tornou bem patente, que fóra seu intento exclusivamente obter uma decisão, que acobertasse a illegalidade praticada; porquanto, sendo-lhes concedido um *habeas-corpus,* o terceiro impetrado, quando já funccionava a mesa regularmente constituida, não quizeram utilisar-se da decisão em seu favor. O segundo *habeas-corpus* foi impetrado por intendentes, que muito regularmente, sob a direcção da mesa presidida pelo mais velho, procediam á verificação de poderes, quando inconstitucionalmente *(como sempre entendi e votei)* foram embaraçados na sua liberdade individual, e não puderam reunir-se no edificio das suas sessões. Ao terceiro já me referi. Tambem foi concedido; mas, os pacientes delle não se aproveitaram, por já estar funccionando a mesa legal. Em todas as decisões votei de perfeita conformidade com a doutrina que sempre tenho sustentado sobre o *habeas-corpus*.

Com essa mesma coherencia julguei os *habeas-corpus* pedidos em favor dos dois grupos adversos de deputados do Estado do Rio de Janeiro. Na decisão do primeiro, não era possivel conceder a ordem sem primeiro apurar e julgar uma questão de organisação de mesas eleitoraes e de presidencia da assembleia, propositadamente envolvida no *habeas-corpus*. Além de faltar competencia ao Tribunal para resolvel-a, nem sequer nos autos tinhamos elementos, provas, que nos habilitassem a apreciar a questão. Ao julgarmos o segundo *habeas-corpus,* o de 4 de janeiro do corrente anno, não me seria desculpavel qualquer hesitação. Estava provada a violencia, e mera violencia contra representantes do Estado, que, havia mezes, funccionavam, sem que nenhum poder competente lhes contestasse a legitimidade do mandato. Allegou-se que o governo da União *interviera,* usando da faculdade do artigo 6° da Constituição Federal. Mas, era allegação despida de qualquer valor juridico, porquanto nenhum decreto fôra expedido, nenhum acto official, nada absolutamente, que autorisasse a vaga conjectura de que se tratava de uma *intervenção* regular. Apenas tinhamos noticia da remessa de força federal para a capital do Estado, da violenta occupação de todas as repartições estaduaes pela tropa de linha, e da impossibilidade, em que se achavam as autoridades estaduaes, de exercer suas attribuições. Isso, como todos comprehendem, não é intervenção, na linguagem constitucional. Foi muito mais tarde, e depois de haver o Tribunal notado a gravissima falta, de consequencias tão funestas ao regimen federativo, que se expediu o decreto de 13 de janeiro do corrente anno, com data de 3 do mesmo mez, e com uma comprometedora lettra do alphabeto em seguida ao seu numero de ordem. A violencia havia sido praticada a 30 e 31 de dezembro.

Á paciente analyse da mensagem presidencial não escaparam as minhas proprias citações de autoridades em materia constitucional. Fundamentando o accordam increpado, reproduzi um texto do *Digesto Americano,* que é um transumpto da jurisprudencia da Suprema Côrte, e ao mesmo tempo uma synthese admiravel da liberal doutrina, que sempre tenho professado, sobre o *habeas-corpus*. Eis o texto: «*The constitutional guaranties of personal liberty are a shield for the protection of all classes, at all times, under all circumstances*». Corrigindo a minha interpretação, ensina o Presidente da Republica, em sua didactica mensagem, que o trecho do *Digesto Americano,* longe de apoiar a minha doutrina do *habeas-corpus*, sempre, invariavelmente, applicada por mim, quer dizer sómente (palavras textuaes) «que um individuo de qualquer classe, em qualquer occasião, e sob qualquer circumstancia, desde que soffra em sua liberdade individual, liberdade physica, tem direito ao recurso do *habeas-corpus*». Antes de ser bem comprehendida, nada mais exprime a passagem em questão do que uma verdade trivial. É depois de reflectir na força dos termos empregados que bem claramente se vê o liberal conceito do *habeas-corpus,* encerrado nesse periodo. Ao individuo que soffre uma coacção illegal á sua liberdade de locomoção deve ser concedido o *habeas-corpus, qualquer* que seja a sua classe, *sem nenhuma excepção,* a *qualquer momento, sem restricção de especie alguma,* em *todas* as circumstancias, *sem excluir nenhuma.* Logo, ao cidadão que para si impetra uma ordem de *habeas-corpus,* porque illegalmente, sem embargo da sua incontestavel posição juridica, da legalidade manifesta do acto que pretende praticar, lhe tolhem a liberdade physica, na occasião em que vae exercer um direito civil, ou celebrar um contracto commercial, ou desempenhar um dever de funccionario administrativo ou votar, ou exercer qualquer funcção publica electiva ou de nomeação, não é licito negar o *habeas-corpus.* Se o negassemos, haveria uma classe de individuos, ou um momento, ou uma circumstancia, que justificaria a privação illegal da liberdade physica, o que é contrario á doutrina synthetisada no texto americano.

Por suppôr incompetente o Tribunal para conhecer do caso do Conselho Municipal, resolveu-o provisoriamente o poder executivo da União, e entregou a sua solução definitiva ao Congresso Nacional. Mil vezes peior é a emenda do que o soneto. Depois de haverem feito a classificação das funcções dos tres poderes, o legislativo, o executivo e o judiciário, attendendo á materia, *ratione materiæ,* reconheceram os publicistas o absurdo do criterio, e passaram a classifical-os, examinando exclusivamente a natureza das mesmas funcções, *ratione muneris.* Não ha materia, assumpto, ou objecto, que por sua natureza seja legislativo, executivo ou judicial. Trata-se de estabelecer normas juridicas? Ao poder legislativo compete agir. Cumpre fazer observar as leis em geral, sem applical-as a casos particulares, controvertidos? A funcção é executiva. Faz-se necessario applicar as leis a contendas, a controversias, a questões entre pessôas singulares, ou collectivas? Ninguem contesta a competencia do poder judiciario. Ora, no caso do Conselho Municipal, do que exclusivamente se cogitava era de dirimir uma questão, de interpretar e applicar preceitos constitucionaes e legaes a uma determinada especie. Aos olhos de todos resalta a incompetencia do poder legislativo, que não póde fazer leis infringentes da Constituição, e, ainda menos, julgar, applicando disposições legaes a casos particulares. Se, por esses fundamentos, incompetente é o poder legislativo, pelas mesmas razões não se póde um só momento pôr em duvida a incompetencia do executivo.

Sob a monarchia não era raro expedirem os ministros da justiça avisos interpretativos de preceitos legaes, para a solução de questões entregues ao poder judiciario. Juizes fracos e de pouco preparo juridico foram muitas vezes os primeiros a solicitar taes instrucções. Lembram-se todos de quão vehementemente se condemnava essa pratica inqualificavel.

Como havemos de tolerar que, sob a republica federativa, e no regimen presidencial, em que tão nitida e accentuada é a separação dos poderes, se restabeleça a inconstitucional intrusão do poder executivo nas funcções do judiciario? Ao Presidente da Republica nenhuma autoridade legal reconheço para fazer prelecções aos juizes acerca da interpretação das leis e do modo como devem administrar a justiça. Pela Constituição e pela dignidade do meu cargo sou obrigado a repellir a lição. Poderia acceital-a em virtude da autoridade scientifica, de que dimana. Essa é grande, ninguem a contesta, e eu mais do que todos a acato e venero. Mas, *quandoque bonus dormitat Homerus :* desta vez a lição veio inçada de erros, e erros funestissimos á mais necessaria de todas as liberdades constitucionaes. Ainda, por essa razão, sou obrigado a devolver-lh'a».

De accordo com essas ideias tem julgado muitas vezes o Supremo Tribunal Federal, concedendo *habeas-corpus* a deputados estaduaes e membros de conselhos ou camaras municipaes, que, provando estar legalmente reconhecidos, provam igualmente achar-se impossibilitados de exercer suas funcções, não podendo reunir-se no logar proprio; porque são victimas de violencia ou coacção, proveniente de ordem, ou de acto inconstitucional, ou illegal, de autoridade do Estado, ou do municipio ([1]).

Verdade é que tem havido não pouca divergencia no apreciar os factos, no interpretar os casos, que se ajustam á doutrina exposta. Mas, examinando-se com attenção as hypotheses e os julgados, verifica-se que em substancia a theoria abraçada pelo Tribunal tem sido a que resumimos.

Desde que se averigúa que a investidura no cargo não é facto provado e certo, o Supremo Tribunal Federal denega a ordem impetrada Leia-se, por exemplo, o accordam n. 3428, de 1º de outubro de 1913, no qual estão exarados estes considerandos: «considerando que, para conceder a ordem de *habeas-corpus* pedida, fôra necessario que préviamente o Tribunal reconhecesse como valida a eleição do paciente, ou como legal,

---

[1] No *Manual de Jurisprudencia Federal*, de **O. Kelly**, que mais de uma vez temos citado, indicam-se (paginas 160 e 161) varios accordams neste sentido. Veja-se especialmente o de n. 3061, de 29 de julho de 1911.

ou superior a duvidas razoaveis, a investidura do mesmo no cargo de intendente de Anajás; considerando, porém, que a validade dessa eleição, pelo menos, depois de ordenada a nova eleição pelos fundamentos constantes da decisão recorrida, é ponto controvertido, com allegações contradictorias e provas que se collidem; considerando que, nessas condições, a concessão do *habeas-corpus* importaria em dirimir préviamente uma questão estranha á competencia do Tribunal». Por esses fundamentos foi negada a ordem de *habeas-corpus* pedida. Este accordam exprime bem claramente a jurisprudencia vigente: *se ha contestação acerca da investidura,* isto é, a respeito da eleição (ou nomeação, que para o fim que temos em mente é a mesma coisa) e da posse do paciente, *se ha duvida razoavel* sobre a posição legal de quem allega que é impedido violentamente, ou por coação illegal, de exercer as suas funcções, o Tribunal abstem-se de conceder a ordem; pois, em tal hypothese ha *uma questão, uma controversia, uma contenda,* que não póde ser dirimida no processo do *habeas-corpus.* Cumpriria ouvir as partes interessadas, apreciar as provas e allegações de um e outro lado, nos casos em que a justiça federal é competente para julgar. Tratando-se de deputados estaduaes e vereadores municipaes, fallece tal competencia, e só pelas respectivas assembleias poderia ser solvida a questão.

O Supremo Tribunal Federal tem concedido o *habeas-corpus,* quando, sendo incontestavel a investidura, ou por se tratar de *habeas-corpus* em favor de deputados ou vereadores municipaes, diplomados pelas autoridades competentes, *que impetram a ordem para verificar seus poderes* (hypothese perfeitamente identica á anterior; pois, aqui a posição legal incontestavel é a dos diplomados que querem reunir-se para a verificação dos poderes) o obstaculo creado consiste em ordem de *autoridade incompetente,* ou em acto do poder federal, ou local, *infringente de preceitos constitucionaes, ou de normas de leis ordinarias.* O que então incumbe ao poder judiciario, é unicamente decidir *uma questão meramente* de direito, interpretar e applicar uma lei, o que não depende de provas, nem de allegações contradictorias.

Entretanto, nos ultimos tempos parece que uma ou outra vez o Supremo Tribunal Federal ultrapassou a justa meta, assignalada. Assim, por exemplo, no accordam n. 3554, de 6 de junho de 1914, concedeu o Tribunal uma ordem de *habeas-corpus* em favor de tres deputados do Estado do Rio de Janeiro, afim de que, durante o periodo da sessão extraordinaria que ia realisar-se, pudessem os pacientes exercer livremente *as funcções de presidente e de primeiro e segundo secretarios* da Assembleia Legislativa do Estado. Como se vê no accordam, os pacientes allegavam estar ameaçados de coacção illegal pelo poder executivo do Estado, e invocavam, para mostrar a sua posição juridica, na especie em questão, *varias disposições do regimento da Assembleia Legislativa do Estado.* Foi o seguinte o voto que emittimos nessa decisão:

«Tambem concedi a ordem pedida, mas unicamente para o fim de poderem os pacientes penetrar no edificio da Assembleia, de que fazem parte, e ahi exercer suas funcções. Pelo meu voto não resolvia nenhuma das questões sujeitas ao regimento da alludida Assembleia, que no futuro se podem suscitar, e que o accordam dirime préviamente.

Concedi o *habeas-corpus* impetrado; porque além da justificação offerecida pelos pacientes, ha «razões fundadas» (para me servir da expressão do decreto n. 848, de 11 de outubro de

1890), que legitimam a concessão da ordem. As violencias e os crimes contra os funccionarios estaduaes e a autonomia dos Estados, têm sido frequentes ultimamente.

O presidente de uma assembleia politica, da camara dos deputados, ou do senado de um paiz, póde ser nomeado pelo poder executivo, ou eleito pelo povo, e, o que é commum, eleito pela propria assembleia de que é membro (**Attilio Brunialti**, *Il Diritto Costituzionale*, vol. 1º, pagina 732, Constituição Federal do Brasil, artigo 32).

Adoptado o ultimo alvitre, o da eleição do presidente pela propria camara, ou congresso, forçoso é que o presidente seja a expressão da vontade da assembleia: «*Il faut qu'il soit élu par l'assemblée, exclusivement par elle, à la majorité absolue, et au scrutin. Il faut de même qu'il soit amovible par elle seule. Tout cela découle du même principe. Nul ne doit remplir cette place que celui qui possède la confiance de l'assemblée, et qui la possède dans un degré supérieur à tout autre. Tout le bien qu'il peut faire est en proportion de cette confiance. Mais, il ne suffit pas qu'il ait possédé une fois la confiance, il faut qu'il la possède continuellement. Si elle cesse, l'utilité de l'office cesse de même. Sans le pouvoir de destituer, le pouvoir d'élire serait pis qu'inutile; car le plus odieux des ennemis, c'est un ami infidèle. S'il fallait séparer ces deux pouvoirs, celui de destituer serait bien préférable à celui d'élire*» (**Bentham**, *Tactique des Assemblées Legislatives* par **Et. Dumont**, tom. 1º, paginas 75 e 76, ed. de 1816).

A 24 de julho de 1789 a Assembleia Nacional em França, a despeito de haver dito um dos seus membros que nada queriam os representantes da França, da Camara dos Communs de Inglaterra, votou um regimento que tomava emprestadas um grande numero de regras daquelle ramo do parlamento inglez (**A. Reynaert**, «*Histoire de la Discipline Parlementaire*», tomo 2º, capitulo IX). O regimento votado pela Assembleia Nacional Constituinte exprimia as ideias de **Bentham**, cuja obra **Mirabeau** traduzira pouco antes com o auxilio de **Et. Dumont** *(Reynaert, ibidem)*.

Desde então todas as assembleias legislativas, que têm sido eleitas pela França, tomaram como *base e modelo* aquelle regimento (**Reynaert**, *ibidem*). E as que tem tido o Brasil, nacionaes, provinciaes, federaes, estaduaes, têm todas, excepto o Senado Federal, nesta parte perfilhado o mesmo regimento. O presidente é eleito pela assembleia, e representa a vontade e confiança exclusiva della.

Ad instar do que pela Constituição, artigo 18, paragrapho unico, fazem a Camara dos Deputados e o Senado, ás assembleias estaduaes deve ser facultado «verificar e reconhecer os poderes de seus membros, eleger a sua mesa, e organisar o seu regimento interno».

As questões que se suscitam no seio dessas assembleias a proposito da eleição dos seus presidentes e secretarios, ou das suas commissões, são dirimidas pelas mesmas assembleias. Á justiça federal não é permittido decidir nenhuma dessas controversias. Basta lêr os artigos 59 e 60 da Constituição para verificar que entre os pleitos da competencia da justiça federal não é licito incluir as questões acerca da eleição e continuação dos membros das mesas dos congressos estaduaes. O Tribunal só julga causas reguladas por disposições constitucionaes e por leis secundarias, e nunca as regidas por preceitos regimentaes de assembleias politicas, da União ou dos Estados.

Sendo assim, em caso nenhum se comprehenderia a decisão, pelo Supremo Tribunal Federal, de uma questão movida numa assembleia estadual a proposito da eleição, ou da permanencia dos seus presidentes e secretarios. E, se não se concebe o julgamento pelo Supremo Tribunal Federal de um litigio levantado acerca de assumptos de regimentos de assembleias politicas, muito menos ainda seria possivel conceber um feito em que o mesmo Tribunal julgue préviamente, antes de serem suscitadas, as questões dessa especie que mais tarde poderão ser ventiladas. Nem mesmo em relação ás questões da sua indiscutivel competencia póde o Tribunal proferir decisão com essa antecipação, julgando os litigios que imagina ou prefigura se hão de realisar em um futuro mais ou menos proximo, mas que presentemente ainda estão nos limbos do possivel.

Nem se diga que, tratando-se de *habeas-corpus,* o artigo 61 da Constituição faculta ao Supremo Tribunal Federal decidir a especie. Não: o *habeas-corpus,* pela sua natureza juridica, pela essencia do instituto, pela doutrina e pela pratica das nações, que o consagraram, é um meio judicial de garantir a liberdade individual ou pessoal, na accepção restricta de liberdade de locomoção. Quando o direito que o paciente quer exercer, e para cujo exercicio precisa desta condição, deste meio, deste caminho — a liberdade de locomoção, é um direito liquido, incontestavel, concede-se o *habeas-corpus,* cujo processo, de andamento muito rapido, sem fórma nem figura de juizo, não comporta a resolução de questões estranhas á de saber se o constrangimento é, ou não, illegal, se a prisão, ou ameaça de prisão, é, ou não justificada. Mas, quando esse direito escôpo é contestavel, importa que primeiro se julgue a controversia sobre o mesmo, o que não é possivel fazer no processo de *habeas-corpus*.

Actualmente, a posição juridica dos pacientes é superior a qualquer duvida. Ninguem lhes contesta as qualidades de deputados estaduaes e membros da mesa da Assembleia do Estado do Rio de Janeiro. Receiam violencias, e parece-me que têm razão para isso. Concedo-lhes a ordem impetrada.

Pedem mais que se declare que, caso se suscitem duvidas acerca das qualidades, actualmente incontestadas, de presidente e secretarios da dita Assembleia, desde já fique decidido pelo Tribunal que taes duvidas não procedem. Nesta parte indefiro o pedido, por ser excessivamente absurdo».

O que se resolveu nesse accordam, e préviamente, antecipadamente, sob a allegação de que se receava que mais tarde o poder executivo do Estado tolhesse as funcções do presidente e dos secretarios da Assembleia Legislativa, *foi uma questão subordinada exclusivamente a preceitos do regimento dessa assembleia, e que só por ella podia ser dirimida*. Quando era ainda impossivel prevêr que solução daria a Assembleia Legislativa do Estado á controversia figurada pelos pacientes, no caso de ser levantada similhante questão, foi esta resolvida em um pedido de *habeas-corpus*, concedendo-se a ordem, em consequencia dessa decisão prematura, para o fim de ficar garantido o exercicio das funcções de presidente e de primeiro e segundo secretario, durante o periodo de uma sessão extraordinaria, e quaesquer que fossem as resoluções tomadas a respeito pela Assembleia Legislativa. Eis o que nos pareceu contrario á natureza do instituto do *habeas-corpus*, e sobretudo á natureza das funcções do poder judiciario. Pelo *habeas-corpus* só se assegura a liberdade de locomoção aos que pretendem exercer um direito, quando não ha contestação sobre esse direito, dependente de provas e allegações contradictorias. Na hypothese de que nos occupamos, impetrou-se o *habeas-corpus* exactamente *para o caso de surgir mais tarde a contestação, a controversia, a questão,* e de tal arte, que se vedava ao poder competente, que era a Assembleia Legislativa do Estado do Rio de Janeiro, conhecer da materia e dar-lhe a solução que lhe parecesse regular. Os artigos 59 e 60 da Constituição Federal enumeram as questões da competencia da justiça federal. São todas questões reguladas pela Constituição e pelas leis e decretos de interesse social commum. Entre ellas não ha meio de incluir as duvidas suscitadas a proposito da execução dos *regimentos das assembleias politicas.* Assim como estas são competentes, e só ellas, para verificar os poderes de seus membros, eleger suas mesas e organisar seus regimentos internos (artigo 18, § unico, da Constituição, que é o paradigma que devem seguir as constituições dos Estados), assim tambem, ou por mais forte razão, só ellas têm competencia para decidir quaesquer questões originadas *da interpretação de seus regimentos.* Em summa, caso se ventilasse mais tarde, depois de concedido o *habeas-corpus,* a questão receada pelos pacientes, e a Assembleia Legislativa do Estado, unico poder competente para a dirimir, a solvesse contra os pacientes, não tinha o Supremo Tribunal Federal absolutamente meio de annullar essa resolução do poder competente. Entretanto, préviamente decidiu a controversia possivel, tolhendo a manifestação do poder competente. Não se póde affirmar que neste caso a posição dos pacientes, depois de destituidos das funcções de presidente e de secretario (se porventura isto se désse) pela Assembleia Legislativa, fosse a de pessôas inquestionavelmente eleitas ou nomeadas para um cargo, ou que pedem o *habeas-corpus* para exercer um direito incontestavel.

Os fundamentos do accordam a que nos estamos referindo, explicam a conclusão inacceitavel do mesmo. Num dos seus considerandos se assevera que o Supremo Tribunal Federal tem ultimamente ampliado o *habeas-corpus,* estendendo esta medida judicial á protecção de outros direitos, que não a liberdade de locomoção, como se vê «no julgado recente (copiamos textualmente o considerando), em que o Tribunal conheceu de um recurso dessa natureza em favor da liberdade de imprensa, para que os jornaes, libertados da censura policial, se pudessem imprimir e distribuir pela circulação publica livremente». Ha aqui um incontestavel e manifesto equivoco. Quando foi requerido o *habeas-corpus* a que allude o considerando transcripto, durante o estado de sitio, de 1914, que vigorou cerca de oito mezes, aos jornalistas só era permittido publicar os artigos e noticias que mereciam o beneplacito da censura policial. Alguns que se não submetteram á censura, *foram presos*. Consequentemente, só por inexplicavel esquecimento fôra possivel affirmar que o *habeas-corpus* requerido em favor dos jornalistas não se destinava a proteger a *liberdade de locomoção.*

Em outro considerando do accordam de que nos occupamos está escripto: «Tal tem sido a extensão do *habeas-corpus* na Republica, ao influxo do preceito constitucional, o que não era possivel, e de que não ha exemplo na jurisprudencia do imperio, subordinados os tribunaes então nessa materia ao que dispunham o Codigo do Processo Criminal e a lei da reforma de 1871. Nem de outro modo se poderia alcançar a defesa de muitas das garantias constitucionaes, na ausencia em nosso direito de outros meios efficazes, improprio como seria e moroso, além disso, o uso, por exemplo, dos interdictos prohibitorios ou preceitos comminatorios, destinados, como são, á defesa de coisas corporeas, ou ainda o uso da acção do artigo 13 da lei n. 221, que evidentemente não comprehende igualmente, como aquellas acções civeis, o caso de pedir alguem, *verbi gratia*, a protecção judiciaria para o livre exercicio do culto religioso, da imprensa, ou da tribuna».

Em primeiro logar, aqui ainda temos um engano, que é suppôr que na Republica o conceito do *habeas-corpus* seja diverso do que nos legou o Imperio. Em uma sentença do juiz seccional de Nictheroy, datada a 28 de julho de 1906, sentença que foi confirmada por accordam unanime do Supremo Tribunal Federal, de 29 de agosto do mesmo anno, está magistralmente exposta e decidida a materia. Eis a parte da sentença que nos interessa, podendo-se lel-a integralmente na *Revista de Direito*, do Dr. **Bento de Faria**, volume 2º, paginas 572 a 574: «O remedio do *habeas-corpus* foi estabelecido entre nós pelo Codigo do Processo Criminal de 1832, artigos 340 a 355, e ampliado pela lei 2033, de 1871, artigo 18, como um instrumento tão sómente destinado a proteger a liberdade corporal do individuo contra qualquer constrangimento illegal ou sua ameaça.

É certo que declara o artigo 72, § 22, da Constituição: «Dar-se-á o *habeas-corpus*, sempre que o individuo soffrer ou se achar em imminente perigo de soffrer violencia ou coacção, por illegalidade ou abuso de poder».

Mas, esta disposição se ha de forçosamente interpretar de accordo com as leis citadas, sob pena de incorrer em manifesto absurdo.

O *habeas-corpus* não se caracterisa de fórma alguma pelo fim da protecção e defesa da liberdade, por isso que outras instituições collimam tambem isso, e, sim, pela promptidão e celeridade, como recurso eminentemente extraordinario e summario, e como tal só póde visar a simples liberdade pessoal ou physica, que é a unica cuja violação determina damnos e soffrimentos de sempre insufficiente reparação.

Amplial-o á offensa de todos os direitos seria abranger a defesa dos direitos reaes e conseguintemente a posse dos bens, o que o proprio senso commum repelle, e mais sujeitar a qualquer tempo, sem pleito regular, á cassação inappellavel de um juiz ou tribunal actos ou decisões das autoridades administrativas, tirando-lhes esse caracter de estabilidade, que é como um consectario do principio constitucional da independencia e harmonia dos poderes.

A Constituição republicana não alterou, pois, no artigo 72, § 22, a funcção especifica do *habeas-corpus*, como garantia do individuo contra a prisão ou ameaça de coacção illegal; assegurou-o apenas, dando-lhe o caracter *de garantia constitucional*, que não tinha elle no regimen anterior».

Quando não se cuida de acudir com brevidade á liberdade de locomoção, illegalmente constrangida, os remedios judiciaes adequados são precisamente os repellidos pelo considerando reproduzido. Assim, por exemplo, desde que foram promulgadas as *Ordenações do Reino de Portugal*, sempre têm entendido os jurisconsultos patrios que a do livro 3º, titulo 78, § 5º, *verbis*—«se algum se temer de outro, que o *queira offender na pes-*

sóa» etc., não tem por fim proteger sómente a posse das coisas, mas tambem os direitos pessoaes, o primeiro dos quaes é a liberdade de locomoção. Tão expresso e tão amplo é o preceito legal, que não vemos meio de limital-o pela interpretação. Quando a posição juridica da pessôa que pretende exercer um certo direito, para o qual precisa da liberdade de locomoção, não fôr incontestavel, em vez do *habeas-corpus* o meio judicial adequado é a acção de preceito comminatorio, em que poderá apurar contenciosamente o seu direito, e obter a garantia pretendida.

Quanto á acção especial do artigo 13 da lei n. 221, de 1894, nenhuma duvida póde pairar sobre a affirmação de que esse é o remedio de direito apto para todos os casos, em que se faz mister annullar um acto administrativo lesivo de direitos individuaes, e consequentemente para os casos em que o constrangimento á liberdade individual nada mais é do que uma consequencia necessaria de um acto administrativo lesivo de direitos individuaes. Antes de se verificar se o acto administrativo é, ou não, legal, não fôra juridicamente possivel conceder o *habeas-corpus;* e essa verificação só póde realisar-se contenciosamente, pela acção mencionada.

Ainda um evidente engano é crer que, applicado á protecção da liberdade religiosa, da liberdade de imprensa, ou da liberdade de tribuna, o *habeas-corpus* desempenhe em taes casos funcção diversa da que sempre tem, a de defender a liberdade de locomoção.

A liberdade de consciencia, que é o direito que tem todo individuo de abraçar e nutrir as crenças religiosas que lhe merecerem a espontanea e livre adhesão, manifesta-se por estes preciosos *instrumentos* que são a liberdade religiosa, ou de cultos, a faculdade que tem cada individuo de praticar os actos do culto externo da sua religião; a liberdade de imprensa, a faculdade de manifestar pela imprensa as suas convicções religiosas; e a liberdade de tribuna, que é o direito de manifestar oralmente essas mesmas convicções.

A liberdade de pensamento, que é o direito, que tem todo individuo, de adoptar, produzir e alimentar, as ideias que lhe parecerem verdadeiras, justas, ou uteis, sobre as sciencias, as letras, as artes, a politica, sobre quaesquer assumptos em summa, menos os sentimentos religiosos, que são protegidos pela liberdade de consciencia; a liberdade de pensamento tambem se utilisa de dois dos maravilhosos *instrumentos* que servem á liberdade de consciencia, a de imprensa e a de tribuna.

Quando a offensa á liberdade religiosa, á de imprensa, ou á de tribuna, se perpetra por meio da coacção ou constrangimento á liberdade de locomoção, á liberdade de movimentos, que é a liberdade individual — no sentido estricto, muito naturalmente o remedio judicial é o *habeas-corpus*. Se alguem é impedido de entrar no seu templo, ou de praticar qualquer acto do culto externo da sua religião, que dependa da liberdade de *ir e vir,* de andar, de se locomover, indubitavelmente o recurso de que deve lançar mão é o *habeas-corpus;* pois, a sua posição juridica é incontestavel, a sua situação legal não tolera duvidas razoaveis, tendo todo individuo o inquestionavel direito de praticar quaesquer actos do culto externo da sua religião, desde que esta não seja contraria á moral; e consequentemente o constrangimento á liberdade individual é manifestamente injustificavel. Se a alguem é vedado ir ao logar onde deve expôr oralmente as suas idéias, ou subir á tribuna para falar, ou penetrar no edificio em que escreve os artigos de um jornal, ou em que imprime este, ou entregal-o aos assignantes, ou vendel-o nas ruas e praças publicas, ainda incontestavelmente o caso é de *habeas-corpus;* porque, ha innegavel coacção á liberdade individual, e coacção offensiva da lei, por ser perfeitamente juridica a posição de quem quer praticar qualquer dos actos figurados.

Fóra desses e dos casos similhantes, e sempre que a violação da liberdade religiosa, da liberdade de imprensa, ou da liberdade de tribuna, se faz por meios differentes dos indicados, e sem offensa á liberdade de locomoção (sequestrando-se, por exemplo, os objectos do culto externo, ou inutilisando-se criminosamente uma typographia, ou demittindo-se um funccionario publico, só demissivel no caso de procedimento juridico ou moral incorrecto, por ter censurado publicamente pela tribuna, sem injurias nem calumnias, actos do poder publico), é claro que os meios judiciaes de fazer valer ou restabelecer o direito offendido são bem diversos da impetração de um *habeas-corpus*.

Um outro equivoco em que assenta o accordam a que temos alludido, é o de suppôr que entre nós o *habeas-corpus* deve ter por missão proteger a «*liberdade moral*», o que não é necessario em nações mais adiantadas: «disciplina moral mais perfeita (continua o accordam), ou creação de meios protectores da *liberdade moral*, têm deixado por sua vez nesses povos o *habeas-corpus* limitado á sua primitiva funcção de defender as primeiras conquistas da liberdade do homem em sociedade».

Liberdade moral é um synonymo de *livre arbitrio*. São expressões equivalentes [1]. Essa

---

[1] Vejam-se os *Estudos de Philosophia do Direito*, do autor, paginas 131 e 132.

supposta liberdade, ainda no conceito dos que a admittem, não é, nunca foi, não póde ser, protegida pelo *habeas-corpus,* ou por qualquer outro instituto juridico. Toda a sua actividade está encerrada no espirito humano. O que nos offerece a *liberdade moral,* é um *phenomeno meramente psychico*. E o direito só se occupa com as manifestações da vontade no mundo externo. Eis porque não ha lei, nem jurisprudencia, nem doutrina juridica, destinada a proteger a *liberdade moral* (¹).

Não proporcionariamos uma ideia exacta e completa da jurisprudencia do Supremo Tribunal Federal nos ultimos tempos, no que respeita ao *habeas-corpus,* se não noticiassemos aqui uma das decisões mais discutidas e de maior alcance que tem proferido essa côrte de justiça. Referimo-nos ao *habeas-corpus,* concedido em sessão de 16 de dezembro de 1914 ao senador Nilo Peçanha, que, reconhecido presidente do Estado do Rio de Janeiro por uma fracção da Assembleia Legislativa do Estado, que representava a minoria, e quando tinha como concurrente um candidato reconhecido pela maioria da

---

(¹) Consultem-se os escriptores que mais se têm occupado da *liberdade individual* e da liberdade em geral. Por exemplo: **Brunialti,** *Il Diritto Costituzionale e la Politica nella Scienza e nelle Istituzioni,* volume segundo, pagina 642 a 951, onde se enumeram todas as especies de liberdade. Não se allude á liberdade moral.

Entre os mais modernos, que têm escripto sobre o assumpto, póde lêr-se **M. Hauriou,** *Principes de Droit Public,* 1910. Á pagina 575 a 589, além das ahi citadas, dá noticia o autor de varios direitos que importam em «*livre actividade*», e que pódem e costumam denominar-se *liberdades.* Não ha a mais vaga allusão á liberdade moral.

Em **Willoughby,** obra citada, paragrapho 474, está reproduzido o mais vasto conceito da *liberdade* que se conhece na jurisprudencia americana. Não abrange, nem póde abranger, a *liberdade moral.* por absoluta impossibilidade.

mesma assembleia, havia requerido uma ordem, em que se lhe garantisse a liberdade individual, e o exercicio do cargo durante o quatriennio.

Eis o nosso voto vencido, que permitte ao leitor formar um juizo seguro sobre a questão:

«Reconhece o accordam, em diversas passagens, que o *habeas-corpus* é um meio de garantir a liberdade individual, e conclue com a declaração bem explicita de que concede a ordem impetrada, para que o paciente possa, «*livre de qualquer constrangimento, e assegurada a sua liberdade individual,* penetrar, no dia 31 de dezembro corrente, no palacio da presidencia do Estado do Rio de Janeiro, e exercer suas funcções de presidente do mesmo Estado até á expiração do prazo do mandato, prohibido qualquer constrangimento», etc.

Na parte relativa á garantia da liberdade, individual, são esses, *mutatis mutandis,* os termos de que se servem em nosso paiz todos os requerentes de *habeas-corpus,* e todos os tribunaes, singulares e collectivos, que concedem taes ordens. Nunca houve no Brasil quem impetrasse um *habeas-corpus,* sem allegar pelo menos, posto que sem fundamento, uma coacção, ou ameaça de coacção, á liberdade individual. Ahi temos uma confissão implicita, imposta pela indole do instituto do *habeas-corpus,* pelas noções rudimentares sobre a materia, de que juridicamente é impossivel obter um *habeas-corpus* para garantir outro direito que não a liberdade individual, na accepção restricta de liberdade de locomoção.

Mas, se assim confessa o accordam que o *habeas-corpus* é um remedio adequado a resguardar a liberdade individual, quando allude ao conceito dessa liberdade, produz por outro lado a mais perturbadora confusão, o mais estonteante baralhamento dos conhecimentos juridicos, concernentes ao assumpto.

Com effeito, através dos conceitos vagos, da falta de nitidez nas ideias e de precisão nos termos, vê-se que o accordam chega a declarar possivel, ou necessario, assegurar pelo *habeas-corpus* «*a actividade moral, puramente abstracta, sem necessidade de ir e vir*». Já antes, em outro julgamento, se havia affirmado que o *habeas-corpus* é meio de defender a *liberdade moral*, o que me fez notar que «*liberdade moral*», no sentido geralmente usado, é expressão synonyma de *livre arbitrio*, e que os phenomenos estudados sob essa designação são factos psychicos, que se passam no *eu*, e não precisam, portanto, nem pódem, ser protegidos por nenhum processo judicial. O direito só se occupa das manifestações da vontade no mundo externo, e nunca do que se passa no espirito humano. Concisamente enunciaram os romanos a impossibilidade e a inutilidade de estender a sancção do direito aos factos animicos, quando escreveram num dos textos do Digesto: *cogitationis pœnam nemo patitur*.

Que significa a expressão: — «*actividade moral, puramente abstracta, sem necessidade de ir e vir*»? Por mais difficil que seja penetrar o sentido de phrases como essa, o que parece certo, é que o intuito com que se redigiu a clausula transcripta, foi affirmar que o *habeas-corpus* não garante sómente a liberdade de movimentos, mas tambem a actividade exclusivamente mental, que não se revela no mundo physico, ou se tome o qualificativo — *moral* — na accepção ampla, como termo opposto a physico ou material, ou se lhe dê a significação restricta de *ethico*, relativo aos bons costumes.

No primeiro caso temos uma actividade puramente psychica, intellectual ou moral, que não se externa fóra do *eu*. No segundo, temos phenomenos consistentes em meditações moraes, raciocinios ethicos, orações, etc. Em qualquer das duas hypotheses não se concebe absolutamente em que, como, quando, possa uma autoridade publica tolher a «*actividade moral, puramente abstracta, sem necessidade de ir e vir*». Se o que porventura se receia, é que o poder publico arranque da inercia physica o individuo que estava entregue a quaesquer meditações, raciocinios, ou devaneios, ou de uma suave quietude o mystico, o asceta, nesse caso o *hàbeas-corpus* é applicavel, exactamente porque se trata de garantir a liberdade de movimentos. Tanto é offendido na liberdade de locomoção aquelle que se quer mover em certas direcções, e não o póde por coacção de alguma autoridade, como aquelle que quer permanecer num determinado ponto, «*numa actividade moral, puramente abstracta, sem necessidade de ir e vir*», e não o logra em consequencia da mesma coacção.

Segundo o conceito de todos os juristas, de todos os tempos e de todos os logares, o *habeas-corpus* só aproveita, e sómente póde aproveitar, a quem precisa ter os movimentos livres, ou a liberdade de locomoção. Esta liberdade de locomoção é o que se denomina *liberdade individual*, na lingua dos jurisconsultos que se occupam do *habeas-corpus*.

Desde os primordios do instituto na Inglaterra até o livro de **Countryman**, obra publicada o anno passado, e citada no accordam, tanto na Inglaterra como nos Estados-Unidos, o que se denomina invariavelmente *liberdade individual* é a liberdade de locomoção, a liberdade de movimentos, e o que se chama *habeas-corpus* é um remedio judicial, que tem por funcção exclusiva garantir essa liberdade. **Cooley** (*A Treatise on the Constitutional Limitations*, pag. 412). occupando-se do *habeas-corpus*, escreveu: «*It still remain to mention one of the principal safeguards to personal liberty*». E logo em seguida, apoiando-se em **Blackstone**, define a liberdade individual: «*personal liberty consists in the power of locomotion, of changing situation, or moving one's person to whatsoever place one's own inclination may direct, without imprisonment or restraint, unless by due course of law*». **Black** (*Handbook of American Constitutional Law*, n. 199) doutrina: «*Personal liberty consists in the power of locomotion, of changing situation, of removing one's person to whatever place one's inclination may direct*», etc. **Hurd** (*A Treatise on the writ of Habeas-corpus*, cap. 1º): «*Personal liberty is the power of unrestrained locomotion*». E á pag. 81: o *habeas-corpus* gradualmente foi substituindo «*all other common law writs divised to relieve in cases of illegal imprisonment*». **Wood** (*A Treatise of the Legal Remedies of Mandamus, and Prohibition, Habeas-corpus, Certiorari and Quo Warranto*, pag. 111): «*A person imprisoned or restrained in his liberty, within the State, for any cause, or upon any pretense, is entitled, except one of the cases specified in the next section, to a writ of habeas-corpus*». E **Countryman** em *The Supreme Court of the United States*, pag. 111: «*The principal reason for resorting to this remedy at common law was to procure the discharge of a person from illegal restraint or imprisonment. Under the Constitution and the judiciary acts the unlawful confinement constitutes the case or right of action, and the writ is the process or method of bringing the case before the court*».

A liberdade individual é um direito fundamental, condição indispensavel para o exercicio de um sem numero de direitos. Por isso, quando está preso, ou ameaçado de prisão, o individuo requer o *habeas-corpus,* sem necessidade de especificar quaes os direitos que pretende exercer; pois, a prisão impossibilita o exercicio de quasi todos os direitos. Mas se lhe impedem a pratica de certos actos sómente, o exercicio de algum direito apenas, e o individuo prova que indubitavelmente tem o direito que allega, por exemplo—é deputado, e não permittem que penetre no edificio da sua camara; é funccionario publico, e vedam-lhe o ingresso na respectiva repartição; é medico, advogado, commerciante ou industrial ou operario, e não consentem que se dirija ao logar onde quer exercer uma actividade juridica incontestavel; póde um tribunal garantir-lhe por uma ordem de *habeas-corpus* a liberdade de locomoção, a liberdade de movimentos, a liberdade physica necessaria para o exercicio do direito, *declarando* (note-se bem: *declarando,* o que é bem diverso de decidir, julgar) ao mesmo tempo na concessão da ordem o direito incontestavel, liquido, certo, que o paciente quer exercer, e lhe tolhem. Seja embora a funcção essencial do juiz julgar, dirimir contendas, é corrente em direito judiciario que, ao lado dessa funcção, tem o juiz a de *declarar* os direitos não contestados, para «os garantir contra possiveis violações futuras» (J. **Monteiro**, *Processo Civil e Commercial,* § 1º).

Não se confunde absolutamente essa mera declaração de direitos com a resolução, a decisão, de questões concernentes a direitos diversos da liberdade de locomoção. Desde que seja duvidoso, que precise ser julgado em processo contencioso (por exemplo—o direito do individuo que allega que foi demittido injustamente, e que a sua demissão é nulla, caso do artigo 13 da lei n. 221, de 1894), ou, por mais forte razão, que só por outro tribunal, ou por outra autoridade, possa ser reconhecido o direito (por exemplo—o caso de membros do poder legislativo, ou de presidentes e governadores, cuja verificação de poderes é contestada), já não é possivel no processo de *habeas-corpus* resolver a questão. Porque? Pela razão indiscutivel de que o *habeas-corpus* é um meio judicial de rito muito celere, sem fórma nem figura de juizo, sem regras que garantam a exhibição de allegações e provas; e consequentemente, ainda que o juizo tenha competencia para decidir o pleito (se não a tem, *tollitur quaestio)*, vedam os principios do direito judiciario que arbitrariamente dirima a contenda. Os meios judiciaes são de direito publico. A ninguem é licito applicar, para resolver uma especie, um processo differente do que a lei estatuiu, *diminuindo ou eliminando as garantias legaes.*

Grave erro, segundo me parece, é suppôr que vivemos em Roma, sob a jurisdicção dos pretores, que tinham a faculdade, por ninguem contestada, de auxiliar, supprir e corrigir o direito civil *(adjuvandi, vel supplendi, vel corrigendi juris civilis gratia)*. Essa illusão já devia estar desfeita ha muito, sobretudo depois que escriptores, como Cogliolo, mostraram que nos paizes modernos *«il giudice non é più quello che deve creare, ma applicare il diritto preesistente».*

Outro engano é acreditar que a *evolução* do direito possa realisar-se, *contrariando disposições de direito publico, do proprio direito constitucional, e sem nenhuma necessidade,* por estar disposto na lei, e assentado pela doutrina, o que convém em determinada hypothese. Neste caso dos autos, não sendo liquido o direito do paciente, havendo—pelo contrario—duvidas muito razoaveis sobre se foi, ou não, eleito presidente do Estado do Rio, e tratando-se de questão puramente politica, a competencia do Tribunal está excluida pela Constituição e pela doutrina. Não se comprehende uma *evolução* do direito por meio da violação de normas do direito publico. Seria uma evolução a trancos e barrancos, dando por paus e por pedras, o que é a negação da ideia de evolução. A evolução do direito tem suas leis, hoje estudadas e conhecidas (veja-se, por exemplo, **D'Aguanno**, *La Genesi e l'Evoluzione del Diritto Civile*, ns. 38 e seguintes).

Attendendo-se á disposição ampla da nossa Constituição sobre *habeas-corpus*, póde-se chegar até á doutrina que tenho resumido. Ir além é impossivel. *Qualquer coacção á liberdade individual*, ainda quando não haja prisão, nem ameaça de prisão, autorisa o uso do *habeas-corpus*. Sempre que o individuo precise da liberdade physica (segundo uma expressão já consagrada) para exercer qualquer direito, devemos garantir essa liberdade contra as violencias já feitas, ou apenas receadas; mas, envolver no processo do *habeas-corpus* uma questão acerca de um direito qualquer, que se pretende exercer, mas que é contestado com razões que devam ser apreciadas com as garantias processuaes, ou um direito qualquer que só póde ser examinado e garantido por outro tribunal, ou por outra autoridade, ou por outra corporação, é offender principios inconcussos e correntes do direito patrio. Não está confiada á discreção, ao arbitrio dos juizes, a ampliação dos recursos judiciaes ao ponto de poderem applical-os a hypotheses completamente diversas daquellas para que foram creados e consagrados pelas leis.

Parece, á primeira vista, que o accordam acceita estas ideias, que temos resumidamente lembrado; pois, quer que o paciente exhiba uma prova «*immediata, livre de duvidas serias, liquida*», do seu direito. Mas, no decidir esta especie, acceita como liquido aquillo que é muito duvidoso, não sabendo ninguem no Tribunal, nem podendo saber pelos autos, quem é o presidente realmente eleito do Estado do Rio de Janeiro.

É verdade que o accordam conclue pela concessão do *habeas-corpus,* partindo da affirmação de que o paciente é o unico candidato reconhecido pela unica assembleia legislativa do Estado do Rio de Janeiro.

Para assim decidir, apoia-se nos dois accordams anteriores, em que o Tribunal garantiu aos Drs. João Guimarães, Monerat e Almeida Rego, o direito de formarem a mesa da Assembleia Legislativa durante toda a sessão extraordinaria, e o de funccionar a mesma mesa com a minoria que a tinha acompanhado, em edificio diverso do em que antes se reunia a Assembleia Legislativa.

Sempre me pareceu evidente, diante dos artigos 12, 15, § 2°, 16 e 18 do regimento interno dessa Assembleia, que se deve proceder á eleição da mesa no começo de cada sessão, seja esta ordinaria ou extraordinaria, como sempre se fez. Como declarei em meu voto vencido em parte, não podia em caso algum garantir por *habeas-corpus* os logares de presidente e de secretario de uma assembleia legislativa. O Supremo Tribunal Federal não tem competencia para resolver de qualquer modo questões relativas á presidencia de uma assembleia legislativa, federal, ou estadual. Se podesse reconhecer e garantir a mesa de uma assembleia legislativa, decidiria *ipso facto* a mais politica de todas as questões ; pois, intervir na formação da mesa de uma assembleia legislativa é ter fechada nas mãos a organisação do poder legislativo, que é um dos principaes factores da politica, um dos mais fecundos geradores de actos politicos, assim como intervir no reconhecimento do poder executivo é concorrer para a genese de outro poder, igualmente productor de transformações politicas, do poder que dirige permanentemente a vida politica do Estado.

Em caso nenhum podia o Supremo Tribunal Federal determinar qual o presidente e quaes os secretarios que devem compor a mesa de uma assembleia legislativa de um Estado, durante uma sessão, ordinaria ou extraordinaria. Se, neste caso especial, lhe fosse facultado pronunciar-se acerca da especie, a solução regimental seria a que sempre tem sido dada pela Assembleia Legislativa do Estado, nas muitas sessões extraordinarias já effectuadas.

Tambem votei contra o segundo *habeas-corpus*, por me parecer que, allegando a mesa do Dr. João Guimarães que não podia, com os deputados que a acompanhavam, celebrar suas sessões no edificio da Assembleia Legislativa, em consequencia da illegal e violenta opposição do governo do Estado ao ingresso dos pacientes no edificio da Assembleia, o *habeas-corpus* só devia ser concedido para o fim de poderem os pacientes entrar no referido edificio, e nunca para irem celebrar suas sessões em outro predio.

Mas, concedendo, só para argumentar, que os dois referidos *habeas-corpus* tenham sido dados muito legalmente, constituirão elles um obstaculo a que seja negado o actual, o impetrado em favor de um dos candidatos que se dizem eleitos regularmente para a presidencia do Estado?

Em primeiro logar, importa lembrar que os dois anteriores accordams não fazem coisa julgada, e muito menos coisa soberanamente julgada, conforme disse o relator em seu voto. Coisa julgada, como é corrente em direito, só produzem «*as sentenças definitivas, ou com força de definitiva, em materia de jurisdicção contenciosa*» (J. **Monteiro**, obra cit., § 239).

Nos dois accordams anteriores não houve absolutamente discussão, nem decisão, sobre a questão de saber se o paciente é, ou não, o legitimo presidente do Estado do Rio. Nem, ao serem elles proferidos, se havia procedido á verificação de poderes, que originou o presente pedido.

Demais, no *habeas-corpus* nunca poderia dar-se a coisa julgada, que alguns têm querido ver nos dois accordams alludidos. Se nega o juiz a ordem, póde o impetrante requerel-a de novo quantas vezes queira, como é rudimentar na materia. Se é a ordem concedida, garante-se a liberdade de locomoção do paciente, emquanto é a mesma a sua posição juridica. Variando esta, sendo pronunciado, ou condemnado, por exemplo, por juiz competente, ou sendo regularmente privado do direito que queria exercer, já nenhum effeito mais produz a *ordem* concedida ao paciente, o que é elementar.

Neste caso dos autos, o que se poderia indagar, é se ha contradicção entre os votos dados em favor dos dois primeiros *habeas-corpus* e o que negasse o requerido nestes autos. Não ha. Mesmo respeitados os dois primeiros accordams, a ordem actualmente impetrada não devia ser concedida, nem se póde julgar um corollario das duas primeiras.

Declarou o Tribunal que a unica mesa legal, a unica mesa que podia presidir á sessão extraordinaria da Assembleia Legislativa do Estado do Rio de Janeiro, era a já mencionada. Mas é evidente que, para se constituir a Assembleia Legislativa, era indispensavel que, além da mesa, *houvesse deputados em maioria*. Absurdo evidente fôra suppor que, por força do art. 9º da *reforma constitucional* de 18 de setembro de 1903, esteja a Assembleia legalmente constituida, desde que haja 16 deputados. O que dispõe este art. 9º, é que «quando em quatro sessões consecutivas não tiver logar a votação, por falta de numero, a ella se procederá na quinta com a presença de pelo menos 16 deputados».

O artigo presuppõe, pois, *a existencia da maioria*, sem a qual a Assembleia não existe, e que dessa maioria só compareçam em cinco sessões consecutivas 16 deputados, permittindo que na quinta se dê a votação.

Ora, a não ser uma vez antes da installação solenne, nunca a fracção da Assembleia, presidida pelo Dr. João Guimarães, representou a maioria. Como reconhece o accordam, têm-se reunido sob essa presidencia 18 deputados. Nunca se reuniram em sessão commum vinte e tres deputados. Comparecendo todos os membros da fracção do Dr. J. Guimarães, não ha maioria, facto publico e notorio.

Consequentemente, a despeito da concessão do *habeas-corpus* á mesa do Dr. Guimarães, e a despeito de se permittir que esta mesa e seus amigos politicos funccionassem em edificio differente do destinado ás sessões da Assembleia Legislativa do Estado, não foi possivel constituir regularmente o poder legislativo do Estado com a mesa e os deputados assim garantidos, por falta de um elemento necessario, indispensavel, essencial, *deputados em maioria*.

Quando se procedeu á verificação de poderes do paciente, a fracção da Assembleia Legislativa do Estado do Rio, presidida pelo Dr. J. Guimarães, não se podia dizer a Assembleia Legislativa, regularmente reunida, porque era uma incontestavel minoria. Este é o facto innegavel. E pretender transformar essa minoria em maioria, computando como membros ausentes da fracção em minoria alguns membros da maioria, porque uma unica vez, antes de bem accentuada a divergencia, ou a lucta, entre as duas fracções, compareceram á sessão da minoria, é um jogo, ou um passe inadmissivel.

Portanto, admittindo-se, para argumentar, que o Supremo Tribunal Federal só pudesse, ou devesse, proferir o presente accordam, respeitando os anteriores como decisões que produzem *coisa soberanamente julgada,* como affirma o voto vencedor, não era possivel, *diante dos factos verificados depois da concessão dos dois primeiros habeas-corpus,* conceder a ordem impetrada nestes autos. Começa o accordam por exigir que o paciente prove que o seu direito é liquido, certo, indubitavel, sem o que, reconhece e confessa, não póde ser concedida a ordem; e entretanto, dá o presente *habeas-corpus* a um paciente que se julga presidente regularmente reconhecido de um Estado, quando ha outro presidente que tambem se julga regularmente reconhecido, caso manifesto de dualidade, e o paciente, para quem se impetra o presente *habeas-corpus,* foi reconhecido por uma fracção da Assembleia Legislativa, que é uma incontestavel minoria dessa assembleia, e portanto não póde funccionar regular e validamente.

Ao Supremo Tribunal Federal faltava competencia para julgar a especie, por ser o caso evidentemente politico. E, quando competencia lhe sobrasse para o caso, não poderia conceder a ordem, por ser mais que contestavel o direito do paciente de exercer as funcções para as quaes impetrou o *habeas-corpus*.

Em substancia, o *habeas-corpus* que nos garante a Constituição no artigo 72, § 22, é o unico *habeas-corpus* que se conhece. Tanto na linguagem commum, como na linguagem especial do direito, o que se denomina *habeas-corpus*, é um meio judicial de garantir a liberdade de locomoção. Os termos amplos de que se serviu o legislador constituinte, autorisam-nos (e é esta a maior amplitude que, diante das nossas leis e da doutrina de todos os paizes que consagram o *habeas-corpus*, se póde dar a este instituto) a conceder a ordem impetrada, não só nos casos de prisão e ameaça de prisão, como nos casos em que o paciente se queixa de *qualquer coacção ou constrangimento á liberdade individual*, que lhe impeça o exercicio de um ou de alguns direitos determinados. Nesta ultima hypothese, importa muito distinguir a ordem em que se garante a liberdade individual, funcção propria do *habeas-corpus, da mera declaração* de direitos incontestaveis, certos, liquidos, do paciente, o qual, para exercer taes direitos, precisa ter garantida a sua liberdade physica, direito fundamental, direito-condição para o exercicio de innumeros direitos, de ordem constitucional, administrativa, civil, commercial. Verificando que o direito-escopo é liquido, indisputavel, deve o juiz conceder a ordem garantidora da liberdade physica, *declarando* formalmente o direito incontestavel. *Declarar não é julgar.* E, como segundo as disposições legaes e a doutrina do direito constitucional brasileiro o poder judiciario tem a faculdade e o dever de não applicar leis, nem regulamentos, ou quaesquer actos do poder executivo, offensivos da Constituição, a ordem será concedida, quando nenhum outro obstaculo se offereça á concessão, e apenas se pretenda embaraçar o direito incontestavel por meio de um acto inconstitucional. Neste ponto, deve o magistrado proceder na decisão do *habeas-corpus*, como na decisão de qualquer outro feito. Tal é a doutrina norte-americana, e tal a jurisprudencia da Suprema Côrte Federal dos Estados-Unidos, com apoio na opinião de **Marshall**, como se vê em **Thayer**, *Cases on Constitutional Law*, vol. 2º, paginas 2379 e 2380.

Averiguado que o direito-escopo é questionavel, incerto, ao juiz é vedado dirimir a questão relativa a esse direito no processo do *habeas-corpus*, sem fórma nem figura de juizo, sem as garantias judiciarias que offerece o processo contencioso.

Fôra um procedimento inexplicavelmente arbitrario decidir, a proposito de um pedido de *habeas-corpus*, questões que não competem ao juizo, ou que este só tem competencia para processar e julgar *contenciosamente*, de accordo com certas normas juridicas, garantidoras dos direitos dos interessados.

Perfilha o accordam o conceito de um dos mais conhecidos vulgarisadores das instituições norte-americanas, para o qual os membros da Côrte Suprema não devem ter sómente os predicados do juiz: a esses requisitos devem alliar «*o instincto das necessidades praticas, proprio dos estadistas*».

Muito acceitavel me parece o conceito do alludido divulgador.

Vertâmol-o na pratica, exigindo sempre dos juizes da nossa Côrte Suprema a reunião de tão preciosas qualidades. Juizes assim dotados de tão interessantes aptidões nunca deixarão de reconhecer que, se em todos os paizes e em todas as épocas, o estudo acurado e a escrupulosa applicação das leis constituem os deveres essenciaes do magistrado, no Brasil, especialmente no Brasil, e muito particularmente nesta phase politica, em que o desprezo pela lei parece ter tocado o extremo, aplacar a sêde abrasadora de legalidade e de justiça deve ser o artigo capital do programma de um estadista, digno desse nome. Só se conhece um meio para realisar tão patriotico *desideratum:* applicar rigorosamente as leis, illuminadas pela doutrina, pelos principios do direito. É preciso cercear quanto possivel o arbitrio, eliminando as opiniões individuaes destituidas de qualquer fundamento, sem a mais fragil base scientifica, que pódem levar a resultados como este de se impetrar um *habeas-corpus* para resolver uma questão meramente politica, o que é tão repugnante ao nosso direito, como, por exemplo, intentar uma acção de reivindicação para annullar um casamento, ou uma acção possessoria para rescindir uma concordata; opiniões que vão ao excesso de usar de expressões technicas conhecidissimas, dando-lhes um sentido original, extravagante, completamente desconhecido, contrario a uma tradição ininterrupta, sem amparo nos principios juridicos, repellido por todos os que se têm occupado competentemente do assumpto, o que é um dos mais graves indicios de decadencia de uma sociedade. No começo de seu esphacelamento, costumavam os velhos romanos, sobreviventes a um periodo em que ainda havia um pouco de ordem e de grandeza, repetir esta phrase desoladora: *nos equidem vera rerum vocabula amisimus.* Em verdade até esquecemos a verdadeira significação das palavras».

Ter-se-á pretendido dilatar o *habeas-corpus* além dos limites traçados pelas leis patrias, applicando-se alguma das doutrinas hodiernas, concernentes á *interpretação* das leis? São bem conhecidas as theorias, que actualmente contam não poucos adeptos, de **Jhering**, de **Bufnoir**, de **Kohler**, de **Geny**, de **Saleilles**, de **Alexandre Alvarez**, de **Vander Eycken**. **Jhering** preconisa o methodo de interpretação dos romanos, cuja exegese «tinha os olhos fitos ininterruptamente nas necessidades da vida pratica, e sabia interpretar as leis, pondo-as de accordo com essas necéssidades» ([1]); «a exactidão da interpretação, quer dos termos, quer do pensamento do legislador, não constituia o elemento decisivo, que levava a adoptar ou a rejeitar um certo sentido para o texto; a conveniencia, a opportunidade pratica, eis o verdadeiro criterio» ([2]); «longe de a censurar por isso, penso pelo contrario que se deve reputar honroso á antiga jurisprudencia o facto de não se ter submettido servilmente á lei, e de se haver esforçado antes por adaptal-a ás necessidades da vida e ás exigencias da epoca» ([3]). **Bufnoir** e **Saleilles** pensam que é missão do interprete averiguar *em que condições as exigencias de facto, as imposições da vida, estão bastante maduras para se converter em regras de direito* ([4]). Segundo **Kohler**, as leis não se devem interpretar como manifestações do pensamento e da vontade do legislador, mas como *productos do grupo social de que o legislador se fez orgam* ([5]). No conceito de **Geny**, o trabalho do interprete é duplo: de um lado de-

---

([1]) *L'Esprit du Droit Romain*, traducção de Meulenaere, tomo 3º, pagina 154, 3ª edição.

([2]) Obra e volume citados, pagina 156.

([3]) Obra e volume citados, pagina 157.

([4]) *Revue Internationale de l'Enseignement*, de 15 de abril de 1904, **Guillouard**, *Propriété et Contrat, Introduction*.

([5]) Veja-se **Clovis Bevilaqua**, *Theoria Geral do Direito Civil*, pagina 52, edição de 1908.

ve inquirir a razão e a consciencia, para verificar em nossa natureza intima os fundamentos da justiça ; do outro, investigar os phenomenos sociaes, para lhes apprehender as leis de harmonia e os principios de ordem (¹). Notando que actualmente «as relações juridicas se modificam de modo completo com uma crescente rapidez, e são de natureza diversa das dos tempos antigos; vivemos numa época cheia de difficuldades e incertezas», e que por isso não se póde cingir a missão do interprete a «sujeitar ás normas do legislador casos inteiramente differentes dos antigos, e que o legislador, se os houvesse previsto, teria regulado de modo radicalmente diverso», **Alexandre Alvarez** assigna ao interprete o papel de auxiliar abertamente a evolução das instituições, no sentido indicado pelos phenomenos sociaes, harmonisando com essa evolução os novos casos que se produzem (²). Finalmente, pretende **Vander Eycken** que o interprete deve procurar nos textos, não a intenção do legislador, mas *o fim pratico, a utilidade social, que o guiou* (³).

O bom senso e a reflexão fatalmente não hão de permittir que se generalise e se converta em pratica habitual uma hermeneutica, prenhe de tão perigosas consequencias, dada a possibilidade, ou, antes, probabilidade (determinada pela divergencia de ideias e de interesses em relação ao modo de conceber as instituições juridicas) de radicaes antitheses, de profundas opposições, no apreciar *o fim pratico, ou as exigencias e necessidades da vida social,* hermeneutica hoje absolu-

---

(¹) *Méthode d'Interprétation,* pagina 472.
(²) *Une Nouvelle Conception des Études Juridiques,* pagina 171, ed. de 1904.
(³) *Méthode de l'Interprétation Juridique, passim.*

tamente inutil, diante da facilidade, excessiva em nossos dias, com que o poder legislativo altera, corrige, faz e desfaz as leis. As injuncções da vida real pódem ser attendidas rapidamente pelos legisladores, que frequentemente estão a refundir, a modificar, a retocar o direito escripto. Se prevalecesse a perniciosa hermeneutica apontada, perdida estaria uma das principaes e mais preciosas conquistas do direito publico, a separação dos poderes, garantia, nunca posta em duvida, contra o arbitrio e o despotismo.

Mas, admittamos por um momento, que, de accordo com esses condemnaveis principios de exegese, se queira applicar o nosso direito escripto acerca do *habeas-corpus*. Que motivo haveria para ampliar esse instituto juridico, dando-lhe uma extensão que as nossas leis, assim como as leis e a pratica das nações que o engendraram e desenvolveram, sempre lhe negaram? Quando em nações cultissimas, como a França, a Allemanha, a Italia, a Belgica, a Suissa, *as necessidades da vida, a natureza positiva das coisas, a orientação dos phenomenos sociaes, o fim pratico, a utilidade social* (para nos servirmos das expressões usadas pelos autores das doutrinas alludidas acerca da *interpretação*) ainda não forçaram o legislador sequer a adoptar a maravilhosa salvaguarda da liberdade que é o *habeas-corpus;* quando na Inglaterra e nos Estados-Unidos nunca se usou do *habeas-corpus* senão como meio de proteger a liberdade de locomoção; quando em nosso paiz, desde tempos antiquissimos, para os casos em que a posição juridica do que se vê ameaçado na sua pessôa, não é incontestavel, e precisa ser demonstrada e provada em juizo, sempre houve este excellente meio judicial, o preceito comminatorio, que não é applicado exclusivamente á posse das coisas, como suppõe erroneamente o accordam (¹); quando no direito escripto já avançámos ao ponto de crear no processo brasileiro uma garantia de direito, que não existe no *direito judiciario* de nenhuma outra nação civilisada, a acção especial do artigo 13 da lei n. 221, de 1894; quando a nossa jurisprudencia, bem interpretando o preceito amplo e adiantadissimo da Constituição, já havia chegado até onde nunca ousaram chegar a lei, a doutrina e a jurisprudencia, de qualquer outro povo policiado; absolutamente injustificavel é o tentamen de estender o *habeas-corpus*, contrariando-lhe violentamente a indole e os principios que sempre o dominaram, á protecção de outros direitos que não a liberdade de locomoção, *e á solução de questões dependentes de provas e allegações, e incompativeis com o rito processual brevissimo desse instituto juridico*. Mais injustificavel ainda é a pretenção de resolver pelo *habeas-corpus* controversias, que em hypothese nenhuma, sob qualquer fórma de processo, compete á justiça dirimir.

---

§ 62. Impetrado um *habeas-corpus*, em que se pede seja garantida a liberdade individual necessaria para exercer o paciente uma determinada profissão, segundo a jurisprudencia do Supremo Tribunal Federal, concorde com os principios e normas que temos exposto, deve conceder-se a ordem, se o paciente está legalmente habilitado para exercer a profissão, negando-se na hypo-

---

(¹) Vejam-se, entre outros, **Sylva**, *Ad Ordinationes*, livro 3º, titulo 78, § 5, n. 1, e **Lobão**, *Acções Summarias*, volume 1º, § 536, *verbis* — «se alguem me prohibe caminhar por uma rua publica».

these contraria. Tal é a doutrina perfilhada por varios accordams, entre os quaes merecem especial menção os de n. 3351, de 19 de abril de 1913, e 3375, de 2 de julho do mesmo anno.

A este ultimo additámos a seguinte explanação de voto:

«Por este accordam se completa o de n. 3351, de 19 de abril do corrente anno, encerrando-se nos dois o verdadeiro conceito juridico acerca da liberdade profissional entre nós.

O accordam n. 3351 declarou que, sem uma prova de capacidade profissional, cujo nome pouco importa (titulo, diploma, ou certificado), ninguem póde exercer no Brasil as profissões liberaes, para cuja pratica sempre se exigiu entre nós um attestado de habilitação.

Mantendo este regimen, o Brasil, que é um paiz de instrucção muito desigual, com um vastissimo sertão, onde em geral só se encontram analphabetos, ou pessôas que apenas sabem lêr e escrever, o que é quasi perfeitamente o mesmo, nada mais faz do que imitar nações de instrucção muito generalisada ou de antiga civilisação.

Nos Estados-Unidos da America do Norte, por exemplo, como se póde ver em um dos mais espalhados vulgarisadores das suas instituições judiciarias, **Nerincx**, «*L'Organisation Judiciaire aux États-Unis*», capitulo XIII, em alguns Estados é exigido o diploma universitario, o titulo academico, para o exercicio da advocacia. Em outros, o maior numero, é necessario um exame perante uma commissão de magistrados ou de juizes e advogados.

Na França, em virtude da lei de 30 de novembro de 1892 (que se trata de tornar mais rigorosa), ninguem póde exercer a medicina, a odontologia, ou a obstetricia, sem préviamente prestar exame perante uma faculdade do Estado.

Na Belgica, uma antiga lei, a de 12 de março de 1818, creou em cada provincia «commissões medicas» incumbidas de examinar os que pretendem praticar na circumscripção qualquer ramo da arte medica. Na Allemanha, a lei de 1 de julho de 1878, modificada pela de 17 de maio de 1898, apenas permitte a advocacia aos que se habilitarem para a judicatura. Para esta ultima, a lei de 20 de maio de 1898, declara indispensavel a prestação de dois exames. O primeiro deve ser precedido de estudo por tres annos em uma Universidade. Entre o primeiro e o segundo exame deve decorrer o prazo de tres annos, em que o candidato pratique em serviço junto de um tribunal, ou num escriptorio de advocacia, ou num officio do ministerio publico. Como é rigoroso o regimen allemão, e diverso do que muitos suppõem! Na Suissa é a propria Constituição Federal que no artigo 33 estatue: *« Les Cantons peuvent exiger des preuves de capacité de ceux qui veulent exercer des professions libérales »*.

Importa muito não confundir o regimen norte-americano e de diversas nações da Europa com o nosso.

Entre nós, como tambem na França e em outros paizes, o titulo academico basta para se ter ingresso nas profissões liberaes. Nos paizes alludidos é necessario um exame feito perante commissões de juizes, de advogados, de medicos etc., commissões que nada têm que vêr com as academias e universidades. Em qualquer dos casos, o Estado exige uma prova de capacidade profissional, um attestado por pessôas competentes de que o candidato está habilitado para exercer a carreira a que se destina.

As nossas leis facilitam mais.

Declarado pelo accordam n. 3351 — que um titulo, diploma ou certidão, é necessario para o exercicio das profissões liberaes, que as nossas leis sempre cercaram dessa garantia, restava definir quaes os titulos validos.

Foi o que fez o Tribunal neste accordam, decidindo que estão em vigor as leis patrias que organisaram as faculdades officiaes e as livres — constituidas de accordo com o decreto n. 7247, de 19 de abril de 1879, o de 17 de janeiro de 1885, o de 2 de janeiro de 1891, o decreto n. 1159, de 3 de dezembro de 1892, e a lei n. 314, de 30 de outubro de 1895 e seu respectivo regulamento. Por essas leis e decretos é facultada a associação de particulares para a fundação de cursos de ensino superior, «cursos que devem ser organisados de accordo com as normas que regulam os creados e mantidos pelo governo».

Além disso, é indispensavel um fiscal, e de reconhecida competencia, como prescreve a lei n. 314, de 30 de outubro de 1895.

Essas leis e decretos não foram revogados pelo artigo 3º, II, da lei n. 2356, de 31 de dezembro de 1910, que preceitua:

«Fica o poder executivo autorisado a reformar a instrucção superior e secundaria, mantida pela União, dando, sob conveniente fiscalisação, sem privilegio de qualquer especie, aos institutos de ensino superior: a) personalidade juridica, competencia para administrar os seus patrimonios, lançar taxas de matricula e de exame e mais emolumentos por diplomas e certidões, arrecadando todas as quantias para provimento de sua economia, não podendo tambem sem annuencia do governo federal alienar bens».

Dessa disposição legal sómente se conclue que os institutos de ensino superior, mantidos pela União, nenhum privilegio têm, e consequentemente os graus acadêmicos, diplomas ou certificados de capacidade profissional (pouco importa o nome), conferidos por institutos de ensino, creados por iniciativa particular, ou pelos Estados, ou municipios, têm o mesmo valor juridico dos attestados de habilitação dos cursos mantidos pelo governo federal.

Do referido artigo de lei não se póde inferir que esses institutos de ensino não devam mais attestar a capacidade profissional dos que lhes cursaram as aulas. Muito menos fôra licito induzir que tenham o mesmo valor juridico os diplomas ou certificados das faculdades mantidas pela União e das faculdades livres organisadas de accordo com as leis que regem as primeiras, e os diplomas outorgados ou vendidos por quaesquer associações, que nada ensinam, ou não se subordinam ás regras das leis e decretos citados.

O artigo 3º, II, da lei n. 2356, de 1910, não revogou o artigo 156 do Codigo Penal, nem o artigo 372 do decreto n. 848, de 11 de outubro de 1890, nem outras disposições de lei que exigem para o exercicio das profissões liberaes provas de habilitação.

Nem se supponha que o regulamento de 5 de abril de 1911, impropriamente denominado «lei organica», haja traduzido o pensamento do artigo 72, paragrapho 24, da Constituição Federal.

Como já varias vezes se tem demonstrado com o elemento historico desse artigo da Constituição, o legislador constituinte, ao qual não se póde attribuir gratuitamente a insensatez de pretender estatuir entre nós um regimen que as mais cultas nações ainda não conseguiram praticar, não teve o intuito de extinguir as provas de habilitação profissional, que nenhum homem competente jámais confundiu com o «privilegio», qualquer que seja a accepção adjectivada a este termo. No paragrapho 24 do artigo 72 da Constituição nada mais se nos depara do que um dos varios principios fundamentaes que, depois de determinar a genese, natureza, exercicio e limites dos poderes publicos, costumam os legisladores constituintes incluir nas constituições. Na de 24 de fevereiro de 1891 o artigo 72 contém muitos desses principios, já consignados antes no artigo 179 da Constituição do Imperio: a obrigação de só fazer ou deixar de fazer o que a lei prescreve, a igualdade de todos perante a lei, a inviolabilidade do domicilio, a liberdade de imprensa, a garantia da propriedade, etc., etc.

No artigo 72 o legislador constituinte republicano reproduziu varios principios constantes da Constituição do Imperio e de outras constituições. O paragrapho 24 não contém a absurda innovação, prenhe das perigosas e grotescas consequencias de que nos dá uma amostra este illegal ensaio de liberdade profissional, mal entendida, a que assistimos, com a extincção quasi completa do ensino e com a extraordinaria profusão de diplomas de doutor, vendidos por todos os preços a um grande numero de ignorantes e charlatães de toda especie»

§ 63. Durante o estado de sitio que, por força de mais de um decreto do Presidente da Republica, vigorou quasi todo o anno de 1914, foi varias vezes discutida e julgada pelo Supremo Tribunal Federal a questão de saber se, decretado o estado de sitio, quando não se verifica nenhuma das duas unicas condições, nenhum dos dois unicos casos, em que a Constituição permitte essa medida excepcional, a guerra, internacional ou intestina, é licito ao mesmo Tribunal conceder ordens de *habeas-corpus* aos individuos presos em consequencia do sitio.

Reproduzimos um dos accordams que mais desenvolvidamente encerram a opinião reiteradamente sustentada pela maioria do Tribunal:

«N. 3527—Vistos estes autos de pedido originario de *habeas-corpus,* impetrado por José Eduardo de Macedo Soares, em seu favor e de mais tres outros pacientes, constantes da respectiva petição;—do referido pedido se verifica o seguinte: Que os pacientes foram detidos em virtude de ordem expedida pelo governo federal, durante o presente estado de sitio, declarado pelo decreto do poder executivo de 4, e prorogado pelo de 31 de março deste anno, abrangendo o territorio do Districto Federal e da comarca de Nitheroy e Petropolis, no vizinho Estado do Rio de Janeiro;

Que, embora scientes de que a sua detenção é uma medida ordenada em consequencia do dito estado de sitio, se julgam com direito ao presente pedido: 1º, porque similhante estado de sitio não foi decretado de accordo com os factos e condições rigorosas do artigo 80 da Constituição, sendo por isso um acto inconstitucional; 2º, porque, embora se possa objectar que se trata de questão politica, é o Supremo Tribunal Federal competente para conhecer da especie, como autoridade suprema, e como já assim tem entendido e decidido em casos analogos.

Em resumo, são esses os fundamentos do pedido, que devem ser examinados e considerados; e pelo que:

Considerando, que se é verdade como é, que ao Supremo Tribunal Federal cabe o exame dos actos dos dois outros poderes, quando arguidos de lesivos de direitos individuaes pelos vicios de illegalidade ou inconstitucionalidade;—nem por isso poderá o tribunal estender o uso dessa attribuição até o ponto de julgar do merito de actos que envolvam a propria independencia de cada um dos tres poderes,—todos existindo e devendo funccionar dentro dos limites postos pela Constituição;

Considerando, que é justamente por força dessa limitação inherente ao exercicio dos alludidos poderes que o judiciario, em regra, só julga dos effeitos ou factos decorrentes de actos dos dois outros poderes, porventura lesivos dos direitos individuaes, e jámais dos motivos ou razões, pelos quaes foram taes actos adoptados ou postos em execução;

Considerando, ainda sobre este ponto, que é principio cardeal de direito constitucional, relativamente ao exercicio dos poderes publicos, armados em igual independencia, quanto ás funcções privativas, que, uma vez expressamente conferida a um delles uma attribuição para a pratica de dado acto ou para o uso de dada faculdade, é elle o «unico juiz competente da opportunidade e das razões determinantes do respectivo acto ou do uso de sua faculdade; porque o contrario seria a negação completa da sua independencia;

Considerando que no caso sujeito o Presidente da Republica, tendo declarado o estado de sitio em vista das razões constantes dos documentos alludidos, e tendo durante o estado de sitio mandado deter os pacientes, usara de faculdade que lhe é conferida por um texto expresso da Constituição (artigo 80, §§ 1º e 2º);

Considerando que, se porventura essa razão não devesse bastar para assim proceder, a propria Constituição declararia justamente qual seria o «juiz privativo» para conhecer e julgar do seu acto, já approvando ou suspendendo o estado de sitio (Const., artigo 34, n. 21), já sujeitando mesmo o Presidente da Republica á accusação, se para tanto houvesse fundamento (lei n. 27, de 7 de janeiro de 1892, artigo 33).

Considerando, conseguintemente, que, em vista da propria Constituição, ora invocada pelos pacientes em apoio da intervenção do Supremo Tribunal Federal, o que resulta não é o direito dessa intervenção, mas a exclusão manifesta do judiciario para julgar do caso sujeito; porquanto, se o tribunal interviesse, a consequencia do seu acto seria: *a)* arrogar-se elle uma attribuição que é «privativamente» conferida a outro poder, —o Congresso Nacional—; *b)* desconhecer a independencia do poder executivo para decretar o estado de sitio, inquirindo e julgando dos «motivos» que teve esse poder para assim fazel-o; *c)* annullar virtualmente o proprio estado de sitio, fazendo cessar, pelo *habeas-corpus,* a medida resultante delle, isto é, a detenção dos individuos, mesmo quando feita de accordo com a Constituição;

Considerando, por outro lado, que, competente como é este tribunal para julgar das medidas executadas *ex-vi* do estado de sitio, — e assim tem feito e decidido em diversos casos, — os pacientes nada allegam a esse respeito, a dizer, no sentido de demonstrar que o Presidente da Republica haja exorbitado das suas faculdades quanto á fórma e extensão de taes medidas;

Considerando, finalmente, que, admittida como correcta, que é, a autoridade do Supremo Tribunal Federal, para conhecer de qualquer dos actos dos poderes politicos, quando offensivos dos direitos individuaes, por ser elle o interprete final da Constituição e das leis, —nem por isso a consequencia, unica obrigada, seria a de julgar do pedido em questão, mas tambem a de poder declarar «elle proprio» se a controversia constitue ou não um caso judicial, ou uma questão meramente politica;—como assim o tem tantas vezes feito a Suprema Côrte dos Estados-Unidos da America;—Por tudo isto, accordam em tomar conhecimento do pedido para poder bem verificar qual seja a natureza dos factos e fundamentos allegados, mas, á vista do que, em declarar-se incompetente para julgar do merito do mesmo pedido, desde que o seu fundamento, unico invocado,—«a inconstitucionalidade de decretação do estado de sitio, é materia estranha ao poder judiciario.

Custas na fórma da lei».

Á doutrina contida no accordam transcripto, e repetida em varios outros, oppuzemos os seguintes votos vencidos, que reproduzimos, porque a reflexão e o estudo mais detido do assumpto mais têm arraigado a nossa convicção a respeito:

«Votei concedendo a ordem impetrada. O decreto do poder executivo, que declarou em estado de sitio esta capital, Nitheroy e Petropolis, é manifestamente inconstitucional, por ser publico e notorio, e verificado a todos os instantes, que não estamos em guerra com qualquer nação estrangeira, e que não ha em qualquer ponto do paiz a mais leve commoção intestina, casos unicos em que a Constituição permitte a medida extrema do sitio. É verdade elementar, reproduzida por J. **Barbalho** *(Commentarios,* pagina 119, *in fine,* e 120), que a Constituição não faculta a decretação do estado de sitio, porque se dá uma sedição, uma conspiração, ou qualquer dos outros crimes previstos e punidos pelo Codigo Penal. A não ser nos casos de aggressão estrangeira e de grave commoção intestina (artigo 48, n. 16, da Constituição), ao Presidente da Republica é vedado declarar em estado de sitio qualquer parte do territorio nacional.

Sendo inconstitucional o decreto do sitio, ao Supremo Tribunal Federal cumpre garantir a liberdade individual do paciente, offendida por esse acto.

Nenhum valor juridico tem o argumento, de que não póde o Tribunal julgar questões politicas, e consequentemente lhe é vedado proferir uma decisão, por meio da qual annulle em parte, ou no todo, uma resolução de natureza politica de qualquer dos outros dois poderes.

Chamam-se factos politicos os factos sociaes em cuja producção pódem intervir, modificando-os, os dois poderes politicos, o legislativo e o executivo. Estudam-se taes factos, para se lhes conhecerem as leis, e com estas se ministrarem aos estadistas indicações que os autorisem a modificar-lhes a realisação, ou dirigil-os, em beneficio da sociedade (vejam-se os meus *Estudos de Philosophia do Direito,* pagina 114 a 125, onde o conceito de *politica* está amplamente explicado).

Na Constituição e nas leis ordinarias estão traçados os limites, dentro nos quaes exerce o poder executivo as suas funcções politicas. Assim, dentro num circulo mais ou menos vasto, cuja circumferencia é o direito positivo, constitucional e secundario, limite que deve ser intransponivel, é facultado ao governo mover-se em varias direcções, tomar resoluções diversas, seguir differentes orientações politicas. O que é essencial, é que no preferir e pôr em pratica um desses alvitres, o governo se adstrinja a apreciar a conveniencia das medidas adoptadas, a resolver questões de utilidade ou necessidade social, sem ferir direitos de pessôas singulares ou collectivas. Neste sentido é que se costuma dizer frequentemente que as questões politicas são as confiadas á discreção do poder executivo. Importa muito accrescentar, como fez **Marshall**: *Discreção legal ou constitucional* (Marbury *versus* Madison).

Diversa no que toca ás restricções, posto identica na materia, é a actividade politica do poder legislativo. Diversa no que respeita ás limitações, porque a unica barreira legal á acção do legislativo é a Constituição. Identica na materia, porque ainda aqui se reduz, ou deve reduzir-se, a alterar os factos sociaes por meio das leis em beneficio da sociedade. As leis elaboradas pelo poder legislativo são phenomenos de transformação social, que esse poder se esforça por fazer que se realisem em proveito da collectividade e de seus membros (livro e passagem citados).

Sendo assim, desde que o Supremo Tribunal Federal tem a faculdade, expressa e categoricamente conferida, de declarar inconstitucionaes e inapplicaveis as leis offensivas, pela sua elaboração ou pelos seus preceitos, das disposições constitucionaes, e de declarar inconstitucionaes, ou illegaes, annullando-os no todo ou em parte, os actos e decisões do poder executivo (Constituição, artigo 60, letra *a*, artigo 59, § 1º, lei n. 221, de 20 de novembro de 1894, artigo 13), é evidente que o Supremo Tribunal Federal tem uma attribuição essencial e altamente politica. O Supremo Tribunal Federal não tem só a faculdade, tem tambem a obrigação de impedir por seus arestos que produzam effeito as leis inconstitucionaes, e os actos do executivo, inconstitucionaes ou illegaes. Que póde haver de mais politico do que declarar inconstitucional e inefficaz uma lei, que o poder legislativo votou, porque a reputava necessaria e urgente, ou do que declarar inconstitucional, ou illegal, e annullal-o, um acto que o executivo praticou, porque o considerava indispensavel e inadiavel?

A objecção da natureza politica do acto, legislativo ou executivo, nenhum valor juridico absolutamente tem, desde que se trate de julgar uma questão judicial, *um caso sujeito a leis, um pleito que se possa dirimir, applicando-lhe normas legaes.* Isso que tem sido sempre ensinado pelos constitucionalistas norte-americanos, é repetido pelo ultimo delles que se tornou conhecido entre nós. Com effeito **Countryman,** na sua recente obra — *The Supreme Court of the United States,* doutrina: *« The Supreme Court is indeed vested with the whole judicial power as expended and enlarged in the organic law, including «all cases» arising under it, or involving its application and interpretation, as well in the exercise of governmental functions as in private transaction ».* E logo adiante, fazendo suas as palavras de um outro jurista: *«Suppose the controversy is political in nature. What then? Is there any reason in nature why it should not be subjected to judicial investigation and decision, as much as any other controversy?»* Supponha-se que a questão seja politica. Que motivo ha para não ser julgada como qualquer outra questão judicial?

O facto de ser o estado de sitio, decretado pelo Presidente da Republica, sujeito á approvação, ou suspensão, pelo Congresso, não obsta, não póde obstar constitucionalmente a que o Supremo Tribunal Federal garanta os direitos individuaes offendidos pela decretação inconstitucional do estado de sitio. Ainda mesmo depois de approvado o acto do executivo pelo legislativo, *póde inquestionavelmente o Tribunal amparar com seus arestos a liberdade de locomoção e os outros direitos individuaes, lesados pela decretação inconstitucional do sitio.* Consequentemente, antes da approvação legislativa, por mais forte razão não se póde recusar ao Tribunal competencia para garantir os direitos individuaes, violados pelo facto de ser inconstitucional a decretação do sitio. Sendo certo que a approvação da medida do sitio pelo Congresso não exprime, nem póde absolutamente exprimir, mais do que a decretação da mesma medida pelo proprio Congresso, e não havendo motivo algum juridico para que o Tribunal não exerça a sua attribuição de declarár inconstitucional a decretação do sitio pelo poder legislativo, quando ficar patente que assim de facto é, porque se ha de abster o Tribunal de conceder uma ordem de *habeas-corpus*, quando está apenas decretado o sitio pelo poder *executivo?*

Nos Estados-Unidos da America do Norte é o Congresso que autorisa o Presidente da Republica a decretar a suspensão do «habeas-corpus» e a instituir commissões militares judiciarias. Entretanto, depois de autorisadas essas providencias por lei, e decretadas pelo executivo, a Suprema Côrte Federal não se julga incompetente para garantir a liberdade individual, annullando de facto a lei e o decreto do Presidente da Republica.

Foi isso que se verificou de um modo muitissimo claro no celebre caso Milligan. Uma lei autorisara o Presidente da Republica a suspender o «habeas-corpus» e a instituir commissões militares durante a guerra de secessão. O Presidente entendeu que podia applicar essas medidas excepcionaes, não só aos Estados conflagrados, como aos outros, especialmente aos vizinhos dos em que se dava a tremenda luta. A Indiana era um Estado pacifico, mas limitrophe com os conflagrados. Nesse Estado foi preso Milligan, que requereu «habeas-corpus». A decisão está transcripta no livro de **Thayer**, *Cases on Constitutional law*, volume 2°, pagina 2376, ed. de 1895. Tres questões se discutiram no caso Milligan, havendo divergencia

entre os juizes : 1ª, é o caso de «habeas-corpus»?
2ª, deve o paciente ser solto? 3ª, tem a commissão militar, a que Milligan foi entregue, competencia legal para processar e julgar o paciente?
«*The opinions of the judges of the Circuit Court ware opposed on three questions, which are certified to the Supreme Court :* 1º *On the facts stated in said petition, and exhibits, ought a writ of «habeas-corpus» to be issued?* 2º *On the facts stated in said petition and exhibits ought the said Lambdin P. Milligan to be discharged from custody as in said petition and exhibits is stated?* 3º *Whether upon the facts stated and exhibits the military commissions mentioned therein had jurisdiction legally to try and sentence said Milligan, in manner and form as in said petition and exhibits is stated?* »

Como julgou a Suprema Côrte Federal estas tres questões em grau de recurso ? Concedendo o *habeas-corpus,* e mandando soltar o paciente, por não ter a commissão militar jurisdicção legal para processar e sentenciar no caso. Na conclusão houve unanimidade de votos. A divergencia deu-se quanto á interpretação da lei, que autorisara o Presidente da Republica a suspender o *habeas-corpus,* e crear commissões militares judicantes. Cinco juizes (a maioria) julgaram que ao Congresso faltava competencia para suspender ou autorisar a suspensão do *habeas-corpus.* («*Congress was without the constitutional authority to suspend or authorize the suspension of the writ of habeas-corpus),* e instituir commissões militares nos Estados que estavam fóra da esphera das operações militares activas e com seus tribunaes civis abertos e promptos para dirimir as questões judiciaes («*and provide military commissions in states outside the sphere of active military ope-*

rations and with their civil courts open and ready for the transaction of judicial business»). Quatro juizes (a minoria) julgaram que o caso era de *habeas-corpus*, o preso devia ser solto e que nenhuma jurisdicção para o processar tinha a commissão militar, mas entenderam que o Congresso podia autorisar a creação de commissões militares na Indiana. *(«Chase C. J. for himself and justices Wayne, Sayne and Miller, gave an opinion concurring in the order for the petitioner's discharge, but differing with the majority opinion on important points. This opinion agreed that the writ of habeas-corpus should issue, that the petitioner was entitled, under the statute, to his discharge, and that, by reason of the statute, the military commission had no jurisdiction to try him; but declared the Congress had power to authorize the military commission in Indiana»).*

Explicando o seu voto, disseram os quatro juizes que (note-se bem) absolutamente não tinham a intenção de affirmar que ao Congresso fosse permittido decretar e applicar as leis da guerra, onde nenhuma guerra havia sido declarada, nem existia. *(«We by no means assert that Congress can establish and apply the laws of war where no war has been declared or exists»).*

Entre parenthesis: estes proprios quatro juizes, vencidos em parte, que não toleravam a decretação pelo Congresso da lei marcial onde nenhuma guerra havia, certo que tambem não consentiriam em prisões arbitrarias e escudadas no estado de sitio, onde nenhum signal absolutamente ha de commoção intestina como na especie occorrente,

Onde ha paz, accrescentam os quatro juizes, devem reinar as leis da paz *(«Where peace exists, the laws of peace must prevail»).* O que sustentamos (são os quatro juizes que falam), é que, quando a nação está envolta numa guerra, e partes do territorio nacional estão invadidas, e todas expostas á invasão, ao Congresso é facultado determinar em que Estados, ou districtos, se verifica tão imminente e grave perigo publico, que justifique a autorisação de tribunaes militares para o processo de crimes e offensas á disciplina e segurança do exercito, ou á segurança publica («*What we do maintain, is that, when the nation is involved in war, and some portions of the country are invaded and all are exposed to invasion, it is within the power of Congress to determine in what states or districts such great and imminent public danger exists as justifies the authorization of military tribunals for the trial of crimes and offences against the discipline or security of the army or against the public safety*»).

A Suprema Côrte declarou mais que só uma invasão actual, effectiva, que obrigue a fechar os tribunaes e deponha a administração civil, justifica a decretação da lei marcial. Não basta uma ameaça de invasão. «*Martial law cannot arise from a threatened invasion. The necessity must be actual and present: the invasion real such as effectually closes the courts and deposes the civil administration*» (Pagina 2389, da obra de **Thayer**).

Mais clara não podia ser a decisão. Em meio da medonha guerra civil de 1860 a 1865, a «guerra de secessão», o Presidente da Republica, «autorisado pelo Congresso», suspendeu o «habeas-corpus» e creou commissões militares judiciarias no Estado da Indiana, onde não havia luta, mas que confinava com os Estados conflagrados. Preso para ser submettido a um tribunal militar, Milligan requer um «habeas-corpus» e a Suprema

Côrte Federal, em grau de recurso, decide que o Congresso não podia autorisar a suspensão do «habeas-corpus» e a creação de tribunaes militares nos Estados pacificos, mas unicamente nos convulsionados pela guerra civil.

A Suprema Côrte, com essa decisão, limitou os actos dos outros dois poderes; cassou, annullou em parte a lei e o decreto do executivo. E assim procedeu, arrimada á Constituição, por lhe parecer que a lei e o decreto presidencial eram inconstitucionaes. Não havia fundamento constitucional para a suspensão do «habeas-corpus» e a instituição de tribunaes militares nos Estados pacificos, posto que vizinhos dos assolados pela guerra.

Muito menos propuz eu: em meio da mais completa paz, quando, na propria linguagem do Presidente da Republica, o maximo que poderia ter-se dado, era a verificação pela policia de que se tramava algum dos crimes previstos e punidos pelo Codigo Penal, decreta-se o estado de sitio, com evidente e indubitavel violação dos preceitos constitucionaes. A exemplo da Suprema Côrte Federal norte-americana, votei, garantindo a liberdade individual, offendida por um acto inconstitucional do executivo.

Perfeitamente vão é o receio dos apologistas dos abusos e violencias do poder executivo, quando observam que é perigoso permittir que o Supremo Tribunal Federal annulle, pelo menos em parte, os effeitos da decretação do sitio pelo executivo: porquanto, este ultimo poder é o que está em condições de ser informado de certos factos criminosos, ou de certos factos de ordem internacional, que impõem a immediata decretação da medida. Para patentear a improcedencia da observação, basta lembrar que não é ao executivo, mas ao Congresso, que a Constituição outorga normal e principalmente a funcção de decretar o sitio. É a uma vasta assembleia, em que dominam as paixões, mas que garante mais os direitos dos cidadãos do que o executivo, sempre inclinado aos abusos e ás violencias, que foi conferida a attribuição de decretar o sitio, o que só póde fazer o executivo subsidiariamente, secundariamente, suppletivamente.

Se informações reservadas pódem impedir que o Congresso annulle o sitio, justificadamente decretado pelo Presidente da Republica, essas mesmas informações muito mais facilmente obstarão a que o Supremo Tribunal Federal conceda um «habeas-corpus», que ponha em perigo as instituições ou a patria.

A concessão do «habeas-corpus» só é constitucional, e só se dará, quando fôr publico e notorio, e estiver bem averiguado, perfeitamente verificado, que nem sequer o mais leve indicio de aggressão internacional, ou de commoção intestina, se dá, como é o caso destes autos».

Assim fundamentámos um outro voto vencido: «Ao Supremo Tribunal Federal compete, por expressa e indiscutivel disposição dos artigos 59, § 1º, e 60 da Constituição Federal, declarar inconstitucionaes as leis, promulgadas pelo poder legislativo da União, ou dos Estados, e inconstitucionaes, ou illegaes, os actos do poder executivo, da União, ou dos Estados (alêm dos preceitos constitucionaes citados, artigos 13º da lei n. 221, de 20 de novembro de 1894, e artigo 6º da lei n. 1939, de 28 de agosto de 1908).

Essa attribuição do Supremo Tribunal Federal abrange todas as leis elaboradas pelo poder legislativo, e todos os actos e decisões do poder executivo. Na Constituição nenhuma excepção, nenhuma restricção, se nos depara a esse principio de direito publico federal.

Nunca se entendeu que esse principio seja contrario á independencia dos outros dois poderes. Estes pódem fazer tudo, menos o legislativo leis inconstitucionaes, e o executivo decretar medidas inconstitucionaes, ou illegaes.

Isto é que é o nosso systema, tal como foi engendrado na America do Norte, e transplantado para o Brasil e outros paizes.

Quando se trata de um decreto do executivo, como é a presente hypothese, ha algum motivo de ordem constitucional, que obste a que o Supremo Tribunal Federal exerça essa funcção maxima? O facto de nesse decreto se declarar em estado de sitio uma parte do territorio nacional, ou todo este, impede que o Tribunal exercite a sua faculdade constitucional, que é tambem uma obrigação imposta pela lei fundamental, de julgar inconstitucional o acto do executivo, e *garantir os direitos individuaes offendidos por esse acto?* Absolutamente não. Na Constituição nenhuma norma se lê, que restrinja a competencia do Tribunal nesta especie.

Da attribuição do Congresso de approvar ou suspender o sitio declarado pelo executivo (artigo 34, n. 21, da Constituição), não se póde inferir, ou deduzir, que nesta hypothese seja vedado ao Tribunal declarar inconstitucional o acto do executivo. *Mesmo depois de approvado o sitio pelo Congresso, nada póde embaraçar uma decisão em que o Tribunal garanta direitos individuaes, lesados pelo acto do executivo, approvado pelo legislativo.* Como, pois, se ha de abster o Tribunal de amparar *direitos individuaes, feridos pelo decreto de sitio,* porque este ainda não foi examinado pelo Congresso?

Se querem um precedente, um aresto, temol-o, e da Suprema Côrte Norte-Americana. Eis como o resume **Willoughby**,— no segundo volume da sua notavel obra, *The Constitutional Law of the United States*, pagina 1245 : «*Five of the justices of the Supreme Court held that Congress was without the constitutional authority to suspend or authorize the suspension of the writ of habeas-corpus, and provide military commissions in States outside the sphere of active military operations and with their civil courts open and ready for the transaction of judicial business. The remaining four justices held that Congress had not in fact made legislative provision for the military tribunal in question, but asserted that it possessed the constitutional authority so to do, should it see fit*».

Durante a guerra civil conhecida pela denominação de *guerra da secessão*, luta tremenda que durou cinco annos, crearam-se tribunaes militares e suspendeu-se o *habeas-corpus* de accordo com uma lei do Congresso, que autorisára o Presidente da Republica a decretar as duas medidas excepcionaes (obra e paginas citadas). O Presidente da União applicou essas medidas extremas, não só aos Estados conflagrados, como aos Estados pacificos, vizinhos dos convulsionados. No Estado da Indiana, onde havia tranquillidade, mas que era vizinho dos em que estava accesa a guerra, foi preso Milligan, que requereu um *habeas-corpus*. Julgou a maioria da Suprema Côrte Federal *(five of the justices)* que ao Congresso faltava competencia para autorisar a suspensão do *habeas-corpus nos Estados em que nenhuma luta se dava*, sendo-lhe permittido pela Constituição sómente tomar essa providencia excepcional para os Estados assolados pela guerra civil.

A minoria *(the remaining four justices)* pareceu que ao Congresso era licito autorisar a suspensão do *habeas-corpus* e a creação de commissões militares judiciarias, não só nos Estados em guerra, como tambem nos outros, especialmente nos vizinhos, donde bem podiam contribuir para alimentar a luta, fornecendo combatentes e dinheiro, mas que na realidade não o tinha feito.

Sem embargo dessa divergencia, foi concedida unanimemente a ordem impetrada, prevalecendo, como motivo de decidir, a opinião dos que julgavam fallecer ao Congresso diante da Constituição poder para autorisar a suspensão do «habeas-corpus» nos Estados em paz, posto que vizinhos dos conflagrados. *Ficou victorioso o conceito* (note-se bem) *de que sómente nos Estados em que se verifica a rebellião, ou a invasão estrangeira, é permittido ao Congresso suspender o habeas-corpus. Ficou mais vencedor o principio de que a Suprema Côrte Federal tem competencia para, como interprete final da Constituição, declarar inconstitucional uma lei que suspende o habeas-corpus, e autorisa a creação de tribunaes militares em momento de guerra civil, e para o fazer em um processo de habeas-corpus, e para o fim de garantir direitos individuaes.*

Excluida a má fé, que mais se póde exigir em materia de precedentes, de arestos, de jurisprudencia, para autorisar o voto por mim proferido?

Dir-se-á talvez que, para se poder invocar uma jurisprudencia, é mister que haja uma serie de julgados. Em relação á especie destes autos é impossivel descobrir essa pluralidade e uniformidade de julgados; porque, nos Estados-Unidos durante mais de um seculo só uma vez o Congresso autorisou o Presidente da Republica a suspender o «habeas-corpus» (**Thayer**, *Cases on Constitutional law*, vol. 2º, pagina 2377 e seguintes). Eu não hei de descer a procurar arestos nas republicas da América latina, onde se imitam as instituições norte-americanas. Basta lembrar que na mais adiantada dellas, a Argentina, em menos de meio seculo, mais de trinta vezes foi decretado o estado de sitio (**Agustin de Vedia**, *Constitucion Argentina*, pagina 111, ed. de 1907), cumprindo não esquecer que uma vez o sitio foi alli decretado, só porque se deu um incendio em uma provincia, e o Congresso approvou o acto (**Barraquero**, *Espiritu y Pratica de la Constitucion argentina*, pagina 369, *in fine*, ed. de 1889)!...

Está claro que as unicas decisões que nos devem guiar na exegese do direito publico federal, são as do povo que creou esse direito, que o applica, interpretando-lhe fielmente os preceitos, e que tem dado provas de que sabe respeitar a justiça e as liberdades dos individuos. Objectar que ha differença entre a hypothese destes autos e o caso Milligan, porque nos Estados Unidos o Congresso autorisou o Presidente da União a suspender o *habeas-corpus* e a crear commissões militares judicantes ao passo que entre nós só se deu a decretação do estado de sitio, é o mesmo que, depois de bem provado que um individuo é maior, e de bem demonstrado que a lei lhe permitte dispôr de todos os seus bens, como lhe approuver, doando-os a quem muito bem quizer, não consentir em que esse mesmo individuo transija sobre parte de seus bens, porque não ficou demonstrado que elle pudesse transigir sobre parte de seus bens, estando apenas provado que lhe era facultado fazer doação de todos os seus bens. O que decidiu a Suprema Côrte Federal norte-americana, foi muito mais do que o proposto no meu voto vencido. Em meio de uma horrenda guerra civil, que durou cinco annos, havendo uma lei que autorisava o Presidente da Republica a suspender o *habeas-corpus*, e a crear tribunaes militares no territorio da União, a Suprema Côrte Federal, baseada na Constituição, *revogou parcialmente, cassou, annullou em parte o acto do executivo, expedido por autorisação do legislativo. Limitou os decretos dos dois poderes,* só permittindo que produzissem effeito nos Estados em guerra. A Suprema Côrte Federal *mutilou esses actos essencialmente politicos dos outros dois poderes, fazendo respeitar a liberdade individual, offendida por esses actos. E assim procedeu em observancia da Constituição, cujo interprete final é incontestadamente.*

Importa muito notar que absolutamente não consta que, durante toda a guerra civil, a Suprema Côrte Federal só uma vez tenha proferido decisão, em que se encerrasse doutrina contraria á por ella adoptada no caso Milligan, decisão em que se desamparasse a liberdade individual, ferida por actos inconstitucionaes do poder executivo, pela convicção de que é preciso em tão graves momentos cercar de prestigio esse poder.

Nem se objecte que entre nós o estado de sitio, decretado pelo Presidente da Republica, é approvado, ou suspenso, pelo Congresso, ao passo que nos Estados-Unidos a Constituição não creou este juiz privativo — o Congresso — para apreciar o sitio decretado pelo executivo, e approval-o, ou não, com exclusão de qualquer outro poder. Fôra um sophisma pueril, que em nada aproveitaria aos thuribularios dos abusos do poder executivo. Nos Estados-Unidos não ha juiz privativo para approvar, ou suspender, a suspensão do *habeas-corpus*, decretada pelo executivo, pela simples razão de que lá a suspensão do *habeas-corpus* só póde ser determinada pelo executivo, depois de autorisado este pelo Congresso (Constituição Americana, artigo 1º, secção 9ª, alinea 2ª, interpretada pela mesma decisão no caso Milligan, **Willoughby**, obra e logar citados, **Thayer**, obra e logar citados).

Foi essa suspensão do *habeas-corpus,* autorisada pelo Congresso e decretada pelo executivo, que a Suprema Côrte Federal annullou em seus effeitos relativos á liberdade individual, quando applicada aos Estados pacificos, posto que vizinhos dos conflagrados. Lá a Suprema Côrte, em momento da mais grave commoção intestina que se póde imaginar, diante do estado de sitio, *decretado pelos outros dois poderes, nullificou a medida* nos Estados não conflagrados, por lhe parecer que, só onde havia luta, permittia a Constituição o uso desse remedio extremo. E nós, em meio da mais completa tranquillidade, quando nenhum signal se observa da mais leve commoção intestina (e não se conhece grave commoção social *occulta* ou *recolhida);* quando affirmar que nesta Capital, ou na pacifica Nitheroy e na pacatissima Petropolis, se verifica uma grave commoção intestina, é tão grotesco absurdo, como pretender incutir no espirito de alguem a ideia de que está ameaçado de morte par uma grave enfermidade um individuo que, são e lepido, alimentando-se perfeitamente bem, vemos a cada passo entregando-se ás suas occupações e divertimentos habituaes; nós havemos de em taes condições negar a protecção legal á liberdade individual, pelo facto de termos diante dos nossos olhos um decreto de sitio do poder executivo, muito mais claramente inconstitucional do que o assim declarado pela Suprema Côrte Federal norte-americana?

Já se observou que o julgado da Suprema Côrte dos Estados-Unidos no caso Milligan, em vez de ser adoptado como modelo, deve ser repellido, pelas perigosas consequencias que póde produzir. Só o executivo, pela sua especial posição, está em condições do bem conhecer os segredos de um dado momento politico; só elle póde estar de tal modo informado de certos factos de natureza criminosa, ou de ordem internacional, que sempre lhe seja dado decretar o sitio opportuna e efficazmente, no instante precisamente conveniente. Muitas vezes o poder judiciario não possue, nem deve possuir, os indispensaveis esclarecimentos para saber qual o momento exactamente apropriado para a applicação de tão heroico remedio. Tolerar que o poder judiciario *garanta a liberdade individual* num estado de siitio inconstitucionalmente decretado (e a isto se reduz toda a acção do poder judiciario no caso figurado), é tolher a actividade propria do governo, ou, como já se disse, instituir a dictadura judiciaria.

Essa observação revela simultaneamente duas grandes verdades: o abysmo que nos separa da grande Republica norte-americana em materia de ideias e de costumes politicos, e na applicação das instituições por nós apenas macaqueadas, e a grande miseria moral deste ambiente, incompativel com tão aperfeiçoado e nobre apparelho constitucional. Nos Estados-Unidos uma só vez foi autorisado o sitio pelo Congresso num longo periodo de muito mais de um seculo. Lá, apezar de ser tremenda a conjunctura, não consta que o executivo tenha sido fertil em abusos. Ha o caso Milligan, o caso Merryman, o caso Kemp, e talvez alguns outros, mas nunca tantos e tão graves, como em situações muito menos sérias se têm produzido nas Republicas da America latina. Pois, sem embargo de tudo isso, os constitucionalistas e jurisconsultos norte-americanos, ao noticiarem em seus livros o celebre caso Milligan, nunca se lembraram de censurar a decisão da Suprema Côrte, ou de fazer reflexões sobre os inconvenientes e perigos de uma jurisprudencia baseada na memoravel sentença. Aqui, onde o grande perigo, já varias vezes verificado, reside exactamente nos abusos do poder executivo, e a grande necessidade, sentida por todos os espiritos liberaes, é que não nos limitemos a uma burlesca imitação das instituições norte-americanas, mas pelo contrario façamos todos os esforços por penetrar o espirito daquella soberba creação politica, neste ponto invejada pela propria Europa, e respeitemos a Suprema Côrte Federal, com as attribuições que a Constituição e a pratica do systema lhe conferiram; aqui chegam a vislumbrar signaes de dictadura judiciaria (dictadura sem thesouro e sem força material) na opinião dos que almejam que se faça muito menos do que o augusto tribunal norte-americano! No paiz onde mais necessario se faz o exercicio do poder moderador da Côrte Suprema, é que esta mais deve ceder e abdicar suas attribuições em favor dos abusos do poder executivo!... Onde mais indispensavel é o remedio, mais se deve respeitar a propinação do veneno!

Em tudo isto só ha um perigo imaginario, e é o do poder judiciario embaraçar o executivo, nos momentos em que este precise sériamente suspender as garantias constitucionaes, por estarmos ameaçados de uma guerra internacional, ou de uma grave commoção intestina. *Este perigo nunca se realisou*. Não consta absolutamente que nos paizes sujeitos ao direito publico federal se tenha alguma vez prejudicado a defesa da sociedade, das instituições, ou da ordem publica, pelo facto de haver a Suprema Côrte amparado com os seus arestos a liberdade individual. O que sabemos perfeitamente, por experiencia propria, e pelo que das republicas da America latina referem os seus escriptores, é que os abusos perpetrados pelo executivo á sombra do sitio são grandes e muitos.

Por falta de argumentos juridicos contra a doutrina concretisada no caso Milligan, já se disse que, se vingasse tal jurisprudencia, frequentes seriam os conflictos entre o judiciario e o executivo. Tal raciocinio assenta exclusivamente no facto de se não conhecer o direito publico federal. Não póde haver conflicto entre o executivo e a Suprema Côrte Federal, em face da Constituição, porque a Suprema Côrte é a interprete final da mesma Constituição, e aos outros dois poderes cumpre acatar as sentenças dessa côrte, sempre que ella declara inconstitucional uma lei, ou um acto do executivo. Essa superioridade da Suprema Côrte decorre da sua missão de interprete final da Constituição: «*If an act is held void, it is because it is contrary to the constitution, and not because the court claims any control over the legislature. The will of the people as expressed in its fundamental law, is considered as more direct and authoritative, than their will as expressed through their representatives in congressional enactment* (**Willoughby**, *The Supreme Court of the United States,* pagina 37, ed. de 1890). Uma lei, ou uma decisão do executivo, é invalida, porque fere a Constituição, interpretada pela Suprema Côrte Federal, e não porque esta exerça uma superintendencia sobre os outros dois poderes. Mas devendo prevalecer sempre os arestos da Suprema Côrte na interpretação e applicação dos preceitos constitucionaes e das leis ordinarias, e podendo esse tribunal tornar inefficazes os actos dos outros dois poderes, o que temos em ultima analyse é a superioridade da

Côrte Suprema no funccionamento das instituições. Digam, embora, que a preponderancia é da Constituição, ou da vontade do povo, manifestada directamente pela lei fundamental, o que é certo, é que no direito publico federal á Suprema Côrte compete dizer a ultima palavra sobre os actos dos outros dois poderes.

Sendo manifesta e indiscutivelmente inconstitucional o estado de sitio decretado pelo Presidente da Republica, o qual, para os factos a que allude em seus decretos, dispõe dos meios communs de repressão (**J. Barbalho**, *Commentarios*, pag. 119, *in fine* e 120), votei, concedendo a ordem impetrada. É este o momento opportuno para amparar a liberdade individual dos pacientes, offendida pelo acto inconstitucional.»

Desenvolvendo o mesmo assumpto, ainda justificámos o nosso voto com os seguintes argumentos:

«A primeira phrase do primeiro capitulo da obra magistral de **Willoughby**, *The Constitutional Law of the United States*, é esta: «O principio fundamental do direito constitucional americano é que são as leis, e não os homens, que governam».

Para lograrem realizar essa aspiração, que parece impossivel, de um governo *da lei e não dos homens*, que meios engenhosos e efficazes idearam os norte-americanos, guiados pelo genio de **Hamilton**, o inspirador das mais uteis innovações exaradas na sua lei fundamental? Estes, unicamente estes, que **Willoughby** aponta logo em seguida: não admittir num só poder, numa só autoridade, num só funccionario, faculdades ou attribuições, que não decorram positivamente da lei, e só reconhecer como validas as leis que como taes forem declaradas pelas côrtes judiciarias. Eis ahi dois principios essenciaes, dois conceitos visceraes do direito publico por nós adoptado, das instituições politicas que trasladámos para o nosso paiz, em parte por uma clara adaptação, em parte por uma reproducção quasi litteral.

«*No valid law can exist save that which is recognized as such by the courts*». «*It has become axiomatic that no statute law is valid, if not consistent with the provisions of the Constitution from which the enacting legislature derives its powers*».

Fôra a maior e a mais perniciosa das inconsequencias transplantarmos para o Brasil as instituições de um povo que tem attingido a maior prosperidade e grandeza na America, e o maior grau de liberdade politica na republica, extirpando, desentranhando dessas instituições, a parte vital, o amago, a medulla, a essencia, a alma. Não é possivel que macaqueemos o direito publico federal, embaçando a ignorancia indigena com as meras fórmas e com a simples apparencia de instituições politicas, que, privadas do seu succo ideal, constituem uma das maiores calamidades que pódem acabrunhar um povo. O senso juridico, o simples bom senso, o patriotismo, tudo nos leva á execução e á applicação do direito publico federal com os conceitos, os principios e as interpretações, que os norte-americanos julgaram freios e contrapesos indispensaveis ao bom funccionamento do systema.

Tambem aos iniciadores do regimen, por nós perfilhado, pareceu necessario estatuir providencias especiaes para os casos de guerra internacional, ou de grave commoção intestina, *rebellião ou invasão*, no dizer do artigo 1º, secção 9ª, da Constituição americana, ao facultar a suspensão do *habeas-corpus, guerra ou perigo publico*, segundo a expressão do artigo 5º das addições e emendas á mesma Constituição.

Uma unica differença, quanto á decretação dessas medidas, existe entre aquella Constituição e a nossa, e é que lá os dois remedios extremos, a suspensão do *habeas-corpus* e a decretação da lei marcial, só pódem ser applicados depois de votada pelo Congresso uma lei que autorise o Presidente da Republica a lançar mão desses meios, ao passo que entre nós, se ao Congresso cabe principal e normalmente declarar em estado de sitio qualquer parte do territorio nacional, nos termos do artigo 80 da Constituição, tem o poder executivo a faculdade de, na ausencia do Congresso, e correndo a patria imminente perigo, decretar o sitio, nos termos do artigo 80, § 1º, da Constituição. A differença, pois, consiste em que nos Estados-Unidos a Constituição é mais garantidora das liberdades individuaes: em caso nenhum tolera que o Presidente da Republica, sem prévio decreto legislativo, que a isso o autorise, cerceie de qualquer modo as liberdades individuaes. *Sem lei* não se suspende o *habeas-corpus,* nem se decreta a lei marcial.

A essa lei, que autorisa a suspensão do *habeas-corpus* e a creação de tribunaes militares, é applicavel o principio fundamental do direito publico americano, que só reputa validas as leis reconhecidas pelos tribunaes como actos conformes á Constituição? Não ha duvida que sim. Segundo a doutrina americana, póde consistir a inconstitucionalidade de tal lei no facto de não se verificar, de não se realisar, a rebellião, ou a invasão, a guerra civil, ou a guerra internacional, ao passo que o Congresso declarou no seu decreto legislativo que se dava qualquer dessas condições imprescindiveis da decretação das duas medidas? Eis o ponto que mais nos interessa.

E a resposta dada a essa interrogação pela Suprema Côrte americana e pelos constitucionalistas americanos é muito clara e muito categorica; porquanto, esta questão que estou propondo, foi exactamente uma questão proposta e longamente discutida na Suprema Côrte americana. A minoria da Côrte entendeu que a necessidade do estado de sitio (usemos dessa expressão, para tornarmos mais evidente o que estamos expondo), é averiguada pelo Congresso definitivamente, mas com uma clausula, sob uma condição (note-se bem): é necessario que em algum logar haja uma guerra (intestina ou internacional), em que sejam interessados os Estados-Unidos. O proprio Congresso não póde decretar, ou autorisar a decretação da suspensão do «habeas-corpus», e da instituição de commissões militares judicantes, *sem que se dê o facto da guerra ou da rebellião:* «*But this necessity, it is argued, is one which it is the province of Congress conclusively to determine, the only limit upon its discretionary powers in this respect being that somewhere war must exist to which the United States is a party*» (**Willoughby**, obra citada, pag. 1246, 2º volume).

Dada à rebellião, ou a guerra, ao Congresso compete decretar, ou não, a suspensão do *habeas-corpus* e a creação de commissões militares. Se o Congresso decreta essas medidas, não póde a Suprema Côrte verificar se foram, ou não, decretadas constitucionalmente. *Desde que ha guerra ou rebellião,* está o Congresso autorisado a permittir que se appliquem as duas medidas violentas, instituidas para taes emergencias.

A essa opinião, que foi a da minoria da Côrte, e que já bastava para no caso presente justificar o procedimento do Tribunal, se este quizesse em observancia da Constituição declarar illegal, ou inconstitucional, o que tem feito o poder executivo na presente conjunctura, a essa opinião se oppoz uma ainda mais radical, que foi a da maioria, e prevaleceu. Por esta ultima nenhum decreto legislativo é sufficiente para crear a necessidade da applicação da lei marcial, quando tal necessidade *de facto, ou na realidade, não existe:*

«*No legislative fiat is sufficient to create a necessity for the exercise of martial law, when no such necessity in fact exist*» (autor e obra citados, pagina 1247). Para a maioria, pois, não ha decreto legislativo, não ha lei, não ha resolução do Congresso, que communique a virtude da constitucionalidade á suspensão do *habeas-corpus,* e á creação de commissões militares judiciarias, quando de *facto, na realidade,* não se verifica a rebellião, ou a guerra, no logar e no momento em que se adoptam essas medidas.

São essas as duas opiniões que têm sido sustentadas na Suprema Côrte americana, e que são reproduzidas pelos expositores do direito publico federal americano. A opinião menos rigorosa acceita o acto do Congresso, como indiscutivel, *desde que em algum logar ha uma guerra, em que sejam interessados os Estados-Unidos.* Dá ao Congresso uma grande latitude no apreciar a necessidade das providencias excepcionaes. A opinião mais radical só tolera essas providencias, só as reputa constitucionaes, depois que averigua serem necessarias em determinado ponto do territorio nacional.

Criticando a primeira opinião, eis aqui o que diz **Pomeroy**: «O voto do presidente **Chase** e de outros juizes divergentes no caso Milligan, a saber que o Congresso tem a faculdade de, em certas circumstancias, permittir a lei marcial, detenções e processos militares de civis, parece que é o mais completamente indefensavel de todos. Está universalmente admittido que o poder legislativo não póde recorrer a essas violentas medidas durante a paz». «*It is universally conceded that the legislature cannot resort to these violent measures in peace*». *(An Introduction to the Constitutional Law of the United States,* pagina 594, 10ª edição).

Ahi está a jurisprudencia e doutrina dos norte-americanos acerca da questão de que nos occupamos. Não conheço outra. Se alguem conhece jurisprudencia e doutrina, oppostas, peço por especial favor, que me indique ao menos as fontes onde se deparam. Uma condição unica imponho, sem a qual não acceito como verdadeira qualquer opinião differente: é que me apontem com exactidão o auctor em que se lê a noção contraria, a interpretação constitucional opposta á que aprendi em **Willoughby,** em **Thayer,** em **Pomeroy,** em **Taylor,** em **Cooley,** em **Hurd,** já por mim aqui citados varias vezes. O principio incontestavel dominante entre os americanos é que só se póde decretar a lei marcial e consequentemente tambem só se póde suspender o *habeas-corpus (to justify it there is required the same public necessity as that required for the enforcement of martial law,* ensina **Willoughby,** á pagina 1255 do 2º volume), só se póde decretar a lei marcial e a suspensão do *habeas-corpus,* quando ha de facto, na realidade, seriamente, uma guerra internacional, ou uma grave commoção intestina. Decretadas essas medidas violentas, quando não ha guerra no logar e no momento em que ellas se põem em pratica, á Côrte Suprema é reconhecida competencia para, declarando-as inconstitucionaes, garantir pelo *habeas-corpus* os direitos individuaes lesados em consequencia dellas.

Não conheço um só escriptor, que sustente opinião contraria. A faculdade maxima da Suprema Côrte, que é a de declarar inconstitucionaes e inapplicaveis as leis promulgadas com offensa dos preceitos constitucionaes, applica-se ás leis que suspendem o *habeas-corpus* e autorisam a creação de commissões militares. Não ha nos Estados-Unidos quem se insurja contra esse principio. No paiz em que o executivo não abusa, em que as medidas violentas mencionadas só uma vez foram postas em pratica em mais de um seculo, não se concebe o receio, manifestado entre nós pelos que temem a dictadura judiciaria, e se dão perfeitamente bem com a dictadura do executivo, de que o Supremo Tribunal Federal levianamente, sem conhecimento dos factos, annulle as providencias tomadas pelo Presidente da Republica.

O Supremo Tribunal Federal só deve, isto não é preciso dizer, declarar inconstitucional a decretação do estado de sitio, quando sabe, por factos publicos e notorios, ou pelas provas que lhe são exhibidas, que na realidade fallece a condição constitucional da decretação dessa medida.

O que se passa presentemente nesta capital, em Nitheroy e em Petropolis, é um facto tão conhecido, entra pelos olhos com tanta violencia, que parece incrivel haja alguem que o não veja. Houve estado de sitio preventivo, como pretendem alguns. Mas decorreram dias e dias, semanas e mezes; os presos foram soltos, um inquerito foi remettido pelo governo ao Congresso, que é a maior miseria moral que podia envilecer este paiz; nenhuma providencia mais se tomou, porque nenhuma ha que tomar. Como affirmar em taes condições que temos um estado de sitio preventivo? Teremos o que se convencionou chamar estado de sitio repressivo. Mas este presuppõe a guerra civil, ou internacional? Onde está ella? Em que ponto desta capital, de Nitheroy, ou de Petropolis? Imagine-se por um momento que nos Estados-Unidos da America do Norte, por um desses phenomenos que só na extravagante philosophia da historia de Bossuet se comprehendem, a Divina Providencia fizesse eleger um presidente que, autorisado por um Congresso tambem só explicavel na theoria philosophico-historica da *Aguia de Meaux*, decretasse a suspensão do *habeas-corpus* e a creação de tribunaes militares em *meio da paz e da tranquillidade*. Qual de nós julga possivel que a Suprema Côrte Federal se confessasse incompetente para garantir a liberdade individual, violada por essa estranha aberração criminosa?

Li no accordam em que o Tribunal concedeu o *habeas-corpus* requerido por este paciente, para o fim exclusivo de fazer cessar a incommunicabilidade em que se acha, a asserção de que nenhuma applicação tem a este caso Macedo Soares a doutrina seguida pela Suprema Côrte Federal americana no caso Milligan; porquanto, este tribunal não contestou ao Congresso a faculdade de suspender, ou autorisar a suspensão do *habeas-corpus*, e apenas negou a validade do julgamento de Milligan por uma commissão militar, além de que se tratava então de um excesso de poder praticado pelo presidente da União. Nenhuma dessas proposições é verdadeira. Á pagina 1245 do segundo volume da citada obra de **Willoughby** está exposta a verdade sobre este assumpto. A maioria da Suprema Côrte declarou que ao Congresso faltava competencia constitucional para suspender ou autorisar a suspensão do *habeas-corpus*, e crear commissões militares, fóra da esphera de actividade das operações militares, e quando os tribunaes civis estavam abertos e promptos para dirimir as contendas judiciaes. *«Five of justices of the Supreme Court held that Congress was without the constitutional authority to suspend or authorize the suspension of the writ of habeas-*

corpus, and provide military commissions, in States outside the sphere of active military operations, and with their civil courts open and ready for the transaction of judicial business».

Thayer, citado no mesmo accordam, diz exactamente o contrario. Á pagina 2377 do 2º volume divide em tres as questões julgadas pela Suprema Côrte: 1ª, é o caso de *habeas-corpus?* 2ª, deve o paciente ser solto? 3ª, tem a commissão militar jurisdicção e competencia para julgar o paciente? Como se decidiram estas questões? 1º, declarando a Côrte que o caso era de *habeas-corpus;* 2º, mandando soltar o preso; 3º, declarando que á commissão militar fallecia competencia para julgar o paciente.

A proposito da primeira questão decidiu a Côrte que o *habeas-corpus* é um processo, um litigio, uma causa, em que, portanto, se póde declarar inconstitucional uma lei. É um pleito judicial, em que as partes são o paciente e o Estado, representado pela autoridade, ou funccionario, que exerce a coacção illegal (paginas 2379 e 2380). Á rapidez do rito processual e a discussão oral não são incompativeis com a natureza de litigio, de causa, de controversia forense. Nos paizes em que está adoptado o processo oral, ha acções civis e commerciaes de tão accelerado andamento como o nosso *habeas-corpus.*

Negou a Côrte Suprema, ou não negou, ao Congresso a attribuição de suspender, ou autorisar a suspensão do *habeas-corpus* nos Estados pacificos? Negou: «*Five of the justices of the Supreme Court held that Congress was without the constitutional authority to suspend or authorize the suspension of the writ of habeas-corpus, and provide military commissions, in States, outside the sphere of active military operations, and with their civil courts open and ready for the transaction of judicial business».*

Não é, portanto, verdade, como affirma o accordam referido, que a Suprema Côrte tenha reconhecido ao Congresso a attribuição de suspender o *habeas-corpus* no caso.

Tambem não é verdade que a Suprema Côrte tenha declarado que o Presidente da Republica commetteu um excesso de poder. A maioria da Côrte, decidindo que o Congresso não podia suspender o *habeas-corpus,* nem crear commissões militares em tempo de paz, não concluiu, nem devia concluir, por censura alguma ao Presidente da Republica, que apenas se utilisou das faculdades conferidas por lei.

Esta é que era inconstitucional.

Nada mais injuridico do que negar ao Supremo Tribunal Federal competencia para conceder *habeas-corpus* aos pacientes offendidos em sua liberdade individual durante o estado de sitio decretado inconstitucionalmente, porque, como se diz no accordam alludido, ha differença palmar entre as leis offensivas da Constituição e o decreto do estado de sitio; visto como, o sitio autorisa o Congresso e o Presidente da Republica a expedirem actos lesivos de direitos consagrados na Constituição. Ha aqui um evidente paralogismo. É o sitio constitucionalmente decretado que suspende as garantias da Constituição, certas garantias dos direitos individuaes. O sitio inconstitucionalmente declarado não póde suspender garantia alguma perante o Supremo Tribunal Federal.

Por todos esses fundamentos mais uma vez concedo a ordem de soltura a favor do paciente.

Não concedo a incommunicabilidade; porquanto, isso importaria em justificar uma prisão, que para mim é absolutamente indefensavel em face da Constituição.

Se o sitio estivesse decretado constitucionalmente, a cessação da incommunicabilidade seria imperdoavel. Quando faculta a detenção, ou o desterro para sitios do territorio nacional, dos individuos suspeitos ou perigosos, a Constituição, no artigo 80, o que quer, é justamente que sejam *segregados e isolados* os detidos, ou desterrados. A medida não traduz a imposição de uma pena. É sómente um meio efficaz de annullar a acção, a direcção e os conselhos e animações dos detidos.

Suppôr que o governo possa deter todos os partidarios de uma revolução, é suppôr o impossivel. Tal argumento não merece sequer detido exame.

Em mais um voto vencido argumentámos por esta fórma: «vencido, em tudo. A ordem de *habeas-corpus* foi correctamente requerida. Segundo preceitua expressamente o artigo 79 do Codigo do Processo Criminal, não é necessario que na queixa, ou na denuncia, se declare o nome do querellado, ou do denunciado: bastam os «*signaes caracteristicos*». E assim para a condemnação de um homem á pena maxima do nosso Codigo Penal se dispensa a indicação do nome do réu. Como se ha de exigir para a soltura do que está illegalmente preso, ou para a garantia da liberdade de locomoção do que está illegalmente ameaçado de prisão, o nome do que é victima de qualquer dessas illegalidades? Fóra manifestamente absurdo. O mesmo individuo que, em virtude de uma queixa ou denuncia, na qual não se lhe declarou o nome, foi preso e pronunciado por um juiz indubitavelmente incompetente, não póde obter a soltura por *habeas-corpus,* porque a pessôa que, por commiseração, impetra a ordem, apenas indica os signaes caracteristicos julgados sufficientes para a queixa, ou denuncia, com os seus corollarios judiciaes!... É um contrasenso.

No artigo 340 do Codigo do Processo Criminal, no artigo 18 da lei n. 2033, de 20 de setembro de 1871, e nos artigos 45 e 46 do decreto n. 848, de 11 de outubro de 1890, está bem claramente definido o remedio judicial denominado *habeas-corpus*. Sua funcção é garantir a liberdade individual, ou liberdade physica, ou de locomoção. Ha varios paizes civilisados em que não se garante a liberdade individual por esse recurso. Mas não ha um só em que o *habeas-corpus* seja meio de proteger outros direitos.

Na Constituição da Republica, por ser o instituto dos mais conhecidos entre nós, usou o legislador constituinte das seguintes expressões no artigo 72, § 22: «Dar-se-á o *habeas-corpus* sempre que o individuo soffrer, ou se achar em imminente perigo de soffrer, violencia ou coacção, por illegalidade, ou abuso de poder». Poder-se-á desses termos inferir ou deduzir que o *habeas-corpus* tenha por fim, actualmente, proteger quaesquer outros direitos que não a liberdade de locomoção, ou dirimir questões concernentes a direitos para cujo exercicio a liberdade de locomoção seja um meio, uma condição, um caminho? Poder-se-ia, caso fosse da essencia do regimen republicano federativo dar ao *habeas-corpus* essa latitude. Então, poderiamos dizer que, adoptando as instituições politicas norte-americanas, perfilhámos implicitamente o *habeas-corpus* amplo, que é inherente a taes instituições. A consequencia seria incontestavel em face do artigo 387 do citado decreto n. 848, de 11 de outubro de 1890, que estatue: «Os estatutos dos povos cultos, e especialmente os que regem as relações juridicas na Republica dos Estados-Unidos da America do Norte, os casos da *common law* e *equity*, serão tambem subsidiarios da jurisprudencia e processo federaes». Mas, essa supposição é tão destituida de fundamento, tão evidente e incontestavelmente pueril, que não é necessario refutal-a.

Nos Estados-Unidos da America do Norte, muito ao contrario de haver lei, ou jurisprudencia, que dê ao *habeas-corpus* a elasticidade que lhe querem imprimir arbitraria ou erroneamente, a funcção exclusiva do *habeas-corpus* (note-se bem: do *habeas-corpus ad subjiciendum*, ou, mais propriamente, *ad faciendum, subjiciendum et recipiendum*, que é o de que nos occupamos) é garantir a liberdade individual, na accepção restricta de liberdade de locomoção. O *habeas-corpus* não tem significação juridica diversa da que lhe foi ligada no seu paiz de origem, a Inglaterra. **Cooley** *(Constitutional Limitations*, pagina 412, edição de 1890), depois de dizer que o *habeas-corpus* é uma das principaes salvaguardas da liberdade pessoal, define este direito: «*Personal liberty consists in the power of locomotion, of changing situation, or moving one's person to whatsoever place one's own inclination may direct, without imprisonment or restraint direct, unless by due course of law*». **Black** *(Handbook of American Constitutional Law*, paragrapho 199, pag. 456) repete a mesma lição, que é de **Blackstone**. **Hurd** *(A Treatise on the Right of personal liberty and the writ of habeas-corpus*, cap. 1º) doutrina do mesmo modo: «*Personal liberty is the power of unrestrained locomotion*». **Wood** *(A Treatise of the Legal Remedies of Mandamus and Prohibition, Habeas-corpus, Certiorari*, etc., pag. III, ed. de 1896) reproduz o ensinamento geral e uniforme. Nos Estados-Unidos, como na Inglaterra, nunca se usou deste remedio judicial — o *habeas-corpus*, senão para proteger a liberdade individual, ou pessoal, na accepção restricta de liberdade de locomoção. Temos em nosso direito varios outros remedios para lesões de direitos individuaes. Temos a acção do artigo 13 da lei n. 221, de 20 de novembro de 1894; temos a acção de preceito comminatorio, ou de embargos á primeira, usada desde tempos antigos, e que não ha motivos para abandonar; temos as acções possessorias para as offensas á posse e á quasi-posse, etc. O que não temos, nunca tivemos, nem podemos ter *actualmente*, é o *habeas-corpus* com a funcção de assegurar o exercicio de quaesquer outros direitos, que não a liberdade de locomoção. A materia é de direito publico, e nenhum erro mais grave do que suppor que os juizes possam licitamente alterar as disposições do direito publico, ampliar ou restringir as acções, applicar os remedios judiciaes a fins diversos dos que, segundo os textos da lei e os principios do direito, são os fins de taes institutos. É inquestionavelmente erroneo o conceito daquelles que acreditam que os juizes brasileiros no seculo XX possam exercitar em relação ao direito publico a funcção que os pretores romanos exerciam em relação ao direito civil: *adjuvandi, vel supplendi, vel corrigendi juris civilis gratia*. Corrigir, alterar, reformar o direito judiciario é tarefa vedada aos juizes actuaes. «*Nelle societá civili adunque il giudice non crea, ma applica il diritto*» (**Cogliolo**, *Filosofia del Diritto Privato*, livro 1º, § 4º). Se alguma jurisprudencia tentam os tribunaes firmar contra as normas legaes, interpretadas de accordo com os principios inconcussos da doutrina, esse tentamen exprime unicamente um erro passageiro, que o estudo e o conhecimento da materia logo corrigem. Não se conhece no actual estado do direito patrio a derogação da lei por sentenças erroneas, ou arbitrariamente proferidas contra os canones juridicos.

Nenhum erro mais evidente se póde conceber no direito brasileiro do que o consistente em resolver por meio do *habeas-corpus* as questões que se suscitam acerca da investidura de um cidadão em um cargo administrativo, politico, ou judiciario.

Em duas posições juridicas distinctas póde achar-se o individuo que requer em seu favor um *habeas-corpus:* ou está preso ou ameaçado de prisão, ou quer exercitar um direito liquido, incontestavel, e uma autoridade, ou um funccionario publico, lh'o impede.

No primeiro caso, não precisa o paciente declarar qual o direito, ou quaes os direitos, que pretende exercitar. A prisão veda o exercicio de quasi todos os direitos. Basta demonstrar a illegalidade da coacção. A liberdade de locomoção é um direito fundamental, condição do exercicio de um sem numero de direitos. No segundo caso, o constrangimento se limita á privação da liberdade individual, quando esta tem por fim proximo o exercicio de um determinado direito. Não está o paciente preso, nem detido, nem desterrado, nem ameaçado de qualquer desses constrangimentos á liberdade individual. Apenas lhe tolhem os movimentos necessarios para o exercicio de um certo direito: não permittem que volte ao seu domicilio, que penetre na repartição onde é empregado, que vá á praça-publica, onde se deve realisar uma reunião politica, ou á assembleia politica de que é membro. Neste segundo caso, diversa é a indagação a que deve proceder o juiz a quem se impetrou a ordem. Cumpre-lhe verificar se o direito que o paciente quer exercer, e do qual é a liberdade physica uma condição, um meio, um caminho, é um direito incontestavel; se não ha uma controversia sobre esse direito, *que deva ser dirimida em outro processo*. Esta investigação se impõe ao juiz; porquanto, o processo de *habeas-corpus* é de andamento rapido, não tem fórma nem figura de juizo, e conseguintemente não comporta o exame, nem a decisão de qualquer outra questão judicial, que se lhe queira annexar, ou que nelle se pretenda inserir. Desde que esteja apurada a posição juridica inquestionavel, a situação legal bem manifesta, de quem é victima de uma coacção, que constitue o unico obstaculo ao exercicio de um direito liquido, não é licito negar o *habeas-corpus*. Nem de outro modo fôra possivel respeitar o preceito da Constituição, amplo, vasto, perfeitamente liberal.

Pouco importa a especie de direitos que o paciente precisa ou deseja exercer. Seja-lhe necessaria a liberdade de locomoção para pôr em pratica um direito de ordem civil, ou de ordem commercial, ou de ordem constitucional, ou de ordem administrativa, deve ser-lhe concedido o *habeas-corpus,* sob a exclusiva clausula de ser juridicamente indiscutivel este ultimo direito, o direito-escôpo.

Quer se inclua o facto narrado nestes autos no primeiro caso de *habeas-corpus,* quer no segundo, a ordem não póde ser negada. Os pacientes estão ameaçados de prisão, sem terem commettido crime algum, sem haverem praticado um só acto illegal, e estão ameaçados de prisão em consequencia de um acto caprichoso, arbitrario, criminoso, do Presidente da Republica, o qual decretou o estado de sitio, violando um claro preceito da Constituição, e unicamente para a satisfação de odios e vinganças pessoaes. Prisão e ameaça de prisão sem amparo na lei, sem pronuncia, nem processo de especie alguma. Se entenderem que os pacientes estão impedidos unicamente de exercitar a liberdade de imprensa, ainda o caso é de *habeas-corpus*, visto como a posição legal dos pacientes é indiscutivel. O unico obstaculo a esse exercicio é o decreto inconstitucional do Presidente da Republica, que declarou em estado de sitio uma parte do territorio nacional.

Uma só questão poderia ser suscitada: é permittido ao Supremo Tribunal Federal declarar inconstitucional a decretação do estado de sitio pelo poder executivo, e garantir direitos individuaes lesados por um estado de sitio, assim inconstitucionalmente decretado? Ao contrario do que affirma um dos considerandos do accordam, em face da doutrina e da jurisprudencia da nação que nos deve servir de modelo na pratica do direito publico federal, sem duvida nenhuma que sim.

Na verdade, sem apoio de um só constitucionalista norte-americano, sem indicar uma só decisão da Suprema Côrte Federal norte-americana, affirma o accordam que declarar inconstitucional o sitio na especie dos autos é decidir, «*não uma questão judicial, mas puramente politica, no que não discrepam os tratadistas do direito constitucional americano, affirmando ao mesmo tempo que é isso regra segura na jurisprudencia da Côrte Suprema*».

A falta de citação de um só jurista americano, dos taes que sustentam, sem discrepancia, ser o caso dos autos puramente politico, e por isso irresoluvel pelo poder judiciario, basta para gerar a suspeita da insubsistencia da affirmação, suspeita que se converte em certeza absoluta, quando se tem o trabalho de ler os escriptores que se occupam do assumpto. Nos Estados-Unidos da America do Norte não ha o estado de sitio: em casos de guerra internacional, ou de commoção intestina grave, decreta-se a suspensão do *habeas-corpus*, e a lei marcial, nomeando-se commissões militares judicantes. Só o Congresso póde autorisar a suspensão do *habeas-corpus*. Decretada a suspensão do *habeas-corpus* e creadas commissões militares pelo Presidente da Republica, em virtude de autorisação do Congresso, é facultado á Suprema Côrte Federal garantir direitos individuaes, lesados por essas medidas, quando a esse tribunal parece que inconstitucionaes são os actos do legislativo e do executivo? Nos Estados-Unidos não se decretam essas graves providencias com a facilidade, com a falta de motivos legaes, com a criminalidade, com que se procede em outras nações da America. Durante mais de um seculo só uma vez, durante a tremenda guerra civil, conhecida por *guerra de secessão*, se suspendeu o *habeas-corpus* (**A. de Vedia**, *Constitucion Argentina*, pag. III). Por isso não abundam alli os casos julgados sobre este ponto. Vejamos como decidiu a Suprema Côrte Federal norte-americana um caso mais grave, muito mais grave que o discutido nestes autos. No celebre caso Milligan, preso no Estado da Indiana, onde não havia luta, um cidadão, em favor do qual foi requerido um *habeas-corpus*, pelo fundamento de não poder ser arbitrariamente preso e sujeito ao julgamento por commissão militar quem se achava em um Estado pacifico, posto que vizinho dos Estados conflagrados, foi concedida a ordem impetrada, declarando a maioria da Suprema Côrte Federal que pela Constituição era vedado ao Congresso autorisar e ao Presidente da Republica decretar a suspensão do *habeas-corpus* e a creação de commissões militares fóra dos Estados conflagrados. *As-*

sim, limitou a Suprema Côrte a suspensão do «habeas-corpus» e a constituição de tribunaes militares á parte do territorio nacional onde havia luta, garantindo os direitos individuaes nos Estados onde aquellas medidas extremas haviam sido decretadas inconstitucionalmente.

Este caso Milligan se vê resumido em **Willoughby**, no segundo volume da obra—*The Constitutional Law of the United States*, pagina 1245, e por extenso em **Thayer**, no 2º vol. da obra— *Cases on Constitutional Law*, pagina 2347, ed. de 1895. Desse mesmo caso dão noticia **Taylor**, *Jurisdiction and Procedure of the Supreme Court of the United States*, pagina 482, ed. de 1905, e **Cooley**, *Constitutional Limitations*, pagina 390, ed. de 1890, etc., etc. Nenhum desses escriptores censura a sentença da Suprema Côrte Federal, nenhum cita uma só decisão contraria, nenhum doutrina de modo diverso.

Como, pois, se affirma que a Suprema Côrte americana não julga casos como o destes autos, porque os reputa meramente politicos? Como se affirma que todos os tratadistas americanos sustentam que a especie dos autos é puramente politica? A affirmação é falsa, redondamente falsa. *Autorisadas pelo Congresso e decretadas pelo Presidente da Republica providencias mais graves que o estado de sitio,* a Suprema Côrte não consentiu, apoiada na Constituição, que se applicassem nos Estados pacificos essas medidas violentas, declarando que a Constituição só as tolerava nos Estados em guerra. Que melhor, mais claro, mais seguro precedente, que caso julgado mais *ad unguem* applicavel á especie destes autos, do que esse caso Milligan?

Nos paizes onde são raros os abusos contra a liberdade individual, commettidos por meio das medidas equivalentes ao estado de sitio, assim julga a Côrte Suprema. No em que a tendencia para a pratica das violencias e coacções illegaes á liberdade individual, da parte do executivo, é frequente, ha de o Supremo Tribunal Federal abster-se de cumprir o dever que lhe impõe a Constituição?»

Finalmente mais uma vez explanámos a opinião que nos parece verdadeira, no voto que se segue: «Concedi a ordem impetrada para que o paciente seja solto, e não sómente para que cesse a incommunicabilidade. Conceder a ordem unicamente para fazer cessar a incommunicabilidade é reconhecer como legal uma detenção manifestamente illegal; visto como a decretação do estado de sitio é inconstitucional e consequentemente nulla. A faculdade que tem o Tribunal de declarar inconstitucionaes as leis votadas pelo poder legislativo e sanccionadas pelo executivo, e inconstitucionaes, ou illegaes, os actos deste ultimo poder, tambem se applica á decretação do sitio, quer tenha a iniciativa da medida o Congresso, quer o Presidente da Republica, com a approvação posterior do Congresso.

Nos Estados-Unidos, segundo está firmado pela doutrina e pela jurisprudencia da Suprema Côrte Federal, ao Congresso compete decretar a suspensão do *habeas-corpus* e a instituição de commissões militares judicantes: «*The point has never been since squarely passed upon by the courts, but in 1863 Congress considered it necessary specifically to authorize the President to suspend the writ, and commentators now agree that the power to suspend or authorize the suspension lies exclusively in Congress*» (**Willoughby**, *The Constitutional Laws of the United States*, volume 2º, § 738, pagina 1257). Póde o Congresso autorisar essas providencias extremas, quando não se verifica a rebellião, ou a invasão, que nos termos do artigo 1º, secção 9ª, da Constituição americana, são os casos unicos que justificam taes recursos violentos? Decretadas as medidas constitucionaes pelo Congresso, póde a Suprema Côrte, ao julgar um litigio em que se argua a violação de um direito individual pela decretação inconstitucional das referidas providencias, declarar inconstitucional o acto do Congresso? Segundo a jurisprudencia e a doutrina americana não se tolera a decretação das ditas medidas, senão nos casos definidos pela Constituição, e á Suprema Côrte compete declarar inconstitucional o acto do Congresso que autorisa a suspensão do *habeas-corpus* e a creação de commissões militares, desde que a mesma Côrte verifique a ausencia das duas condições constitucionaes imprescindiveis para a decretação dos violentos remedios da Constituição. Segundo uma doutrina, a menos adoptada nos Estados-Unidos, basta que se dê uma guerra, intestina ou internacional, em qualquer ponto, na qual sejam interessados os Estados-Unidos, para que justificada fique a decretação das medidas excepcionaes pelo Congresso. A unica condição, o requisito unico, estatuido pela Constituição, é que haja uma rebellião, ou uma guerra. Dado este facto, ao Congresso é facultado decretar soberanamente as duas medidas para as partes do territorio nacional sujeitas á luta intestina, ou em que sejam necessarias as providencias impostas pela guerra externa, ou para quaesquer outros pontos, ou para todo o territorio da União: «*But this necessity, it is argued, is one which it is the province of Congress conclusively to determine, the only limit upon its discretionary powers in this respect being that somewhere war must exist to which the United States is a party*». (Obra citada, pagina 1246). Uma outra doutrina, mais radical, ou, antes, mais liberal, e que prevaleceu na Suprema Côrte, só consente na decretação das duas violentas medidas constitucionaes, quando ellas são tomadas *para os pontos do territorio nacional em que ha rebellião, ou invasão*, não admittindo que se estendam seus effeitos para quaesquer pontos em que não se dê luta, guerra intestina, ou estrangeira. Se o Congresso decreta ou autorisa as providencias em questão para outros pontos que não os assolados pela guerra, á Suprema Côrte é licito garantir os direitos individuaes, lesados por esse acto inconstitucional: «*As opposed to the position taken by these four justices, the majority of the court in the Milligan case assert, first, that no legislative fiat is sufficient to create a necessity for the exercise of martial law when no such necessity in fact exists, and, second, that the circumstance that the ordinary courts are open and undisturbed in the execution of their functions is conclusive evidence of the fact that there is not present a necessity for martial law*». (Obra citada, pag. 1247).

Referindo-se á primeira doutrina, escreveu **Pomeroy** (*An Introduction to the Constitutional Law*, paragrapho 710, pag. 594, da 10ª ed.): «*The position maintained by chief justice Chase and other dissenting judges in Ex parte Milligan, that Congress may, under certain circumstances, provide for martial law, military arrests and trials of civilians, seems to be the most utterly indefesible of any. It is universally conceded that the legislature cannot resort to these violent measures in peace*».

Está universalmente admittido, affirma o illustre constitucionalista, que ao poder legislativo é vedado recorrer a estas violentas medidas, *emquanto ha paz*.

Tantas vezes tenho citado, nos ultimos *habeas-corpus*, os autores que dão noticia da decisão em que a Suprema Côrte Federal americana conheceu de um *habeas-corpus*, mandou soltar o paciente e declarou que a prisão era illegal, por ter sido ordenada num periodo em que estava inconstitucionalmente suspenso o *habeas-corpus* e creadas commissões militares por acto do Congresso, que não julgo necessario demonstrar mais a verdade juridica aqui asseverada.

Para os americanos ha um requisito, uma necessidade constitucional, a que o Congresso deve forçosamente sujeitar-se, quando tem de decretar as medidas equivalentes ao nosso estado de sitio: é que haja o facto material de uma guerra interna ou externa. Dada essa condição constitucional, *sine qua non*, o Congresso tem maior ou menor latitude no apreciar a opportunidade da medida, competindo á Suprema Côrte verificar se a Constituição foi, ou não, observada pelo poder legislativo.

Não é possivel que tenhamos copiado das instituições politicas norte-americanas sómente as fórmas, a apparencia, repellindo os principios que vivificam, elevam e ennobrecem essas instituições. Fôra a maior e a mais perniciosa das inconsequencias transplantarmos para o Brasil o direito publico de um povo que tem attingido a maior prosperidade e grandeza na America e o maior gráo de liberdade politica na Republica, extirpando, desentranhando desse direito a parte vital, o amago, a medulla, a essencia, a alma. O senso juridico, o simples bom senso, o patriotismo, tudo nos leva á execução e á applicação do direito publico federal com os conceitos, os principios e as interpretações que os norte-americanos julgaram freios e contrapesos necessarios ao bom funccionamento do systema.

Affirmam os constitucionalistas americanos que o principio fundamental do direito constitucional americano é que são as leis, e não os homens, que governam. Como lograram constituir um governo que denominam das leis? Um dos meios, o principal, que applicaram, é que nenhuma lei é valida, se não fôr reconhecida pelos tribunaes judiciarios: «*No valid law can exist save that which is recognised as such by the courts*».

Se o estado de sitio entre nós é decretado pelo Congresso, como a este compete, principal e normalmente (pois, o executivo só suppletivamente e subsidiariamente póde tomar essa medida), que razão ha para não adoptarmos em relação ao estado de sitio assim decretado a doutrina e a jurisprudencia americana? Não vejo nenhuma, a não ser a nossa incapacidade para termos um governo respeitador das liberdades e direitos da sociedade e dos individuos. Na hypothese figurada, o phenomeno juridico é o mesmo nos dois paizes. A differença unica é que, entre nós, a Constituição dispõe expressamente (arts. 59 e 60) que a este tribunal compete declarar inconstitucionaes as leis e os actos do executivo, ao passo que nos Estados-Unidos esse principio constitucional é apenas um corollario dos preceitos constitucionaes escriptos e dos principios que servem de alicerce a esses preceitos. Se, quando é o sitio decretado pelo Congresso, de accordo com a regra constitucional, nenhum motivo juridico se nos depara para não applicarmos a sã e salutarissima doutrina e a jurisprudencia da America do Norte, na hypothese de ser o sitio decretado provisoriamente pelo Presidente da Republica — menos justificavel ainda é desprezar a doutrina e a jurisprudencia americanas.

Mas, objecta-se, ao Congresso *compete privativamente* approvar, ou suspender, o sitio. Logo, elle, e só elle, é o juiz das medidas que o Presidente da Republica põe em pratica, e da propria decretação do estado de sitio.

A leitura attenta da Constituição desfaz, dissipa, completamente, o monstruoso paralogismo. Pelo artigo 34, é attribuição privativa do Congresso praticar todos os actos indicados nos diversos numeros do artigo. Declarado o estado de sitio de accordo com o n. 21, do artigo 34, *pelo proprio Congresso,* inicialmente, originariamente, já vimos que temos um caso constitucional perfeitamente identico ao que nos Estados-Unidos não é considerado obstaculo á apreciação pela Suprema Côrte Federal da constitucionalidade da medida. Declarada em estado de sitio uma parte do territorio nacional *pelo Presidente da Republica,* nada mais temos que uma *medida provisoria exigida pela urgencia da conjunctura,* e applicada *ad referendum do Congresso.* Em vez de seguir, neste ponto, a doutrina americana, que só tolera o sitio autorisado pelo Congresso, o nosso legislador perfilhou a doutrina franceza, que, no caso de não estarem reunidas as Camaras, faculta ao Presidente da Republica a decretação provisoria da medida, devendo as Camaras reunir-se logo para approvar, ou não, a providencia (Lei franceza de 3 de abril de 1878, artigo 2º, e **Esmein**, *Éléments de Droit Constitutionnel,* pagina 619, da 4ª edição).

Por essa approvação ulterior fica o sitio decretado com maiores garantias para os direitos individuaes? É claro que não. Pelo contrario, a decretação da medida pelo poder executivo é sempre eivada de mais justa suspeita de illegalidade e de violencia. Não se concebe racionalmente que o Congresso, approvando o sitio decretado pelo executivo, communique a essa providencia virtudes que ella não tem, quando normalmente, inicialmente, autorisada pelo Congresso.

É um evidente absurdo subtrahir á apreciação da Suprema Côrte a medida do sitio, quando mais necessario se faz garantir as liberdades individuaes e os direitos do cidadão contra as prepotencias do executivo. Demais, a approvação do Congresso importa sómente em homologar o decreto do executivo, que declarou em estado de sitio uma parte do territorio nacional, ou todo elle; não tem força juridica para expungir a inconstitucionalidade da medida. Se o acto do Congresso, o decreto legislativo, que estatue o sitio, póde ser declarado inconstitucional pela Suprema Côrte, nenhum motivo ha para se isentar do julgamento acerca da constitucionalidade *a approvação do Congresso*. Importaria a opinião contraria em reputar garantia dos direitos individuaes o partir a medida do poder executivo, quando é mais que evidente, que a garantia desses direitos está exactamente em ser a medida iniciada pelo proprio Congresso.

Suppôr que tanto poder tem o judiciario para declarar inconstitucional o sitio decretado pelo Congresso ou pelo Presidente da Republica, quanto o legislativo e o executivo para se opporem á execução das sentenças daquelle poder é... esquecer o principio cardeal do direito publico federativo, que dá ao poder judiciario a attribuição de declarar inconstitucionaes as leis e os actos do executivo, mas que absolutamente não permitte que o Congresso, ou o Presidente da Republica, declare inconstitucionaes os actos do poder judiciario. Isto é do *A B C* do direito publico federal».

Nas discussões que originou o estado de sitio de 1914 no Supremo Tribunal Federal, um ponto da doutrina abraçada pela Suprema Côrte Federal norte-americana, e pelos constitucionalistas e escriptores que da jurisprudencia dessa Côrte se têm occupado, ficou finalmente fóra de qualquer duvida: promulgada pelo Congresso uma lei, que autorisa o Presidente da Republica a crear commissões militares judicantes, e nomeadas essas commissões, tem a Suprema Côrte Federal a faculdade de declarar sem effeito a installação de taes commissões nos Estados em que não ha guerra, internacional, nem civil, em casos concretos judiciaes, está claro.

O que asseveravam alguns membros do Tribunal, é que a Suprema Côrte norte-americana se limitára a isso (que, não esqueçamos, é mais grave do que não applicar a lei de suspensão do *habeas-corpus*), e nunca julgára contra o decreto do Presidente da Republica que suspendeu o *habeas-corpus*, com autorisação prévia do Congresso. Mas, a isso oppuzemos a lição clarissima de **Willoughby** (¹): «*Five of the justices of the Supreme Court held that Congress was without the constitutional authority to suspend or authorize the suspension of the writ of habeas-corpus*». Oppuzemos tambem, o que vale mais, e é peremptorio, a propria decisão da Suprema Côrte no caso Milligan, que se lê no volume 70-73 dos *Cases Argued and Decided in the Supreme Court of the United States*, e onde a Suprema Côrte concede o *habeas-corpus*, e manda soltar o paciente, sem embargo do decreto legislativo e do decreto do Presidente da Republica, que haviam suspendido o *habeas-corpus* exactamente para as pessôas

---

(¹) Obra citada, § 733, pagina 1245 do 2º volume.

que se achassem na posição do paciente Milligan. Accrescentamos agora a esses argumentos irretorquiveis a opinião antes manifestada pelo proprio Supremo Tribunal Federal, em accordam de que foi relator o illustre Sr. ministro Amaro Cavalcanti, e que tem a data de 4 de janeiro de 1911. No primeiro considerando desse accordam, que tem o numero 2984, e está publicado no *Diario Official*, de 24 de julho de 1913, assim se externou o Tribunal: «e, o que mais importa, em se tratando de pedido de *habeas-corpus*, a dita Côrte se tem julgado competente para intervir mesmo em favor de prisioneiro de guerra, em estado de rebellião, caso em que se dava a suspensão do privilegio do *habeas-corpus*, segundo o disposto na Constituição norte-americana».

Ahi está a lição que nos offerecem os juizes e os mestres das universidades dos Estados Unidos acerca deste grave assumpto, que tanto nos interessa ([1]).

—

§ 64. A falta injustificavel de uma lei em que se regule a materia do artigo 6º da Constituição, a recusa, que bem se poderia qualificar — criminosa, do Congresso a intervir nas occasiões necessarias para manter a fórma republicana federativa nos Estados, e a perturbadora intervenção do Presidente da Republica, varias vezes effectuada nos ultimos tempos, inconstitucionalmente, criminosamente, têm creado entre nós

---

([1]) Aos que quizerem consultar as discussões do nosso Congresso sobre o estado de sitio em face da nossa Constituição, lembramos os tres volumes publicados em 1912 sob o titulo — *Documentos Parlamentares — Estado de Sitio*.

uma fonte de *habeas-corpus*, que precisa ser explicada; pois, no conceito de muitos o Supremo Tribunal Federal tem intervindo irregularmente por esse meio em negocios peculiares aos Estados, o que não é verdade, em geral.

Para se fazer bem comprehendida a jurisprudencia do Tribunal (e com esta expressão queremos alludir sómente aos casos em que a concessão do *habeas-corpus* é justificavel, ou legal), importa que comecemos por uma synthese da doutrina que nos parece verdadeira, ou de accordo com os preceitos constitucionaes, acerca da intervenção.

Prescreve a Constituição no artigo 6º: «O governo Federal não poderá intervir em negocios peculiares aos Estados, salvo:

1º Para repellir invasão estrangeira, ou de um Estado em outro;

2º Para manter a fórma republicana federativa;

3º Para restabelecer a ordem e a tranquillidade nos Estados, á requisição dos respectivos governos;

4º Para assegurar a execução das leis e sentenças federaes»;

Indispensavel á manutenção do regimen federal, a *intervenção* em casos muito restrictos é admittida pelas constituições de todos os paizes sujeitos ao regimen federal, muito embora em alguns delles revista fórmas radicalmente diversas da que adoptámos [1].

Na secção 4ª do quarto artigo da Constituição dos Estados-Unidos estatuiu-se: «A União garantirá a cada um dos Estados uma fórma republi-

---

[1] Vejam-se o artigo 19 da Constituição de Colombia, e particularmente o artigo 101 da Constituição de Venezuela.

cana de governo, e protegerá cada um delles contra a invasão, bem como, á requisição do poder legislativo local, e, na sua ausencia (por não se poder reunir), á do executivo, contra as violencias intestinas».

A Constituição argentina contém as seguintes normas: «Artigo 5º — Cada Provincia adoptará uma constituição modelada pelo systema representativo republicano, de accordo com os principios, declarações e garantias da Constituição Nacional, e que assegure sua administração de justiça, seu regimen municipal e a educação primaria. Sob essas condições, o Governo Federal garante a cada Provincia o goso e exercicio de suas instituições. Artigo 6º — O Governo Federal intervem no territorio das Provincias, para garantir a fórma republicana de governo, ou para repellir invasões estrangeiras, e, á requisição de suas autoridades, para as sustentar ou restabelecer, quando depostas por sedição ou por invasão de outra Provincia».

A Constituição suissa prescreve no artigo 5º: — «A Confederação garante aos cantões o seu territorio, a sua soberania nos limites fixados pelo artigo 3º, as suas constituições, a liberdade e os direitos do povo, os direitos constitucionaes dos cidadãos, assim como os direitos e as attribuições que o povo conferiu ás autoridades. Artigo 6º — Os cantões devem pedir á Confederação a garantia de suas constituições. Esta garantia é dada, comtanto que: *a* — essas constituições nada encerrem que contrarie as disposições da Constituição Federal; *b* — assegurem o exercicio dos direitos politicos segundo fórmas republicanas, representativas ou democraticas; *c* — tenham sido acceitas pelo povo, e possam ser revistas, quando a maioria absoluta dos cidadãos o pedir». E no artigo 16 determina por que autoridades se realisa a intervenção, de que modo, e por que entidade são custeadas as despesas.

A necessidade da *intervenção,* posto que em casos muito reduzidos, tem-se imposto ao espirito de todas as nações que adoptaram a fórma republicana federativa.

Mas, não basta o preceito constitucional. É *indispensavel uma lei geral*, em que se regulamente esse preceito. Nem se objecte, como já se tem feito na Republica Argentina (¹) que a *lei geral* é inutil, porque sempre, em todos os casos de intervenção, ha necessidade de um decreto legislativo, que autorise o poder executivo a intervir, e porque os actos do executivo devem ser submettidos sempre á approvação do Congresso. O decreto legislativo, *promulgado no momento da intervenção,* sob a pressão das paixões e interesses politicos extremamente exacerbados, não dispensa, não suppre, não substitue a *lei geral,* elaborada calmamente, e cujas providencias sejam dictadas por uma larga comprehensão das necessidades sociaes, e deduzidas logicamente dos principios fundamentaes do direito publico federal, e não exprimam (como póde acontecer, como acontecerá fatalmente com os decretos legislativos, formulados e votados sem as restricções, sem as maximas de *uma lei geral)* unicamente a prevalencia momentanea de ambições illegitimas e proveitos condemnaveis, ou combinações illicitas e funestas de estereis e mesquinhos antagonismos politicos.

Entre nós a falta de *uma lei geral* e o receio absurdo, manifestado por alguns politicos, de decretos legislativos expedidos para regular os casos concretos, têm dado causa a uma serie de

---

(¹) **A. de Vedia**, obra citada, paginas 57 e 58.

gravissimos abusos e crimes, commettidos pelo Presidente da Republica, como bem demonstrou o senador **Ruy Barbosa** no discurso proferido no Senado, por occasião de apresentar o projecto de 13 de setembro de 1913, em que autorisava a intervenção no Estado do Amazonas. Por não quererem comprehender que a creação do cargo de *interventor* e a nomeação de um cidadão que reuna os altos predicados necessarios ao bom e efficaz desempenho de missão tão delicada, muito longe de contrariarem a disposição constitucional do artigo 6º, se nos impõem como corollarios muito logicos desse preceito legal, é que não poucos dos nossos politicos militantes têm originado a intervenção por meio de *militares,* como nos celebres casos do Estado do Rio de Janeiro e da Bahia em 1911, e do Ceará em 1913, além de varios outros, anteriormente verificados (¹).

(¹) Eis o projecto a que alludimos:
Artigo 1º — O governo federal intervirá no Amazonas, para preservar naquelle Estado as instituições essenciaes da fórma republicana federativa, ora ali subvertida, mantendo sua justiça, seu poder legislativo e sua Constituição.
§ 1º — Com esse intuito nomeará o Presidente da Republica um interventor de sua confiança, mas que notoriamente, pelas suas antecedencias, não tenha relações, proximas ou remotas, de responsabilidade ou sympathia, nos recentes acontecimentos daquella politica, nem se ache ligado a nenhuma das parcialidades que entre si contendem do governo do Estado.
§ 2º — Ao interventor cumprirá:
1º — Manter no Amazonas a Constituição promulgada naquelle Estado em 21 de março de 1910;
2º — Restaurar seriamente a ordem, a tranquillidade e a legalidade no Estado;
3º — Garantir aos cidadãos foragidos o livre ingresso no Estado, em uso da sua liberdade individual;
4º — Reintegrar a liberdade de imprensa, afiançando o seu mais livre exercicio a todas as opiniões;
5º — Mandar proceder, no mais breve tempo possivel, segundo o processo legal no Estado, á eleição do seu Congresso, assegurando no pleito, ao eleitorado, a mais completa liberdade;
6º — Observar e fazer observar, leal e severamente, as sentenças e actos judiciarios dos tribunaes do Estado e da União,

Emquanto não se promulga *a lei geral,* que o artigo 6º da Constituição e os interesses nacionaes e locaes estão ininterrupta e insistentemente a reclamar, temos de applicar o nosso preceito constitucional, de accordo com os principios da doutrina formada nos paizes que nos precederam na applicação do direito publico federal; pois, até hoje nenhuma demonstração se fez de que tal doutrina, preconisada por todos os bons constitucionalistas, não seja uma rigorosa deducção dos principios fundamentaes do systema, ou se afaste dos textos constitucionaes (¹).

mandando executar os que até agora não foram respeitados e respeitando os que, de futuro, adoptarem essas autoridades;

7º — Deixar plena liberdade nas communicações telegraphicas e postaes, evitando e reprimindo abusos, contra a inviolabilidade do seu sigillo;

8º — Instaurar o mais rigoroso inquerito sobre os attentados, contra os quaes se têm levantado as queixas da imprensa e da tribuna, ou que, por qualquer via fidedigna, chegarem ao seu conhecimento;

9º — Promover a responsabilidade legal dos culpados por actos de violencia ou prevaricação contra as leis estaduaes e federaes;

10º — Proceder, na fórma dessas leis, a todos os seus actos;

11º — Utilisar-se da força publica da União e requisitar do seu governo as providencias necessarias para o bom exito da intervenção aqui prescripta;

12º — Relatar, apenas concluida a sua missão, ao Congresso Nacional, a situação que houver encontrado no Amazonas, as medidas que tiver adoptado para a corrigir, e o estado em que a deixar;

§ 3º — As autoridades estaduaes e federaes darão obediencia e auxilio ao interventor, no desempenho das funcções que aqui se lhe encarregam, em observancia do estatuido pela Constituição da Republica, no artigo 6º, n. 2.

§ 4º — Fica autorisado o governo a nomear os auxiliares que forem indispensaveis á missão do interventor e lhes estipular vencimentos.

Artigo 2º — Revogam-se as disposições em contrario. — Senado, 13 de setembro de 1913 — **Ruy Barbosa.**

(¹) Sób o titulo — *Documentos Parlamentares, Intervenção nos Estados,* publicaram-se em 1913 cinco volumes, em que se lêm alguns estudos e opiniões interessantes sobre a materia, merecendo especial menção o trabalho do Dr. **Estevam Lobo** no 4º volume.

Quando urge repellir invasão estrangeira, ou de um Estado em outro, restabelecer a ordem e a tranquillidade em algum Estado, á requisição do respectivo governo, ou assegurar a execução das leis e sentenças federaes, é evidente que em geral a União póde e deve intervir sem necessidade de nenhum decreto legislativo, cumprindo em taes casos ao poder executivo agir immediatamente. Nem se comprehende que o Presidente da Republica se conserve inerte, aguardando uma lei, desnecessaria, perfeitamente superflua, para cumprir a sua premente obrigação de rechassar o inimigo, de suffocar a desordem, ou de prestar o necessario auxilio para se executarem as leis e sentenças federaes. Difficilmente se descobrirá um caso, em que se precise de uma lei para fazer respeitar as leis federaes nos Estados, ou para se cumprirem as sentenças do poder judiciario da União, ou para o governo federal reprimir um movimento subversivo, ou para repellir o inimigo. Quando, depois das primeiras e inadiaveis providencias, o poder executivo tem necessidade de um decreto legislativo, este virá como um complemento natural das inadiaveis medidas postas em pratica.

Quando, porém, se verifica a hypothese do n. 2 do artigo 6º, e do que se trata é de manter a fórma republicana federativa, dentre cujas violações a mais commum é a consistente na dualidade de assembleias legislativas, ou de presidentes ou governadores de Estado ([1]), o poder federal, competente para determinar a intervenção, é o Congresso Nacional indubitavelmente. Tal é a doutrina firmada pelos constitucionalistas americanos e argentinos. Eis o que ensina **Black**: «Em

---

([1]) *Documentos Parlamentares, Intervenção nos Estados*, volume 4º, pagina 18, *in fine*, e 19.

virtude deste artigo da Constituição, compete ao Congresso declarar qual é o governo estabelecido num Estado; porquanto, garantindo a União a cada Estado um governo republicano, deve o Congresso primeiramente classificar a fórma de governo existente num Estado, para depois decidir se é, ou não, um governo republicano. E quando os senadores e deputados de um Estado são admittidos em uma assembleia da União, a autoridade do governo que lhes presidiu á eleição, bem como seu caracter republicano, ficam *ipso facto* constitucionalmente reconhecidos. E tal decisão é obrigatoria para todos os outros ramos do poder publico, e não póde ser questionada perante os tribunaes judiciarios» ([1]). Reproduzindo a lição de **Black**, escreveu **A. de Vedia**: «Nos Estados-Unidos tem prevalecido a doutrina de que o poder chamado a fazer respeitar a clausula da garantia é, primariamente, o poder legislativo, confiado ao Congresso Nacional, limitando-se a sua acção necessariamente aos casos em que o governo legal está subvertido por violencia revolucionaria, ou em imminente perigo de cahir sob a pressão de um governo instituido pela força, dentro do Estado. Tem a jurisprudencia americana tambem firmado que o reconhecimento da validade de um governo de Estado é um acto de natureza politica, que consequentemente compete ao poder politico, que é o Congresso. Igualmente a este incumbe decidir qual é, supposta uma dualidade, o governo realmente estabelecido num Estado, depois do que determinará se é republicano, ou não, e se chegou a opportunidade da garantia a que allude a Constituição. A decisão do Congresso é obrigatoria para cada um dos de-

---

([1]) *Handbook of American Constitutional Law*, n. 118, pagina 263.

mais ramos do poder, e não se póde atacar perante nenhum tribunal. O poder judiciario está obrigado a acatar as decisões do poder politico. Tambem se julga reconhecido o caracter republicano de um governo e sua legitimidade, quando os senadores e deputados de um Estado são admittidos nas assembleias da União» (¹). **L. Varela** por seu turmo havia doutrinado: «A theoria sustentada pelo juiz **Taney,** nesse caso tantas vezes invocado—quando se tem cuidado de averiguar o verdadeiro alcance das faculdades do governo federal para intervir nos Estados, serve de base á jurisprudencia que se ha firmado nos Estados-Unidos, depois que a guerra civil os obrigou a applicar uma clausula constitucional, que até então ainda não tinha sido posta em pratica por nenhum governo da União. Segundo se deprehende de toda a doutrina encerrada no caso Luther *versus* Borden, é no Congresso que reside a faculdade de determinar—quando um Estado se acha em condições de ser considerado como incluido entre aquelles cuja existencia politica o governo federal deve garantir» (²). E um pouco adiante: «Esta materia das intervenções do governo federal no territorio dos Estados não está regulada por nossas leis secundarias, nem sobre ella temos precedentes que nos ministrem uma regra invariavel. Não acontece o mesmo nos Estados-Unidos, onde as intervenções quasi não têm exemplos. Alli uma lei de 28 de fevereiro de 1795 facultou ao Presidente intervir nos casos em que é requerida a autoridade do governo pela assembleia legislativa, ou, na sua ausencia, pelo poder executivo de um Estado, em que se tenha dado alguma sedição,

---

(¹) Obra citada, paginas 54 e 55.
(²) *Estudios sobre la Constitucion Nacional Argentina,* capitulo VII, paginas 236 e 237.

ficando assim o Congresso desobrigado de fazer novas leis em cada caso de pedido de intervenção por um Estado, e confiando ao criterio do Presidente a apreciação acerca de ser, ou não, o caso dos regulados pela Constituição, ou pela lei de 1795. Quando, porêm, se tem tratado do restabelecimento da fórma republicana de governo, o Congresso tem sempre entendido que lhe compete resolver o caso, e a Suprema Côrte lhe ha reconhecido esse direito pela autoridade de duas grandes sentenças, proferidas por dois grandes juizes: **Taney e Chase**» ([1]).

Essa é tambem a doutrina sustentada pelos nossos melhores constitucionalistas ([2]), e a que tem abraçado o Supremo Tribunal Federal, como se vê do seguinte accordam:

«N. 3548 — Vistos, relatados e discutidos, estes autos de *habeas-corpus,* em que é paciente o 1º tenente do Exercito Augusto Correia Lima, verifica-se que a especie é a seguinte: o paciente é official do Exercito e foi eleito deputado estadual no Estado do Ceará. Por acto do *poder executivo* da União foi dissolvido o Congresso daquelle Estado, e determinado que se procedesse a nova eleição, sendo nomeado um delegado do governo da União, que exerce as funcções de poder executivo do Estado. Assim procedeu o governo federal, declarando que *intervinha* nos negocios peculiares ao Estado do Ceará, fundado no artigo 6º, n. 2, da Constituição Federal. Chamado por edital ao ministerio da guerra sob pena de ser considerado desertor, e ameaçado de prisão, se não acudisse ao chamamento, o paciente requereu este *habeas-corpus,* allegando

---

([1]) Obra citada, paginas 248 e 249.
([2]) *Documentos Parlamentares, Intervenção nos Estados,* pagina 19.

que ainda não perdeu a sua qualidade de deputado estadual, com immunidades que não permittem a prisão do paciente, segundo a jurisprudencia firmada por este Tribunal, e consequentemente não póde ser preso.

Isto posto, considerando que dos quatro casos de intervenção do artigo 6º da Constituição Federal, o 1º, o 3º e o 4º são de tal natureza, que autorisam a acção immediata do governo da União, requerem providencias urgentes do poder executivo. Dada a invasão estrangeira, ou de um Estado em outros, sendo necessario restabelecer a ordem e a tranquillidade nos Estados, á requisição dos respectivos governos, ou assegurar a execução de leis e sentenças federaes, póde e deve o poder executivo da União agir immediatamente. Não ha necessidade nessas hypotheses de aguardar que o Congresso da União faça leis ou decretos, ou interprete quaesquer textos legaes. Não se comprehende mesmo na generalidade dos casos a demora, que poderia ser criminosa. Mas, se no primeiro, no terceiro e no quarto caso de intervenção do artigo 6º da Constituição, ao executivo cumpre dar logo as necessarias providencias, impostas pelas circumstancias, no segundo caso de intervenção, isto é, quando se trata de *manter a fórma republicana federativa, ao Congresso é que incumbe principalmente intervir*. Tal é a doutrina que por um obvio fundamento, pela necessidade de evitar os abusos que facilmente poderia commetter o poder executivo, em se tratando de materia sujeita a tão renhidas controversias, qual a questão de saber em que consiste *essencialmente* a fórma republicana federativa; tal a doutrina professada pelos melhores constitucionalistas. **Bryce** *(La République Américaine,* volume 1º, pagina 89, traducção franceza de D. Müller, ed. de 1900) affirma que «até hoje ao Congreso tem cabido assumir a responsabilidade de garantir a fórma republicana, ao passo que é ao presidente que os Estados se têm dirigido para pedir protecção contra as perturbações intestinas». O mesmo ensina **Black**, fundado na jurisprudencia firmada no caso Luther *versus* Borden: «*Under this article of the Constitution, it rests with congress to decide what government is the established one in a state. For as the United States guaranty to each state a republican government, congress must necessarily decide what government is established in the state before it can determine whether it is republican, or not*» *(Handbook of American Constitutional Law*, pagina 263, 2ª ed.). **L. Varella** *(Estudios sobre la Constitucion Nacional Argentina, Introducción e Intervención Federal en las Provincias*, pagina 249): «*Pero quando se ha tratado del restablecimiento de la forma republicana de gobierno, entonces el Congresso ha reclamado para si el derecho de resolver el caso, y la Corte Suprema se lo ha reconocido per la autoridad de dos grandes fallos, fundados por dos grandes jueces: Chiefs Taney y Chase*». A mesma lição é repetida por **A. de Vedia** (Constitución Argentina, paginas 45 e 55): «*La jurisprudencia americana ha establecido igualmente que el reconocimiento de la legalidad de un gobierno de Estado es un acto de naturaleza politica, que corresponde, por la tanto, al departamento politico, que es el Congresso*».

Reproduzindo essa doutrina geralmente aceita, essa interpretação do preceito constitucional commummente adoptada, escreveu J. **Barbalho** («*Commentarios*», pagina 24): «Pela natureza essencialmente politica dos casos que se possam comprehender no paragrapho 2º do artigo 6º da nossa Constituição, a competencia para a intervenção é, *incontestavelmente,* do poder legislativo. E isto está de accordo com o que prevalece em paizes de instituições federativas, como as nossas. Nem poderia ser de outro modo. Confiar essa intervenção ao bom querer do poder executivo é entregar-lhe as chaves da federação e constituil-o senhor absoluto nella. Por isso, se disse, com razão, nesse parecer, de 24 de maio de 1893, da Commissão de Constituição do Senado: «Se ao poder executivo se concedesse essa faculdade, minada ficaria pela base a federação dos Estados, e a União Brasileira, vacillante no seu alicerce, facilmente se esboroaria ao primeiro golpe que sobre ella vibrasse o poder. Em taes condições, não teriamos um Presidente da Republica, mas um verdadeiro dictador». E um pouco adiante: «Entretanto, se a competencia para a intervenção é primariamente do poder legislativo, que é o poder politico por excellencia, nem por isso ficarão sem acção os outros dois poderes. Aquelle é o regulador do caso: o executivo cumprirá e fará cumprir o que fôr, para esse caso, ou por determinação geral, legislado pelo Congresso Nacional, e terá mesmo a iniciativa da intervenção (subordinada ás deliberações do Congresso), se urgente fôr intervir pelo perigo da ordem publica e tornar-se necessario o immediato emprego da força armada»; considerando que com a mais evidente e indiscutivel violação de tão salutares normas procedeu o poder executivo da União, o qual nem sequer, depois de reunido o Congresso no periodo normal de suas sessões, lhe submetteu o caso, para ser resolvido pelo poder competente, cumprindo notar que o mesmo poder executivo mandou proceder á eleição do Congresso e do presidente do Estado do Ceará, revelando, assim, claramente, o intento de subtrahir a sua providencia ao exame do poder competente, e de dar como definitivamente adoptadas e irrevogaveis as medidas que só provisoriamente, e *subordinadas ás deliberações do Congresso», podia pôr em pratica;* considerando que a observancia dos canones violados pelo acto do Presidente da Republica importa á conservação da essencia das instituições consagradas na Constituição Federal; considerando, consequentemente, que é inconstitucional a intervenção decretada pelo poder executivo da União nos negocios peculiares ao Estado do Ceará, e que a existencia de um acto inconstitucional do poder executivo não póde ser obstaculo a que o poder judiciario garanta os direitos individuaes offendidos por esse acto, incumbindo, pelo contrario, ao Supremo Tribunal Federal assegurar por seus arestos os direitos das pessôas singulares e collectivas, lesadas por medidas e actos inconstitucionaes do poder executivo:

O Supremo Tribunal Federal concede a ordem impetrada, afim de que o paciente não soffra a coacção á sua liberdade individual, de que tem sido ameaçado.

Supremo Tribunal Federal, 23 de maio de 1914».

Alguns annos antes, por accordam n. 2984, de 4 de janeiro de 1911, havia o Supremo Tribunal Federal concedido uma ordem de *habeas-corpus* a deputados estaduaes do Estado do Rio de Janeiro, que pediam garantias á sua liberdade individual afim de poderem reunir-se e exercer suas funcções. Concedendo a ordem, de accordo com o relator, accrescentámos para deixar bem claro o nosso voto, as seguintes observações:

«Preliminarmente, julguei que o caso é de *habeas-corpus,* por estar provada a violencia soffrida pelos pacientes, privados da liberdade individual necessaria para se reunirem no exercicio de um direito politico. *De meritis,* concedi a ordem impetrada; porque, neste caso do Estado do Rio de Janeiro, o que houve, sob o nome de intervenção, foi uma méra violencia. No dia 30 de dezembro de 1910, o poder executivo federal occupou as repartições publicas de Nitheroy por força federal, depondo por esse modo o presidente do Estado. Esse acto é absolutamente indefensavel em face da Constituição Federal, e nada tem de commum com a intervenção, que só se póde realisar por um acto official, por um decreto, ou por uma proclamação, em que o Presidente da Republica declare as razões que tem para intervir, justificando o seu procedimento, e ordene o que lhe parece necessario nas circumstancias. No caso do Estado do Rio de Janeiro não era permittida a intervenção. O artigo 6° da Constituição apenas faculta a intervenção em quatro casos, dos quaes o unico que se poderia invocar como ajustavel á especie destes autos é o 2°, a necessidade de restabelecer a fórma republicana federativa; pois, absolutamente não se allude á invasão estrangeira ou de outro Estado, nem á necessidade de manter a ordem publica, á requisição do governo do Estado, nem á de assegurar a execução das leis e sentenças federaes. Nestes tres ultimos casos não é preciso que o poder legislativo se manifeste. Mas, no caso da intervenção para manter a fórma republicana federativa, emquanto a ordem publica não é perturbada, ao poder legislativo nacional cumpre adoptar as resoluções adequadas, devendo intervir o poder executivo sómente na hypothese de ser indispensavel reprimir qualquer movimento subversivo (**Bryce**, *La République*

Américaine, vol. 1º, paginas 88 e 89, e nota 1ª, ed. de 1900, e J. **Barbalho**, *Commentarios,* pags. 23 a 25). Neste caso do Estado do Rio de Janeiro o Presidente da Republica foi o primeiro a julgar que ao Congresso Nacional competia resolver a contenda, e do mesmo solicitou as providencias necessarias. Emquanto o Congresso Nacional não deliberar a respeito, é ainda o Presidente da Republica quem entende que se deve manter provisoriamente o que ha. Os pacientes devem, pois, continuar a exercer suas funcções, até que venha a solução constitucional».

Ahi está o que tem decidido o Supremo Tribunal Federal algumas vezes: dando-se casos em que só é admissivel a intervenção em virtude de decreto legislativo, por se verificar exactamente o previsto no n. 2 do artigo 6º da Constituição Federal, e soffrendo os cidadãos investidos nas funcções legislativas, ou executivas do Estado, coacção illegal, por se acharem tolhidos no desempenho dos deveres juridicos dos seus cargos, e na propria liberdade individual, em consequencia de actos inconstitucionaes, e portanto nullos, do Presidente da Republica, o Supremo Tribunal Federal tem concedido o *habeas-corpus,* afim de que, garantidos em sua liberdade de locomoção, ou sem o receio de um illegal constrangimento á mesma, possam os pacientes continuar a exercer as suas funcções, até que o poder competente, o Congresso da União, se manifeste acerca do conflicto. Se o Congresso, por motivos injustificaveis, como já assignalámos, não raro se tem furtado ao adimplemento da sua obrigação constitucional, ou só muito tardiamente, e quando o mal já pelo menos em parte é irremediavel, a tem cumprido, não deixa por isso de ser perfeitamente legal o procedimento do poder judiciario, ao qual incumbe sempre velar pela observancia dos preceitos constitucionaes, tanto nas relações entre pessôas singulares e collectivas de direito privado, como nas relações entre a União e os seus membros integrantes, Estados ou municipios.

Não é verdade, pois, que o Supremo Tribunal Federal se tenha arrogado a faculdade de intervir em negocios peculiares aos Estados, quando a Constituição não lh'o permitte. Garantir os poderes locaes contra intervenções manifesta e indubitavelmente inconstitucionaes, *emquanto não se exerce a acção do poder competente,* certo que não é intervir, mas observar o preceito constitucional, tal como tem sido interpretado pelos juizes, pelos politicos militantes e pelos escriptores que, nos paizes sujeitos ao direito publico federal, inclusive o nosso, se têm occupado do assumpto com proficiencia.

—

§ 65. O decreto legislativo n. 1641, de 7 de janeiro de 1907, estatuiu no artigo 1º que póde ser expulso de parte ou de todo o territorio nacional o estrangeiro, «que por qualquer motivo compromettter a segurança nacional, ou a tranquillidade publica», declarando no artigo 2º que «são tambem causas bastantes para a expulsão: 1ª a condemnação ou processo pelos tribunaes estrangeiros por crimes ou delictos de natureza commum; 2ª duas condemnações, pelo menos, pelos tribunaes brasileiros por crimes ou delictos de natureza commum; 3ª a vagabundagem, a mendicidade e o lenocinio, competentemente verificados». No artigo 8º prescreveu o legislador: «Dentro do prazo que fôr concedido, póde o estrangeiro recorrer para o proprio poder que ordenou a expulsão, se ella se fundou na disposição do artigo 1º, ou para o poder judiciario federal, quando proceder do disposto no artigo 2º. Sómente neste ultimo caso o recurso terá effeito suspensivo. Paragrapho unico. O recurso ao poder judiciario federal consistirá na justificação da falsidade do motivo allegado, feita perante o juizo seccional com audiencia do ministerio público».

Applicando essa lei, tem o Supremo Tribunal Federal conhecido de pedidos de *habeas-corpus* em favor de estrangeiros ameaçados de expulsão, ou impedidos de entrar no territorio nacional, ainda quando a expulsão, ou a prohibição do ingresso no territorio brasileiro, se decreta com fundamento no artigo 1º da lei citada. Fundamentando o nosso voto no accordam n. 2972, de 12 de novembro de 1910, que concedeu uma ordem de *habeas-corpus* em favor de sacerdotes e frades portugueses, expulsos de Portugal logo depois de proclamada a republica naquelle paiz, fizemol-o com os seguintes argumentos:

«Em primeiro logar, admitti o *habeas-corpus* na especie dos autos, por entender que a instituição dos dois recursos do artigo 8º da lei n. 1641, de 7 de janeiro de 1907, recursos ordinarios, creados por uma lei ordinaria, não exclue, nem podia excluir, o remedio extraordinario do *habeas-corpus,* garantido pela Constituição Federal *a todos os que soffrem um constrangimento illegal.*

Qualquer que tenha sido o intuito do legislador de 1907, ao incluir na citada lei o artigo 8º, não é licito, em face da Constituição Federal, negar o *habeas-corpus,* quando o ministro da justiça e negocios interiores abusa da faculdade que lhe confere o artigo 1º da lei.

Semelhantes á nossa, ha leis de expulsão de estrangeiros, ou que lhes vedam a entrada no territorio nacional, em todas as nações adiantadas, a Belgica, os Estados-Unidos da America do Norte, a Inglaterra, a França, a Italia, a Hollanda, a Suissa, etc., leis todas reproduzidas no livro não ha muito publicado por **Alexis Martini** — *L'Expulsion des Étrangers*.

Em virtude do disposto nessas leis tem o poder executivo uma certa latitude na apreciação dos factos que determinam a expulsão, ou a prohibição de ingresso. Casos pódem dar-se, em que até lhe cumpra guardar sigillo sobre os factos, que determinaram a medida.

Mas, isso não quer dizer que ao executivo se haja conferido o arbitrio de expulsar ou prohibir o ingresso aos individuos, cujo procedimento é o exercicio de um direito, e de um direito amplamente garantido pela Constituição Federal.

Foi exactamente o que se deu na especie destes autos.

Vedando a entrada no territorio nacional a membros de congregações religiosas, em geral, expulsos do territorio de Portugal, o ministro da justiça não infringiu sómente o artigo 5º da lei de 1907, que ordena tenha a providencia um caracter individual (o artigo 4º equipara a prohibição do ingresso á expulsão); offendeu o artigo 72, § 3º da Constituição, que garante a todos os individuos e confissões religiosas a mais plena liberdade de culto.

Equiparar aos individuos perigosos para a segurança nacional os que nada mais fazem do que exercer um direito consagrado na Constituição, não é applicar a lei, mas, sim, violar a Constituição.

Dispensei quaesquer informações, porque é publico e notorio ter sido vedada a entrada dos pacientes no Brasil, por serem elles membros de uma congregação religiosa.

Se, entretanto, esse não foi o fundamento do acto do ministro da justiça, mas o facto de se haverem os pacientes opposto ás novas instituições politicas de Portugal, o que não parece provavel, não menos injustificavel é a medida contra a qual foi requerido este *habeas-corpus*. Aos delinquentes politicos concedem as nações civilisadas o direito de asylo, e nem sequer por extradição os entregam aos governos das suas nações.

Modificada a lei n. 1641, de 7 de janeiro de 1907, pelo decreto legislativo n. 2741, de 8 de janeiro de 1913, que revegou os artigos 3º e 4º, paragrapho unico, e 8º da referida lei, tem julgado o Tribunal que, provada a *residencia* do estrangeiro de accordo com o direito civil, regulador da materia, não tem cabimento a expulsão. Pelo artigo 3º da lei de 7 de janeiro de 1907 era vedada a expulsão do estrangeiro, que *residisse* no territorio da Republica por dois annos continuos, ou por menos tempo, quando: *a)* casado com mulher brasileira; *b)* viuvo, com filho brasileiro. Revogado esse artigo, não ficou, está claro, revogado o artigo 72 da Constituição, que prescreve o seguinte: «A Constituição assegura a brasileiros e *estrangeiros residentes no paiz* a inviolabilidade dos direitos concernentes á liberdade, á segurança individual e á propriedade, nos termos seguintes». Segue-se desse preceito que, em tudo o que respeita ás garantias da liberdade e da segurança individual, concedidas e asseguradas pela Constituição, *os estrangeiros residentes no Brasil* estão equiparados aos brasileiros, natos e naturalisados.

Não sendo possivel expulsar estes ultimos do paiz, nem prendel-os preparatoriamente para a expulsão, é evidente que tambem não podemos em face da Constituição expulsar *os estrangeiros residentes no paiz*.

A Constituição sómente allude á *residencia*, cujo conceito é materia de direito civil. A lei de 1907 fixou o prazo constitutivo da *residencia*. A lei de 1913 supprimiu esse prazo, ficando assim em vigor o preceito constitucional que apenas se refere á residencia, sem qualificação, nem restricção de qualquer especie. Consequentemente, o que temos hoje, é o preceito constitucional, *que devemos applicar com os ensinamentos da doutrina acerca da residencia*.

Só por meio desta interpretação é que se respeita a disposição constitucional, perfeitamente clara e positiva, e que não póde ficar á mercê das leis ordinarias que se façam e desfaçam.

§ 66. Conforme ainda dispõe o artigo 61, as decisões dos juizes ou tribunaes dos Estados, nas materias da sua competencia, porão termo aos processos e ás questões, salvo quanto a espolio de estrangeiro, quando a especie não estiver prevista em convenção, ou tratado. Em taes casos haverá recurso voluntario para o Supremo Tribunal Federal.

Fallecendo no Brasil um estrangeiro, aqui domiciliado, aqui se deve proceder ao inventario e partilha do espolio ([1]).

([1]) *Vide* no *Direito*, volume 109, pagina 594 a 621 um excellente estudo, em que **Clovis Bevilaqua** explana a verdadeira doutrina sobre o logar em que se deve fazer o inventario.

Qual a justiça competente? Quando a especie não estiver prevista em convenção, ou tratado, responde o artigo que commentamos, o juiz competente é o local, do logar onde o *de cujus* tinha ultimamente seu domicilio, com recurso para o Supremo Tribunal Federal. O que a pratica nos mostra, é que nos inventarios e partilhas, em geral, ou na grande maioria dos casos, não surgem questões de alta indagação, nem mesmo questões de direito. E por isso, muito embora se trate de espolio de estrangeiro, por uma disposição expressa e terminante manda a Constituição que sempre se requeira perante a justiça local. Suscitada uma questão de direito internacional privado, ao Supremo Tribunal Federal ficará reservada a decisão definitiva, sendo sempre facultado o recurso creado por este artigo da Constituição, recurso voluntario, por meio do qual á suprema e ultima instancia, assim instituida por disposição constitucional, se devolve o conhecimento integral do feito.

Mas, não estando a especie prevista em convenção, ou tratado, qual a justiça competente? Pretende J. **Barbalho** que ainda é a local, com o *recurso extraordinario* para o Supremo Tribunal Federal. Eis os argumentos do illustre constitucionalista patrio: «E a esse respeito faz o mesmo artigo duas excepções, declarando que não porão fim aos processos e questões: — 1º as decisões das justiças dos Estados sobre *habeas-corpus* (sem limitação) e — 2º as decisões dessas justiças sobre espolio de estrangeiro, mas com esta limitação: sómente quando taes decisões versarem sobre especie não regulada por tratado. Logo ha outras especies desta natureza, das quaes as justiças estaduaes tambem conhecem (e são aquellas a respeito das quaes houver tratados). Em outros termos: *regra geral* — os assumptos de competencia estadual são definitivamente julgados pela magistratura dos Estados. *Excepções* — menos tratando-se de *habeas-corpus* (qualquer que seja o caso) e de espolio de estrangeiro (unicamente no caso de haver tratado ou convenção regulando a especie); d'onde resulta que, existindo tratado, ou convenção, a decisão das justiças estaduaes porá termo ao processo, ou questão sobre o espolio (isto é, entra o caso na regra geral). Este modo de entender o presente artigo harmonisa-se com o primordial intuito delle, que é firmar a separação e autonomia do judiciario estadual, e obedece ao principio de exegese juridica, segundo o qual as excepções são *stricti juris,* não se ampliam. Allega-se que as questões de espolio de estrangeiro, nas especies previstas em tratado, envolvendo interesse internacional, são por isso da alçada da União. O facto, porêm, de tratar-se de objecto regulado por convenção internacional não induz necessariamente competencia judiciaria federal: e isto é tão certo, que a propria Constituição, em termos expressos e irrecusaveis, diz no artigo 59, § 1º, a), que «*das sentenças das justiças dos Estados* em ultima instancia *haverá recurso* para o Supremo Tribunal Federal, *quando se questionar sobre a validade ou applicação de tratados*». E logo adiante: «Em caso de espolio de estrangeiro ha a distinguir: Se a especie não está prevista em tratado, a decisão da justiça local admitte o recurso para o Supremo Tribunal Federal, sob qualquer fundamento, dos que autorisam appellação, como damno, injustiça, nullidade. E não foi inteiramente sem razão que a lei n. 221, de 20 de novembro de 1894, artigo 54, n. IV, chamou de appellação o recurso neste caso. Se a especie está prevista em tratado, a decisão sobre ella proferida pela justiça local admitte o recurso de que trata o artigo 59, § 1º, *a)*, da Constituição, commum a todas as causas nas condições ahi estabelecidas. Esta distincção resulta da combinação do mesmo artigo 59, § 1º, *a)*, com o artigo 61. Se, estando previsto o caso em tratado ou convenção, a decisão do tribunal do Estado fôr contraria á validade e applicação do tratado, cabe o recurso por esse motivo, na fórma da disposição que acabamos de citar; e assim se resguarda a vigencia das convenções internacionaes sobre a materia. Versando, porém, a decisão estadual sobre espolio acerca do qual não exista tratado, o recurso é conhecido pelo Supremo Tribunal na plenitude de sua jurisdicção appellada. Naquelle caso, está adstricto á questão da validade ou applicabilidade do tratado ou convenção, — no outro o tribunal *ad quem* conhece da questão *ab integro,* e póde reparar quaesquer aggravos, ficando investido na mesma extensão de poderes do juizo inferior. E a esta intelligencia serve o artigo 102, § unico, do *regimento* do Supremo Tribunal, approvado pela citada lei n. 221, artigo 85. E deste feitio o recurso garante o interesse geral, ligado ás relações internacionaes, e o interesse das partes» [1].

Parece-nos absolutamente inadmissivel essa exegese de **J. Barbalho**. A verdadeira interpretação do artigo 61, n. 2, da Constituição é a do Supremo Tribunal Federal, a que allude o illustre constitucionalista patrio, para a repellir como erronea, exhibindo logo em seguida a que suppõe exprimir o pensamento do legislador constituinte.

A asserção de que, em materia de espolio de estrangeiro, a decisão da justiça local não põe

---

[1] Obra citada, pagina 262 a 263.

termo ao processo, quando a especie está sujeita unicamente aos principios e regras do direito internacional privado, e põe termo ao processo, sendo apenas facultado o recurso extraordinario, com as suas conhecidas limitações, quando a especie, além de ser por sua natureza de direito internacional privado, está regulada por tratados, ou convenções; tal asserção é manifestamente absurda. Porque se havia de entregar á justiça local, com o só amparo do restricto recurso extraordinario, a questão sobre espolio de estrangeiro, prevista, regulada por tratado entre duas nações, e confiar á mesma justiça, com a garantia do amplo recurso ordinario do artigo 61, a questão sobre espolio de estrangeiro, resoluvel pelos principios do direito internacional privado? Quando ha normas especiaes e expressas, estatuidas para o caso por tratados internacionaes solennes, é que se deve deixar á justiça local a maior amplitude no dirimir os pleitos? Quando a palavra da nação brasileira está empenhada, e sua honra exige a fiel observancia de preceitos incluidos em tratados ou convenções formaes, é que subtrahimos os litigios á justiça da União, á justiça creada e regulamentada pela nação brasileira, e por cujo funccionamento é esta primordialmente responsavel, para sujeitar as questões ás justiças varias dos Estados, justiças autonomas, isentas da repressão dos poderes federaes, dando origem na melhor das hypotheses ao risco de interpretações differentes, de fragmentação dos artigos de um tratado pela diversidade de intelligencias dos seus canones? Não: quando a especie não está prevista em tratado ou convenção internacional, faz-se o inventario e a partilha perante a justiça local. Se alguma questão de direito internacional privado fôr suscitada, em recurso interposto para o Supremo Tribunal Federal este julgará plenamente a questão. Quando a especie está prevista em tratado, ou convenção internacional, o que importa é executar o tratado, cumprir-lhe os preceitos, fazer o que o tratado, ou convenção, ordena, desde que não se trate de uma disposição offensiva da Constituição. E para isto a justiça competente não póde ser a estadual, organisada de modos varios pelos Estados, aos quaes está sujeita. Ha de ser logica e necessariamente a federal, a que representa a nação contractante, a que deve estar constituida sem antinomias entre a sua regulamentação e formulas processuaes e as clausulas do tratado, a que melhor póde observal-o e applical-o, a que responde por seus actos perante a nação, e consequentemente mais garantias offerece a esta de fiel cumprimento dos seus solennes ajustes internacionaes.

Art. 62. As justiças dos Estados não pódem intervir em questões submettidas aos tribunaes federaes, nem annullar, alterar ou suspender as suas sentenças, ou ordens. E, reciprocamente, a justiça federal não póde intervir em questões submettidas aos tribunaes dos Estados, nem annullar, alterar ou suspender as decisões ou ordens destes, exceptuados os casos expressamente declarados nesta Constituição.

§ 67. Fixados pelos artigos 59 e 60 os limites do dominio das duas justiças, a da União e a dos Estados, estatuiu o legislador constituinte como um complemento logico a regra de que nenhuma das duas ordens de jurisdicção póde intervir em questões submettidas á outra, nem annullar, alterar ou suspender as suas sentenças, ou ordens. Essa discriminação de attribuições dos dois poderes judiciarios assenta nos principios do direito publico federal; é uma exigencia do regimen federativo, no qual os assumptos de necessidade ou de utilidade nacional são confiados aos poderes federaes, e os de interesse local aos dos Estados ou provincias. Estabelecidas num mesmo nivel, sem supremacia de uma em relação á outra, fazem as duas justiças parallelamente um extenso percurso, ao cabo do qual a justiça do Estado cede á justiça da União.

Á regra que declara de igual categoria as duas justiças, e prohibe que cada uma dellas intervenha nas questões sujeitas á outra, ha excepções abertas pela propria Constituição. Esta prescreve de modo absoluto que as justiças locaes nunca intervenham em contendas da competencia da justiça federal ; mas, quando veda reciprocamente a ingerencia da justiça federal nos litigios da competencia da justiça estadual, declara logo que *ficam exceptuados os casos expressos na Constituição*. Para a regra que interdiz a intromissão da justiça regional nas controversias judiciaes do dominio da justiça da União, não ha excepção alguma, ao passo que para a regra antithetica que impede intervenha a justiça federal nas questões da justiça dos Estados, ha varias excepções.

Em primeiro logar, é necessario um tribunal, que resolva os conflictos de jurisdicção entre os juizes e tribunaes dos Estados entre si, ou entre elles e os juizes federaes. E, como é evidente que tal missão nunca poderia ser confiada a um dos tribunaes locaes, aqui temos a justiça federal a intervir nas decisões da justiça local, a suspendel-as, a annullal-as. É o que compete ao Supremo Tribunal Federal em virtude da disposição do artigo 59, I, e).

Em segundo logar, importa manter a preponderancia da Constituição e das leis federaes, bem como dos serviços publicos e interesses nacionaes. No caso de collisão é sempre a parte que deve ceder ao todo. Dahi a intervenção da justiça federal por meio do Supremo Tribunal Federal nos casos de recurso extraordinario, em que se faz valer a autoridade das leis federaes, e do recurso do artigo 61, 2º (espolio de estrangeiro), em que se acautelam os interesses internacionaes, tão estreitamente ligados aos da nação.

Temos, finalmente, de abrir mais uma excepção á regra assignalada, para mais efficazmente preservar o primeiro de todos os direitos, depois do direito de viver, a liberdade individual. Eis porque ao Supremo Tribunal Federal foi outorgada a faculdade de julgar em terceira instancia os pedidos de *habeas-corpus*, decididos pela justiça local, e as revisões criminaes.

No desempenho dessas funcções de ordens varias, o Supremo Tribunal Federal não se nos apresenta exclusivamente como um tribunal de terceira instancia, ou como um tribunal de revista, ou de revisão, ou como um tribunal de cassação, mas como um tribunal de funcções mixtas, com attribuições de especies diversas, o que exprime uma necessidade do regimen federativo, um corollario dos principios do direito publico federal.

Os casos de intervenção da justiça federal nas questões submettidas ás justiças dos Estados são, pois, os seguintes:

a) conflicto de jurisdicção;
b) habeas-corpus;
c) revisão crime;
d) recurso extraordinario;
e) recurso em caso de espolio de estrangeiro.

Não haverá nenhuma outra hypothese, em que á justiça federal seja facultado annullar as decisões da local? Sempre nos pareceu que a propositura da acção rescisoria para o fim de annullar uma sentença proferida pela justiça local, quando as partes litigantes residem em Estados diversos, envolvia mais um caso em que é permittido á justiça federal intervir em questões já decididas pela regional, como demonstramos no commentario ao artigo 60, letra *d)*.

A esse caso accrescentaremos o em que um individuo intenta uma acção contra a Fazenda Federal, pedindo a restituição de certa quantia, recebida a titulo de imposto de transmissão de propriedade *causa mortis,* que a justiça local declarou exigivel. Mandado pagar tal imposto pela justiça local, só ha um meio de rehaver a quantia illegalmente paga, e este é a acção proposta contra a Fazenda Nacional, que só póde ser compellida a pagar ou restituir qualquer somma pela justiça da União. Assim tem julgado o Supremo Tribunal Federal [1].

Entre os casos de intervenção da justiça federal nas questões da local não se inclue, está claro, a avocatoria de que trata o artigo 79 da lei n. 221, de 1894, que reza assim: «A intervenção prohibida pelo artigo 62 da Constituição não comprehende a expedição de avocatorias para restabelecimento da jurisdicção dos juizes federal e local, nem o auxilio reciproco que se devem prestar a justiça federal e a dos Estados nas diligencias, ainda de natureza executoria, rogadas ou deprecadas por uma a outra, que não excederem das attribuições de qualquer dellas, ou não importarem delegação de jurisdicção federal, prohibida pelo artigo 60, § 1º, da Constituição». A avocatoria é uma carta precatoria. Se o juiz deprecado não accede, o remedio é suscitar-se o conflicto de jurisdicção. Eis porque não a incluimos entre os casos de intervenção da justiça federal nas questões submettidas á justiça dos Estados.

---

[1] Veja-se entre outros o accordam proferido na appellação civel n. 1933, de 13 de janeiro de 1914.

FIM

INDICE

	PAG.
Art. 55...	1
§ 1º—Natureza do poder judiciario................	1
§ 2º—O poder judiciario segundo o direito publico federal..................................	3
§ 3º—Não perde a natureza de poder politico, por ser nomeado pelo executivo..............	4
§ 4º—A dualidade da justiça, seus inconvenientes, necessidade de duas ordens de jurisdicção, consequente dualidade das normas processuaes, linha divisoria entre o direito substantivo e o adjectivo, casos em que a União legisla sobre o processo applicado pela justiça dos Estados, necessidade de, ao legislarem sobre o processo, terem os Estados muito em attenção as leis materiaes da União.......................................	4
§ 5º—Sentido da expressão *juizes e tribunaes*, não se pódem crear côrtes regionaes de segunda instancia sem reforma da Constituição.....	19
Art. 56...	27
§ 6º—Numero de juizes do Supremo Tribunal Federal, differença entre a disposição da Constituição brasileira e as da norte-americana e da argentina, predicados que devem ter esses juizes.................................	27
Art. 57...	29
§ 7º—Vitaliciedade dos juizes, irreductibilidade dos vencimentos.................................	29
§ 8º—Por quem são julgados os ministros do Supremo Tribunal Federal nos crimes de responsabilidade...............................	31
§ 9º—Não tem cabimento o julgamento pelo Senado em todos os crimes de responsabilidade....	35

	PAG.
Art. 58	36
§ 10.—Eleição pelo Supremo Tribunal Federal do seu presidente e vice-presidente, attribuições destes, o procurador geral da Republica é nomeado pelo Presidente da Republica...	36
§ 11.—Deve o procurador geral da Republica ser membro do Supremo Tribunal Federal? Suas attribuições.	39
Art. 59	43
§ 12.—Justiça commum e justiça de excepção no direito publico federal	44
§ 13.—Competencia originaria e privativa do Supremo Tribunal Federal, julgamento do Presidente da Republica e dos seus ministros, differenças—quanto á responsabilidade destes—entre o presidencialismo e o parlamentarismo	44
§ 14.—Processo e julgamento dos ministros diplomaticos, a nossa Constituição neste ponto diversifica da norte-americana e da Argentina	48
§ 15.—Processo e julgamento das causas e conflictos entre a União e os Estados, ou entre estes.	51
§ 16.—Que é uma questão politica?	54
§ 17.—As questões de limites entre Estados da União não são questões politicas	66
§ 18.—Podem suscitar-se conflictos entre o governo da União e o conselho municipal do Districto Federal?	70
§ 19.—Litigios e reclamações entre nações estrangeiras e a União, ou os Estados	71
§ 20.—Extradição de estrangeiros	74
§ 21.—Homologação de sentenças estrangeiras	75
§ 22.—Conflictos de jurisdicção entre os juizes federaes, ou entre estes e os juizes e tribunaes dos Estados	78
§ 23.—O Supremo Tribunal Federal julga em grau de recurso, e em segunda instancia, as questões resolvidas pelos juizes e tribunaes federaes de primeira instancia	80
§ 24.—O processo e o julgamento da acção rescisoria	83
§ 25.—A revisão criminal segundo a Constituição, revisão das sentenças sobre contravenções, revisão das condemnações politicas, ou *impeachments*, revisão das sentenças condemnatorias dos ministros do Supremo Tri-	

	PAG.
bunal Federal, revisão das sentenças proferidas pelo Supremo Tribunal Federal em grau de appellação, ou nas causas de sua competencia originaria e privativa.........	85
§ 26.—Do recurso extraordinario.................	100
§ 27.—Em que casos se interpõe, de que decisões, a que tribunal compete decidir se o recurso é admissivel, onde se arrazoa............	104
§ 28.—Como deve ser julgado o recurso extraordinario, este recurso é incompativel com a idéia de alçada, e nunca se admitte por questões de facto, nem nos casos em que se interpretam e applicam leis dos Estados...	122
§ 29.—Cada uma das duas justiças, ao applicar as leis da esphera da outra deve consultar-lhe a jurisprudencia respectiva...............	125
Art. 60...	128
§ 30.—Acção e defesa fundadas em disposições constitucionaes........................	129
§ 31.—O poder judiciario não annulla a lei inconstitucional, apenas deixa de applical-a ao caso judicial.............................	138
§ 32.—A lei póde ser julgada inconstitucional apenas em parte.............................	139
§ 33.—O contencioso administrativo..............	143
§ 34.—A defesa nos executivos fiscaes............	152
§ 35.—Da responsabilidade da União por prejuizos causados aos particulares, a doutrina e as leis ordinarias a esse respeito............	154
§ 36.—Causas entre habitantes de Estados diversos.	171
§ 37.—Causas entre habitantes dos Estados e habitantes do Districto Federal...............	184
§ 38.—A disposição do artigo 60, letra d), só abrange as causas civeis, e não as criminaes.......	188
§ 39.—A que allude esse preceito constitucional, á residencia, ou ao domicilio?..............	190
§ 40.—A residencia em Estado diverso deve ser provada.................................	191
§ 41.—Das sociedades civis e commerciaes que têm sédes em Estados diversos, *quid*—se a sociedade tem a séde num Estado e succursaes em outros?.........................	192
§ 42.—Em que momento deve dar-se a diversidade de residencias...........................	192
§ 43.—Do caso em que a mudança de residencia é effectuada unicamente para o fim de se aforar a causa na justiça federal..........	193

	PAG.
§ 44.—Causas entre habitantes de um Estado da União e estrangeiros........................	194
§ 45.—Acções rescisorias das sentenças da justiça local entre habitantes de Estados diversos.	195
§ 46.—Significação do termo—*litigio*—neste artigo..	202
§ 47.—Pleitos entre Estados estrangeiros e cidadãos brasileiros.............................	204
§ 48.—Causas propostas por estrangeiros contra a União, e fundadas quer em contractos com o governo da União, quer em convenções ou tratados..................................	217
§ 49.—Das questões de direito maritimo e de navegação....................................	224
§ 50.—Das questões de direito criminal ou civil, internacional.............................	234
§ 51.—Justiça competente para julgar os crimes politicos.................................	246
§ 52.—De varias causas, civeis e crimes, da competencia da justiça federal, segundo as nossas leis..................................	256
§ 53.—É vedado ao Congresso commetter qualquer jurisdicção federal ás justiças dos Estados.	260
§ 54.—Por quem são executadas as sentenças e ordens da magistratura federal............	262
Art. 61..	265
§ 55.—Não põem termo ao processo as decisões da justiça local sobre *habeas-corpus*.........	265
§ 56.—Casos em que o *habeas-corpus* deve ser requerido perante a justiça federal e casos em que o deve ser perante a justiça local, com recurso para o Supremo Tribunal Federal...................................	266
§ 57.—Conceito classico do *habeas-corpus*.........	268
§ 58.—As leis brasileiras sobre o *habeas-corpus*...	273
§ 59.—Do *habeas-corpus* em caso de prisão militar.	274
§ 60.—Do *habeas-corpus* em caso de prisão administrativa.................................	276
§ 61.—*Habeas-corpus* para o exercicio de funcções publicas electivas.........................	276
§ 62.—*Habeas-corpus* para o exercicio de uma profissão, da liberdade profissional segundo a Constituição.............................	351
§ 63.—*Habeas-corpus* aos presos ou detidos em virtude da decretação do estado de sitio......	356
§ 64.—*Habeas-corpus* em casos de intervenção da União nos Estados.........................	406

	PAG.
§ 65.—O *habeas-corpus* como remedio contra a expulsão do territorio nacional...............	422
§ 66.—Do recurso do artigo 61, n. 2, qual a justiça competente para proceder a inventario e partilha do espolio do estrangeiro domiciliado no Brasil, especies não previstas em tratados, ou convenções, e especies previstas.................................	426
Art. 62...................:.................	432
§ 67.—As justiças dos Estados não pódem intervir em questões sujeitas á justiça federal, nem esta nas sujeitas á justiça local, excepções a esta ultima regra.....................	432